이야기가 있는 코딩

모험!
골드랜드

with entry

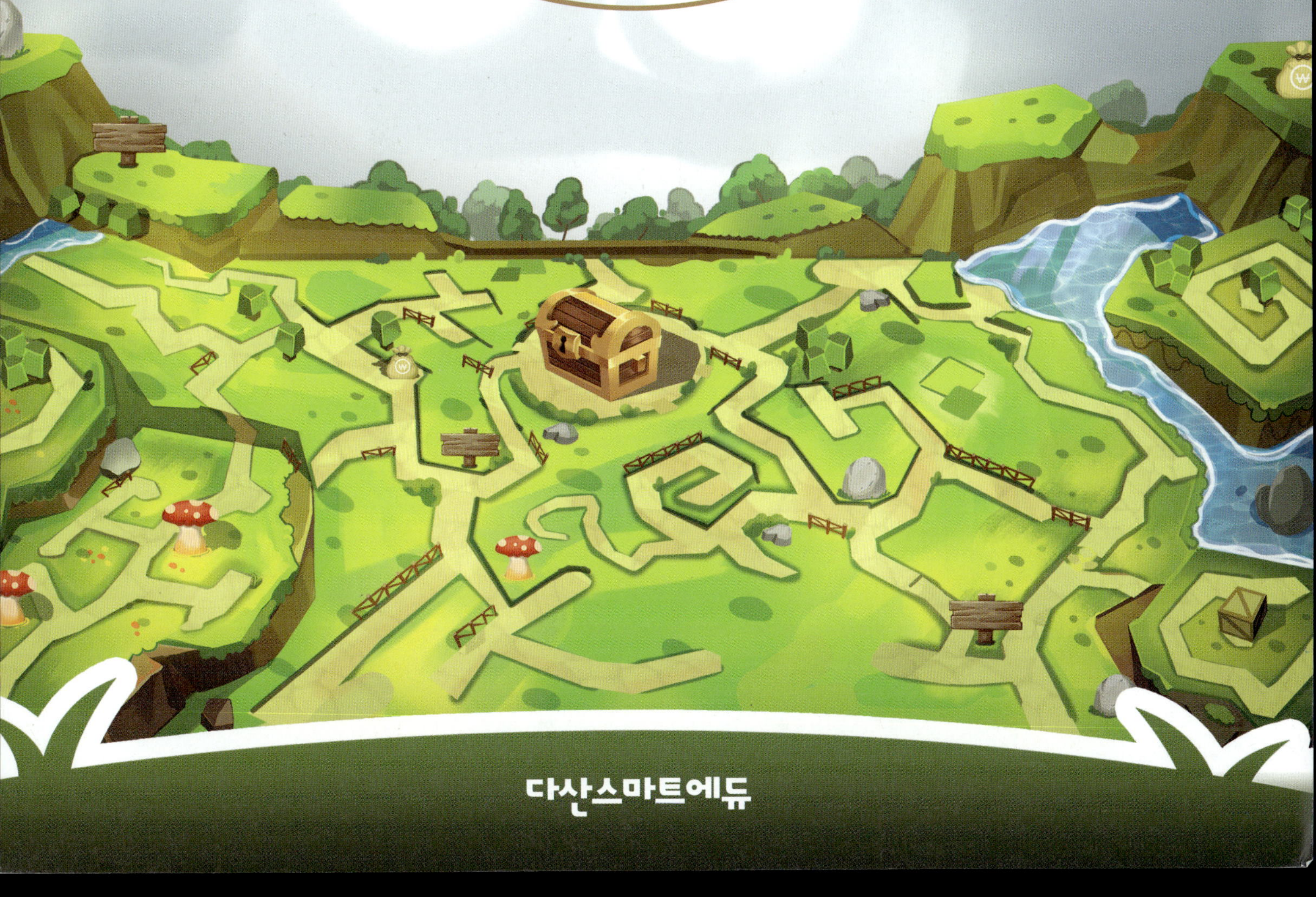

다산스마트에듀

차례

머리말
이 책의 구성 요소와 특징
골드랜드 이야기
· 이야기의 시작
· 지도
· 인물 소개

전체 프로젝트 알아보기

Chapter 00 SW 교육과 엔트리　　014
· 소프트웨어와 코딩
· 엔트리 알아보기

Chapter 01 순서대로 대화하기　　027
· 개념 다지기
· 프로그래밍하기
· 정리하기

Chapter 02 누르면 소리를 내는 연잎　　037
· 개념 다지기
· 프로그래밍하기
· 정리하기

Chapter 03 비밀기지를 꾸며줘　　051
· 개념 다지기
· 프로그래밍하기
· 정리하기

Chapter 04 도형과 각도의 밀림　　065
· 개념 다지기
· 프로그래밍하기
· 정리하기

Chapter 05 표식을 남겨줘　　079
· 개념 다지기
· 프로그래밍하기
· 정리하기

Chapter 06 출구를 향해 가자　　099
· 개념 다지기
· 프로그래밍하기
· 정리하기

Chapter 07 나는 주차왕　　115
· 개념 다지기
· 프로그래밍하기
· 정리하기

Chapter 08 어려운 수수께끼　　129
· 개념 다지기
· 프로그래밍하기
· 정리하기

Chapter 09	**잡아라! 황금 동전**	141	Chapter 14	**목적지를 향해**	245
	· 개념 다지기			· 개념 다지기	
	· 프로그래밍하기			· 프로그래밍하기	
	· 정리하기			· 정리하기	

Chapter 10	**숫자를 맞혀봐**	157	Chapter 15	**통통 튀어 올라**	269
	· 개념 다지기			· 개념 다지기	
	· 프로그래밍하기			· 프로그래밍하기	
	· 정리하기			· 정리하기	

Chapter 11	**황금 동전은 누구에게**	175	Chapter 16	**적과 싸워서 이겨라!**	291
	· 개념 다지기			· 개념 다지기	
	· 프로그래밍하기			· 프로그래밍하기	
	· 정리하기			· 정리하기	

Chapter 12	**마법의 가게에서 물건을 사요**	193	발전시키기	정답	327
	· 개념 다지기				
	· 프로그래밍하기				
	· 정리하기				

Chapter 13	**날아오는 선인장**	217
	· 개념 다지기	
	· 프로그래밍하기	
	· 정리하기	

이야기가 있는 코딩

모험!
골드랜드

with entry

우리는 소프트웨어 중심인 시대에 살고 있습니다. 컴퓨터 혹은 스마트폰과 같은 기기를 통해 우리 삶에 필요한 일을 도와주는 프로그램을 소프트웨어라고 하며, 우리는 아침부터 저녁까지 생활 곳곳에서 소프트웨어와 함께 살아가고 있습니다. 스마트폰 알람 시계로 기상하고, 친구들과 메신저로 소통하며, 화상 시스템을 통해서 선생님과 온라인 수업을 합니다. 또한, 마트에 가지 않고도 필요한 물건을 살 수 있고, 인터넷이 연결된 세상에서 멀리 떨어진 친구와 온라인으로 만나 함께 소통합니다. 이러한 소프트웨어 시대에서 코딩 교육의 필요성은 더욱 높아지고 있습니다.

코딩이란 소프트웨어를 만드는 기본 언어인 코드를 이용하여 프로그램을 만드는 것을 뜻합니다. 코딩 교육은 이러한 소프트웨어를 만드는 방법을 알려주는 교육이지만, 단순히 소프트웨어를 만들기 위해서만 진행되는 것은 아닙니다. 수학을 배운다고 수학자가 되는 것이 아니고, 음악가가 되기 위해 음악을 배우는 것이 아닌 것처럼, 소프트웨어 개발자가 되기 위해서만 코딩을 배우는 것은 아닙니다. 우리는 소프트웨어가 중심인 시대에 살고 있으며, 이러한 시대에 살아가기 위해서는 "왜 소프트웨어를 만들어야 하는지? 어떤 소프트웨어를 만들어야 하는지? 어떻게 소프트웨어를 만들어야 하는지?"를 이해해야 합니다. 코딩은 수학, 과학, 공학, 심리학 등 다양한 학문 속성을 가지고 있으며, 학생들은 코딩 교육을 통해 소프트웨어를 만드는 기술을 습득할 뿐만 아니라, 종합적 사고력을 기를 수 있습니다. 이는 우리 학생들이 살아가며 맞닥뜨리게 될 수많은 문제를 스스로 해결할 힘을 갖게 도와줄 겁니다.

일반 코딩은 마치 어려운 외국어처럼 텍스트형 언어 형태로 되어 있어서, 처음 코딩을 접하는 초보자들에게는 진입장벽이 높은 것으로 생각되어 왔습니다. 다행히 최근 초·중등생들을 위한 소프트웨어 교육용 프로그래밍이 많이 개발되었으며, 대표적으로 네이버 커넥트재단에서 개발하고 운영하는 비영리 소프트웨어 프로그래밍인 엔트리(Entry)가 있습니다. 엔트리(Entry) 프로그래밍은 블록형 언어를 기반으로 하는 무료 프로그래밍 도구로 초보자도 쉽게 프로그램을 만들 수 있도록 도와줍니다.

이 책은 교육용 프로그래밍 언어인 엔트리(Entry)를 활용하며 누구라도 쉽게 코딩을 할 수 있도록 구성하였습니다. 다년간 쌓아온 다산스마트에듀SW교육센터의 코딩 교육 경험을 집대성한 '이야기가 있는 코딩 <모험! 골드랜드>'는 코딩을 처음 접하는 학생도 혼자서 쉽게 공부할 수 있도록 도와 줄 것이며, 코딩 수업을 하는 선생님에게 효과적이고 훌륭한 지도서 역할을 할 것입니다.

모험을 떠나는 주인공이 되어 총 16단계의 미션을 해결하면서 자연스럽게 코딩의 요소를 익히고 스스로 다양한 소프트웨어를 만들 수 있는 '이야기가 있는 코딩 <모험! 골드랜드>'로 즐겁고 재미있게 코딩 공부를 시작하길 바랍니다.

다산스마트에듀 SW교육센터장 조아리

이 책의 구성 요소와 특징

챕터
현재 챕터의 위치를 표시합니다.

학습 내용
각 챕터의 공부할 내용을 간단하게 볼 수 있습니다.

QR코드
QR코드를 통해 프로젝트를 만든 과정을 확인할 수 있습니다. 동영상을 보며 함께 프로젝트를 만들 수 있습니다.

난이도
각 챕터의 난이도를 표시하였습니다. 난이도는 별 한 개부터 세 개까지 단계별로 높아집니다.

학습 목표
각 챕터에서 공부할 프로그램의 개념과 엔트리 기능 등의 학습 목표를 한눈에 볼 수 있습니다.

미리보기
각 챕터의 프로젝트 완성 이미지를 보여줍니다.

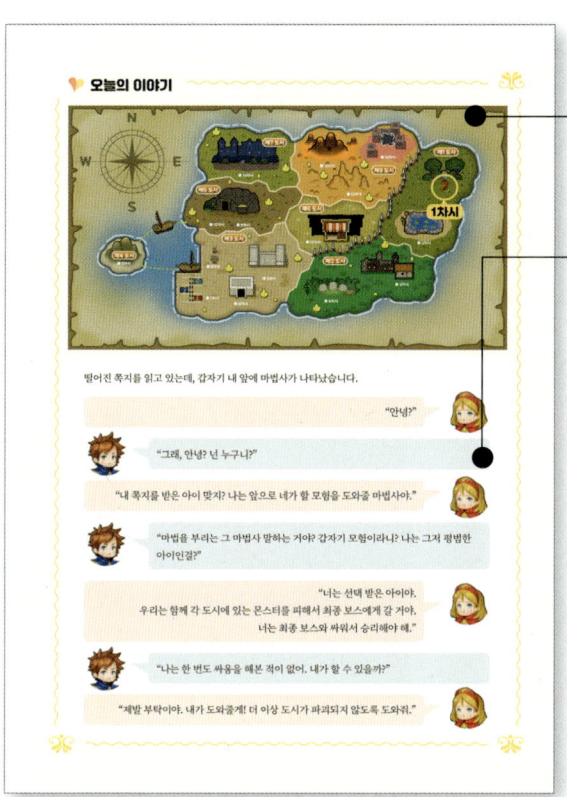

오늘의 이야기 - 지도
각 챕터의 이동 경로와 위치를 보여줍니다.

오늘의 이야기 - 대화
각 챕터에서 진행하려고 하는 내용을 담고 있습니다.

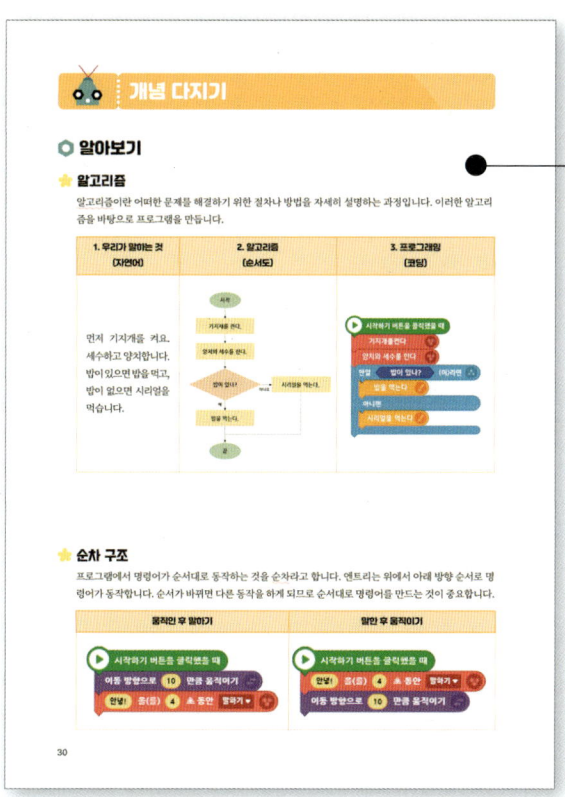

개념 다지기
작품을 만들 때 알아야 하는 프로그램의 개념을 설명하고, 관련된 엔트리의 기능도 소개합니다.

이 책의 구성 요소와 특징

Step
각 챕터의 스텝을 보여줍니다.

프로젝트 만들기
실습 화면을 통해 현재 진행하고 있는 학습 내용을 확인할 수 있습니다.

길라잡이
실습화면에서 필요한 중요한 포인트를 간단한 형태로 요약하였습니다.

Tip
프로그래밍 팁이나 노하우를 알려줍니다.

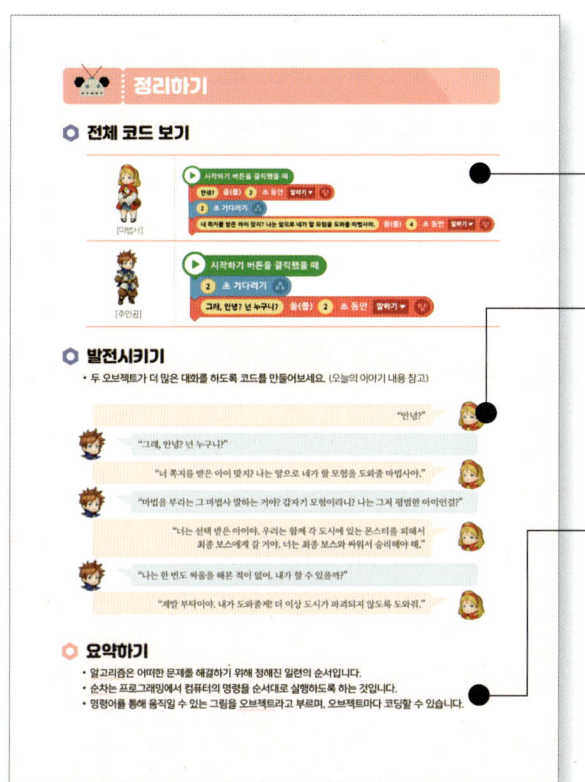

전체 코드 보기
각 오브젝트의 전체 코드를 확인할 수 있습니다.

발전시키기
각 챕터의 학습 내용을 바탕으로 프로젝트의 완성도를 더 높일 수 있도록 학생 스스로 발전시켜보도록 합니다.

요약하기
각 챕터의 학습한 내용을 정리합니다.

발전시키기(정답) _ 부록
각 챕터의 발전시키기 정답을 확인할 수 있습니다.

골드랜드 이야기

🌸 이야기의 시작

내 이름은 루시앤! 골드랜드의 숲이 우거진 제1 도시에 살고 있어요. 내가 사는 골드랜드를 소개할게요. 골드랜드는 크지 않은 나라예요. 8개의 도시가 있고, 이름처럼 많은 황금을 가지고 있습니다. 광산에서 나오는 다양한 광물과 황금으로 다른 나라와 활발한 교역을 한답니다. 광물이 많다는 장점이 있지만 곡물과 과일은 자라기 힘든 땅이에요. 그래서 식자재와 생필품들은 바다를 통해 다른 나라와 거래를 합니다. 도시 중앙에는 커다란 상점이 있어요. 이 상점에서 외국에서 들어온 다양한 식자재나 음식은 물론 마법 도구도 살 수 있어요.

어느 날 도시에서 쿵쿵대는 소리가 들리더니 골드랜드의 황금을 빼앗기 위해 몬스터들이 도시를 점령하기 시작했어요. 도시와 도시를 연결하는 경계선에 쇠창살을 설치하고, 사람들을 황금을 채굴하는 노예로 잡아들여 도시의 황금과 광물들을 무작위로 채굴하기 시작했어요.

"똑똑..."

우리집 문 앞에서 바스락거리는 인기척이 나고 노크 소리가 들려 문을 열었지만 아무도 없었어요. 대신 바닥에 곱게 접힌 쪽지 하나가 덩그러니 놓여있습니다.

🌸 지도(Map)

❋ 인물 소개

주인공(남/녀) : 루시앤

호기심 많고 똑똑한 12살 소년/소녀이며, 황금을 노리고 골드랜드에 쳐들어온 몬스터와 싸우는 주인공이다.
모험을 좋아하며 다른 사람을 돕는 따뜻한 마음을 가졌다.
*주인공은 남/녀선택하여 진행할 수 있습니다.

마법사 : 베시

굉장히 똑똑하며 도움주기를 좋아하지만 소심한 성격에 앞에 나서는 것을 꺼린다.
뒤에서 주인공에게 큰 도움을 주며, 주인공이 다른 곳으로 시선을 돌리지 않도록 잡아주는 역할을 한다. 소심하지만 할 말은 다하는 12살 마법사 소녀이다.

골드랜드 이야기

Lev10 : 케티
지능이 높지 않아 명령 이외의 일은 하지 못한다.
하지만 복제 능력이 있다.
숫자로 싸우는 전투에서 제 몫을 톡톡히 한다.
땅을 걷는 케티와 하늘을 나는 케티 두 종류가 있다.

Lev30 : 보어맨
덩치는 산만하지만 보스를 무서워한다. 부하를 열심히 진두지휘하려고 노력하지만 케티가 일을 못해 중간 관리자로서 어려움을 많이 겪고 있다. 보스의 칭찬으로 살아가며, 황금을 얻기 위해 일하는 행동대장이다.

Lev100 : 골드스톤
황금이 많을수록 강해지는 몬스터들의 보스!
황금을 에너지로 삼으며 곳곳의 황금을 사냥하는 황금 사냥꾼이다.
지휘력이 있고 영리하지만 포악한 성격을 가졌다.

전체 프로젝트 알아보기

💛 프로젝트 구성

골드랜드의 모험 이야기를 바탕으로, 엔트리를 이용해 16개의 작품을 만들어봅니다. 간단한 대화부터 도형 그리기, 퀴즈, 디펜스, 러너, 클릭커 등의 다양한 작품을 이야기 기반으로 만들어 볼 수 있습니다.

chapter 01 순서대로 대화하기 — 난이도 ★☆☆
chapter 02 누르면 소리를 내는 연잎 — 난이도 ★☆☆
chapter 03 비밀기지를 꾸며줘 — 난이도 ★☆☆
chapter 04 도형과 각도의 밀림 — 난이도 ★★☆

chapter 05 표식을 남겨줘 — 난이도 ★☆☆
chapter 06 출구를 향해 가자 — 난이도 ★★☆
chapter 07 나는 주차왕 — 난이도 ★☆☆
chapter 08 어려운 수수께끼 — 난이도 ★★☆

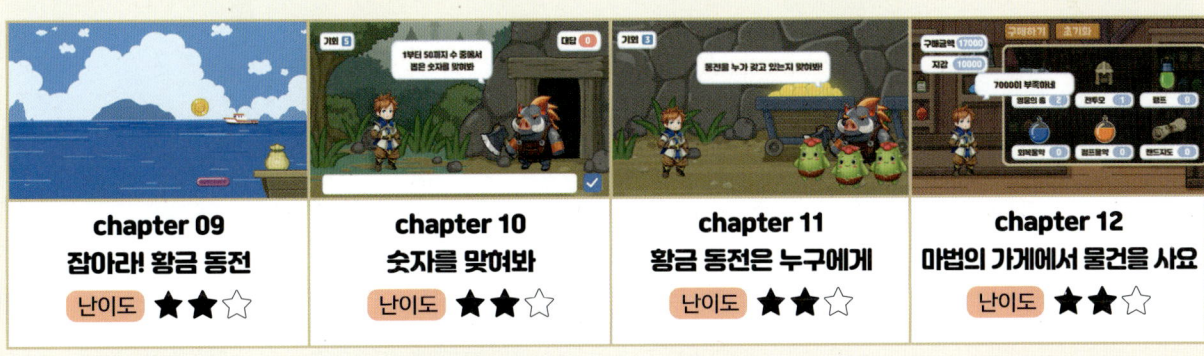

chapter 09 잡아라! 황금 동전 — 난이도 ★★☆
chapter 10 숫자를 맞혀봐 — 난이도 ★★☆
chapter 11 황금 동전은 누구에게 — 난이도 ★★☆
chapter 12 마법의 가게에서 물건을 사요 — 난이도 ★★☆

chapter 13 날아오는 선인장 — 난이도 ★★☆
chapter 14 목적지를 향해 — 난이도 ★★☆
chapter 15 통통 튀어 올라 — 난이도 ★★☆
chapter 16 적과 싸워서 이겨라! — 난이도 ★★★

Chapter 00 SW 교육과 엔트리

소프트웨어와 코딩

💗 소프트웨어란?

컴퓨터, 핸드폰 등의 기기가 작동할 수 있도록 도와주는 모든 프로그램과 기술을 말합니다. 소프트웨어는 가족과 친구들과 소통하는 메신저, 사진을 찍을 수 있게 도와주는 스마트폰의 카메라 앱, 길을 찾게 도와주는 내비게이션 등의 다양한 형태로 우리의 삶을 편리하게 해줍니다. 소프트웨어는 다른 말로 '프로그램'이라고도 불립니다.

💗 프로그래밍(코딩)

프로그래밍이란 프로그램을 만든 것을 이야기하며, 컴퓨터 언어인 코드를 이용하여 만듭니다. 다른 말로 '코딩'이라고도 불리며, 코딩으로 다양한 소프트웨어를 만들 수 있습니다. 코드를 장난감 블록으로, 소프트웨어를 블록 작품으로 생각하면 좀 더 쉽게 이해할 수 있습니다. 다양한 블록을 이용하여 상상하는 작품을 창의적으로 만들 수 있듯이, 코드를 이용하여 창의적으로 여러 가지 소프트웨어를 만들 수 있습니다.

블록

블록을 이용한 작품

소프트웨어를 만들기 위해서는 코드를 사용하는 방법을 알아야 합니다. 코드는 컴퓨터의 언어로, 컴퓨터가 알아들을 수 있는 말과 방법을 사용해야 합니다. 블록을 이용하여 작품을 만들 때도 여러 가지 규칙이 있듯이 코드를 이용하여 소프트웨어를 만들 때도 여러 가지 규칙이 있습니다.

💚 텍스트 코딩과 블록 코딩

코딩은 사람들에게 필요한 소프트웨어를 만드는 것입니다. 코딩을 할 수 있는 형태는 크게 텍스트 형태의 코딩과 블록 형태의 코딩이 있습니다. 텍스트 형태의 코딩은 영어와 숫자의 조합으로 이루져 있으며, 처음 코딩을 하는 사람에게 다소 어렵게 느껴질 수 있습니다. 이를 보완하고자 나온 것이 바로 블록형 코딩입니다. 블록형 코딩은 블록을 끼우는 방식으로 진행되며 처음 코딩을 접하는 사람들도 쉽게 이해하면서 코딩을 할 수 있도록 만들어졌습니다.

텍스트 코딩

블록 코딩

엔트리 알아보기

💙 엔트리란?

엔트리는 대한민국의 교육용 프로그래밍 언어 플랫폼입니다. 소프트웨어를 통해 미래를 꿈꾸고 함께 성장하는 창작 플랫폼으로 누구나 쉽게 프로그래밍을 할 수 있습니다. 상상하던 게임, 예술 작품, 생활도구 등을 직접 만들고 다른 사람들과 작품을 공유하며, 공유된 작품에서 새로운 영감을 얻을 수 있습니다.

💙 엔트리 사용하기

엔트리는 인터넷 온라인에서 이용하는 방법과 엔트리 프로그램을 다운로드하여 인터넷 없이 사용하는 오프라인 방법 두 가지 있습니다.

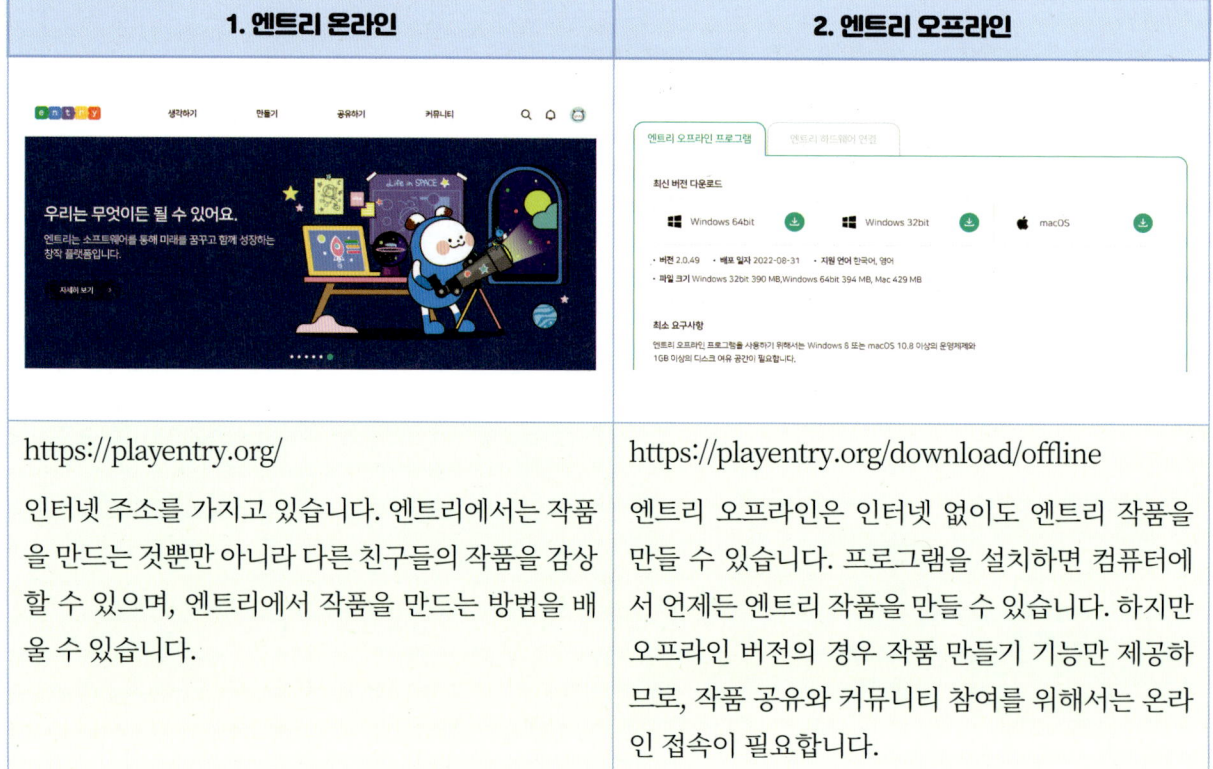

1. 엔트리 온라인	2. 엔트리 오프라인
https://playentry.org/	https://playentry.org/download/offline
인터넷 주소를 가지고 있습니다. 엔트리에서는 작품을 만드는 것뿐만 아니라 다른 친구들의 작품을 감상할 수 있으며, 엔트리에서 작품을 만드는 방법을 배울 수 있습니다.	엔트리 오프라인은 인터넷 없이도 엔트리 작품을 만들 수 있습니다. 프로그램을 설치하면 컴퓨터에서 언제든 엔트리 작품을 만들 수 있습니다. 하지만 오프라인 버전의 경우 작품 만들기 기능만 제공하므로, 작품 공유와 커뮤니티 참여를 위해서는 온라인 접속이 필요합니다.

Chapter **00** **SW 교육과 엔트리**

엔트리 회원가입

엔트리는 회원가입을 하지 않아도 무료로 이용할 수 있지만, 작품을 저장하고 공유하기 위해서는 회원가입을 해야 합니다.

1 화면 상단 오른쪽의 로그인 버튼을 클릭합니다.

2 이동한 화면 아래에서 '회원가입하기'를 클릭합니다.

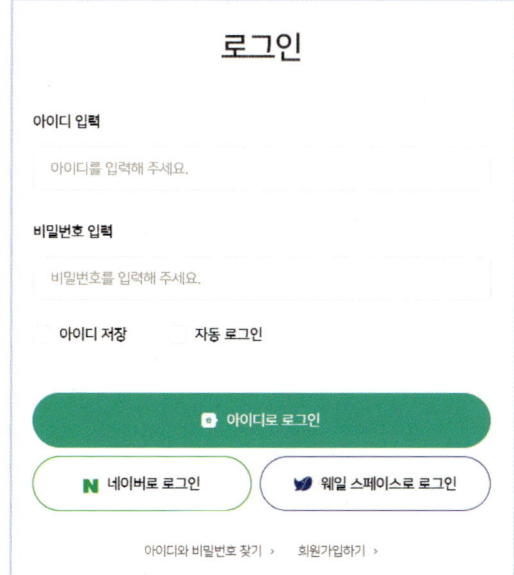

3 '필수' 부분을 마우스로 모두 클릭합니다.

4 아이디와 비밀번호를 입력한 후 '다음' 버튼을 클릭합니다.

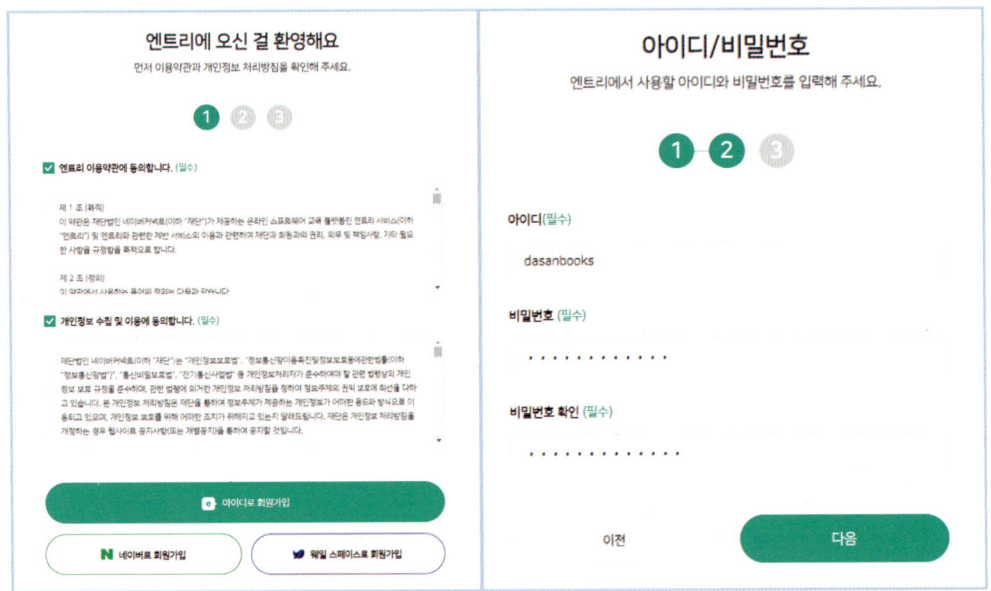

5 필수 부분을 모두 입력합니다. 이메일의 경우 비밀번호가 기억나지 않을 때 사용되므로 되도록 이메일 주소를 작성하도록 합니다.

6 회원가입이 완료됩니다. (메일 주소를 입력한 경우 사용하는 메일로 이동해 메일 인증을 해주세요.)

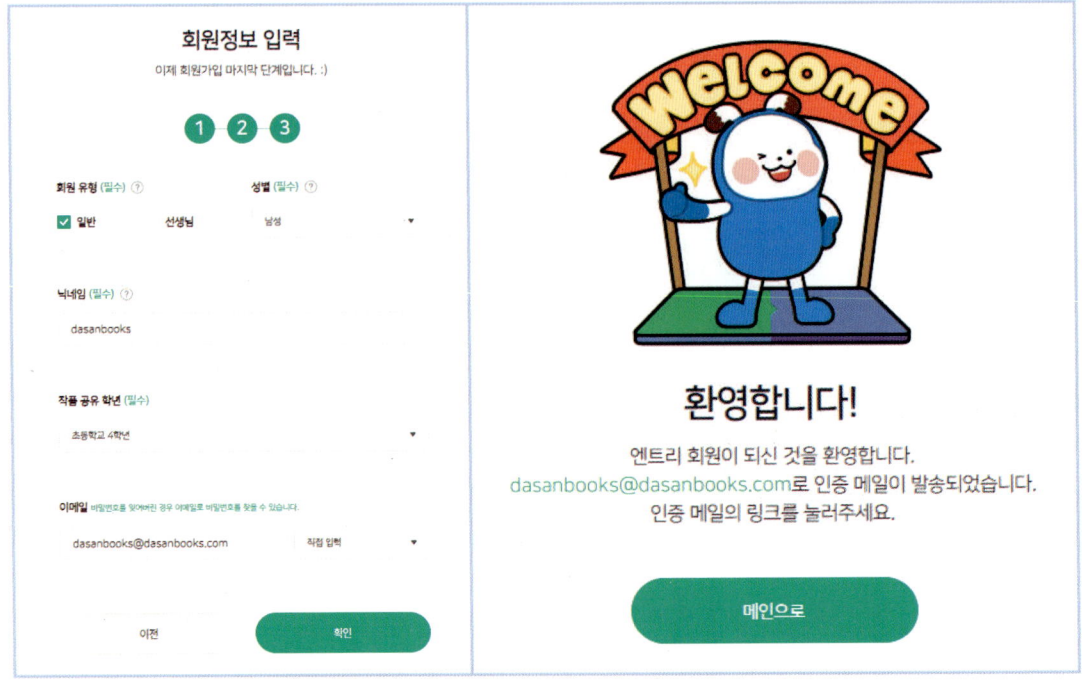

Chapter 00 SW 교육과 엔트리

엔트리 화면 구성 살펴보기

만들기 > 작품 만들기를 클릭하면 작품을 만드는 공간으로 이동합니다.

엔트리는 다음과 같은 화면으로 구성되어 있습니다.

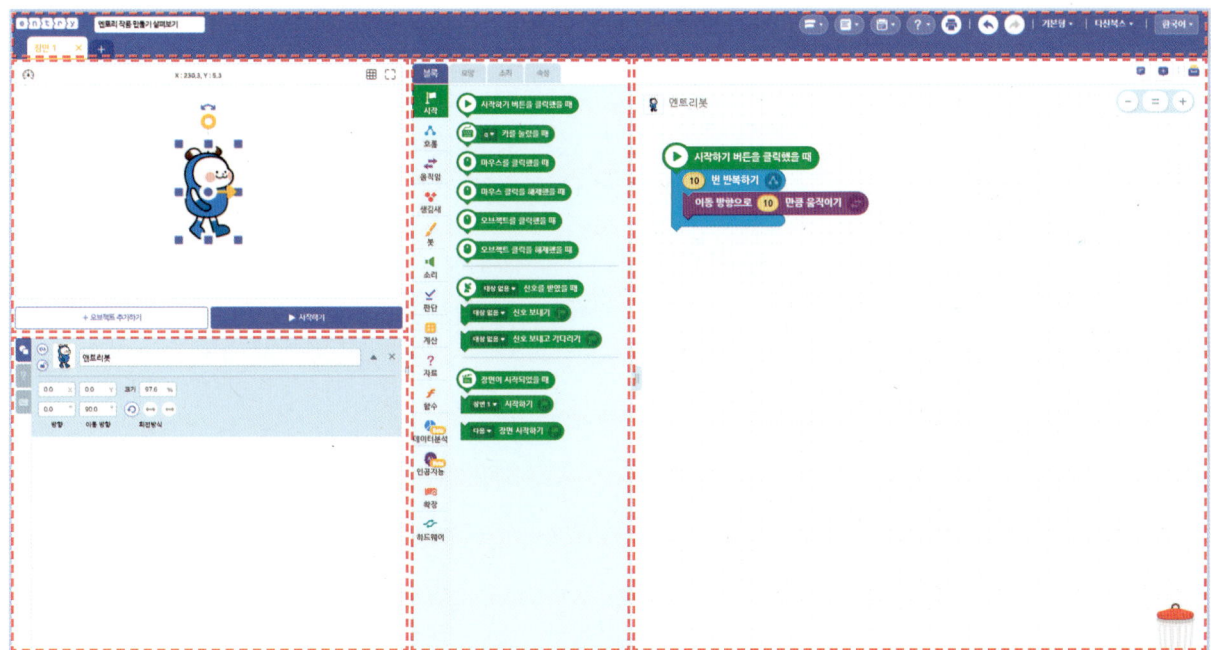

1 상단 메뉴

- **① 엔트리 로고** : 프로그래밍의 첫걸음, 엔트리의 로고입니다. 클릭하면 말풍선 메뉴가 표시됩니다. 말풍선 메뉴를 통해 엔트리 홈으로 이동하거나, 만들고 있는 작품의 상세 페이지로 이동할 수 있습니다.

- **② 작품 이름** : 작품의 제목을 확인하고, 클릭해 새로 입력하거나 수정할 수 있습니다. 작품을 효과적으로 관리하기 위해서는 작품마다 각각 제목을 입력해주는 것을 추천합니다.

- **③ 만들기 모드** : 엔트리에서 작품을 만드는 방법을 선택합니다. 선택한 모드에 따라 블록 탭의 모양이 바뀌는데 블록을 조립해서 작품을 만들거나(블록 코딩), 텍스트를 직접 입력해 작품을 만드는(엔트리 파이썬) 두 가지 모드가 있습니다.

- **④ 새로 만들기/불러오기** : 새 작품을 만들거나, 온라인/오프라인에서 작품을 불러올 수 있습니다. 각 메뉴를 클릭하면 지금 열려있는 작품에서 빠져나가게 되니 꼭 미리 작품을 저장해야 합니다.

- **⑤ 저장하기** : 작품을 로그인한 계정의 '나의 작품'(서버) 또는 내 컴퓨터에 저장합니다. 로그인하지 않은 경우 '내 컴퓨터에 저장하기'만 사용할 수 있으며, 오프라인 엔트리를 사용하는 경우에는 '저장하기'와 '복사본으로 저장하기'만 사용하실 수 있습니다.

- **⑥ 도움말** : '블록 도움말'을 클릭하면 보조 창에서 도움말 탭으로 이동합니다. 블록 꾸러미나 블록 조립소에 있는 블록을 선택하면 해당 블록의 설명이 나타납니다.

- **⑦ 출력하기** : 실행 화면과 모든 오브젝트, 코드, 속성(변수, 리스트, 신호, 함수)을 정리해서 볼 수 있는 기능입니다.

- **⑧ 되돌리기/되살리기** : 작품 내 대부분의 작업을 이전으로 되돌리거나 이후로 되살리는 유용한 기능입니다. 왼쪽 버튼을 누르면 되돌리고, 오른쪽 버튼을 누르면 되살립니다.

- **⑨ 기본형/교과형 선택** : 기본형 만들기 모드와 실과 교과형 만들기 모드를 확인할 수 있습니다.

- **⑩ 로그인 메뉴** : 로그인한 계정을 클릭하면 나타나는 메뉴입니다. 각 메뉴를 클릭하면 지금 열려있는 작품에서 빠져나가기 때문에 반드시 먼저 저장해야 합니다. 로그인하지 않으면 '로그인' 또는 '회원가입'을 클릭할 수 있습니다.

- **⑪ 언어 선택** : 만들기 화면에서 표시되는 언어를 변경할 수 있습니다. 사용할 수 있는 언어는 한국어와 영어입니다. 일본어는 LINE entry에서 사용할 수 있습니다.

Chapter 00 SW 교육과 엔트리

2 실행 화면

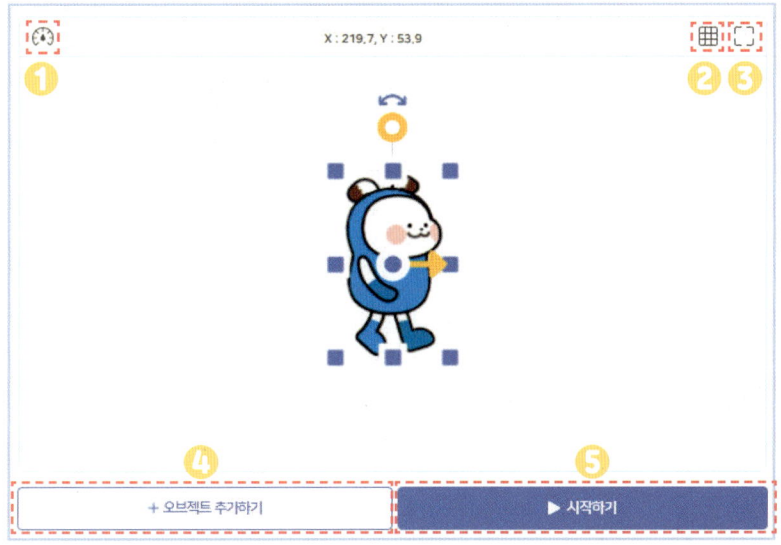

① **속도 조절 버튼** : '속도 조절' 버튼을 누르면 작품의 실행 속도를 1~5 범위에서 조절할 수 있습니다. 블록의 실행 순서를 눈으로 천천히 확인하고자 할 때 유용합니다.

② **모눈종이 버튼** : '모눈종이' 버튼을 클릭하면 실행 화면에 눈금 좌표계가 나타납니다. 오브젝트의 위치를 파악할 때 유용합니다.

③ **크게 보기 버튼** : 오른쪽 위의 '크게 보기' 버튼을 클릭하면 실행 화면을 크게 볼 수 있습니다.

④ **오브젝트 추가하기** : '오브젝트 추가하기' 버튼을 누르면 원하는 오브젝트를 오브젝트 목록에 추가할 수 있습니다.

⑤ **시작하기 버튼** : '시작하기' 버튼을 누르면 작품을 실행할 수 있습니다.

3 보조창

 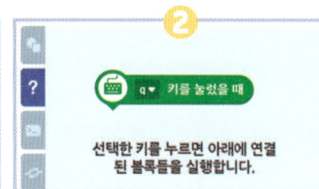 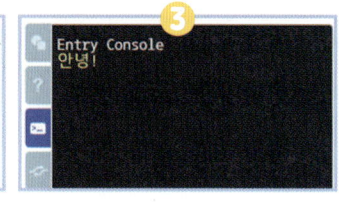 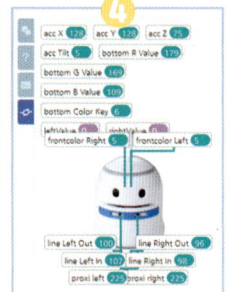

① **오브젝트 목록 탭**: 선택한 장면에서 오브젝트를 추가하거나 관리하는 영역입니다. 실행 화면 아래에 있습니다. 오브젝트에 대한 다양한 정보를 보여줍니다.

② **도움말 탭**: 도움말 탭은 블록 꾸러미나 블록 조립소에 있는 블록을 선택하면 해당 블록의 설명이 나타나는 영역입니다.

③ **엔트리 콘솔 탭**: 엔트리 파이썬 모드에서 명령어를 입력하는 데 사용하는 영역입니다. 블록 코딩 모드에서는 대답 창 대신 대답을 입력하는 데 사용할 수 있습니다.

④ **하드웨어 상세 탭**: 하드웨어를 연결하면 나타나는 탭입니다. 엔트리에 연결한 하드웨어의 상세 정보를 확인하는 영역입니다. 작품을 실행하지 않아도 하드웨어의 입력/출력값을 실시간으로 확인할 수 있습니다.

4 중간 메뉴(블록 꾸러미)

① **블록 탭**: 오브젝트가 '어떻게 동작할 것인지'에 대한 정보를 담고 있습니다. 엔트리에서 텍스트 코드 대신 사용되는 블록 코드가 바로 여기에 들어 있습니다.

② **모양 탭**: 오브젝트가 '어떻게 보일 것인지'에 대한 정보를 담고 있습니다. 하나 또는 여러 개의 이미지로 이루어지고, 각각 순서를 정할 수 있습니다. 이미지는 엔트리에서 기본적으로 제공하는 것 중에서 고를 수도 있고, 이미지 파일을 업로드하거나 그림판 기능을 이용해 직접 그려 사용하는 것도 가능합니다.

③ **소리 탭**: 오브젝트에서 '어떤 소리가 날 것인지'에 대한 정보를 담고 있습니다. 모양과 비슷하게 하나 또는 여러 개의 오디오로 이루어지고, 각각 순서를 정할 수 있습니다. 소리는 엔트리에서 기본적으로 제공하는 것 중에서 고르거나, 오디오 파일을 업로드해 사용할 수 있습니다.

④ **속성 탭**: 오브젝트에서 '어떤 값을 활용할 것인지'에 대한 정보를 담고 있습니다. 속성에는 '변수', '리스트', '신호', '함수'가 있고 이는 모두 오브젝트가 동작하는데 필요한 값에 대한 정보입니다.

Chapter 00 SW 교육과 엔트리

5 블록 조립소

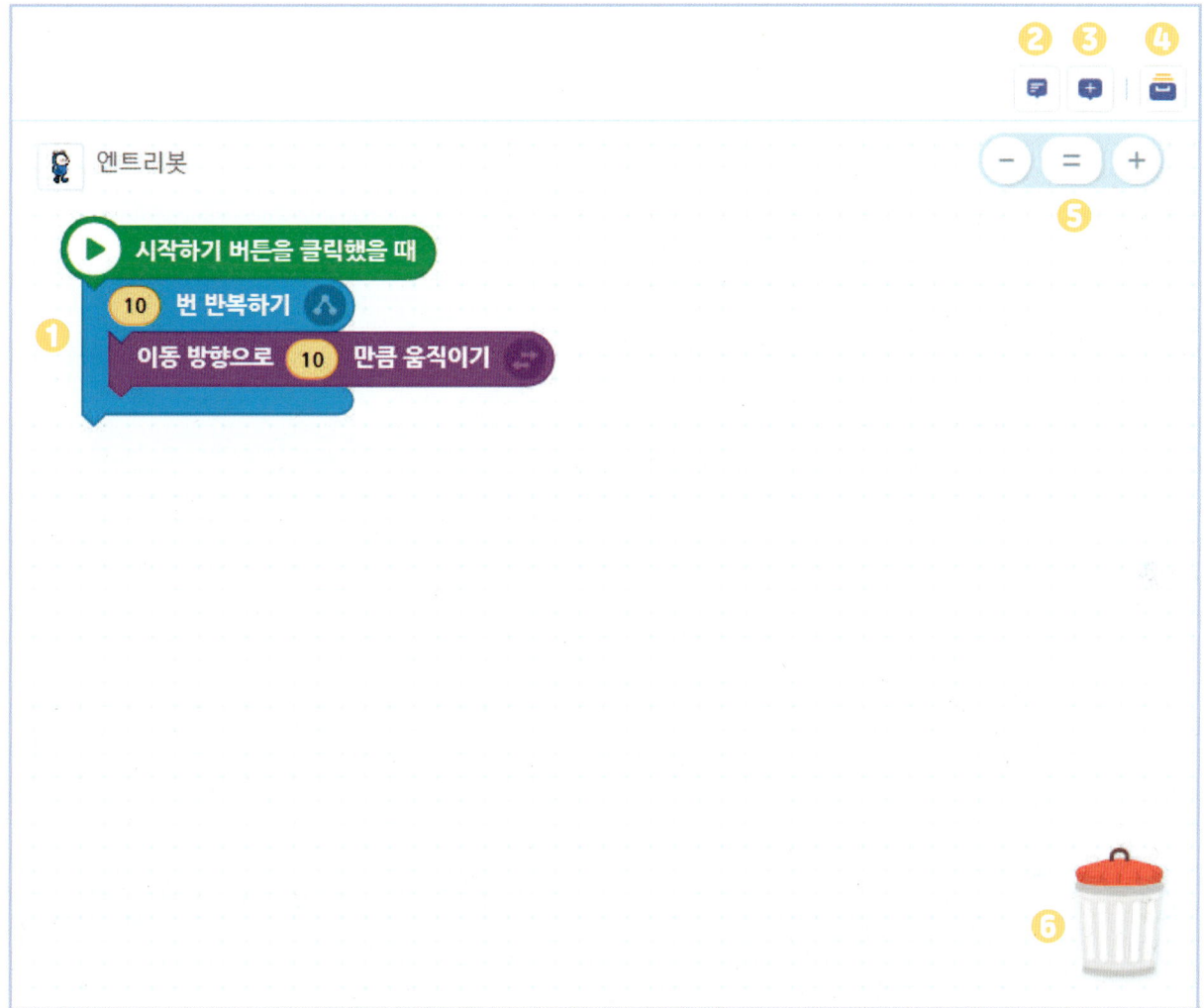

① **블록 조립** : 중간 메뉴의 블록 꾸러미에서 블록을 가져와 조립할 수 있습니다. 블록 꾸러미에서 가져온 블록을 조립하면 블록(또는 명령어)은 '코드'라는 이름으로 불립니다.

② **모든 메모 보기** : 작성한 메모를 모두 확인할 수 있습니다.

③ **메모 추가하기** : 메모를 추가할 수 있습니다.

④ **나의 보관함** : 보관한 블록을 가져올 수 있습니다.

⑤ **블록 사이즈 조정** : 블록 조립소의 블록을 축소/100%/확대합니다.

⑥ **휴지통** : 사용하지 않는 블록은 휴지통으로 드래그하여 삭제할 수 있습니다.

오브젝트 알아보기

오브젝트는 명령어를 통해 움직일 수 있는 캐릭터, 배경, 글상자 등을 말합니다. 오브젝트는 이름, 위치, 크기, 방향, 이동 방향, 회전 방식의 정보를 가지고 있습니다.

❶ **방향 핸들** : 오브젝트의 중심을 기준으로 드래그를 하며 방향을 조절합니다. 오브젝트 방향 핸들을 바꾸면 오브젝트가 바라보는 방향도 함께 바뀝니다.

❷ **셀렉트 박스** : 마우스로 크기 조절점을 드래그하면 오브젝트의 크기를 조절할 수 있습니다.

❸ **중심점, 중심축** : 드래그해서 중심 위치를 조절합니다. 중심점은 오브젝트 속성의 좌표입니다. 오브젝트를 이동할 때에도 이 중심점을 기준으로 이동하며 오브젝트의 방향을 회전할 때의 중심축이기도 합니다.

❹ **이동방향 화살표** : 드래그해서 오브젝트가 이동할 수 있는 이동 방향을 조절합니다.

❺ **오브젝트 추가하기** : 다양한 오브젝트를 추가할 수 있습니다.

❻ **잠금/해제, 보이기/숨기기** : 오브젝트를 움직이지 못하게 잠그거나 눈에 보이지 않도록 숨기기 처리를 할 수 있습니다.

❼ **오브젝트 이름** : 오브젝트의 이름을 나타냅니다.

❽ **오브젝트 위치** : 실행 화면에서의 오브젝트의 위치를 나타내며 x : -240~240, y : -135~135의 좌표를 가집니다.

❾ **크기** : 오브젝트의 크기 값을 나타냅니다.

❿ **방향** : 회전 방향을 나타내며 0~360의 각도 값으로 나타냅니다.

⓫ **이동 방향** : 오브젝트가 이동할 수 있는 방향 값을 나타내며 0~360의 각도 값으로 나타냅니다.

⓬ **회전 방식** : 오브젝트의 회전 방식을 결정합니다.

Chapter 00 SW 교육과 엔트리

오프라인 파일 불러오기

실습에 사용되는 오브젝트는 '오프라인 파일' 형태로 제공됩니다. 다음과 같이 '오프라인 작품 불러오기'를 이용하면 실습에 사용하는 오브젝트 이미지들을 사용할 수 있습니다.

(1) 오프라인 불러오기 버튼을 클릭합니다.

(2) 파일이 저장된 위치의 폴더로 이동하면 엔트리 파일을 선택한 후 열기 버튼을 클릭합니다.

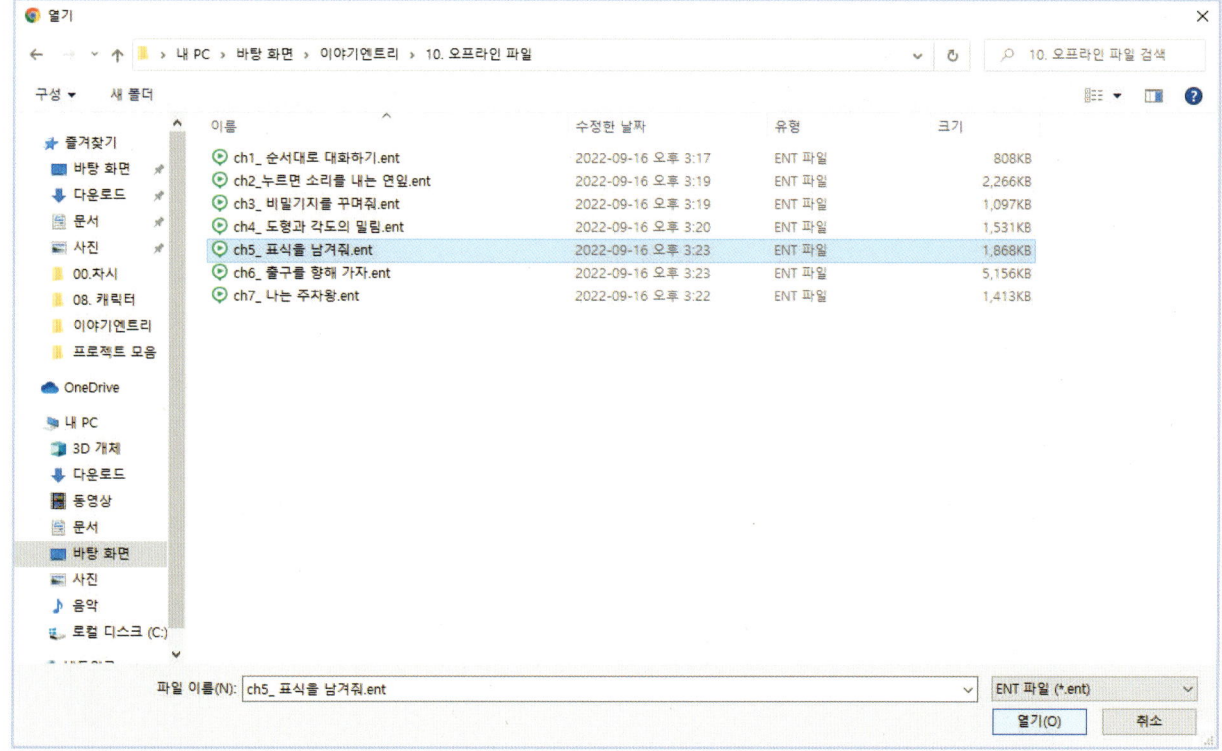

♥ 예제 파일 내려받기

1. 다산스마트에듀홈페이지(https://www.dasansmartedu.com/)에 접속합니다.
2. [고객지원]→[자료실]에서 도서명에 맞는 예제 파일을 본인 컴퓨터에 다운로드 합니다.
3. 원하시는 폴더에 다운로드 한 압축 파일을 풉니다.

엔트리 온라인에서 파일 열기

엔트리 온라인의 경우 [로그인]-[만들기]-[작품 만들기]-[파일]-[오프라인 작품 불러오기]를 선택합니다. 예제 파일이 있는 폴더에서 사용할 파일을 선택하고 [열기]를 누르면 예제 파일이 나옵니다.

엔트리 오프라인에서 파일 열기

1. 엔트리 오프라인은 별도 설치가 필요합니다.
   (다운로드 링크 - https://playentry.org/download/offline)
2. 엔트리 오프라인 프로그램을 실행하고 [파일]-[만들기]-[오프라인 작품 불러오기]를 선택합니다. 예제 파일이 있는 폴더에서 사용할 파일을 선택하고 [열기]를 누르면 예제 파일이 나옵니다.

♥ 예제 파일 온라인 엔트리에서 확인하기

1. 다산스마트에듀 엔트리 페이지(http://naver.me/FZqtVeta)에 접속합니다.
2. 각 작품에서 [클릭]-[리메이크하기]-[저장 버튼]-[저장하기]를 선택하면 나의 작품으로 저장되어 실습용으로 활용할 수 있습니다.

♥ 학습 참고 영상 이용 방법

작품별 학습 참고 영상을 제공합니다. 학습 참고 영상은 차시별 링크와 QR코드로 접속하실 수 있습니다.

링크로 접속하기

예제 파일 다운로드 시 학습 참고 영상 링크도 함께 다운로드 받을 수 있습니다. 차시별로 정리된 링크에 접속하면 학습 참고 영상을 확인할 수 있습니다.

QR코드로 접속하기

각 차시 첫 페이지 상단에 있는 QR코드를 스마트폰 인식하면 학습 참고 영상을 확인할 수 있습니다.

교강사 자료 신청하기

Chapter 01

순서대로 대화하기

Chapter 01 순서대로 대화하기

서로 처음 만나게 된 '주인공'과 '마법사'가 인사를 하고 대화를 나눕니다. 대화가 겹치지 않게 순서대로 말하는 프로젝트를 만들어볼까요?

프로젝트 난이도 ★☆☆

실습 영상
· 실습 파일 : ch1.순서대로 대화하기(실습).ent
· 완성 파일 : ch1.순서대로 대화하기(완성).ent

💛 학습 목표

- 순차 구조를 설명할 수 있다.
- [말하기] 블록을 활용해 오브젝트가 말하기를 하도록 만들 수 있다.
- 두 개의 오브젝트가 서로 대화를 하도록 만들 수 있다.

💛 프로젝트 미리보기

💛 오늘의 이야기

떨어진 쪽지를 읽고 있는데, 갑자기 내 앞에 마법사가 나타났습니다.

"안녕?"

 "그래, 안녕? 넌 누구니?"

"내 쪽지를 받은 아이 맞지? 나는 앞으로 네가 할 모험을 도와줄 마법사야."

 "마법을 부리는 그 마법사 말하는 거야? 갑자기 모험이라니? 나는 그저 평범한 아이인걸?"

"너는 선택 받은 아이야.
우리는 함께 각 도시에 있는 몬스터를 피해서 최종 보스에게 갈 거야.
너는 최종 보스와 싸워서 승리해야 해."

 "나는 한 번도 싸움을 해본 적이 없어. 내가 할 수 있을까?"

"제발 부탁이야. 내가 도와줄게! 더 이상 도시가 파괴되지 않도록 도와줘."

개념 다지기

알아보기

알고리즘

알고리즘이란 어떠한 문제를 해결하기 위한 절차나 방법을 자세히 설명하는 과정입니다. 이러한 알고리즘을 바탕으로 프로그램을 만듭니다.

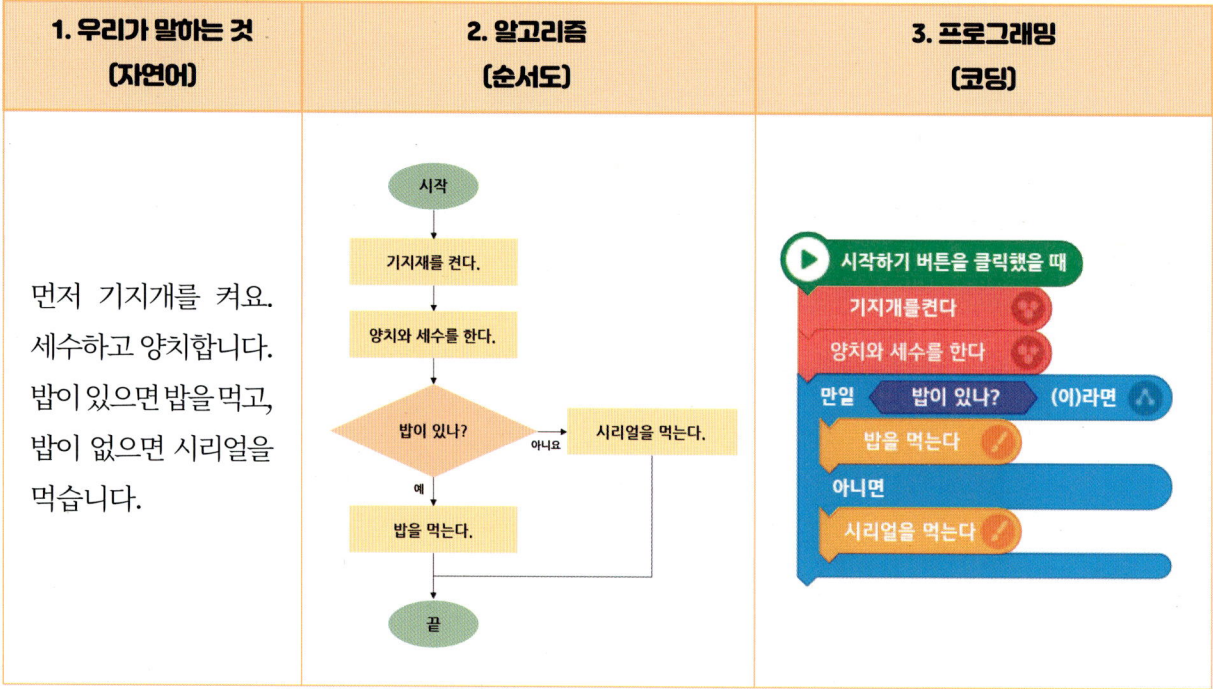

순차 구조

프로그램에서 명령어가 순서대로 동작하는 것을 순차라고 합니다. 엔트리는 위에서 아래 방향 순서로 명령어가 동작합니다. 순서가 바뀌면 다른 동작을 하게 되므로 순서대로 명령어를 만드는 것이 중요합니다.

프로그래밍하기

프로젝트 만들기

Step 1 말하기

오브젝트마다 다른 동작을 하도록 만들 수 있어요. 먼저 '마법사' 오브젝트가 말을 하게 만들어볼까요?

1 [모양] 탭을 클릭하여 주인공 성별을 선택할 수 있습니다.

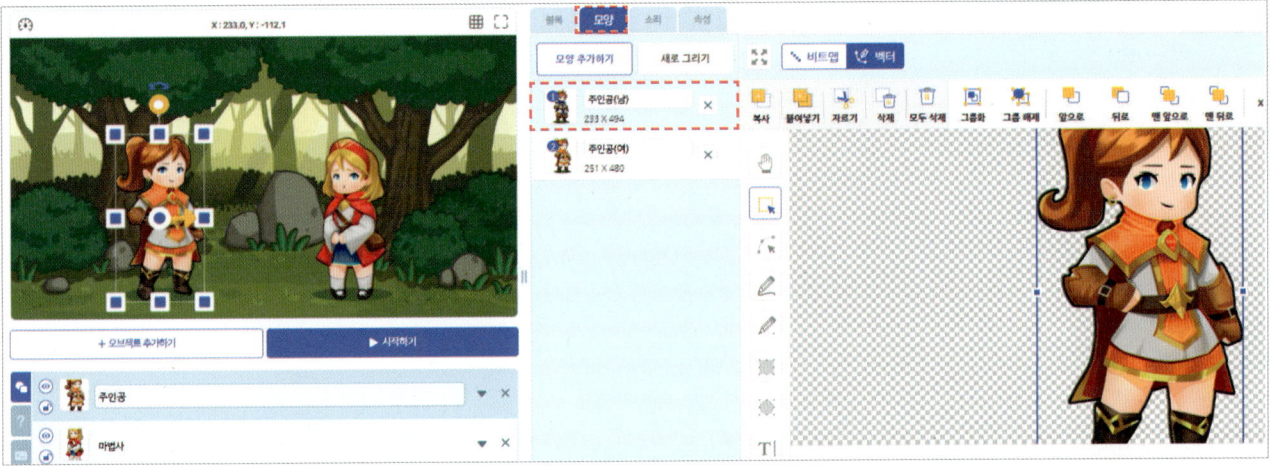

2 '마법사' 오브젝트를 클릭한 후, [시작] 카테고리를 클릭하고 [시작하기 버튼을 클릭했을 때] 블록을 가져옵니다.

길라잡이

3 [생김새] 카테고리에서 [안녕! 을(를) 4초 동안 말하기] 블록을 가져와 [안녕? 을(를) 2초 동안 말하기]로 수정합니다.

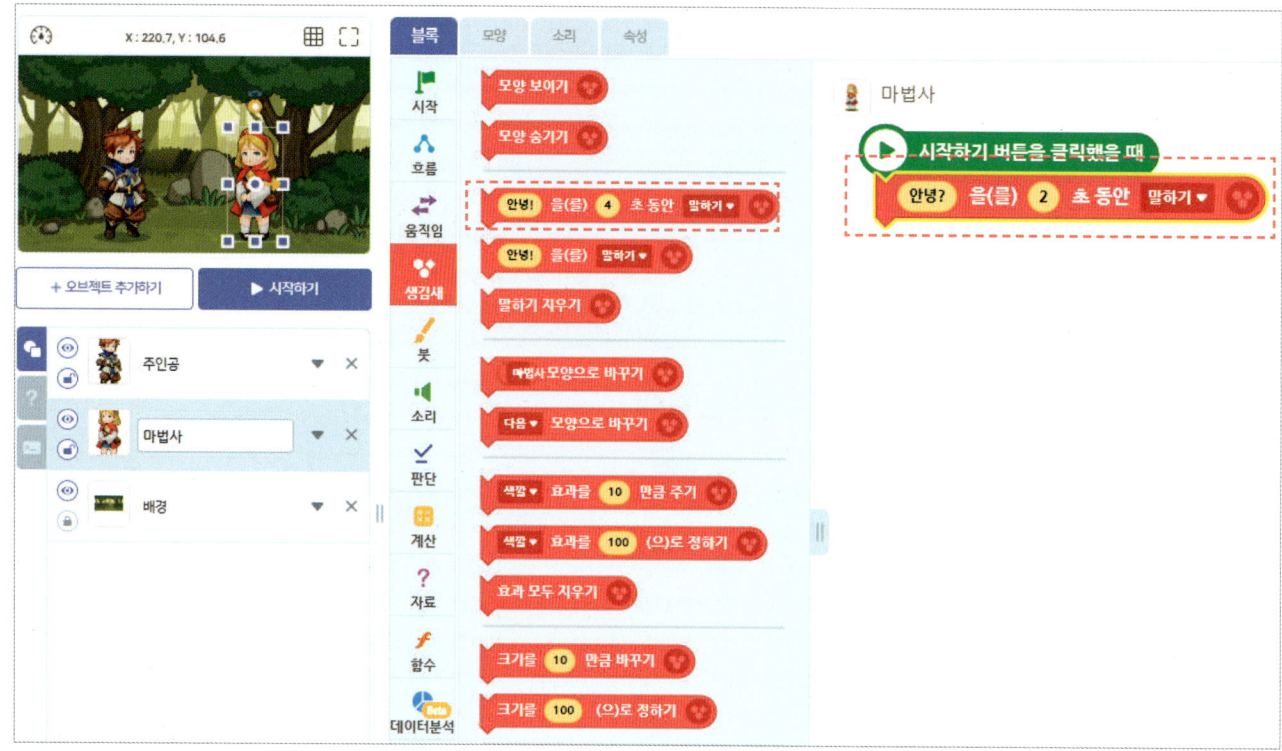

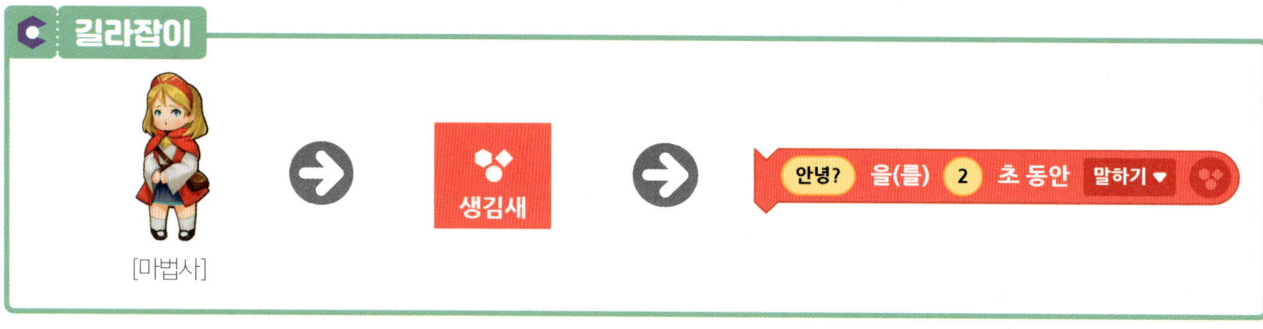

Step 2 코드 복사/붙여넣기

똑같은 내용의 코드는 복사/붙여넣기 기능을 활용할 수 있습니다. 이제 복사/붙여넣기를 이용하여 코드를 만들어봅시다.

4 '마법사' 오브젝트의 [시작하기 버튼을 클릭했을 때] 블록 위에서 마우스 오른쪽 버튼을 클릭한 후 [코드 복사] 메뉴를 클릭합니다.

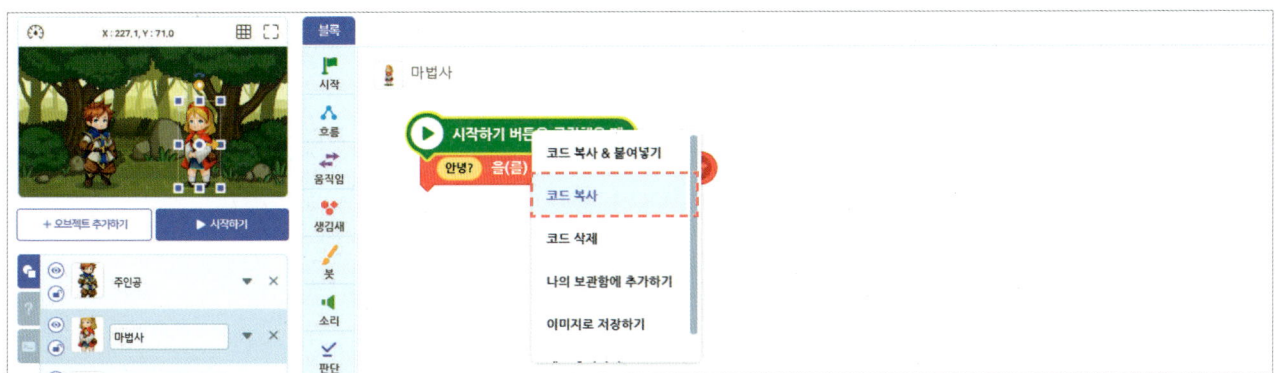

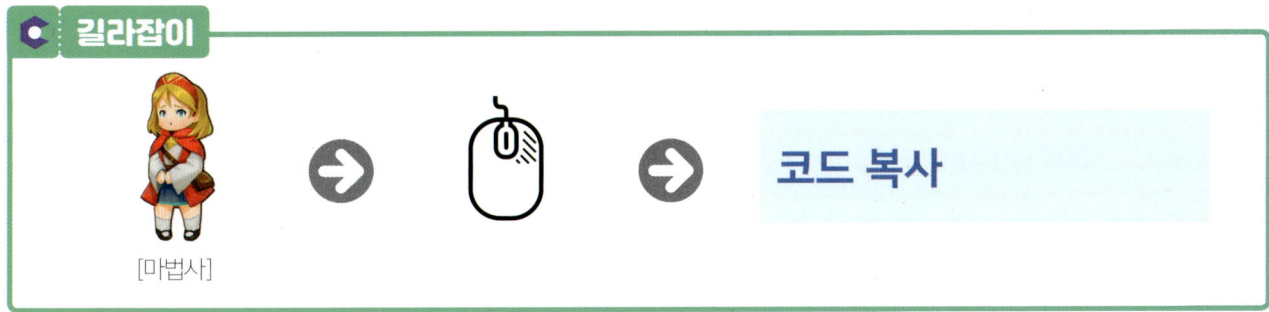

[마법사]

5 '주인공' 오브젝트를 선택한 후, 블록 조립소에서 마우스 오른쪽 버튼을 클릭하여 [붙여넣기] 메뉴를 클릭합니다.

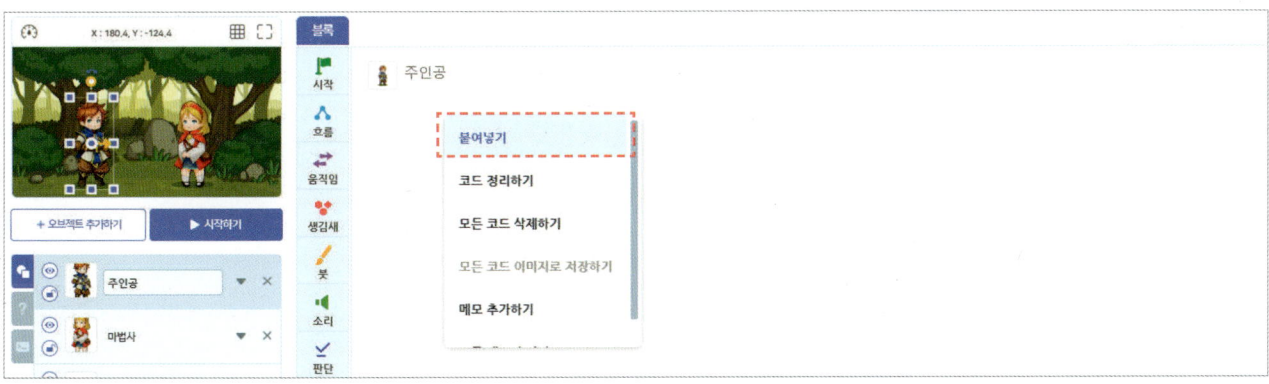

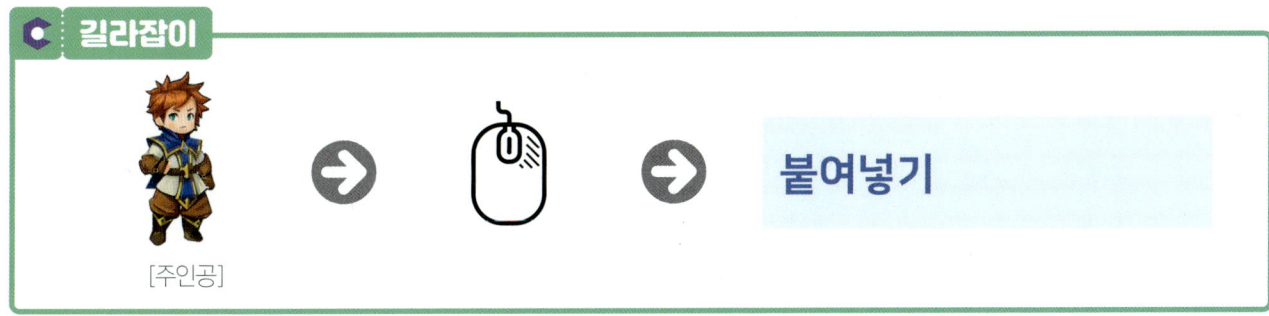

[주인공]

6 '주인공' 오브젝트가 말하고 싶은 내용과 시간으로 수정합니다. (내용 : 그래, 안녕? 넌 누구니?)

Step 3 기다리기

코드 복사/붙여넣기를 하고 나니 주인공과 마법사가 동시에 말을 하네요. 서로 대화를 하려면 상대방이 말을 하는 동안 기다리는 시간이 필요하겠죠? 상대가 말하는 동안 기다릴 수 있도록 만들어봅시다.

7 [흐름] 카테고리에서 [2초 기다리기] 블록을 가져옵니다. 여기서 시간을 '마법사' 오브젝트가 말하는 시간 동안 '주인공' 오브젝트가 기다리도록 수정합니다. ('마법사' 오브젝트가 3초 말하면 3초 기다리기)

Step 4 대화 이어가기

'주인공' 오브젝트의 이야기를 듣고 '마법사' 오브젝트가 대화를 이어가도록 만들어봅시다.

8 '마법사' 오브젝트를 클릭한 후, [흐름] 카테고리에서 [2초 기다리기] 블록을 가져와 '주인공' 오브젝트가 말하는 시간 동안 기다리도록 합니다.

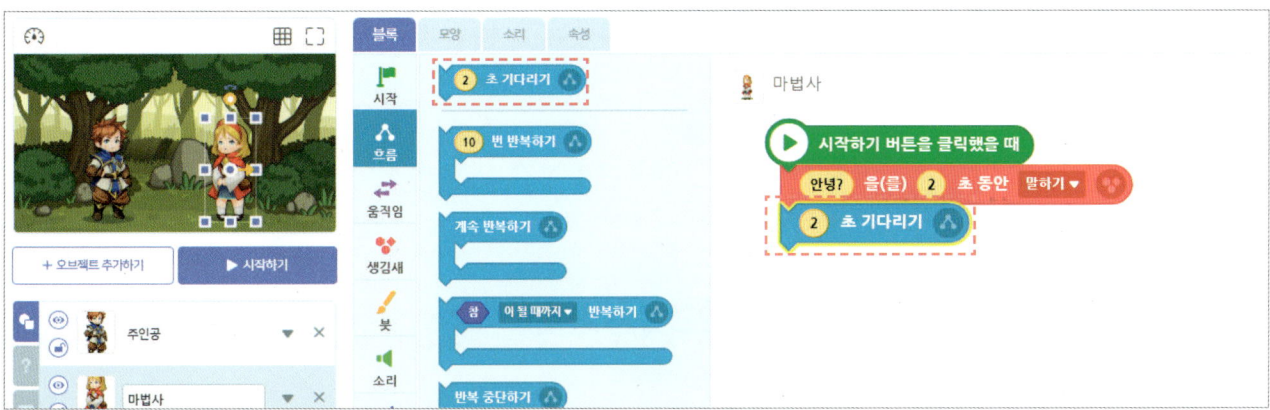

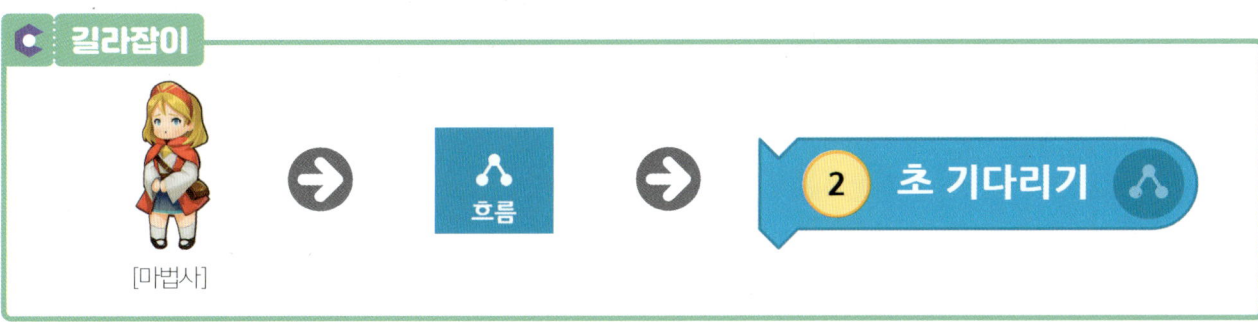

9 [생김새] 카테고리에서 [안녕! 을(를) 4초 동안 말하기] 블록을 가져와 말하고 싶은 내용과 시간으로 수정합니다. (내용 : 내 쪽지를 받은 아이 맞지? 나는 앞으로 네가 할 모험을 도와줄 마법사야.)

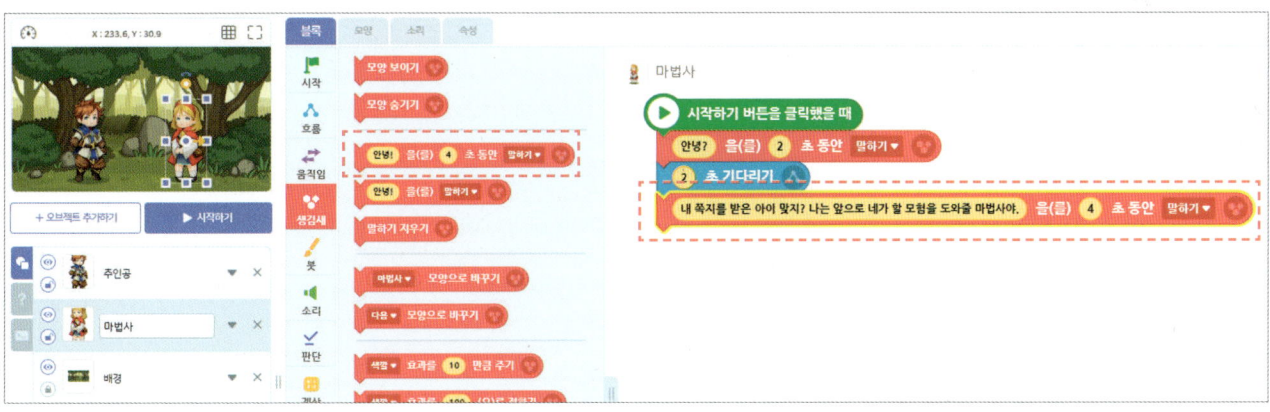

Chapter 01 | 순서대로 대화하기   35

정리하기

전체 코드 보기

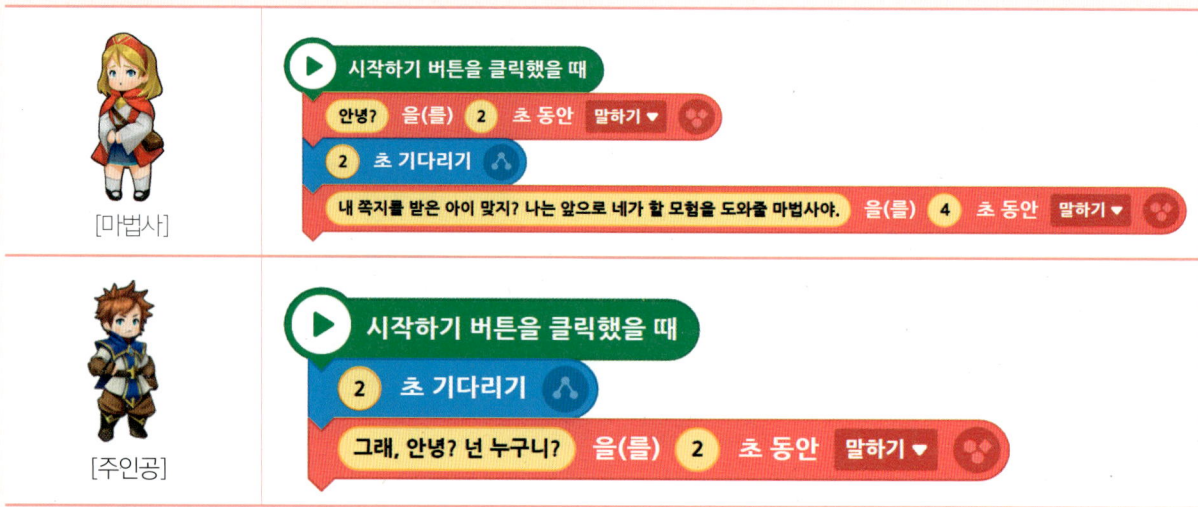

발전시키기

• 두 오브젝트가 더 많은 대화를 하도록 코드를 만들어보세요. (오늘의 이야기 내용 참고)

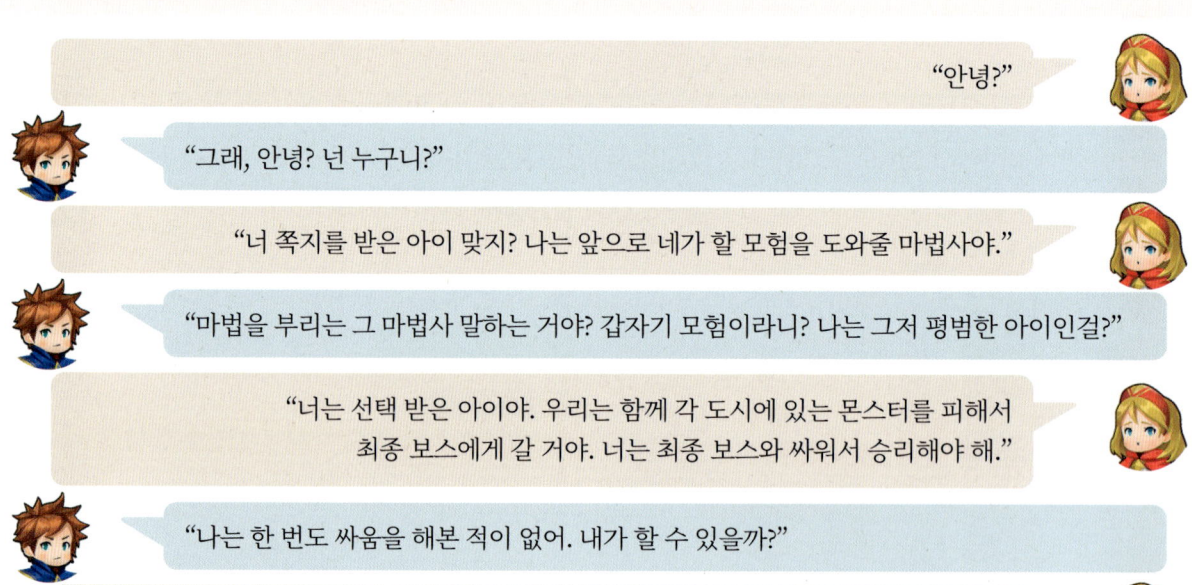

요약하기

• 알고리즘은 어떠한 문제를 해결하기 위해 정해진 일련의 순서입니다.
• 순차는 프로그래밍에서 컴퓨터의 명령을 순서대로 실행하도록 하는 것입니다.
• 명령어를 통해 움직일 수 있는 그림을 오브젝트라고 부르며, 오브젝트마다 코딩할 수 있습니다.

Chapter 02

누르면 소리를 내는 연잎

Chapter 02 누르면 소리를 내는 연잎

첫 모험 장소는 연못이에요. 연잎을 밟고 연못을 건너야 합니다. 연잎은 밟으면 소리가 납니다.
그런데 소리가 안 나는 연잎이 있어요. 소리가 나도록 만들어볼까요?

프로젝트 난이도 ★☆☆

실습 영상
· 실습 파일 : ch2.누르면 소리를 내는 연잎(실습).ent
· 완성 파일 : ch2.누르면 소리를 내는 연잎(완성).ent

💛 학습 목표

- 이벤트 개념을 설명할 수 있다.
- 반복 구조를 설명할 수 있다.
- 악기 프로그램을 만들 수 있다.

💛 프로젝트 미리보기

오늘의 이야기

나는 골드랜드의 제1 도시에 살고 있어요.
제2 도시로 넘어가기 위해서는 두 도시 사이의 연못을 건너야 합니다.

"일단 도시 곳곳에서 하급 몬스터와 중간 보스들이
황금을 채굴하기 위해 땅을 조사하고 있어.
그리고 사람들을 잡아다가 황금을 채굴하는 노예로 부리고 있지.
너도 잡히지 않게 조심해야 해."

"뒤에 선인장같이 생긴 저것이 하급 몬스터 케티야?"

"맞아! 잡히면 안 돼. 얼른 이 연못을 건너가도록 해!
연못을 건너는 방법을 알려줄게.
연못 위에 있는 연잎은 소리가 나면 단단해져서 징검다리 역할을 할 수 있어.
내가 여러 개의 소리를 줄 테니 연잎에 소리가 나도록 만들어서 건너오도록 해.
서둘러야 해!"

개념 다지기

알아보기

이벤트

어떤 신호를 발생시켰을 때 동작하는 것을 말합니다. 예를 들어, 마우스나 키보드를 눌렀을 때 캐릭터가 동작하는 것 또는 버튼을 눌렀을 때 음악이 재생되는 것 등이 있습니다.

마우스 이벤트	키보드 이벤트
마우스를 클릭하면 캐릭터가 움직입니다.	키보드를 누르면 캐릭터가 움직입니다.

반복 구조

순서대로 동작하는 코드가 규칙을 가질 때 코드를 묶어서 동작할 수 있습니다. 이를 반복 구조라고 합니다. 반복에는 여러 종류가 있으며, 종료 버튼을 누르기 전까지 계속 반복하는 것을 계속 반복하기라고 합니다.

순차 구조	반복 구조
위에서 아래 방향으로 차례대로 동작합니다.	반복하기 안에 들어 있는 블록을 계속 반복합니다.

🌼 여러 가지 형태의 반복 구조

반복 구조는 종료 버튼을 누르기 전까지 계속 반복하는 계속 반복하기뿐만 아니라 일정한 횟수를 넣어 반복하기를 할 수도 있습니다.

계속 반복하기	횟수 반복하기

🌼 오브젝트 중심점

엔트리의 모든 오브젝트에는 '오브젝트 중심점'이 있습니다. 이 중심점을 기준으로 오브젝트가 회전하거나 마우스포인터를 따라 이동합니다. 오브젝트 중심점은 마우스를 이용하여 위치를 변경할 수 있습니다.

🌼 소리 추가하기

[소리] 탭에서 소리를 추가할 수 있습니다. 엔트리에서 기본으로 제공하는 소리뿐만 아니라 원하는 소리를 직접 [파일 올리기]를 통해 사용할 수 있습니다.

소리 탭	소리 추가하기
[소리] 탭 > [소리 추가하기] 클릭	소리를 찾거나 직접 소리 파일을 업로드

프로그래밍하기

프로젝트 만들기

Step 1 오브젝트 중심점 바꾸기

오브젝트 중심에 있는 중심점은 마우스의 위치를 나타냅니다. '주인공' 오브젝트의 중심점을 바꿔 봅시다.

1 '주인공' 오브젝트를 선택한 후, 오브젝트의 중심점 위치를 발밑 빈 곳으로 변경합니다.

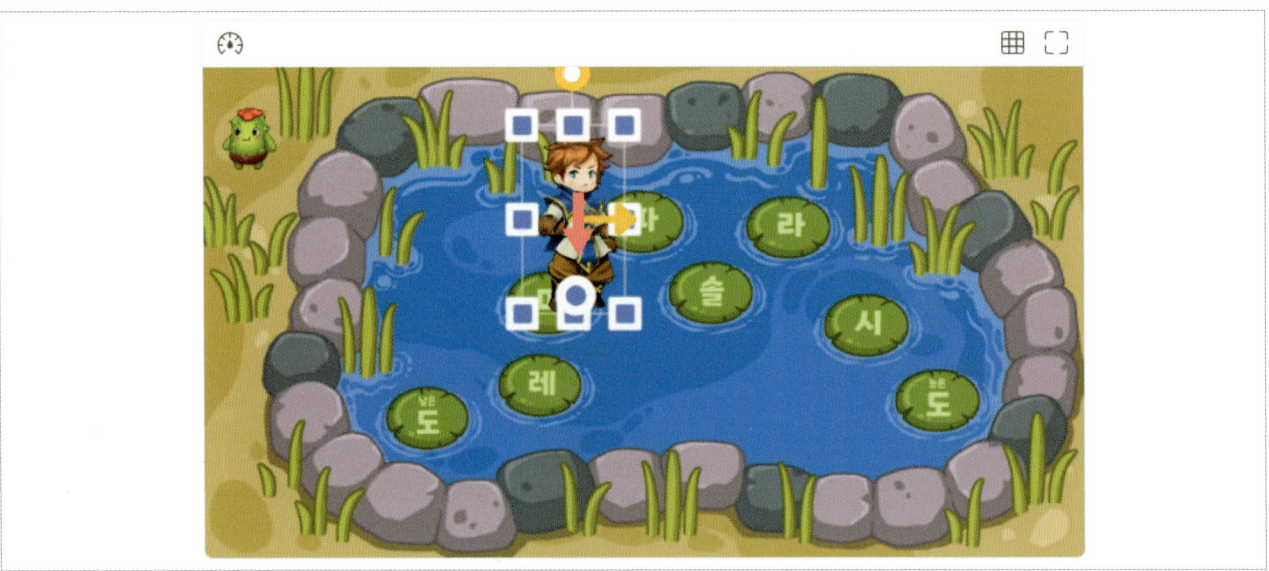

길라잡이

 →  → '주인공' 오브젝트 중심점을 주인공 발밑으로 옮기기

[주인공]

Tip

오브젝트 중심점을 '주인공' 오브젝트의 발밑 빈 곳으로 옮겨주세요. 중심점이 '주인공' 오브젝트 위에 있는 경우 연잎 오브젝트를 클릭할 수 없습니다.

빈 공간(O)   주인공 오브젝트 발 위(X)

Step 2 마우스포인터 계속 따라다니기

시작하기 버튼을 클릭한 후 '주인공' 오브젝트가 계속 마우스를 따라다니도록 합니다. 오브젝트 중심점 위치로 마우스포인터가 따라다니는 것을 확인해 볼까요?

2 '주인공' 오브젝트를 클릭한 후, [시작] 카테고리에서 [시작하기 버튼을 클릭했을 때] 블록을 가져옵니다.

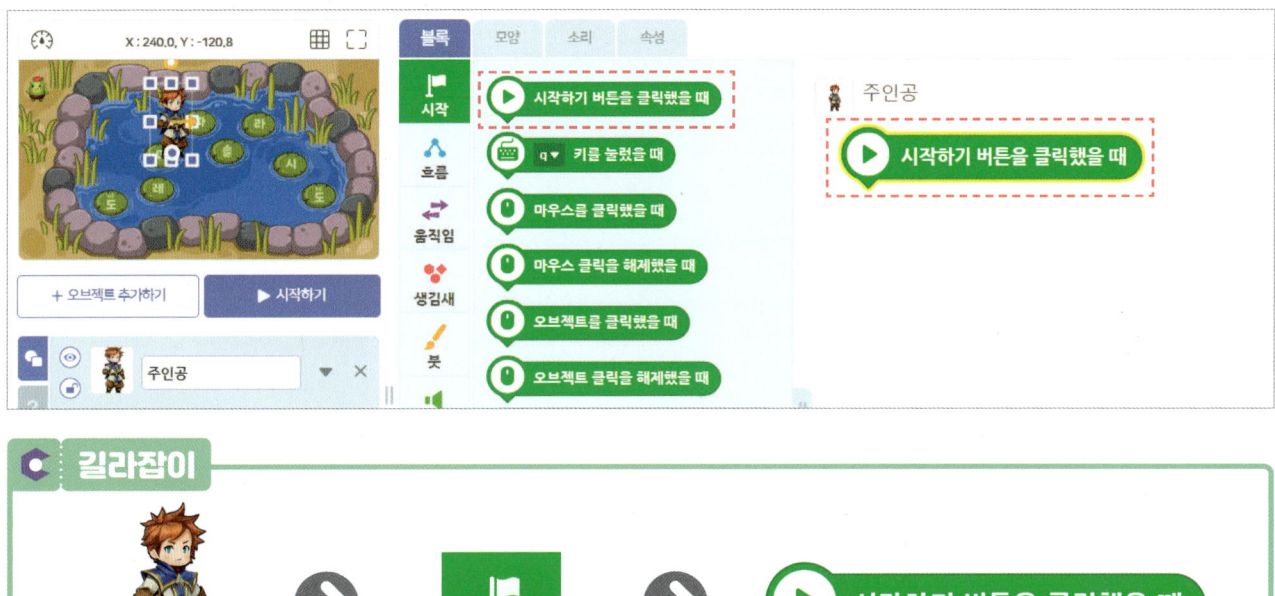

3 [흐름] 카테고리에서 [계속 반복하기] 블록을 가져옵니다.

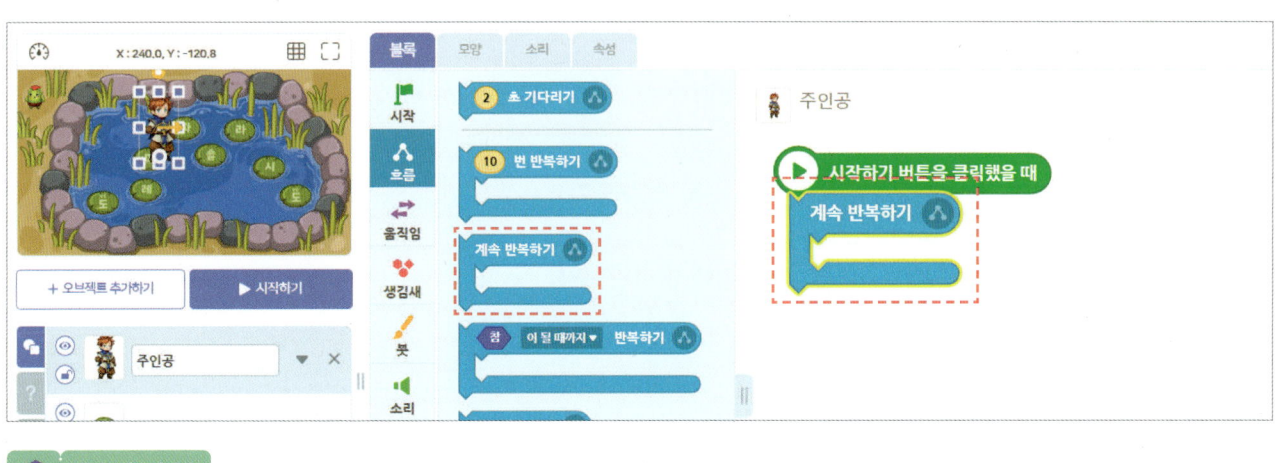

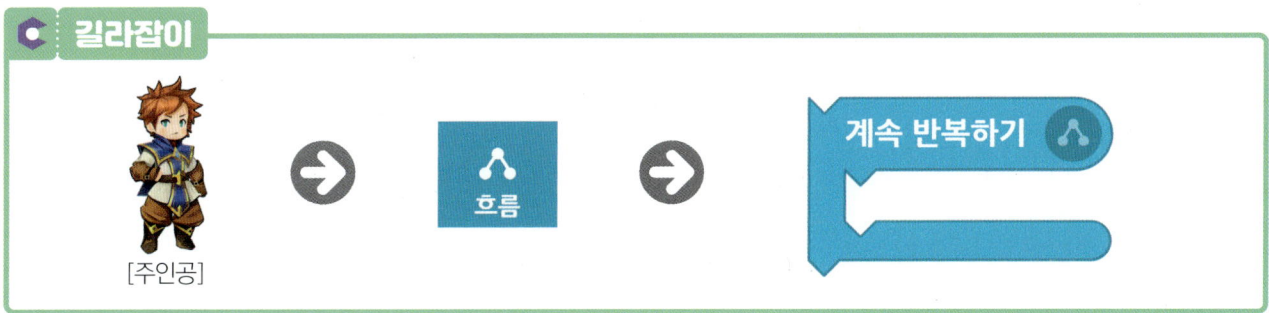

4 [움직임] 카테고리에서 [주인공 위치로 이동하기] 블록을 가져와 [마우스포인터 위치로 이동하기]로 수정합니다.

Step 3 소리내기

'연잎' 오브젝트에 넣을 소리를 추가하고, 클릭하면 소리가 나도록 해봅시다.

5 '낮은 도' 오브젝트를 클릭한 후, [소리] 탭 – [소리 추가하기]를 클릭합니다.

6 [악기] 카테고리에서 [피아노] – [피아노_04도]를 추가합니다.

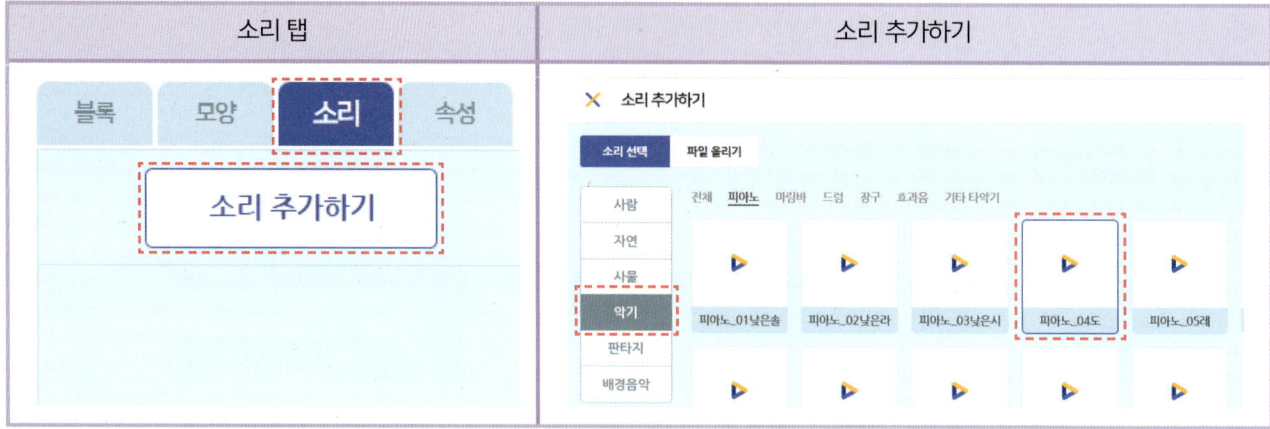

7 '낮은 도' 오브젝트를 클릭한 후, [시작] 카테고리에서 [오브젝트를 클릭했을 때] 블록을 가져옵니다.

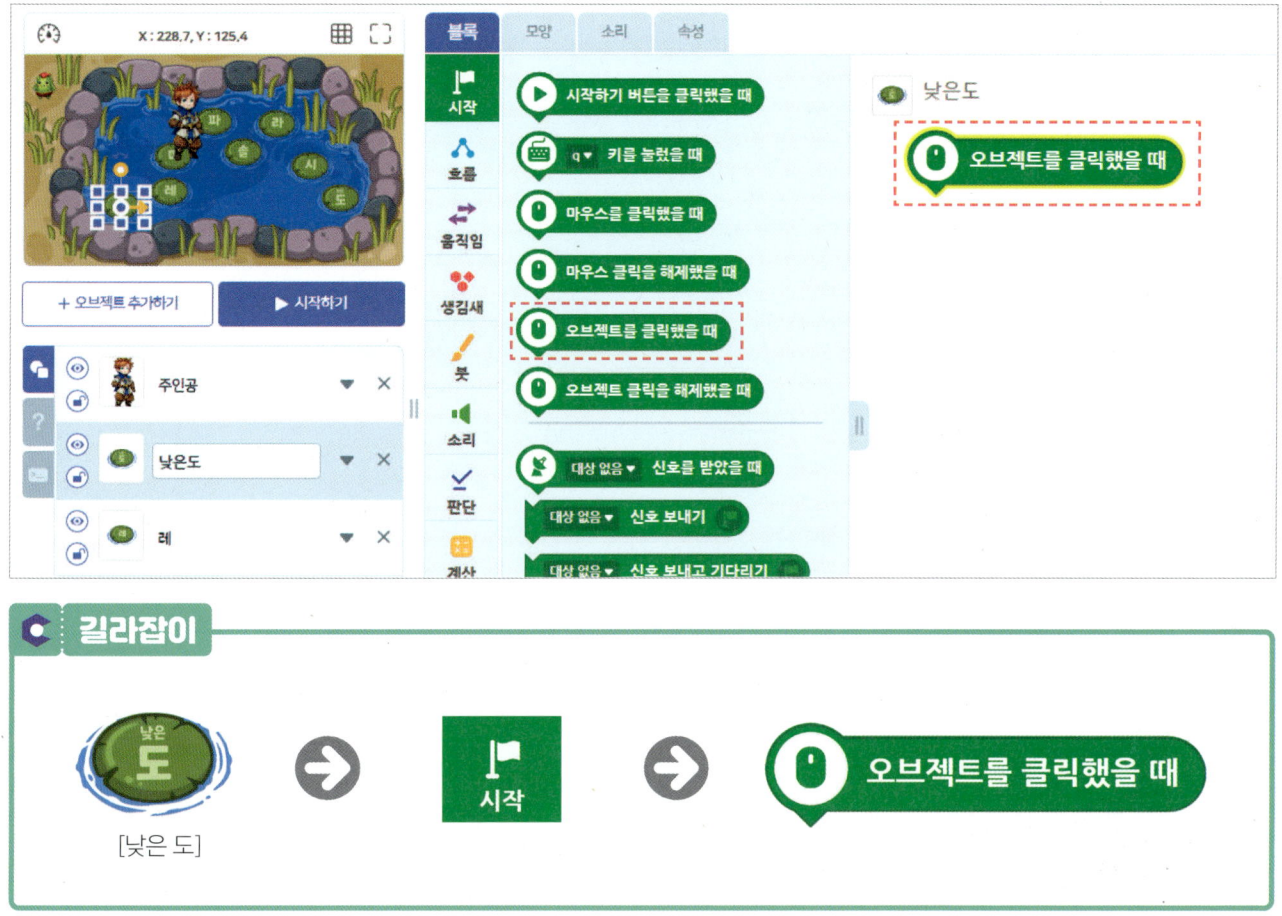

8 [소리] 카테고리에서 [소리 피아노_04도 재생하기] 블록을 가져옵니다.

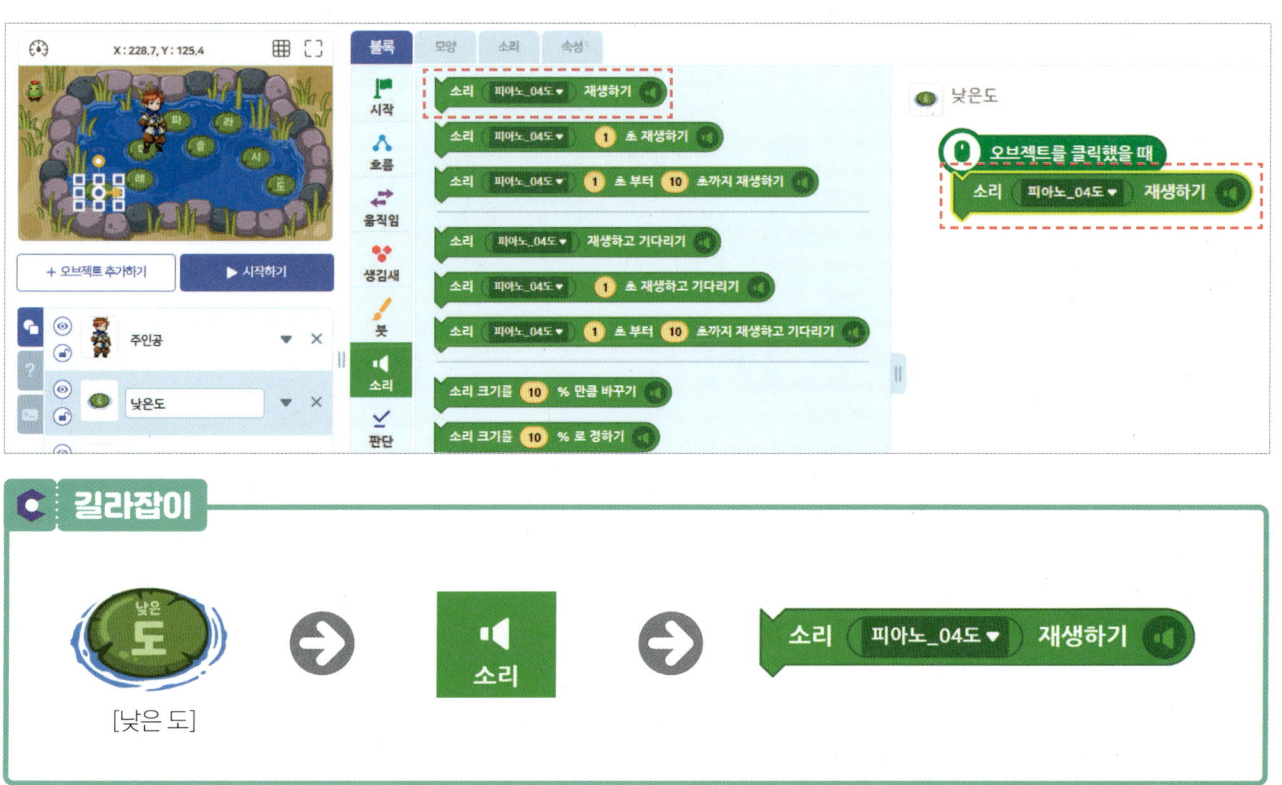

Step 4 크기 변경하기

'연잎' 오브젝트의 소리가 들리나요? 이제 '연잎' 오브젝트의 크기가 커지거나 작아지게 만들어볼까요?

9 [생김새] 카테고리에서 [크기를 10만큼 바꾸기] 블록을 가져옵니다.

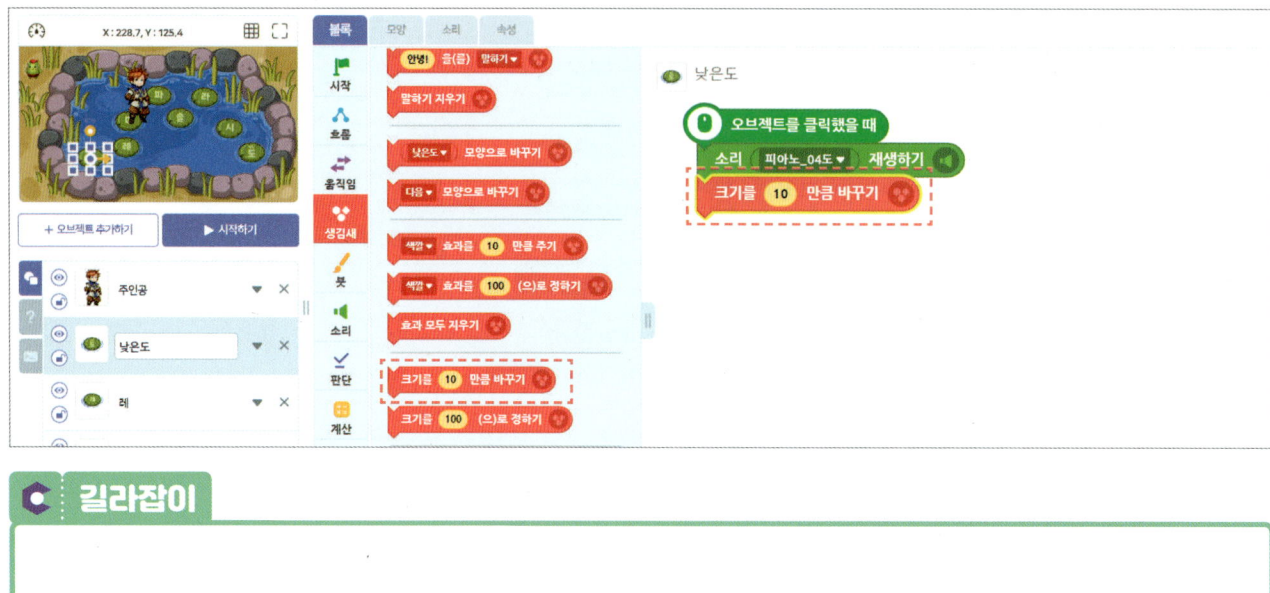

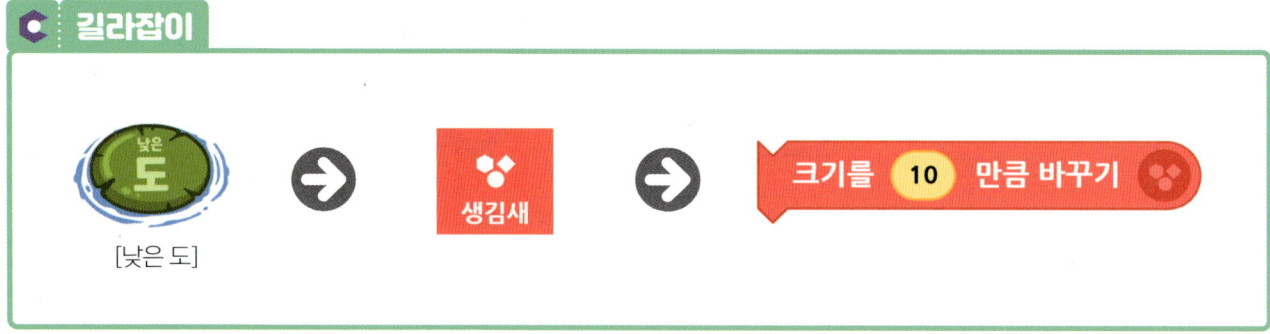

10 [흐름] 카테고리에서 [2초 기다리기] 블록을 가져와 [0.1초 기다리기]로 수정합니다.

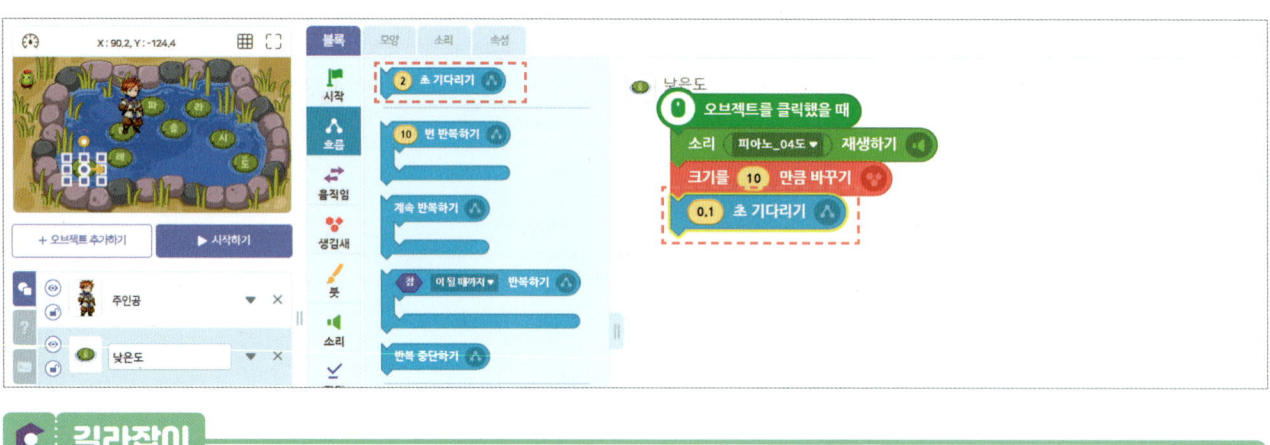

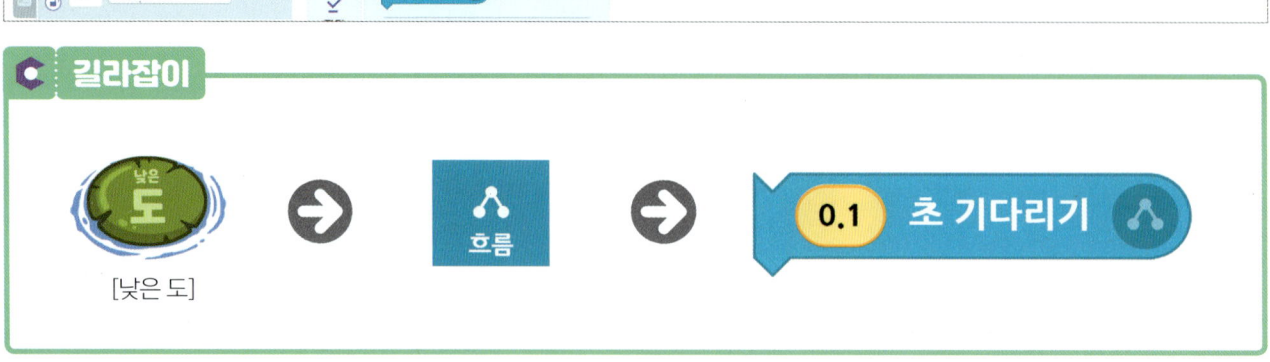

11 [생김새] 카테고리에서 [크기를 10만큼 바꾸기] 블록을 가져와 [크기를 −10만큼 바꾸기]로 수정합니다.

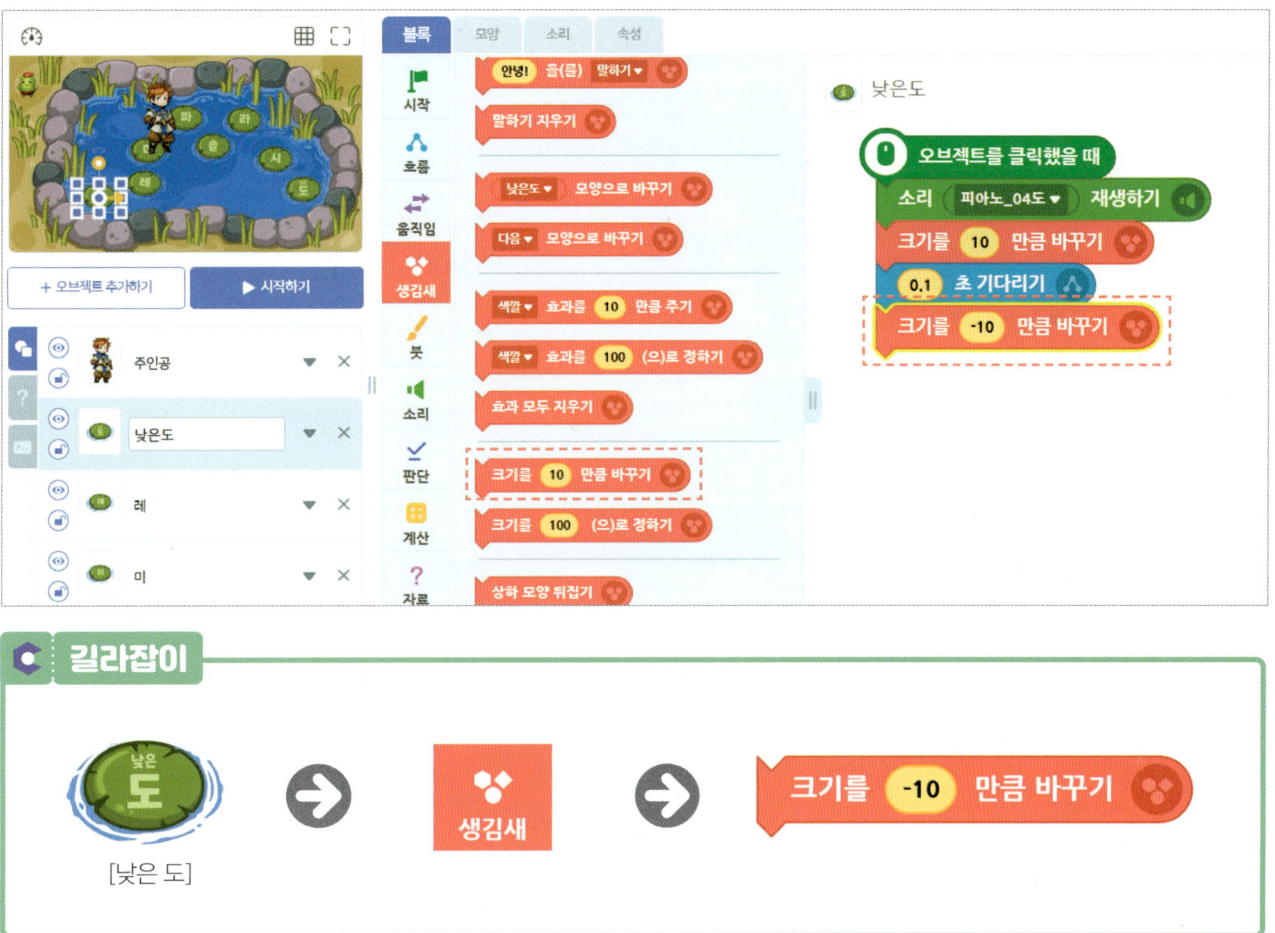

12 '낮은 도' 오브젝트의 [오브젝트를 클릭했을 때] 블록 위에서 마우스 오른쪽 버튼을 클릭한 후 [코드 복사] 메뉴를 클릭합니다.

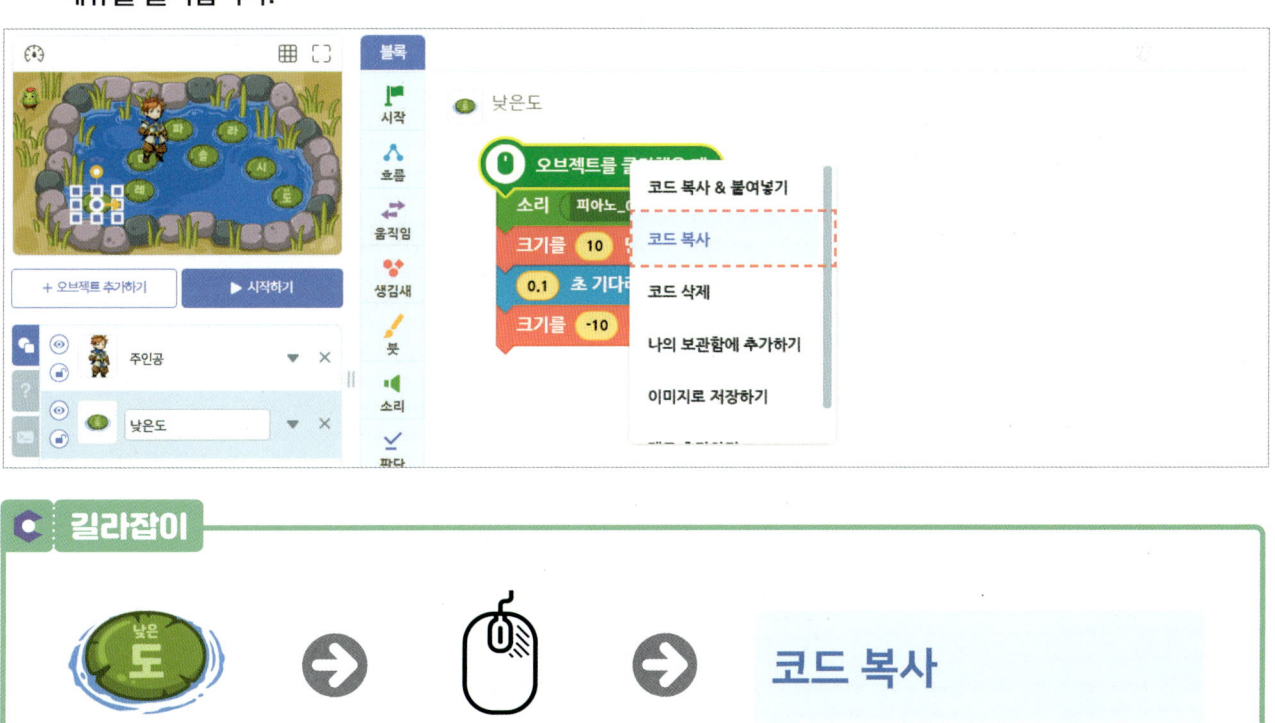

13 '레' 오브젝트를 선택하고, 블록 조립소에서 마우스 오른쪽 버튼을 클릭한 후 [붙여넣기] 메뉴를 클릭합니다.

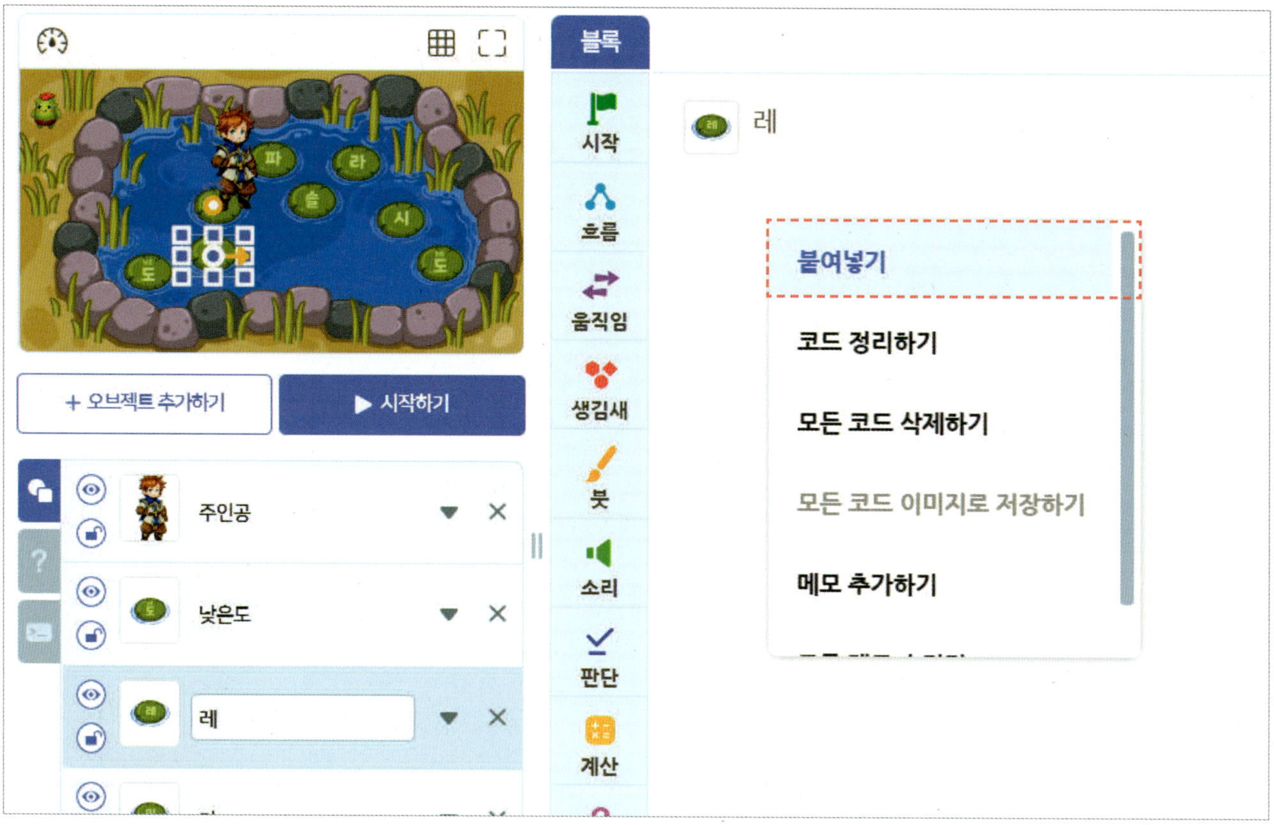

길라잡이

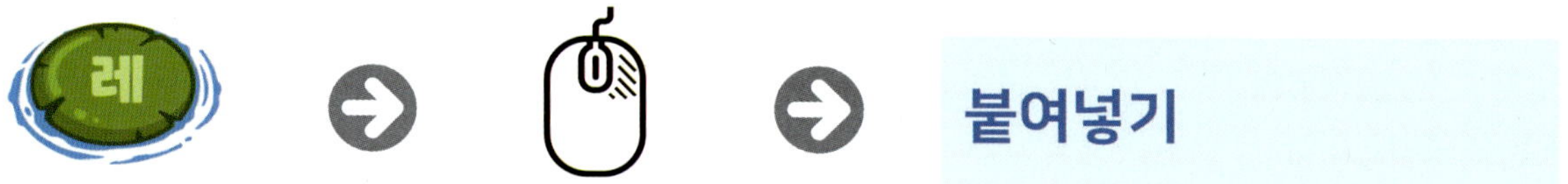

[레] ➔ 🖱 ➔ 붙여넣기

14 [소리] 탭 - [소리 추가하기]를 클릭한 후, [악기] 카테고리에서 [피아노] - [피아노_05레]를 추가합니다.

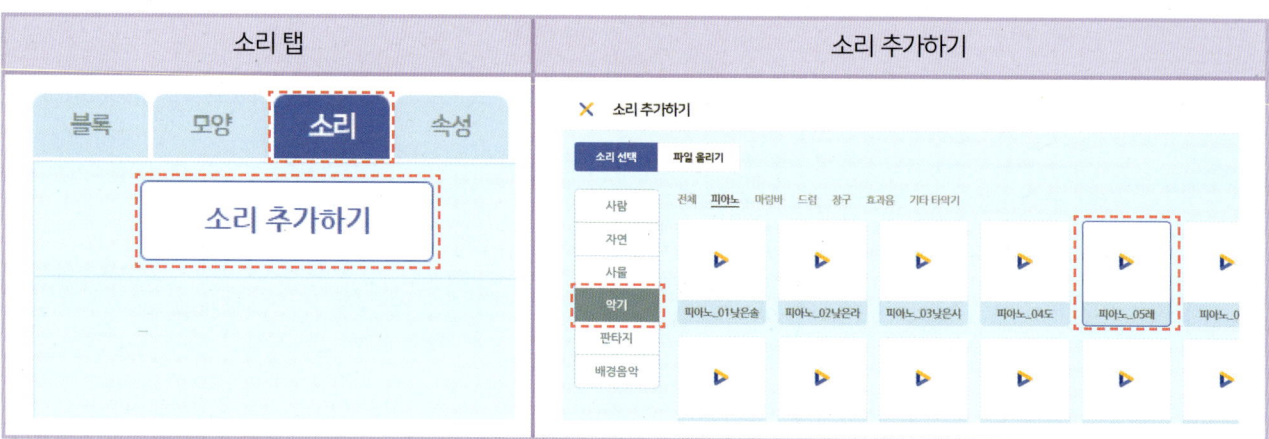

15 마우스를 이용해 [소리 피아노_05레 재생하기]로 수정합니다.

> **Tip**

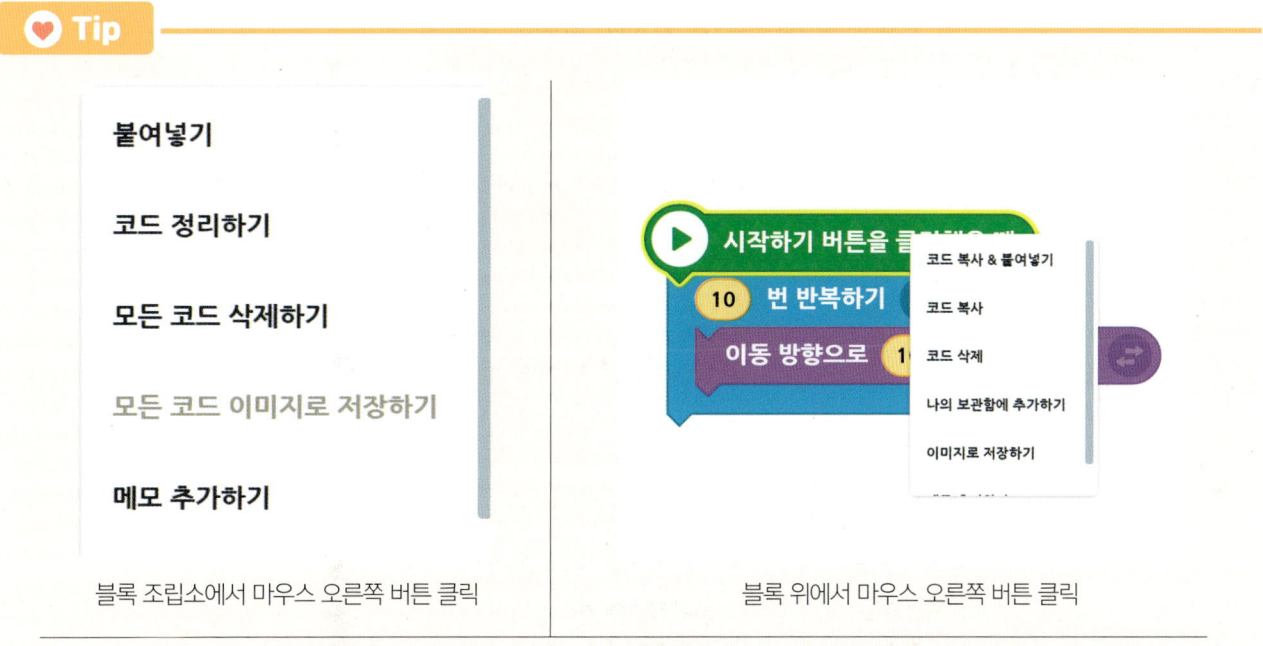

마우스 오른쪽 버튼을 클릭하면 단축 메뉴가 표시됩니다. 블록 조립소와 블록 위에서 마우스 오른쪽 버튼을 클릭했을 때 표시되는 단축 메뉴 모양이 서로 다른 것을 확인할 수 있습니다.

정리하기

전체 코드 보기

[주인공]
- 시작하기 버튼을 클릭했을 때
- 계속 반복하기
  - 마우스포인터 위치로 이동하기

[낮은 도]
- 오브젝트를 클릭했을 때
- 소리 피아노_04도 재생하기
- 크기를 10 만큼 바꾸기
- 0.1 초 기다리기
- 크기를 -10 만큼 바꾸기

[레]
- 오브젝트를 클릭했을 때
- 소리 피아노_05레 재생하기
- 크기를 10 만큼 바꾸기
- 0.1 초 기다리기
- 크기를 -10 만큼 바꾸기

발전시키기

- 나머지 꽃(미, 파, 솔, 라, 시, 높은 도) 오브젝트의 코드를 완성해 피아노 소리가 나는 프로그램을 완성해 보세요.
- 피아노 소리 이외의 다른 소리를 넣어 다양한 연주를 할 수 있는 프로그램을 만들어보세요.

요약하기

- 컴퓨터에서 이벤트는 어떤 신호를 발생시켰을 때 동작하는 것을 말합니다.
- 반복은 프로그래밍에서 컴퓨터의 같은 명령을 규칙으로 묶어서 동작할 수 있도록 하는 것입니다.

Chapter 03

비밀기지를 꾸며줘

Chapter 03 비밀기지를 꾸며줘

무사히 연못을 건너 다음 도시로 이동하려고 합니다. 그 전에 잠시 쉴 수 있는 비밀기지가 필요해요.
여러 가지 도구로 비밀기지를 꾸며볼까요?

프로젝트 난이도 ★☆☆

실습 영상
· 실습 파일 : ch3.비밀기지를 꾸며줘(실습).ent
· 완성 파일 : ch3.비밀기지를 꾸며줘(완성).ent

💛 학습 목표

- [생김새] 카테고리의 다양한 블록을 활용할 수 있다.
- 다양한 오브젝트를 활용해 도장 찍기 프로젝트를 만들 수 있다.
- 키보드 이벤트를 이용해 다양한 명령을 내릴 수 있다.

💛 프로젝트 미리보기

오늘의 이야기

도시와 도시를 넘나드는 건 매우 위험한 일입니다.
연못을 건너 넘어온 도시는 몬스터의 공격으로 황폐해졌습니다.

"일단 쉴만한 곳을 찾아서 숨어 있는 게 좋겠어. 도시 곳곳에 몬스터가 돌아다녀서 지금은 이동하기가 어려워."

 "그래야겠어. 긴장한 상태로 이동했더니 온몸이 말을 듣지 않아. 저기 비어 있는 창고가 있네. 잠시 이곳을 기지로 쓰는 게 어떨까?"

"그래, 저 정도면 숨어 있기에 좋겠다. 당분간은 숨어 있어야 하니 창고 안에 필요한 물건을 갖다 놓는 게 좋겠어."

 "응, 쓸만한 물건이 있나 찾아볼게!"

개념 다지기

🔷 알아보기

❋ 모양 탭

오브젝트는 여러 개의 모양을 가질 수 있습니다. 모양은 엔트리에서 제공하는 것을 추가하여 사용하거나, [새로 그리기]를 통해 원하는 모양을 추가하여 사용할 수 있습니다.

오브젝트의 모양은 이름과 번호를 가집니다. [생김새] 카테고리의 [~ 모양으로 바꾸기] 블록은 모양의 이름과 번호를 이용하여 코드를 만들 수 있습니다.

🌸 도장 찍기

[도장 찍기] 블록을 사용하면 똑같은 모양을 화면에 찍어 낼 수 있습니다. 도장 찍기를 하고 이동하기를 5번 반복했을 때 다음과 같이 똑같은 오브젝트가 일정 간격으로 6개가 나타나는 결과를 확인할 수 있습니다. 도장을 찍은 후에 이동하기 때문에 맨 마지막 모양은 도장을 찍은 원본 오브젝트가 됩니다.

🌸 크기를 ~ 만큼 바꾸기

엔트리에서는 숫자를 입력하여 오브젝트의 크기를 조절할 수 있습니다. 크기를 늘리고 싶은 경우에는 기호 없이 숫자만 입력합니다. 크기를 줄이고 싶은 경우에는 숫자 앞에 빼기(-) 기호를 씁니다.

현재 크기에 10만큼 더하기	현재 크기에 10만큼 빼기
크기를 10 만큼 바꾸기	크기를 -10 만큼 바꾸기

🌸 병렬 구조

컴퓨터는 동시에 여러 작업을 처리할 수 있습니다. 이와 같이 동시에 두 가지 이상의 작업을 처리하는 것을 병렬 구조라고 합니다.

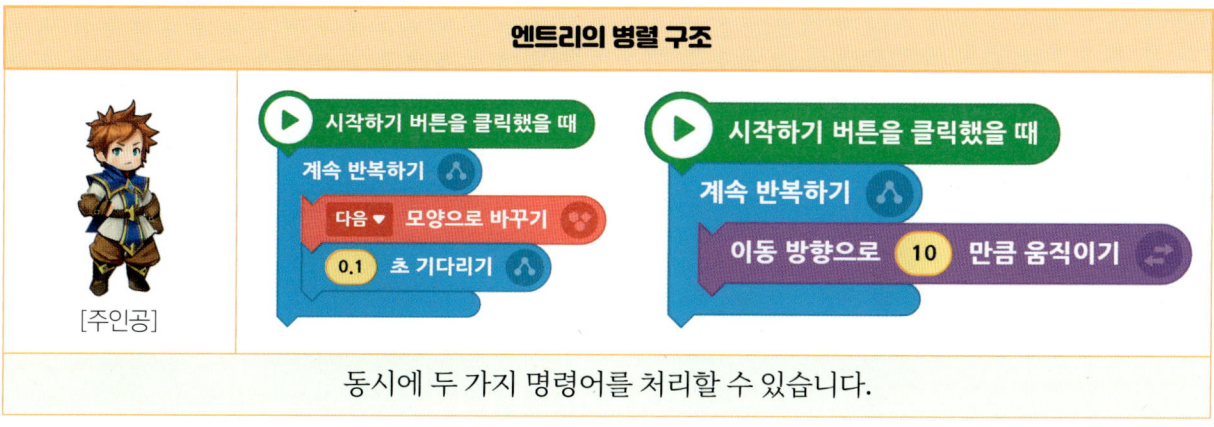

동시에 두 가지 명령어를 처리할 수 있습니다.

프로그래밍하기

프로젝트 만들기

Step 1 마우스포인터 계속 따라다니기

시작하기 버튼을 클릭한 후 '물건' 오브젝트가 마우스를 계속 따라다니도록 만들어봅시다.

1 '물건' 오브젝트를 클릭한 후, [시작] 카테고리에서 [시작하기 버튼을 클릭했을 때] 블록을 가져옵니다.

[물건]

2 [흐름] 카테고리에서 [계속 반복하기] 블록을 가져옵니다.

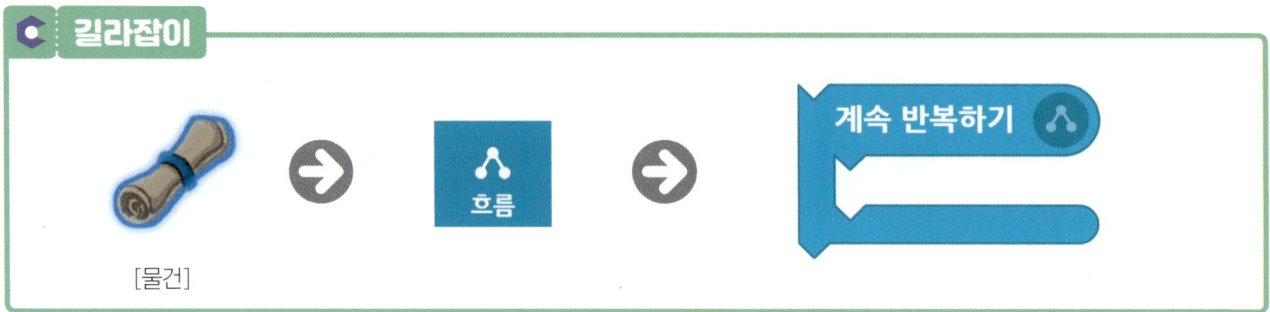

[물건]

3 [움직임] 카테고리에서 [물건 위치로 이동하기] 블록을 가져와 [마우스포인터 위치로 이동하기]로 수정합니다.

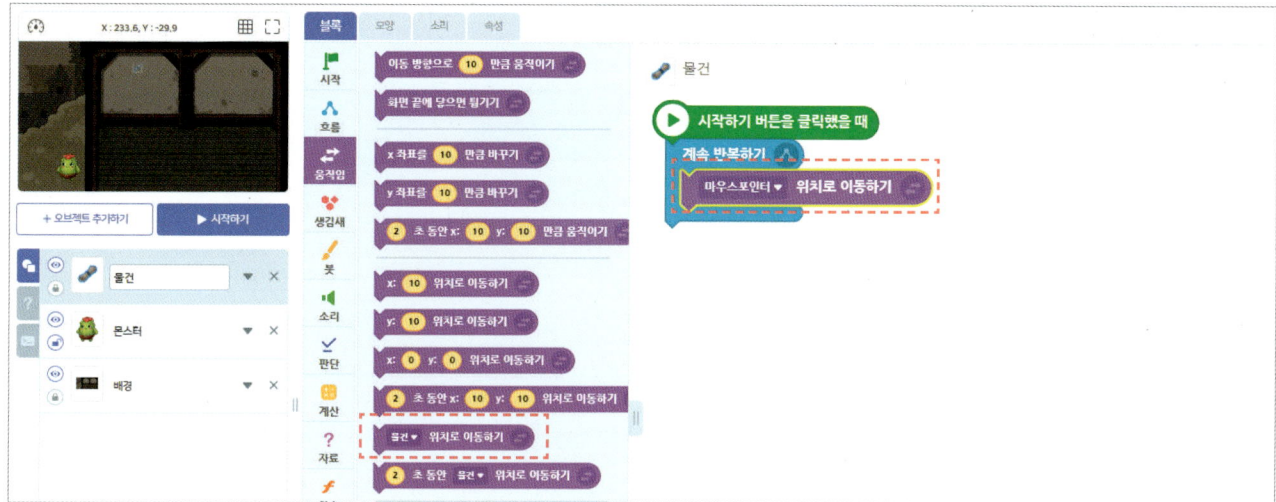

길라잡이

[물건]

Step 2 도장 찍기

마우스로 실행 화면을 클릭하면, 마우스를 따라다니는 오브젝트의 모양이 찍히도록 만들어봅시다.

4 [시작] 카테고리에서 [마우스를 클릭했을 때] 블록을 가져옵니다.

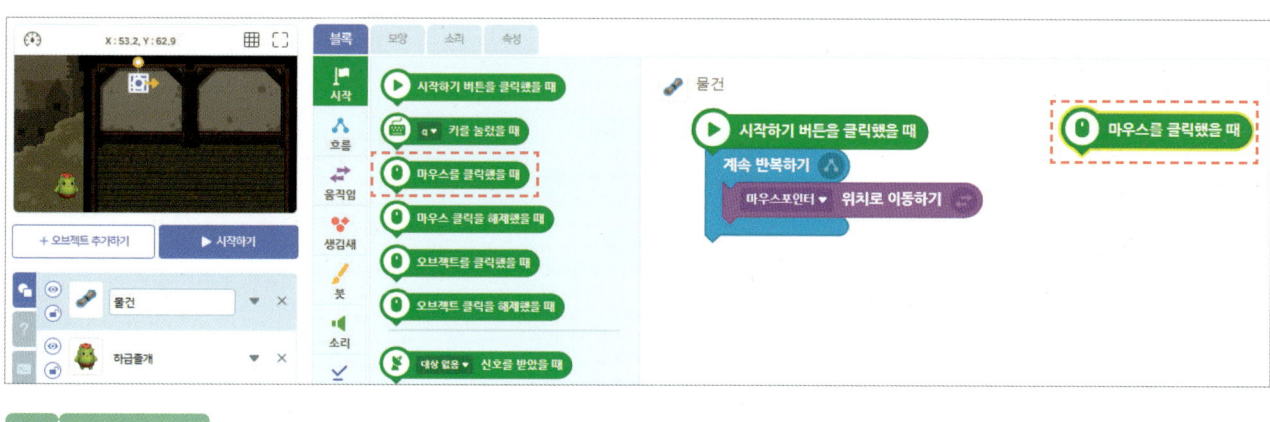

길라잡이

[물건]

Chapter 03 | 비밀기지를 꾸며줘   57

5 [붓] 카테고리에서 [도장 찍기] 블록을 가져옵니다.

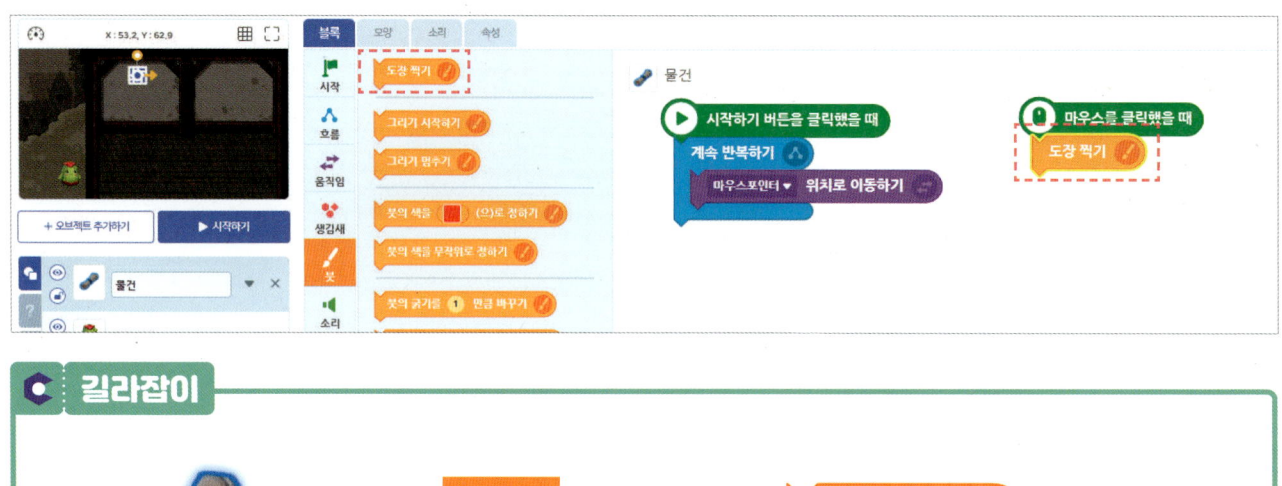

Step 3   키보드 이벤트

키보드를 이용하여 오브젝트에 다양한 명령을 만들어봅시다.

• 스페이스 키 : 붓 지우기	• 오른쪽 화살표 키 : 다음 모양으로 바꾸기
• 위쪽 화살표 키 : 크기를 1만큼 더해주기	• 아래쪽 화살표 키 : 크기를 -1만큼 더해주기

6 [시작] 카테고리에서 [q키를 눌렀을 때] 블록을 가져와 [스페이스 키를 눌렀을 때]로 수정합니다.

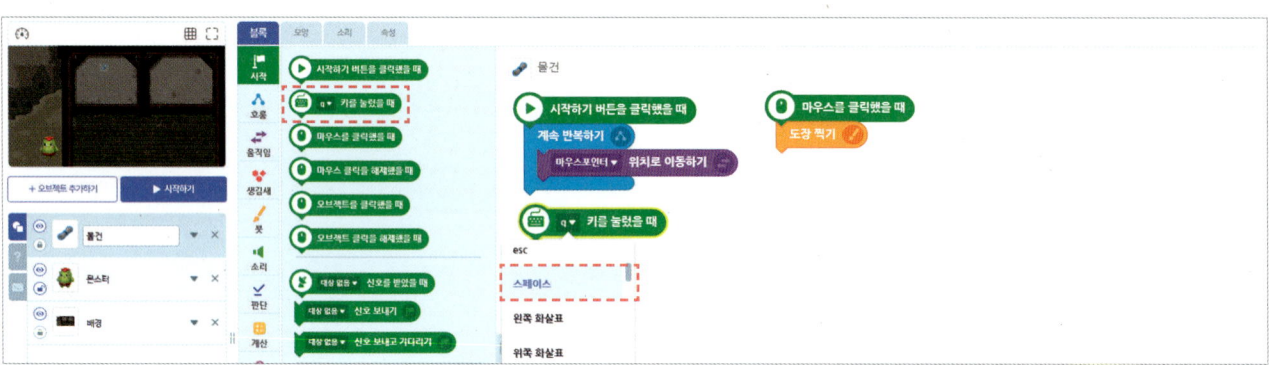

7 [붓] 카테고리에서 [모든 붓 지우기] 블록을 가져옵니다.

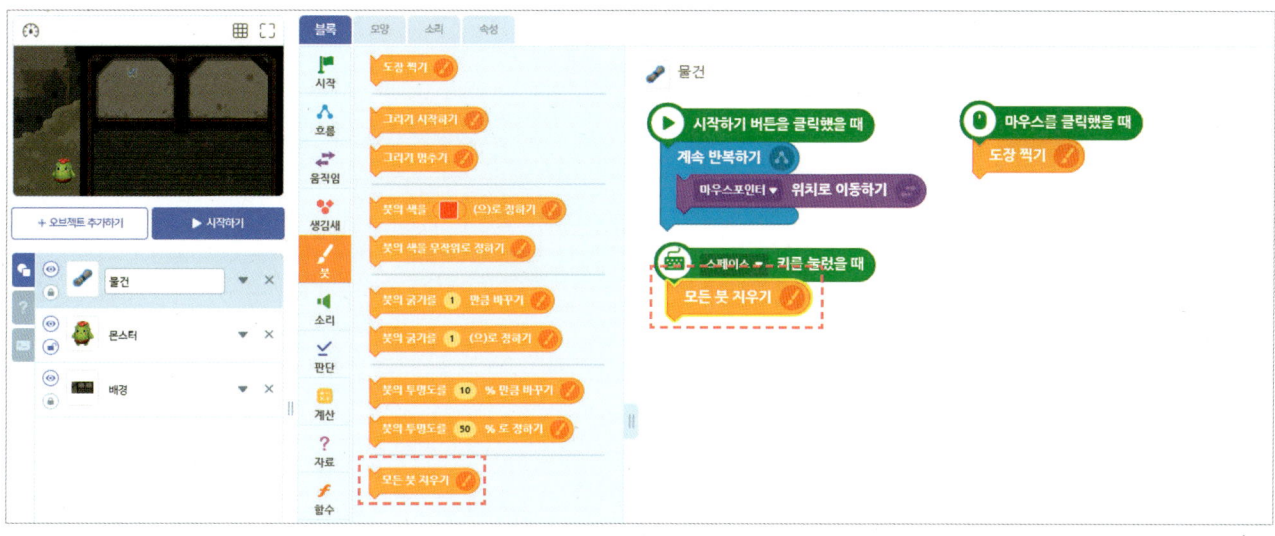

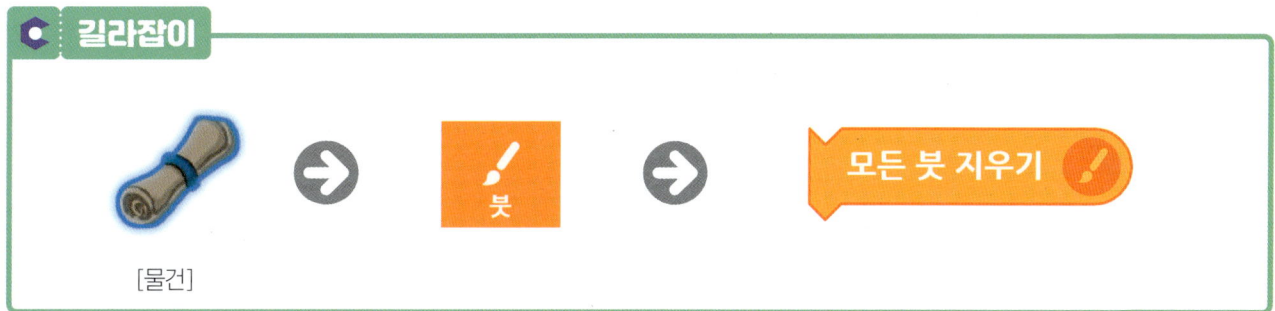

8 [시작] 카테고리에서 [q키를 눌렀을 때] 블록을 가져와 [오른쪽 화살표 키를 눌렀을 때]로 수정합니다.

9 [생김새] 카테고리에서 [다음 모양으로 바꾸기] 블록을 가져옵니다.

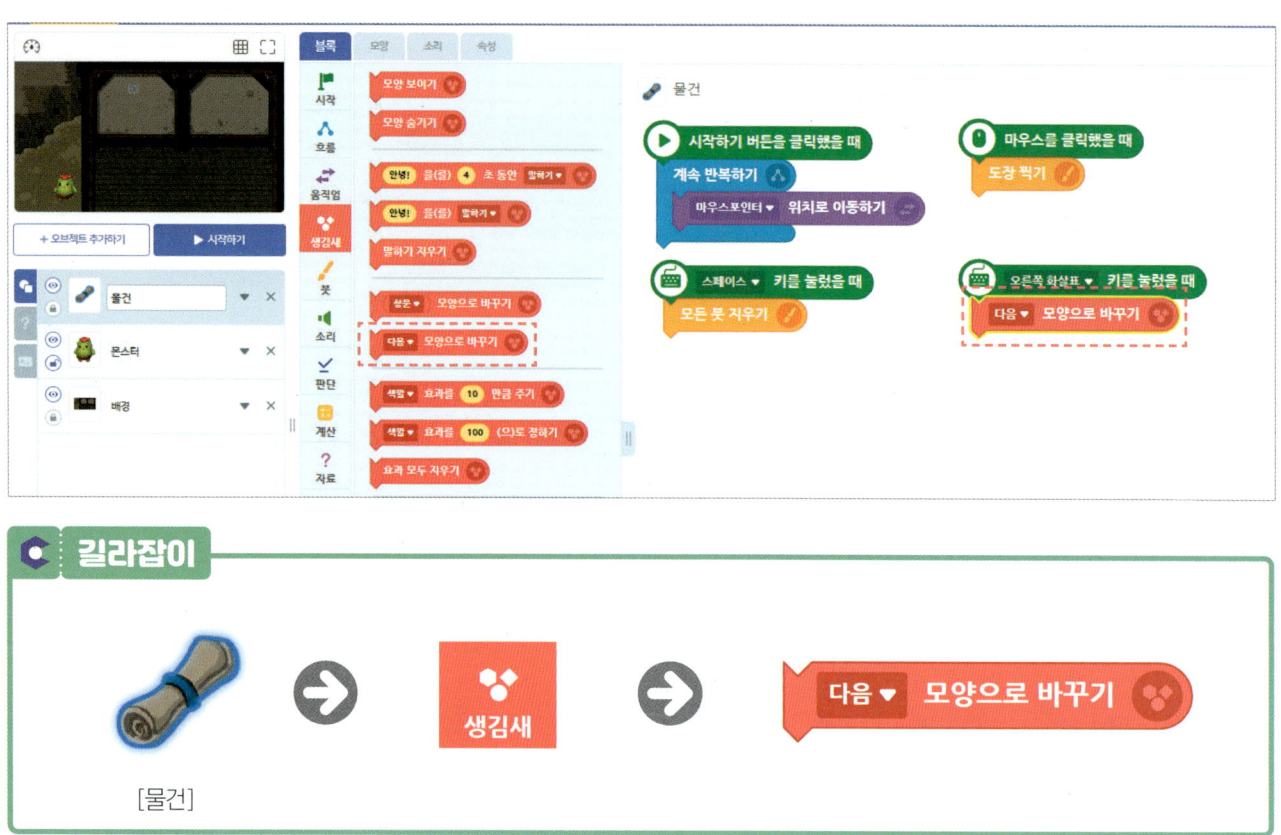

10 [시작] 카테고리에서 [q키를 눌렀을 때] 블록을 가져와 [위쪽 화살표 키를 눌렀을 때]로 수정합니다.

11 [생김새] 카테고리에서 [크기를 10만큼 바꾸기] 블록을 가져와 [크기를 1만큼 바꾸기]로 수정합니다.

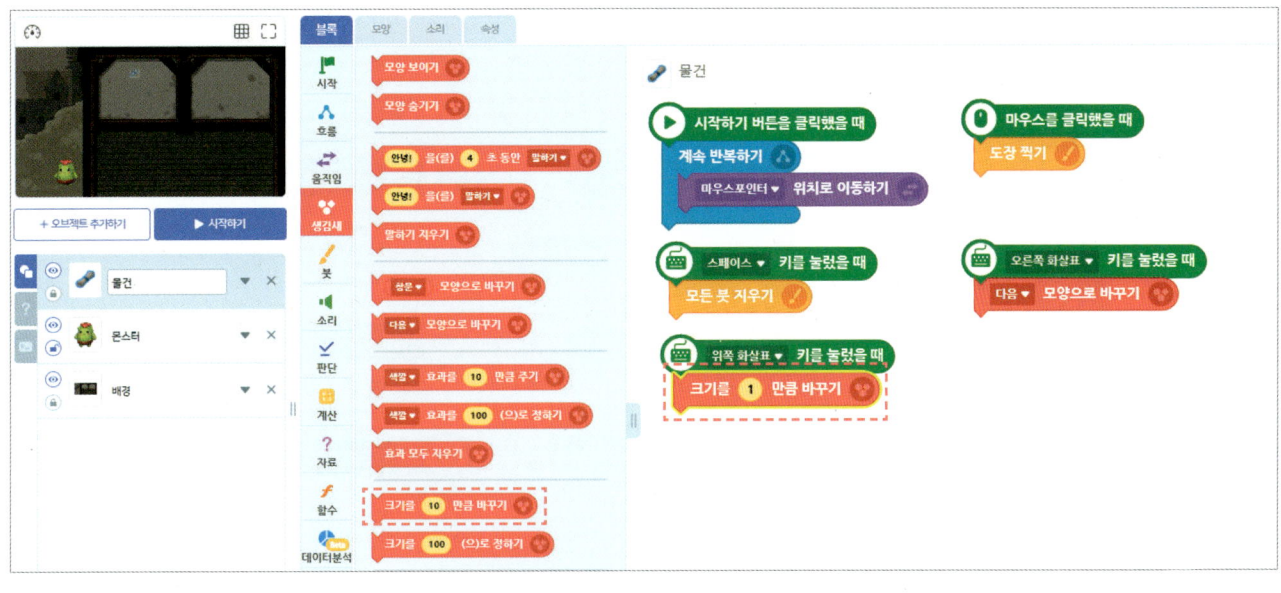

[물건]

12 '물건' 오브젝트의 복사할 블록 위에서 마우스 오른쪽 버튼을 클릭한 후 [코드 복사 & 붙여넣기] 메뉴를 클릭합니다.

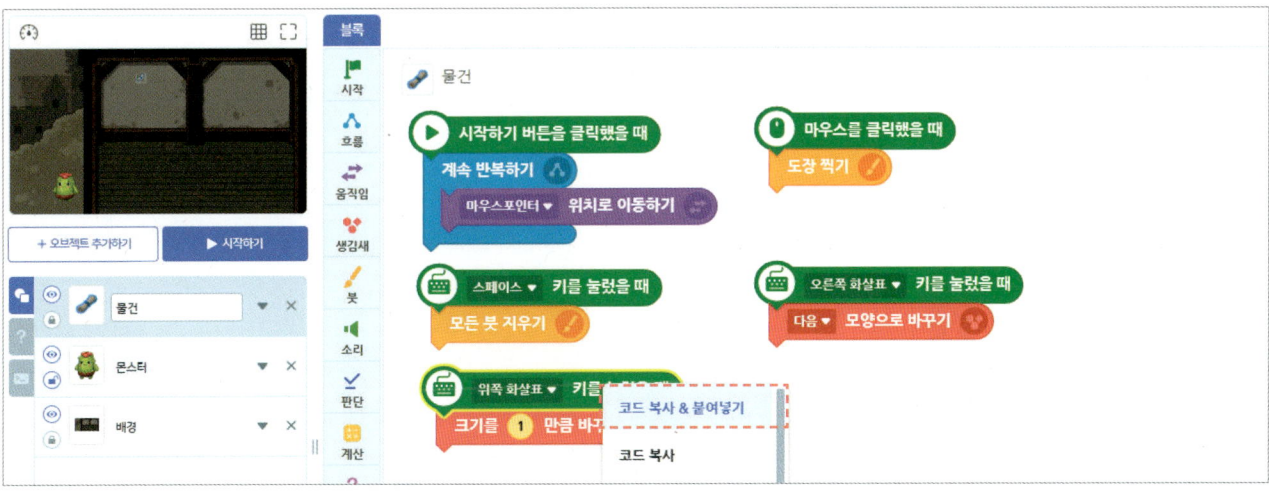

[물건]

13 [위쪽 화살표 키를 눌렀을 때]→[아래쪽 화살표 키를 눌렀을 때]로 수정하고, 오브젝트 크기가 작아질 수 있도록 [크기를 1만큼 바꾸기]→[크기를 -1만큼 바꾸기]로 수정합니다.

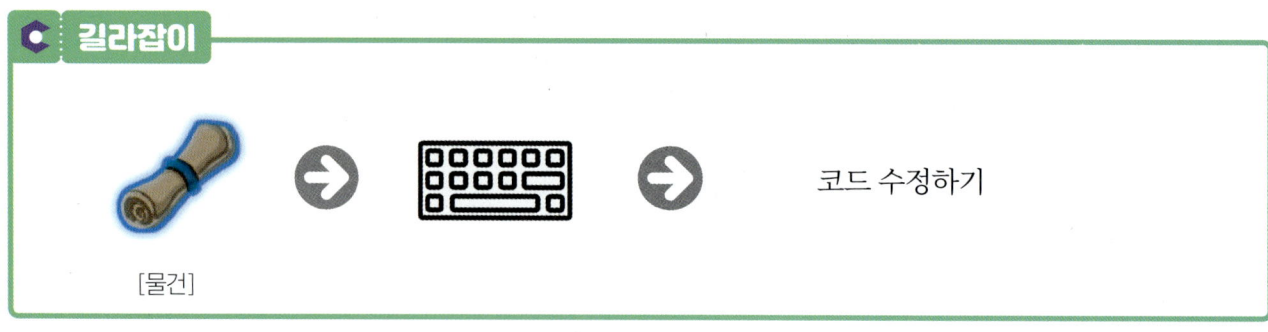

[물건]

Tip

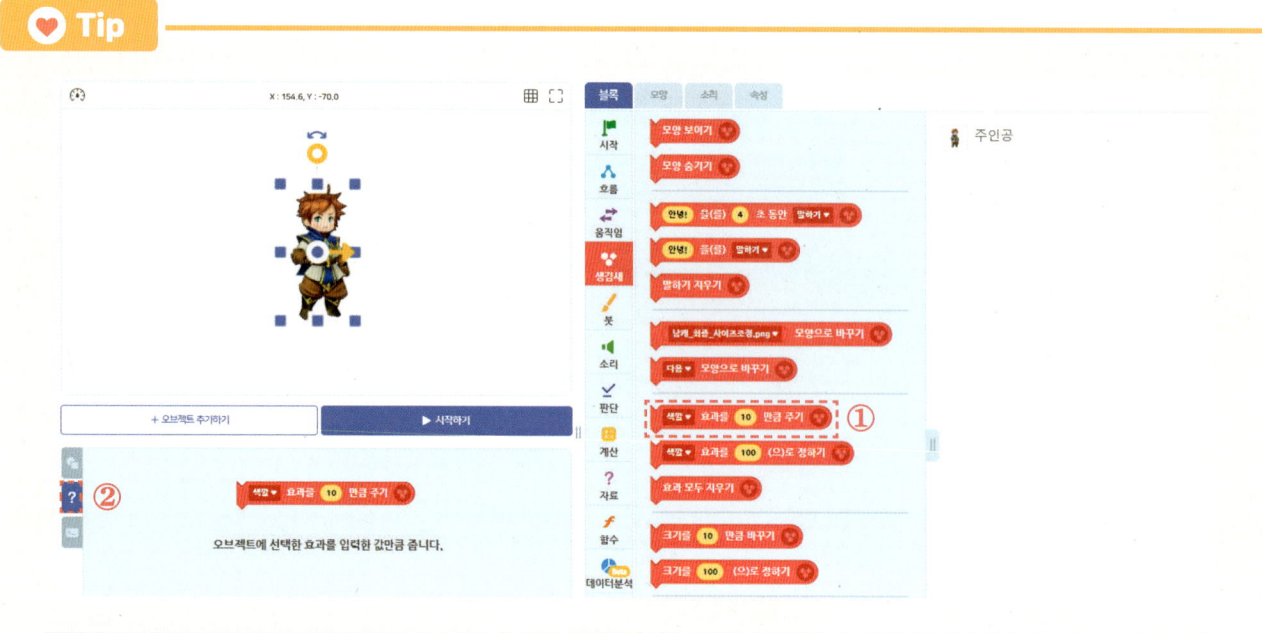

블록의 정확한 내용이 궁금한 경우 오브젝트 목록에서 [?]를 선택한 후, 블록을 클릭하면 해당 블록에 대한 설명을 확인할 수 있습니다.

14 [시작] 카테고리에서 [q키를 눌렀을 때] 블록을 가져와 [1키를 눌렀을 때]로 수정합니다.

길라잡이

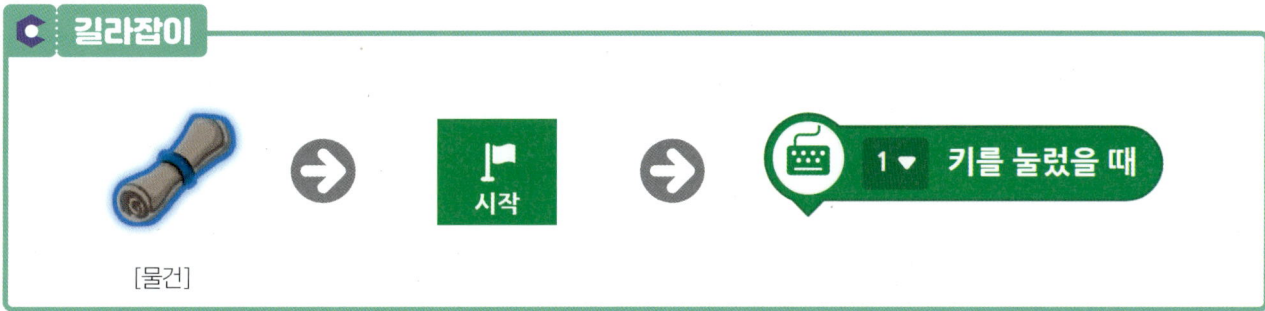

[물건]

15 [생김새] 카테고리에서 [색깔 효과를 10만큼 주기] 블록을 가져옵니다.

길라잡이

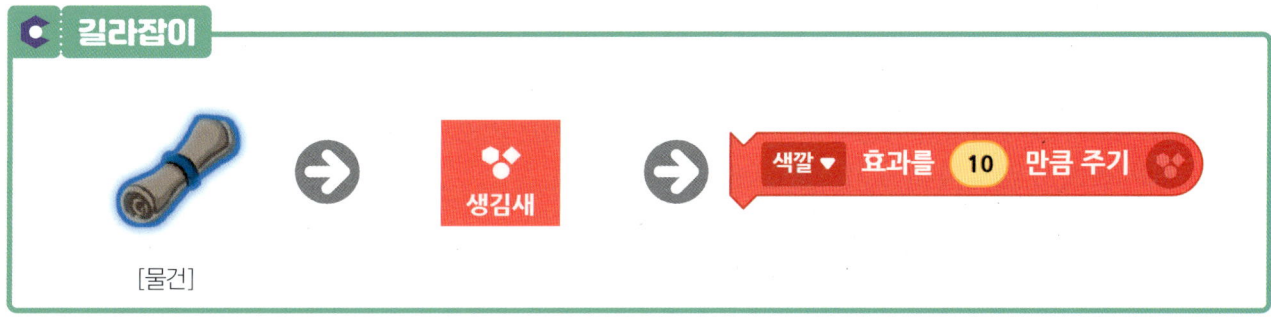

[물건]

정리하기

전체 코드 보기

발전시키기

- '물건' 오브젝트를 클릭한 후 [모양] 탭-[모양 추가하기]를 클릭하여 다양한 모양을 추가하면서 꾸미기 요소가 더 많이 나올 수 있도록 만들어보세요.
- [생김새] 카테고리에 [2키를 눌렀을 때] [색깔 효과를 -10만큼 주기] 코드를 넣어, 오브젝트의 색깔 효과가 날 수 있도록 프로그램을 만들어보세요.
- [생김새] 카테고리에 [3키를 눌렀을 때] [밝기 효과를 10만큼 주기], [4키를 눌렀을 때] [밝기 효과를 -10만큼 주기] 코드를 넣어, 오브젝트의 밝기 효과가 날 수 있도록 프로그램을 만들어보세요.

요약하기

- 엔트리의 오브젝트는 다양한 모양을 추가해서 사용할 수 있습니다.
- 오브젝트의 크기 블록을 이용하여 크기를 키우기 위해서는 기호 없이 숫자만 입력하고, 크기를 줄이기 위해서는 숫자 앞에 빼기(-) 기호를 붙여야 합니다.

Chapter 04

도형과 각도의 밀림

Chapter 04 도형과 각도의 밀림

이제 비밀기지를 떠나 다시 모험을 시작해야 합니다. 밀림으로 들어가서 거미를 이용해 도형 마법진을 그려볼까요?

프로젝트 난이도 ★★☆

실습 영상
- 실습 파일 : ch4.도형과 각도의 밀림(실습).ent
- 완성 파일 : ch4.도형과 각도의 밀림(완성).ent

💛 학습 목표

- 엔트리에서 방향과 이동 방향 개념을 이해할 수 있다.
- 반복 구조를 활용한 프로젝트를 만들 수 있다.
- 반복과 각도를 이용해 다양한 도형을 그릴 수 있다.

💛 프로젝트 미리보기

💛 오늘의 이야기

"너무 훌륭한 비밀기지였어. 하지만 이제 다시 모험을 떠나야 할 것 같아."

"어디로 가면 되지?"

"제2 도시에 있는 밀림으로 들어가야 해. 밀림으로 들어가면 큰 바위와 하얀 거미를 만날 수 있어. 거미를 이용해서 간단한 마법진을 그려."

"마법진?"

"응. 생각보다 간단한 마법진이야. 수학이 마법의 기초인 거 알고 있니? 수학에서 사용되는 간단한 도형 그리기를 생각하면 돼."

마법사에게 삼각형, 사각형, 원을 그리는 방법에 대해 배웠습니다. 도형은 각도가 중요하네요! 도형으로 마법진을 만들다니, 새로운 사실을 알게 되었어요.

알아보기

이동 방향

이동 방향이란 오브젝트가 이동할 수 있는 방향을 말합니다. 오브젝트를 살펴보면 노란색 화살표를 확인할 수 있습니다. 이 방향을 이동 방향이라고 하고, **[이동 방향으로 10만큼 움직이기]** 블록을 사용하면 오브젝트의 노란색 화살표 방향으로 이동할 수 있습니다.

오브젝트의 이동 방향	이동 방향 코드 사용

노란색 화살표가 이동 방향	노란색 화살표 이동 방향으로 10만큼 이동

이동 방향은 기본 90도 방향으로 설정되어 있으며, 마우스 또는 오브젝트 정보에서 0~360도 사이 값을 입력하여 변경할 수 있습니다.

이동 방향 : 0도	이동 방향 : 90도	이동 방향 : 180도	이동 방향 : 270도

방향

오브젝트가 회전하는 방향을 말합니다. 방향은 기본 0으로 설정되어 있으며, 마우스 또는 오브젝트 정보에서 0~360도 사이 값을 입력하여 변경할 수 있습니다.

방향 : 0도	방향 : 90도	방향 : 180도	방향 : 270도

평면 도형

직선, 곡선, 다각형 등과 같이 선으로 둘러싸인 도형을 말합니다. 우리가 아는 삼각형, 사각형, 원 등이 평면 도형에 해당합니다. 이러한 도형은 각도와 선을 이용하여 그림을 그릴 수 있습니다.

삼각형	사각형	원

🌸 평면 도형을 그리는 각도

정삼각형을 그릴 때는 도형의 외각 크기만큼 회전하면 됩니다. 정삼각형에서 한 꼭짓점의 내각은 60도, 외각은 '180-내각'이므로 정삼각형의 외각 크기는 180도-60도=120도입니다. 이 과정을 삼각형의 선의 개수만큼(3회) 반복하면 됩니다.

이 원리를 기준으로 사각형의 내각은 90도, 외각은 '180-내각'이므로 외각의 크기는 180도-90도=90도가 됩니다.

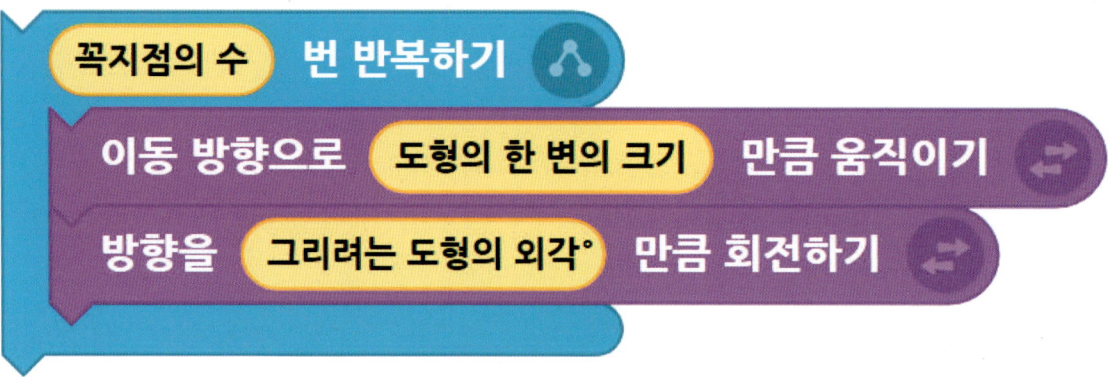

프로그래밍하기

프로젝트 만들기

Step 1 위치로 이동하기

거미가 원하는 오브젝트 위치로 이동할 수 있도록 합니다.

1 '흰거미' 오브젝트를 클릭한 후, [시작] 카테고리에서 [시작하기 버튼을 클릭했을 때] 블록을 가져옵니다.

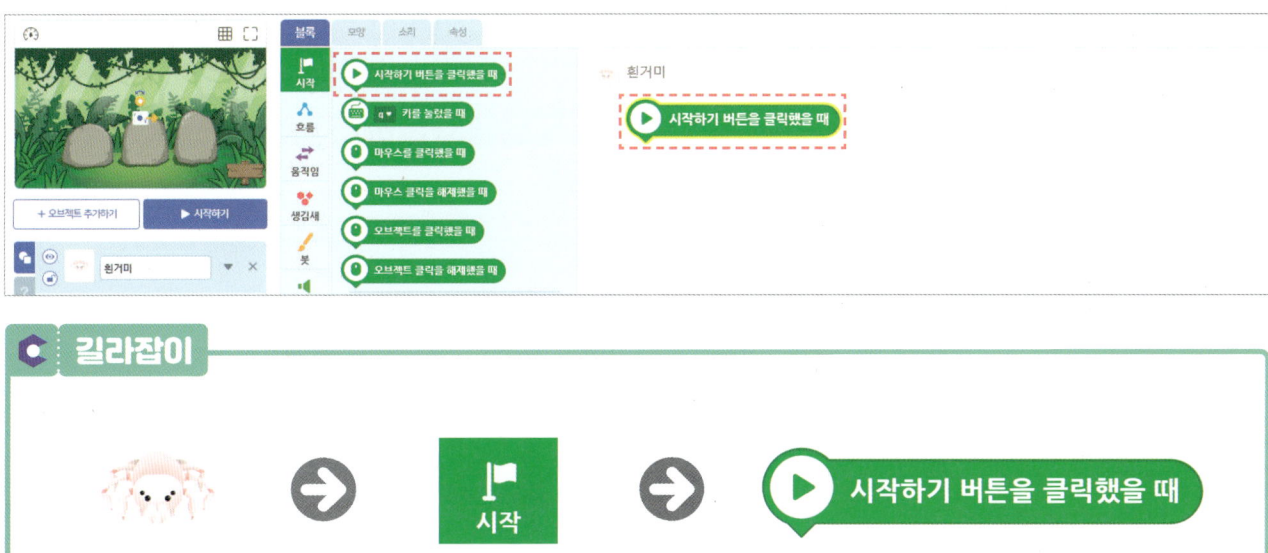

2 [움직임] 카테고리에서 [흰거미 위치로 이동하기] 블록을 가져와 [바위1 위치로 이동하기]로 수정합니다.

Step 2 그리기 시작하기

거미가 원하는 색을 정하고, 그림을 그릴 수 있도록 만들어봅시다.

3 [붓] 카테고리에서 [붓의 색을 ■(으)로 정하기] 블록을 가져와 [붓의 색을 □(으)로 정하기]로 수정합니다.

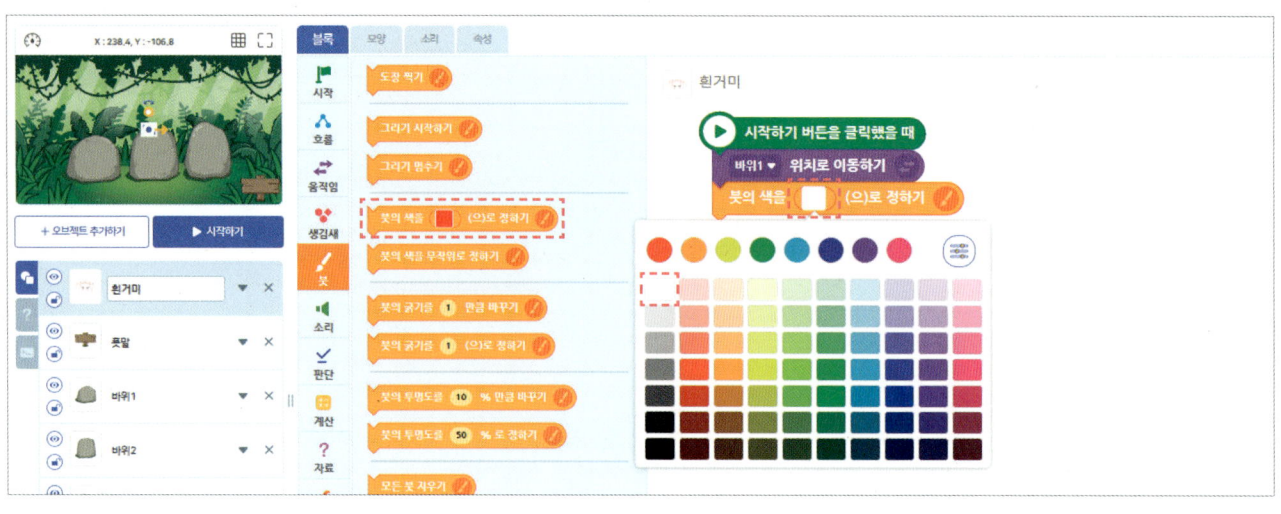

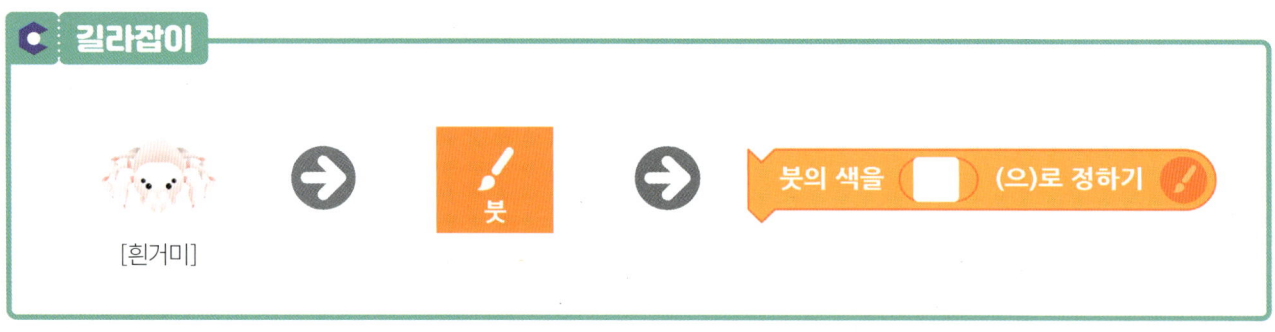

[흰거미]

Tip

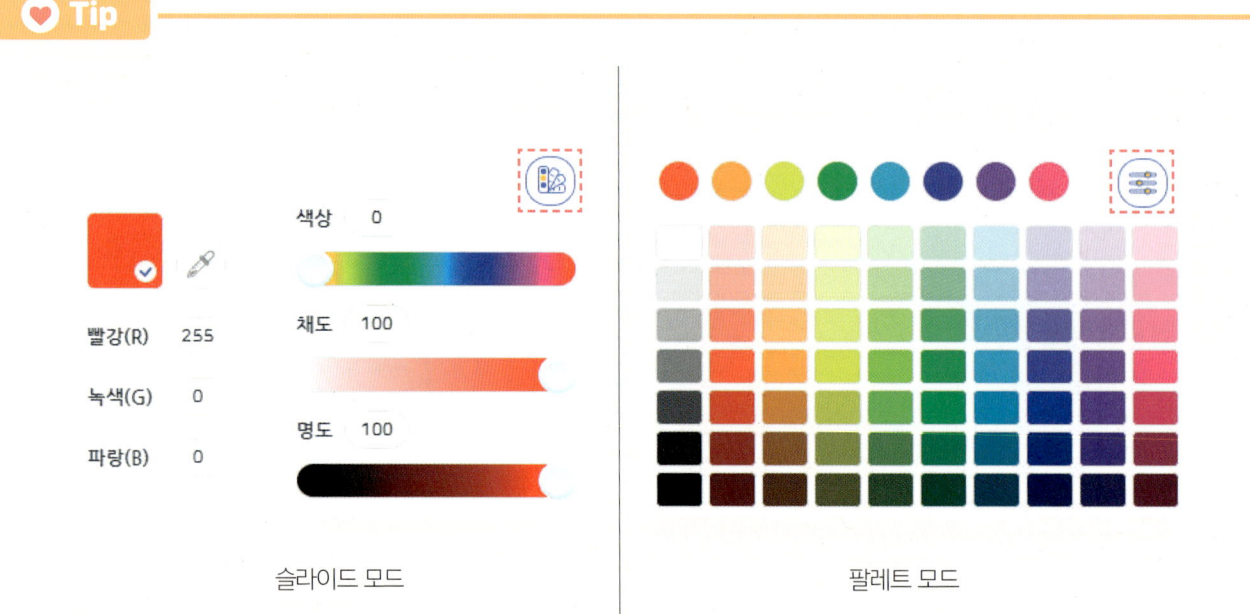

슬라이드 모드 / 팔레트 모드

색상을 선택할 때는 슬라이드 모드와 팔레트 모드가 있습니다. 팔레트 모드에 원하는 색이 없는 경우 슬라이드 모드로 이동하여 색상, 채도, 명도를 조절하면서 원하는 색을 찾을 수 있습니다.

4 [붓] 카테고리에서 [그리기 시작하기] 블록을 가져옵니다.

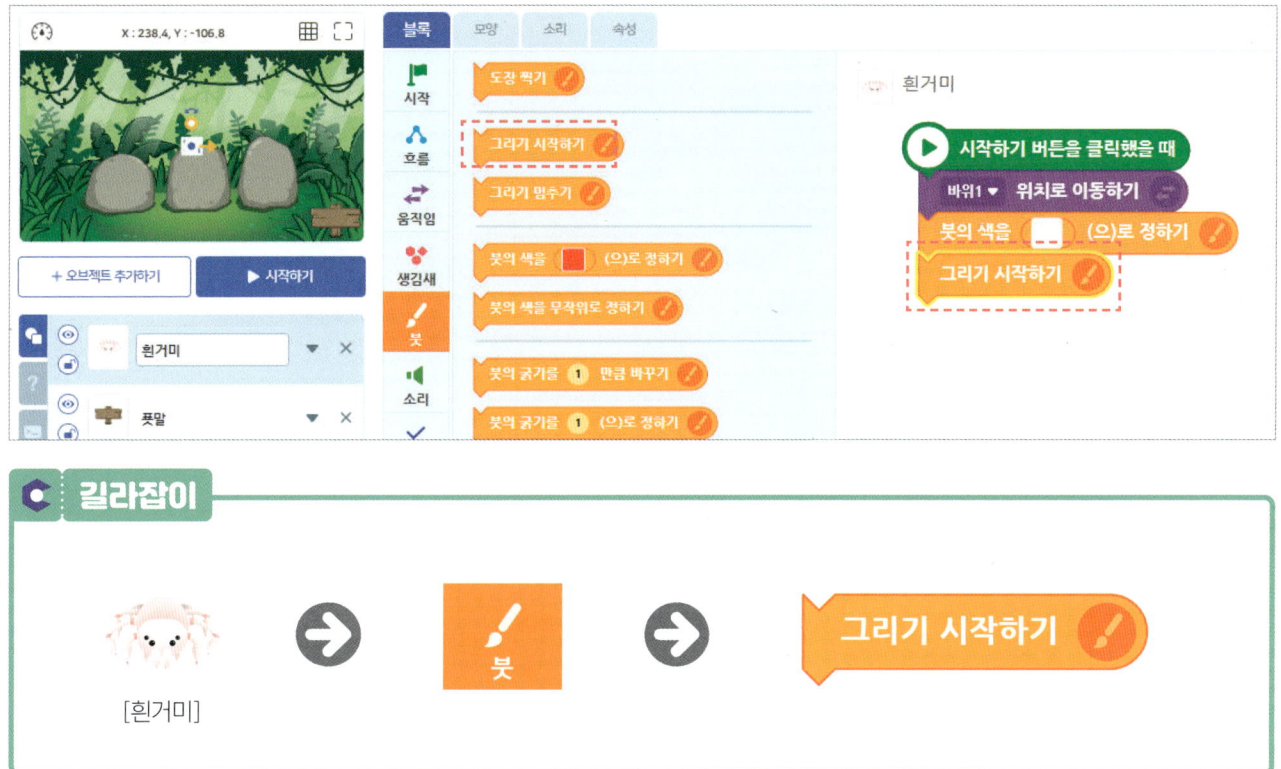

Step 3 삼각형 그리기

'바위1' 오브젝트 위에 삼각형을 그리도록 만들어봅시다.

5 [흐름] 카테고리에서 [10번 반복하기] 블록을 가져와 [3번 반복하기]로 수정합니다.

6 [움직임] 카테고리에서 [이동 방향으로 10만큼 움직이기] 블록을 가져와 [이동 방향으로 20만큼 움직이기]로 수정합니다.

7 [움직임] 카테고리에서 [방향을 90°만큼 회전하기] 블록을 가져와 [방향을 120°만큼 회전하기]로 수정합니다.

8 [붓] 카테고리에서 [그리기 멈추기] 블록을 가져옵니다.

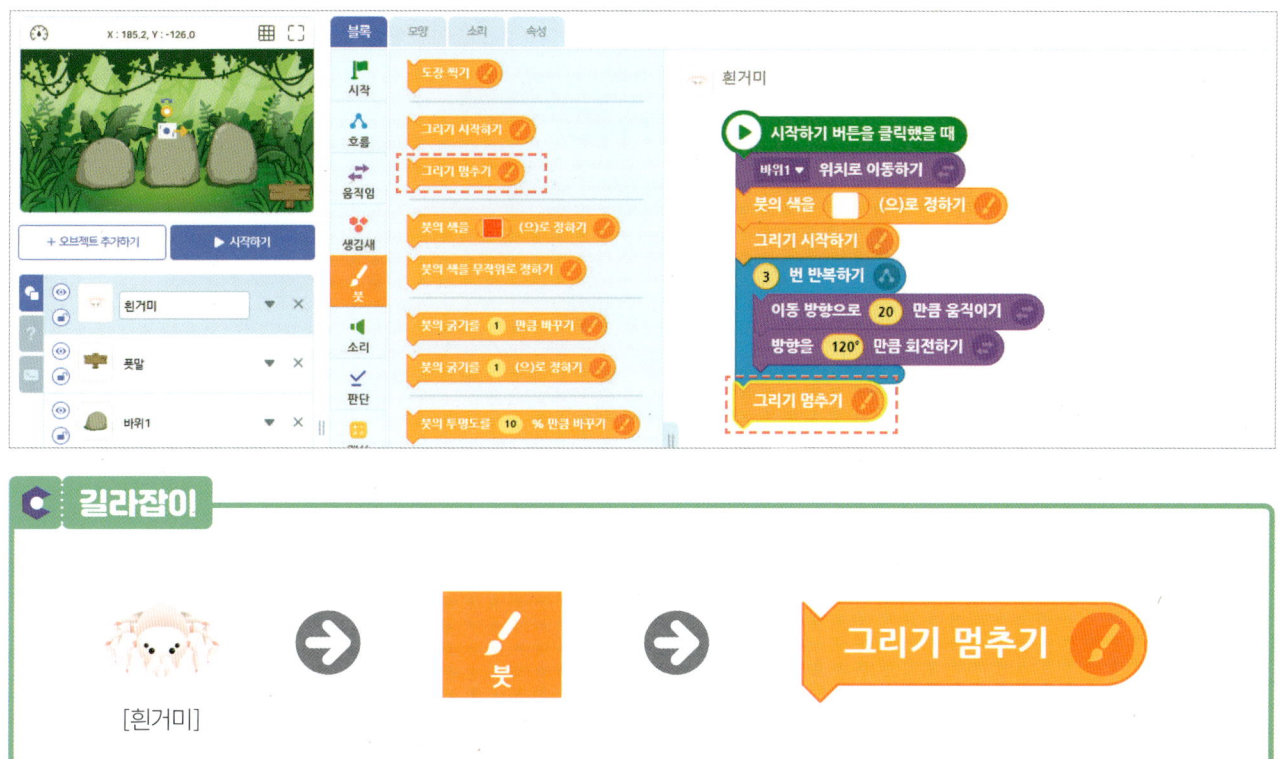

Step 4 사각형 그리기

삼각형 코드에서 [코드 복사 & 붙여넣기] 이용하여 '바위2' 오브젝트 위에 사각형을 그리도록 만들어봅시다.

9 '흰거미' 오브젝트의 [바위1 위치로 이동하기] 블록 위에서 마우스 오른쪽 버튼을 클릭한 후 [코드 복사&붙여넣기] 메뉴를 클릭합니다.

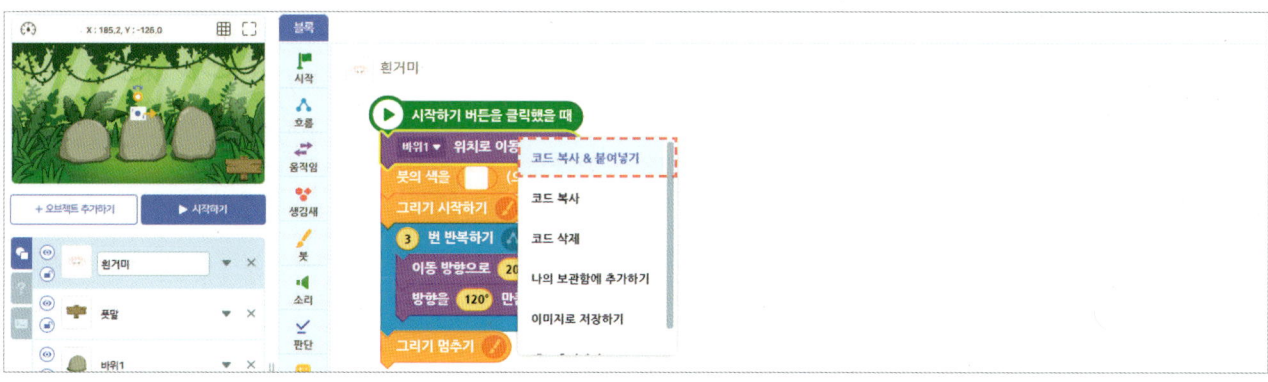

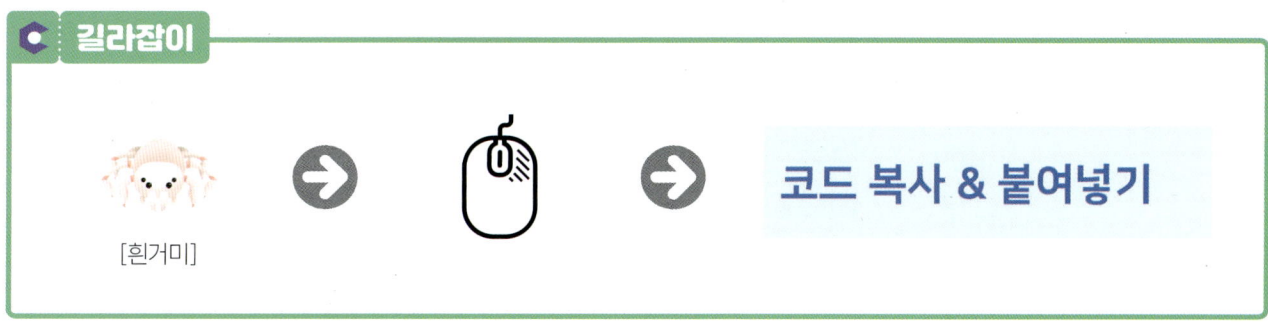

10 복사한 블록을 [그리기 멈추기] 블록 아랫부분에 붙여 넣습니다.

11 [바위1 위치로 이동하기] → [바위2 위치로 이동하기], [3번 반복하기] → [4번 반복하기], [방향을 120°만큼 회전하기] → [방향을 90°만큼 회전하기]로 수정합니다.

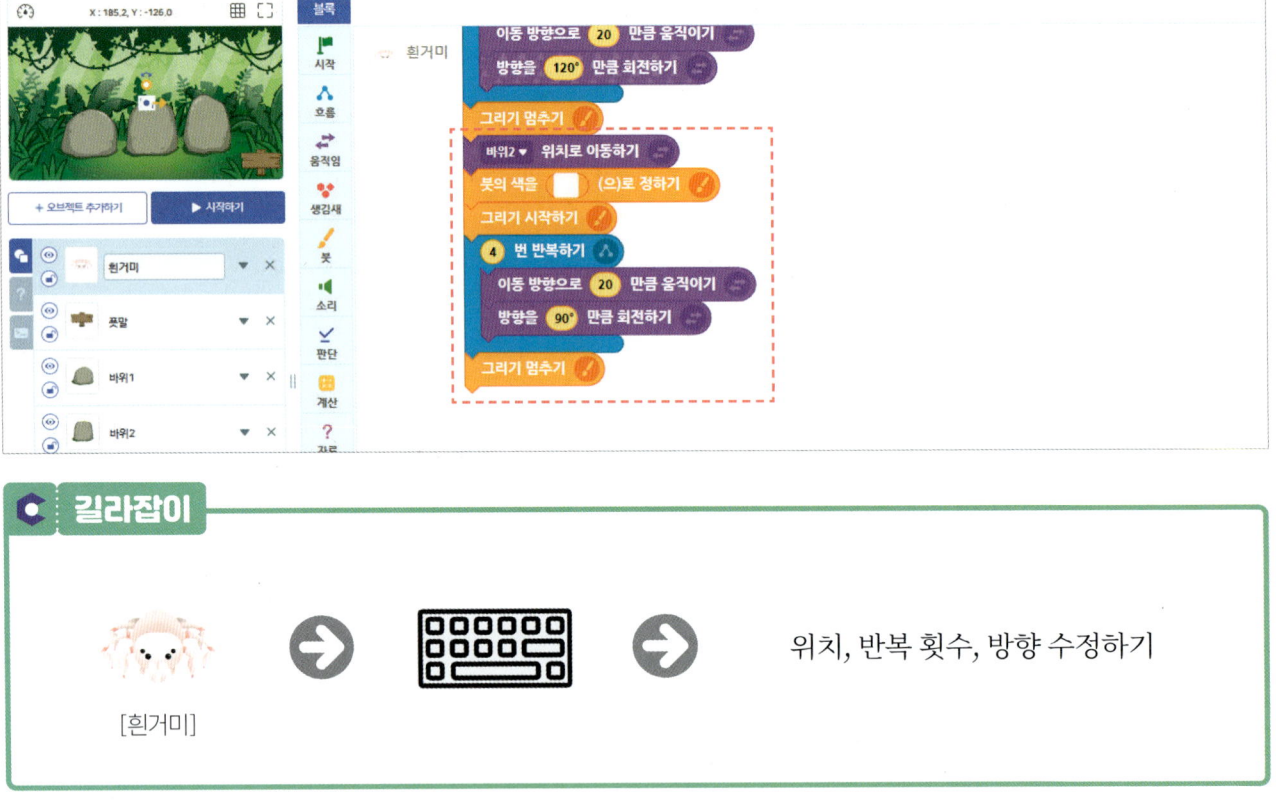

Step 5 원 그리기

사각형 코드에서 [코드 복사 & 붙여넣기]를 이용하여 '바위3' 오브젝트 위에 원을 그리도록 만들어봅시다.

12 '흰거미' 오브젝트의 [바위2 위치로 이동하기] 위에서 마우스 오른쪽 버튼을 클릭한 후 [코드 복사 & 붙여넣기] 메뉴를 클릭합니다.

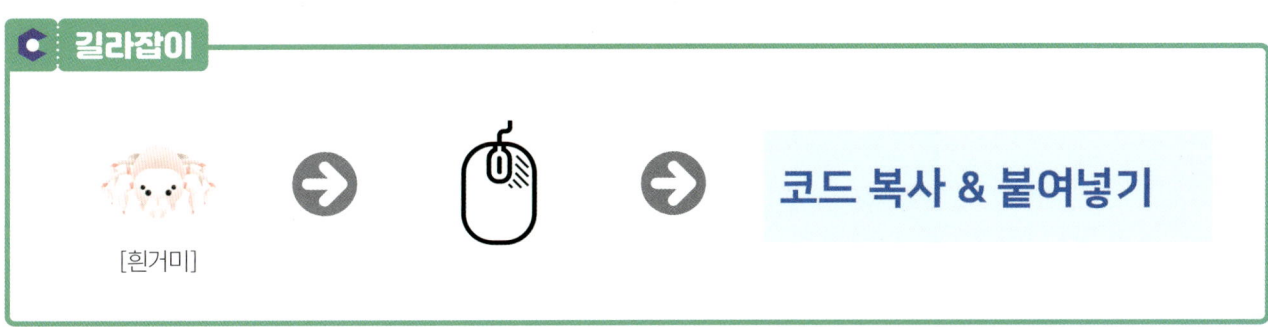

13 [바위2 위치로 이동하기] → [바위3 위치로 이동하기], [4번 반복하기] → [360번 반복하기], [이동 방향으로 20만큼 움직이기] → [이동 방향으로 0.3만큼 움직이기], [방향을 90°만큼 회전하기] → [방향을 1°만큼 회전하기]로 수정합니다.

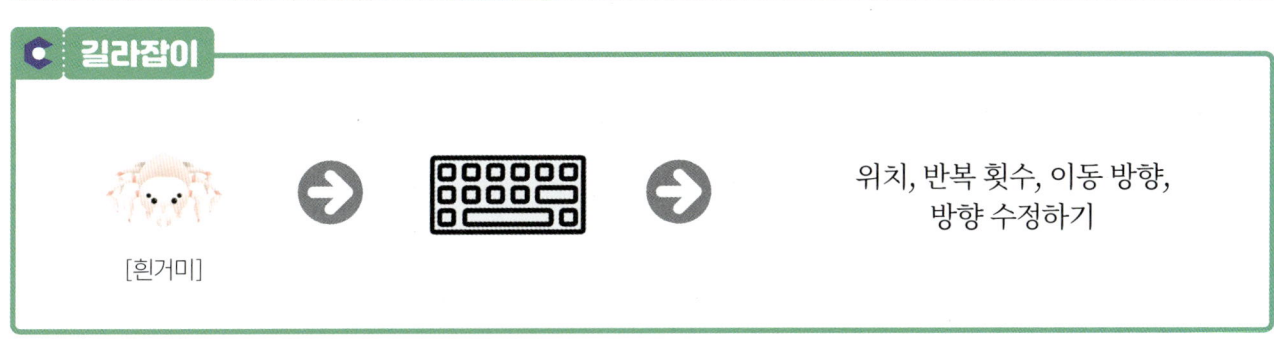

정리하기

◯ 전체 코드 보기

[흰거미]

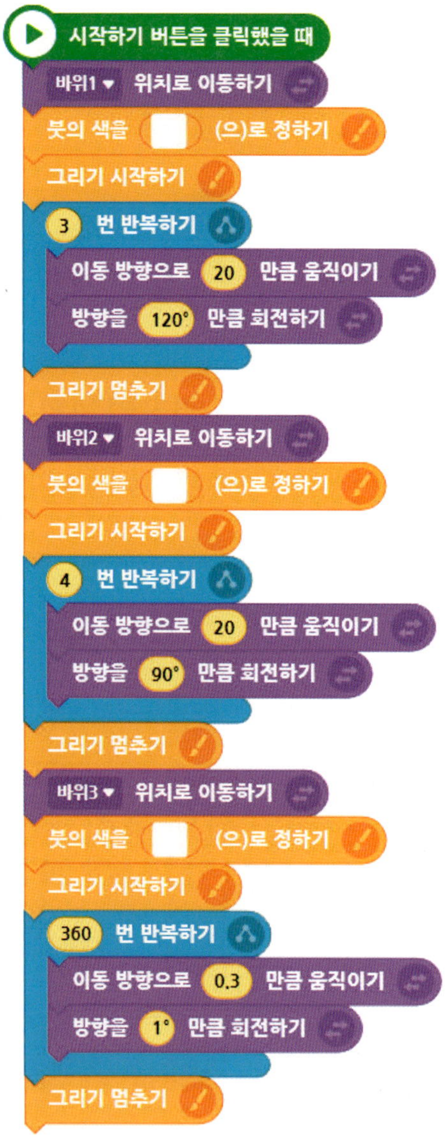

```
시작하기 버튼을 클릭했을 때
바위1 ▼ 위치로 이동하기
붓의 색을 ( ) (으)로 정하기
그리기 시작하기
3 번 반복하기
    이동 방향으로 20 만큼 움직이기
    방향을 120° 만큼 회전하기
그리기 멈추기
바위2 ▼ 위치로 이동하기
붓의 색을 ( ) (으)로 정하기
그리기 시작하기
4 번 반복하기
    이동 방향으로 20 만큼 움직이기
    방향을 90° 만큼 회전하기
그리기 멈추기
바위3 ▼ 위치로 이동하기
붓의 색을 ( ) (으)로 정하기
그리기 시작하기
360 번 반복하기
    이동 방향으로 0.3 만큼 움직이기
    방향을 1° 만큼 회전하기
그리기 멈추기
```

◯ 발전시키기
- 5각형, 6각형, 7각형과 같은 여러 가지 도형을 그려보세요.

◯ 요약하기
- 이동 방향이란 오브젝트가 움직일 수 있는 화살표 방향을 말하며 0~360도 방향이 있습니다.
- 방향이란 오브젝트가 회전하는 방향을 말하며 0~360도 방향이 있습니다.
- 평면 도형이란 직선, 곡선, 다각형 등과 같이 선으로 둘러싸인 도형을 말합니다.

Chapter 05

표식을 남겨줘

Chapter 05 표식을 남겨줘

밀림 너머 여러 도시들의 경계선에 도착했어요. 그런데 같은 곳을 빙글빙글 돌고 있는 기분이 들어요. 헷갈리지 않게 왔던 곳을 표시할 수 있도록 벽면에 표식을 해줄까요?

프로젝트 난이도 ★☆☆

실습 영상

· 실습 파일 : ch5.표식을 남겨줘(실습).ent
· 완성 파일 : ch5.표식을 남겨줘(완성).ent

💛 학습 목표

- 신호를 만들고 활용할 수 있다.
- [마우스를 클릭했을 때]와 [오브젝트를 클릭했을 때]를 구분할 수 있다.
- 그림판 프로그램의 다양한 기능을 만들 수 있다.

💛 프로젝트 미리보기

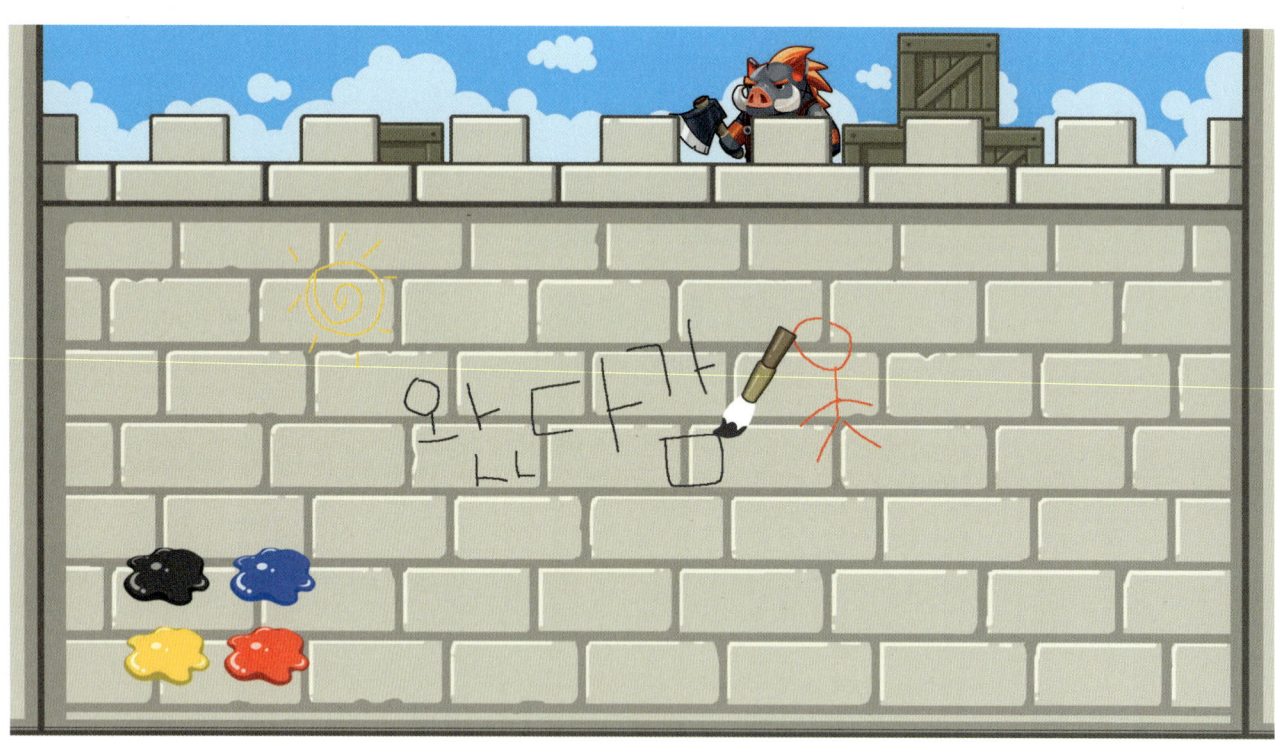

오늘의 이야기

제2 도시를 쭉 올라가면 도시들이 맞닿아 있는 경계선 구역을 만날 수 있습니다.
이곳을 지나 제3 도시로 넘어가려 하는데 계속 같은 장소를 빙글빙글 돌고 있는 것 같아요.

"같은 곳을 빙빙 돌고 있는 것 같지 않아?"

 "안 되겠어. 이러다가는 도시의 성벽을 계속 돌 것 같아.
왔던 곳을 표시하면서 가야겠어."

"표시할 도구들은 있어?"

 "응, 집을 떠나기 전에 모험 일기를 쓰려고 간단한 그림 도구를 챙겨왔어."

"저기 성 위에 중간 보스가 있어. 들키지 않게 조심조심 가야겠다."

중간 보스에게 들키지 않게 성벽에 작은 표식을 남기면서 이동해야겠습니다.

알아보기

신호

컴퓨터에서 이벤트는 '어떤 상황이 발생했을 때, 동작하는 방식'을 말합니다. 예를 들면 '마우스를 클릭하면 캐릭터가 앞으로 이동한다', '동영상의 재생 버튼을 클릭하면 영상이 재생된다', '키보드를 클릭하면 모니터 화면에 키보드에 적힌 글자가 나타난다' 등과 같이 마우스와 키보드로 컴퓨터에 명령을 내렸을 때 나타나는 동작들이 있습니다.

엔트리에서는 이러한 이벤트의 개념 중 하나를 신호라고 부릅니다. '신호'는 사용자가 직접 만들어 사용할 수 있습니다.

신호를 만들게 되면 [시작] 카테고리에 내가 만든 신호가 생긴 것을 확인할 수 있습니다.

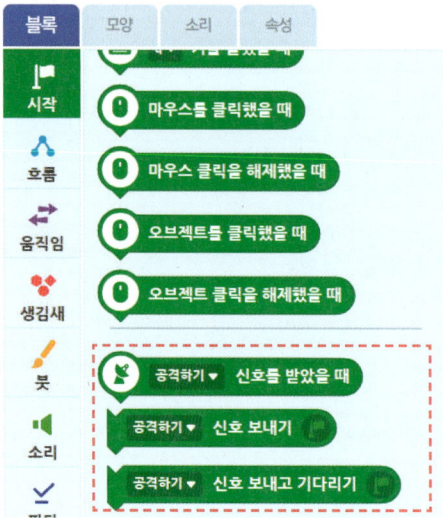

🌼 신호 사용하기 1

사용자가 만든 신호는 '상대' 오브젝트에게 명령을 내릴 때 사용할 수 있습니다. '최종 보스' 오브젝트가 직접 싸우는 대신 **[공격하기 신호 보내기]**를 통해 '중간 보스'에게 공격 명령을 내릴 수 있습니다.

🌼 신호 사용하기 2

사용자가 만든 신호를 이용해 '나' 스스로에게도 명령을 내릴 수 있습니다.

프로그래밍하기

프로젝트 만들기

Step 1 오브젝트 중심점 바꾸기

오브젝트 중심에 있는 중심점은 마우스의 위치를 나타냅니다. 마우스의 중심점을 바꿔 봅시다.

1 '붓' 오브젝트를 선택한 후, 오브젝트 중심점의 위치를 붓 끝부분으로 변경합니다.
(붓 끝보다 조금 벗어나게 중심점을 잡습니다.)

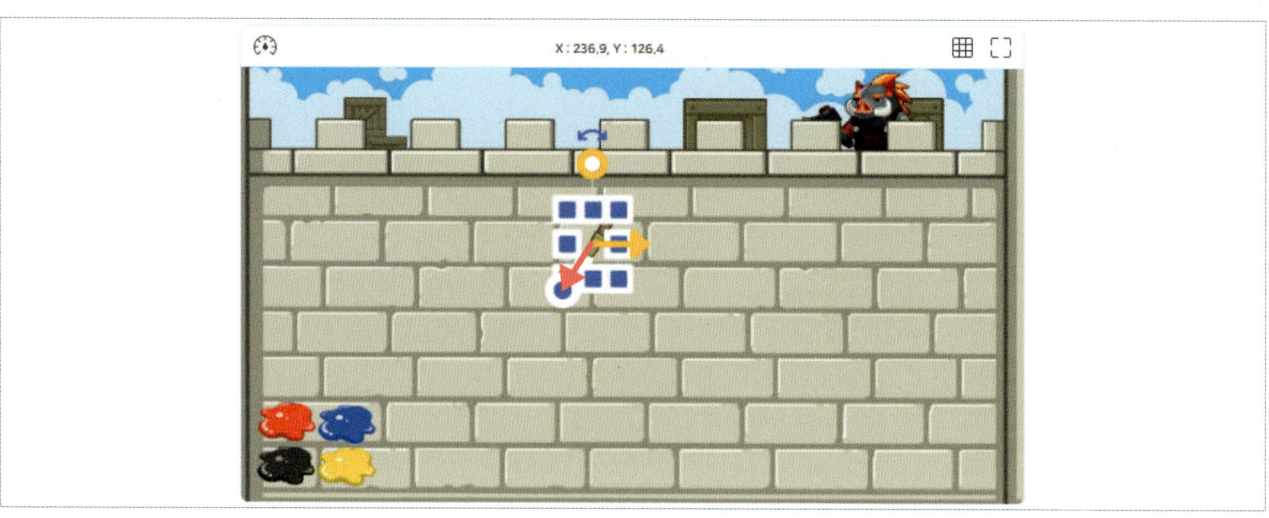

길라잡이

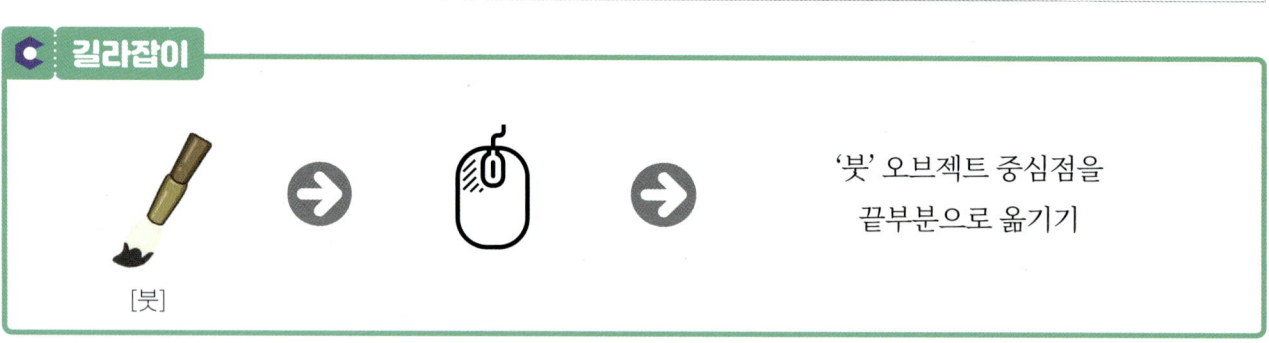

♥ Tip

마우스포인터는 오브젝트 중심점을 기준으로 움직입니다.
오브젝트 중심점을 붓 끝부분의 빈 곳으로 빼야 마우스포인터로
'물감' 오브젝트를 클릭할 수 있습니다.

Step 2 | 마우스포인터 계속 따라다니기

시작하기 버튼을 클릭한 후 '붓' 오브젝트가 계속 마우스를 따라다니도록 합니다. 오브젝트 중심점 위치로 마우스포인터가 따라다니는 것을 확인해볼까요?

2 '붓' 오브젝트를 클릭한 후, [시작] 카테고리에서 [시작하기 버튼을 클릭했을 때] 블록을 가져옵니다.

3 [흐름] 카테고리에서 [계속 반복하기] 블록을 가져옵니다.

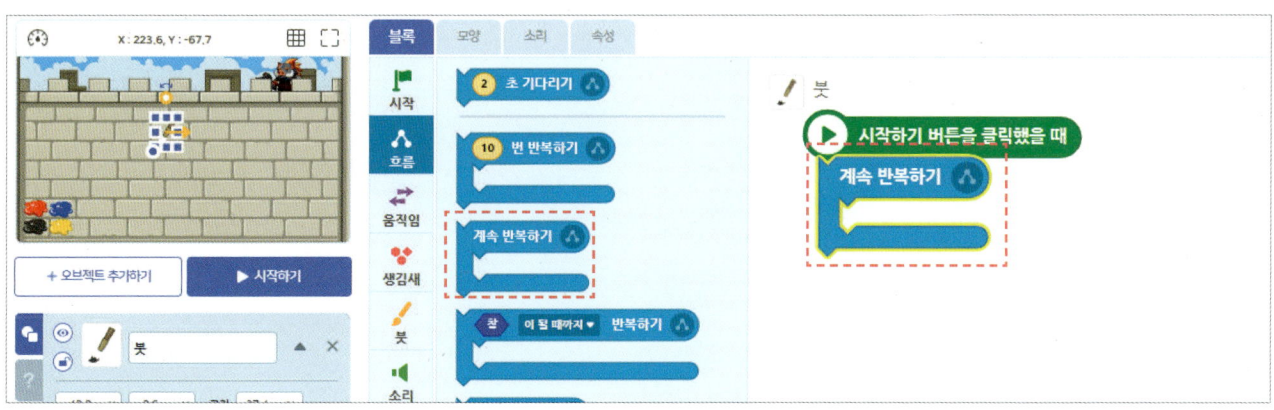

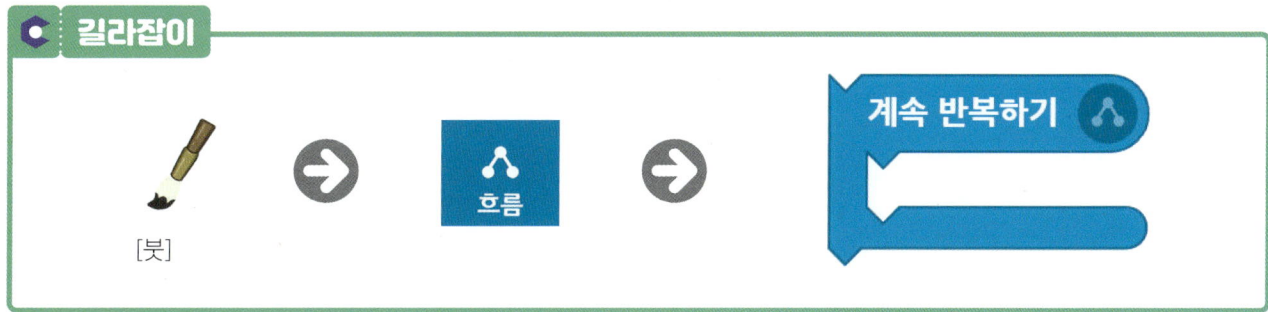

Chapter 05 | 표식을 남겨줘 85

4 [움직임] 카테고리에서 [붓 위치로 이동하기] 블록을 가져와 [마우스포인터 위치로 이동하기]로 수정합니다.

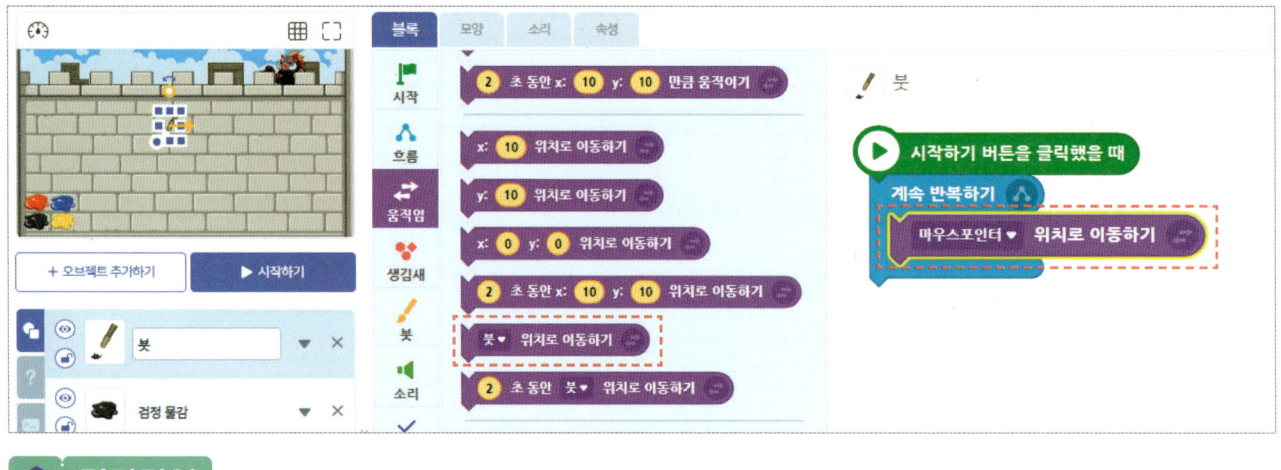

Step 3 　마우스로 그림 그리기

마우스로 실행 화면을 클릭하여 드래그하면 그림이 그려지고, 마우스 클릭을 해제하면 그림 그리기가 멈춰지도록 만들어봅시다.

5 [시작] 카테고리에서 [마우스를 클릭했을 때] 블록을 가져옵니다.

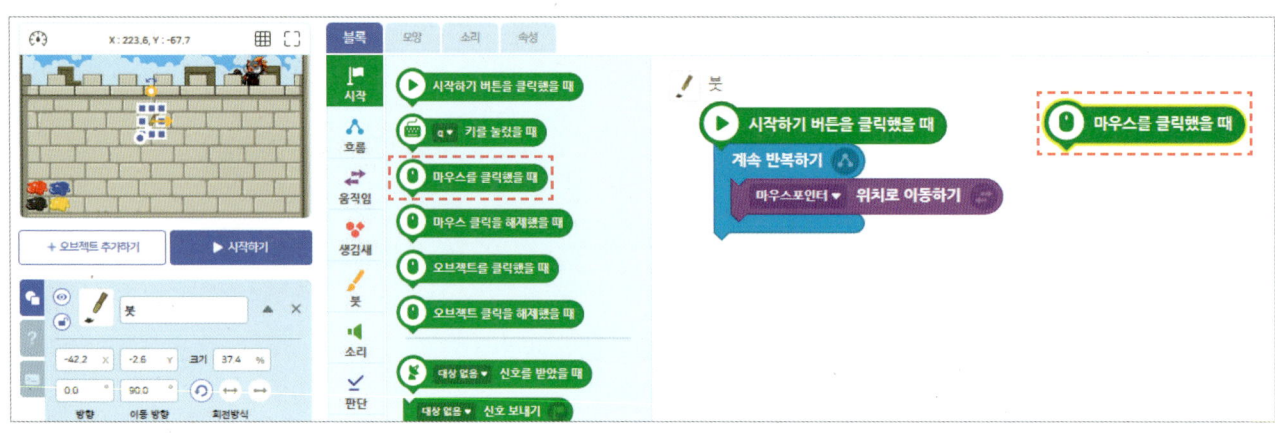

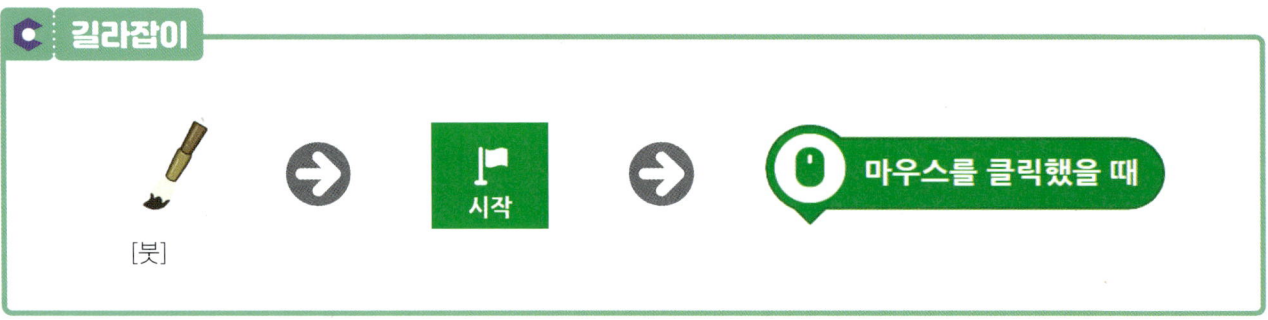

6 [붓] 카테고리에서 [그리기 시작하기] 블록을 가져옵니다.

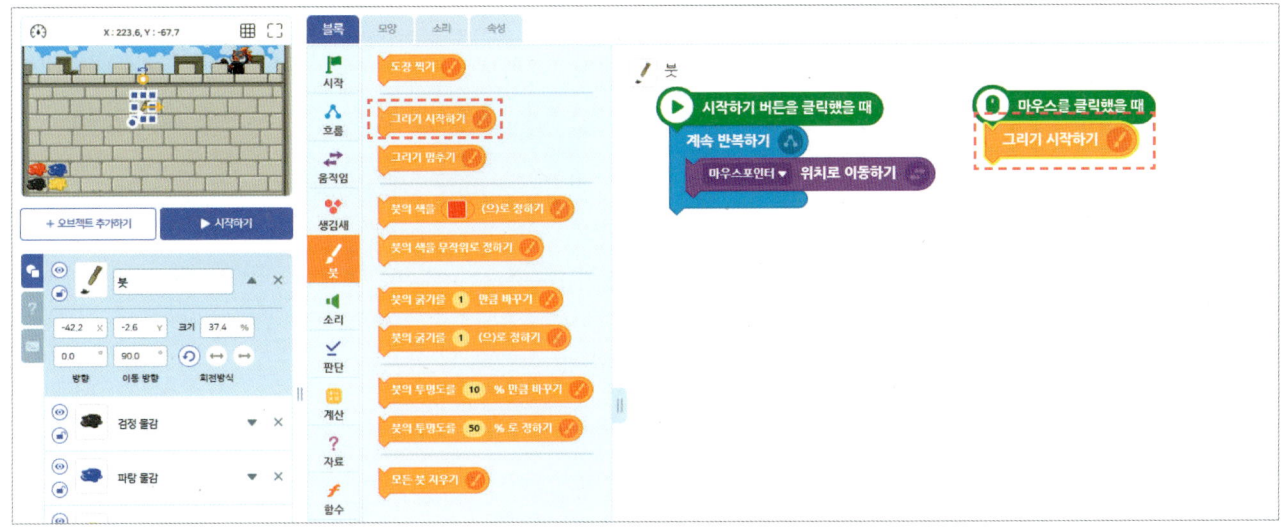

> **길라잡이**
> [붓] → 붓 → 그리기 시작하기

7 [시작] 카테고리에서 [마우스 클릭을 해제했을 때] 블록을 가져옵니다.

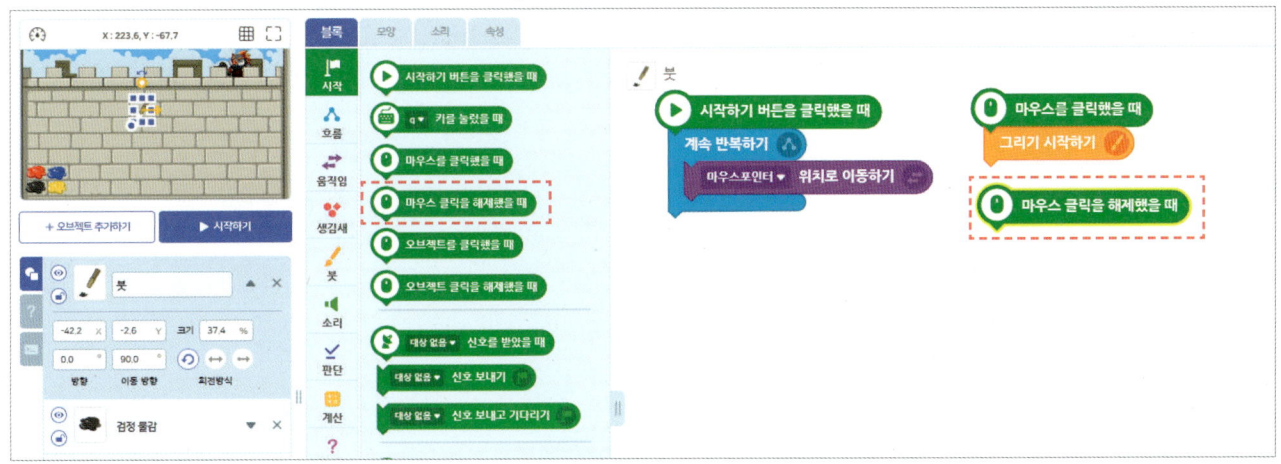

> **길라잡이**
> [붓] → 시작 → 마우스 클릭을 해제했을 때

8 [붓] 카테고리에서 [그리기 멈추기] 블록을 가져옵니다.

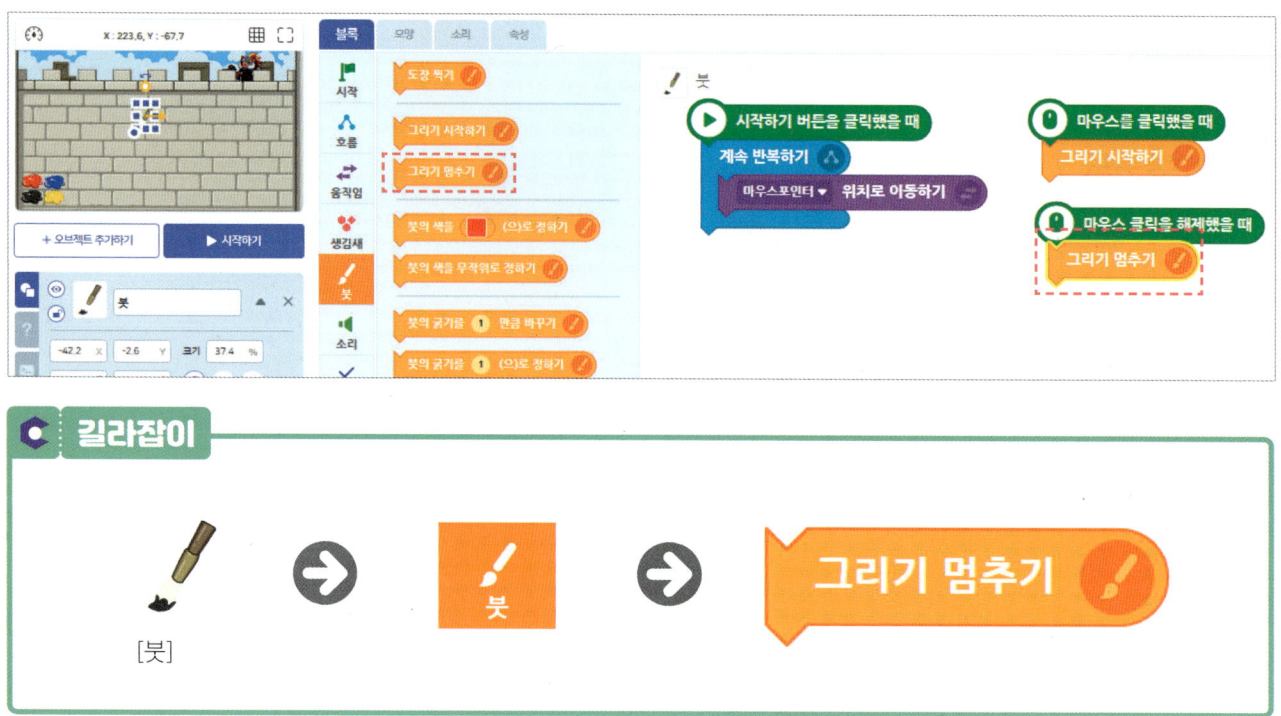

Step 4 신호 만들기

'붓' 오브젝트가 각각의 물감을 클릭했을 때, 클릭한 색으로 그림이 그려지게 하려면 신호를 만들어야 합니다. 물감마다 신호를 만들어봅시다.

9 [속성] 탭에서 [신호]를 클릭한 후 [신호 추가하기]를 클릭합니다.
신호의 이름을 입력하고 확인 버튼을 클릭합니다. (신호: 빨강 물감, 노랑 물감, 파랑 물감, 검정 물감)

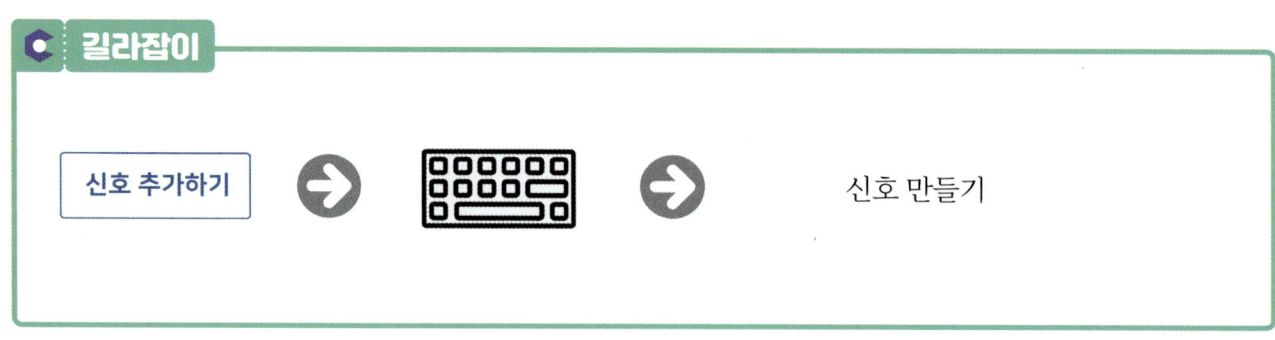

Step 5 신호 보내기

각각의 '물감' 오브젝트가 '붓' 오브젝트에게 신호를 보내 그림을 그리도록 만들어봅시다.

10 '검정 물감' 오브젝트를 클릭한 후, [시작] 카테고리에서 [오브젝트를 클릭했을 때] 블록을 가져옵니다.

11 [시작] 카테고리에서 [검정 물감 신호 보내기] 블록을 가져옵니다. (신호 블록의 목록은 Step 4에서 만든 신호의 순서와 같습니다.)

12 '검정 물감' 오브젝트의 [오브젝트를 클릭했을 때] 블록 위에서 마우스 오른쪽 버튼을 클릭한 후 [코드 복사] 메뉴를 클릭합니다.

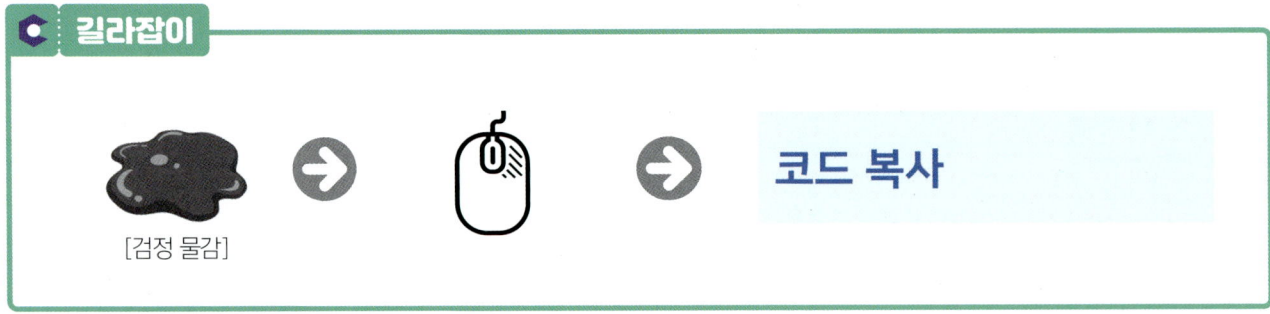

13 '파랑 물감' 오브젝트를 선택한 후, 블록 조립소에서 마우스 오른쪽 버튼을 클릭하여 [붙여넣기] 메뉴를 클릭합니다.

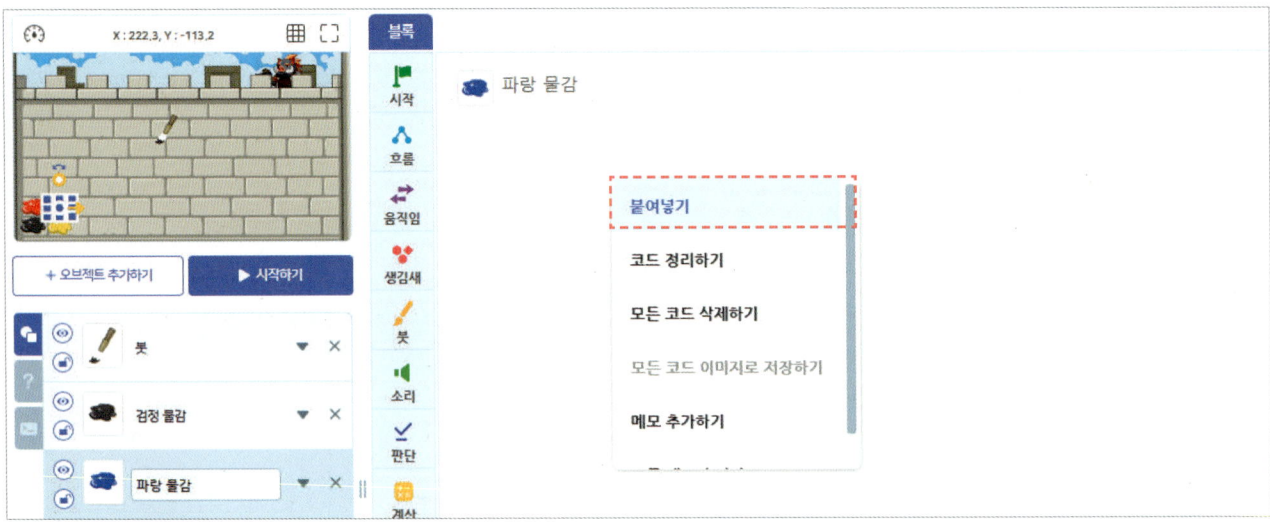

14 '파랑 물감' 오브젝트에서 붙여넣기 한 신호 코드를 [파랑 물감 신호 보내기]로 변경합니다.

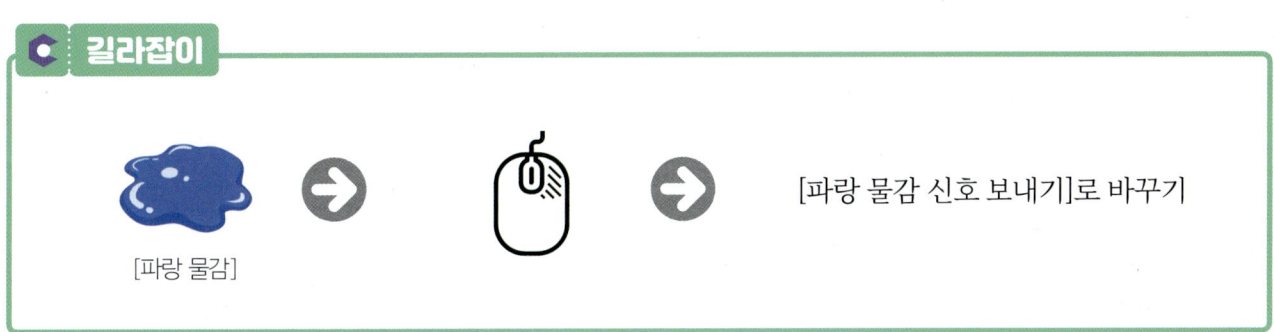

15 각 물감 오브젝트에 복사/붙여넣기/수정을 이용하여 다음과 같이 코드를 만듭니다.

Step 6 붓의 처음 상태

시작하기 버튼을 클릭했을 때 '붓' 오브젝트의 처음 색상과 모양이 정해지도록 만들어봅시다.

16 '붓' 오브젝트를 클릭한 후, [시작] 카테고리에서 [시작하기 버튼을 클릭했을 때]를 가져옵니다.

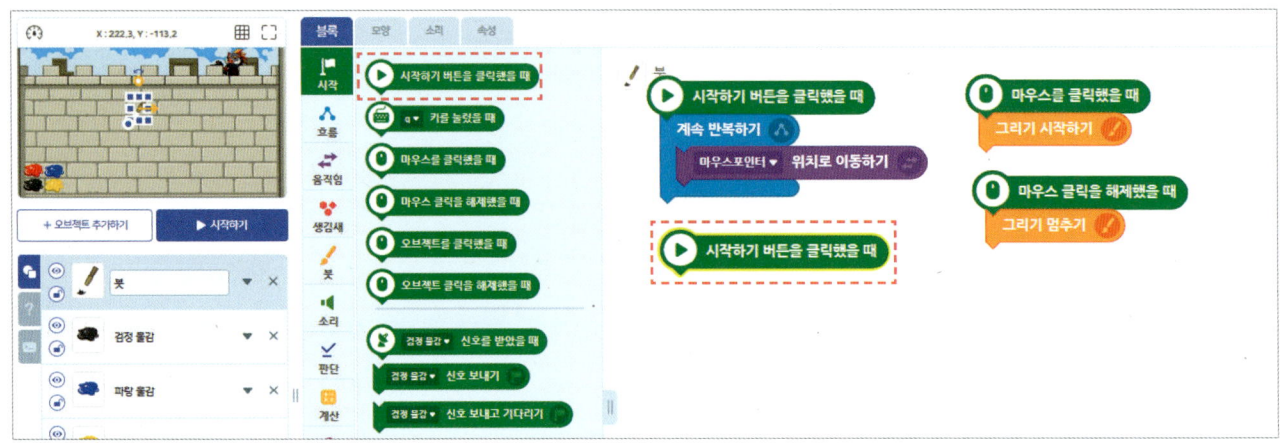

[붓]

17 [생김새] 카테고리에서 [붓_검정 모양으로 바꾸기] 블록을 가져옵니다.

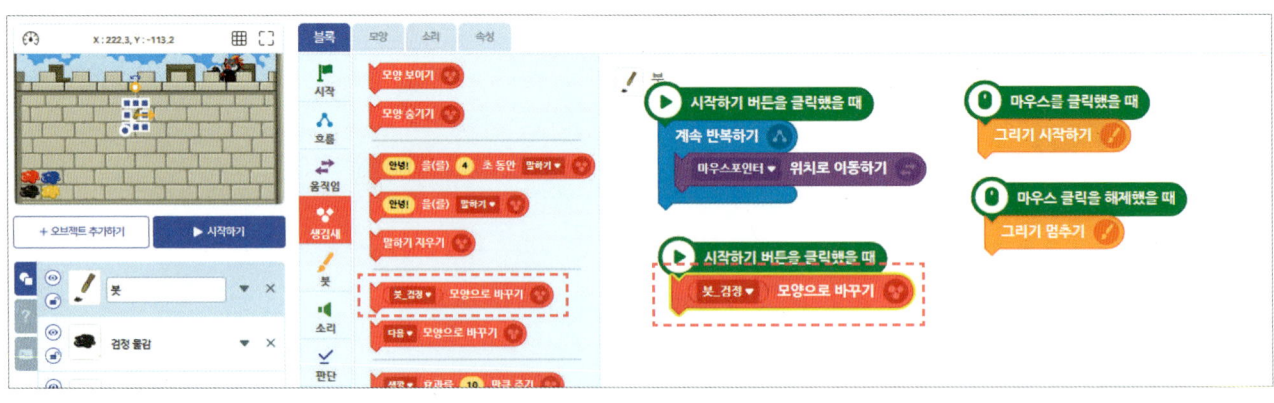

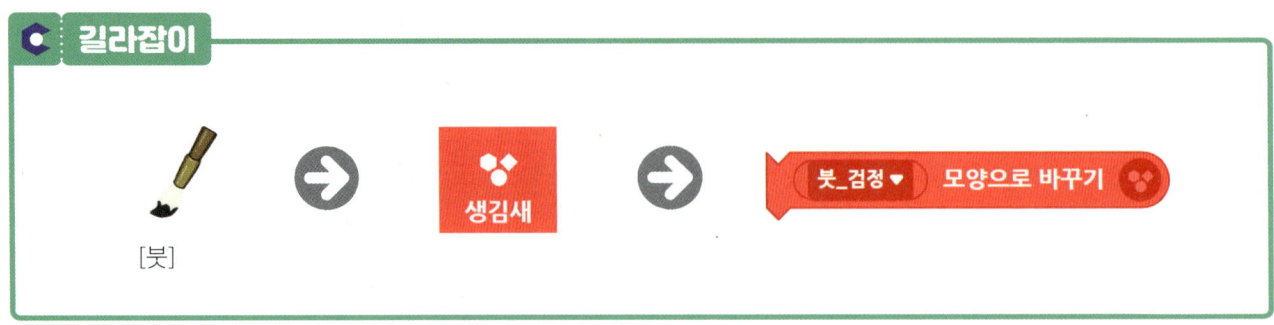

[붓]

18 [붓] 카테고리에서 [붓의 색을 ■(으)로 정하기] 블록을 가져와 [붓의 색을 ■(으)로 정하기]로 수정합니다.

> 길라잡이

Step 7 그림 지우기

'붓' 오브젝트가 그림을 지우도록 만들어봅시다.

19 [시작] 카테고리에서 [q키를 눌렀을 때] 블록을 가져와 [스페이스 키를 눌렀을 때]로 수정합니다.

20 [붓] 카테고리에서 [모든 붓 지우기]를 가져옵니다.

Step 8 신호를 받았을 때

'물감' 오브젝트가 보낸 신호를 받았을 때 '붓' 오브젝트가 색을 바꿀 수 있도록 만들어봅시다.

21 [시작] 카테고리에서 [검정 물감 신호를 받았을 때] 블록을 가져옵니다.

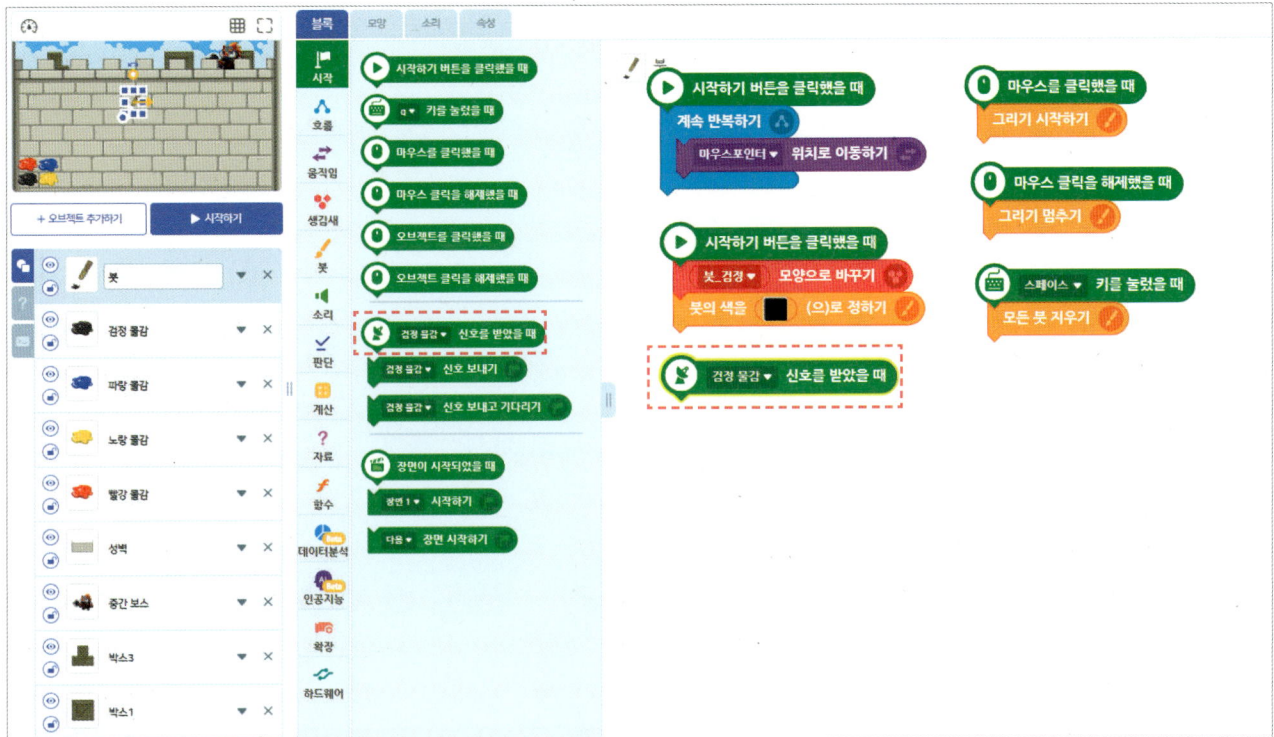

길라잡이

[붓]

22 '붓' 오브젝트의 [붓_검정 모양으로 바꾸기] 블록 위에서 마우스 오른쪽 버튼을 클릭한 후 [코드 복사 & 붙여넣기] 메뉴를 클릭합니다.

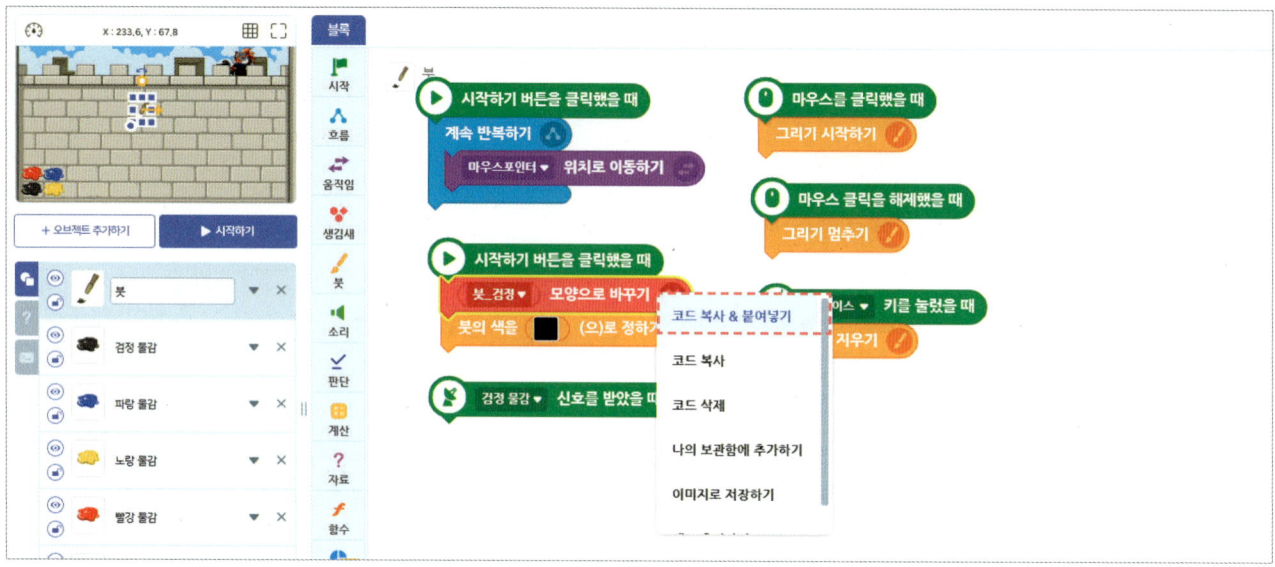

23 붙여넣기 한 코드를 [검정 물감 신호를 받았을 때] 블록 아래에 붙여넣습니다.

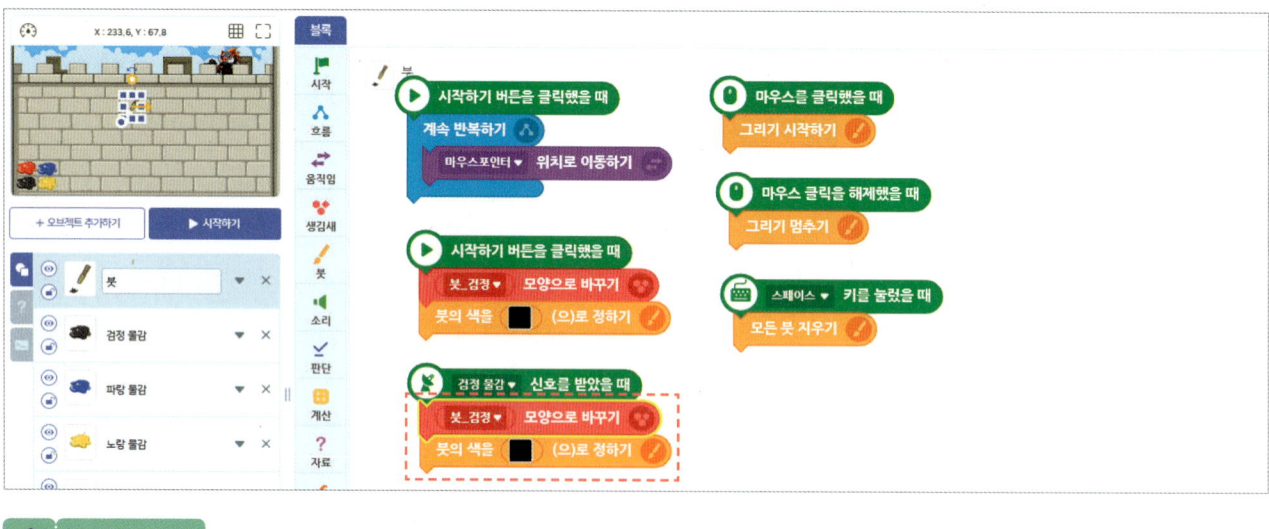

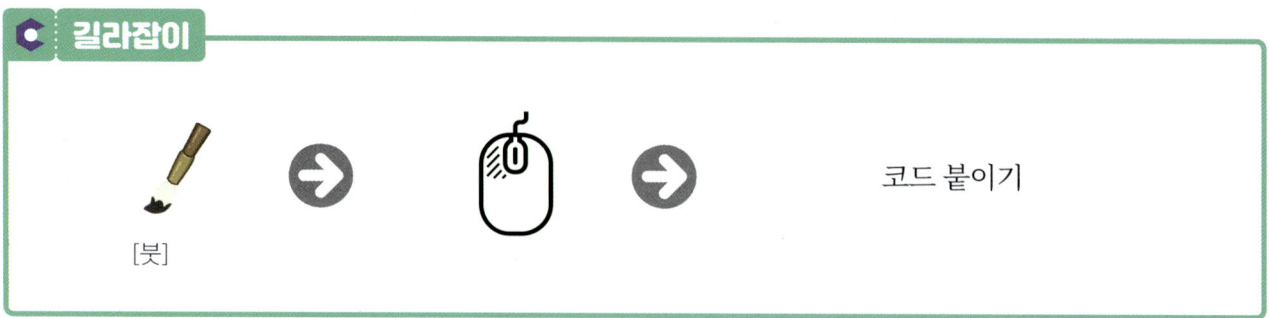

24 [검정 물감 신호를 받았을 때] 블록 위에서 마우스 오른쪽 버튼을 클릭한 후, [코드 복사 & 붙여넣기]를 클릭합니다.

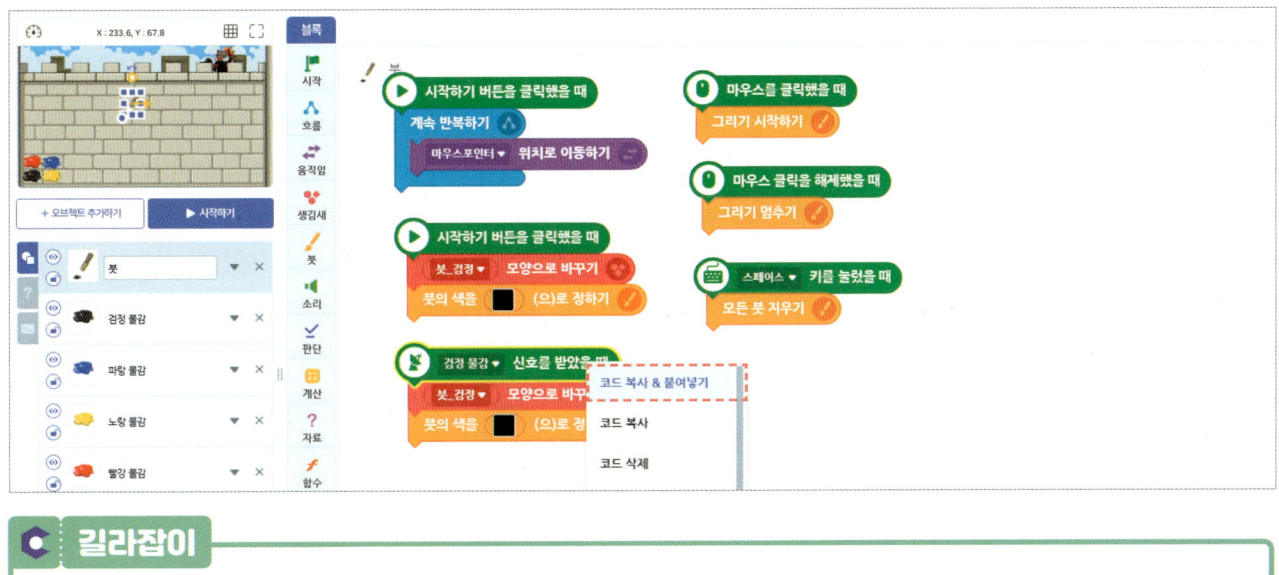

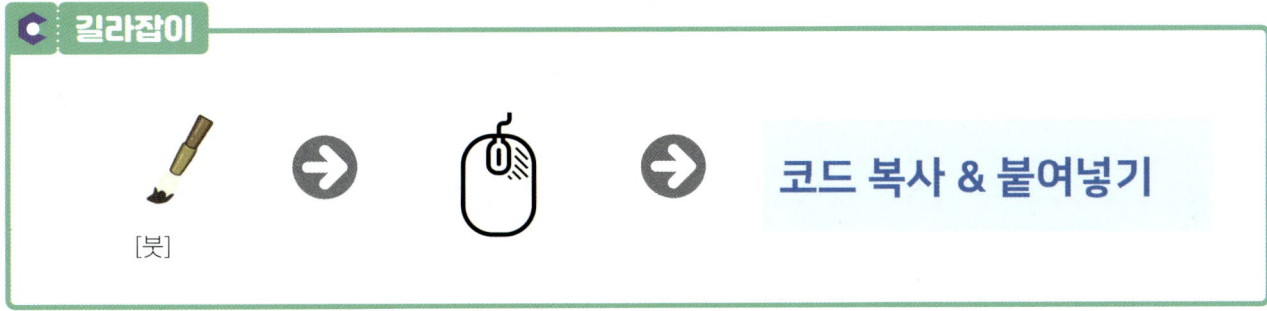

25 붙여넣기 한 코드를 [파랑 물감 신호를 받았을 때], [붓_파랑 모양으로 바꾸기], [붓의 색을 ■(으)로 정하기]로 수정합니다.

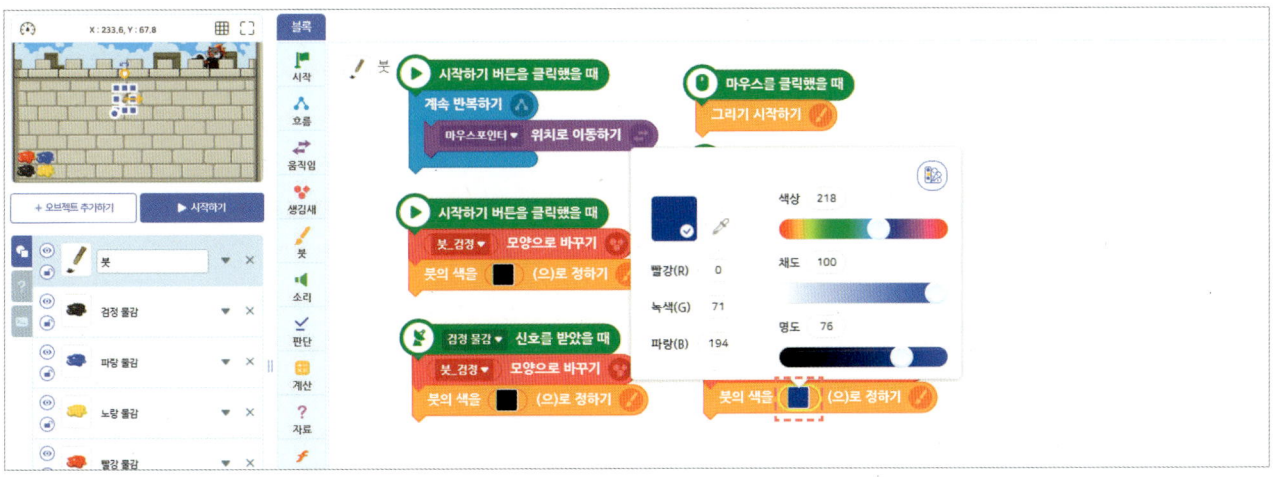

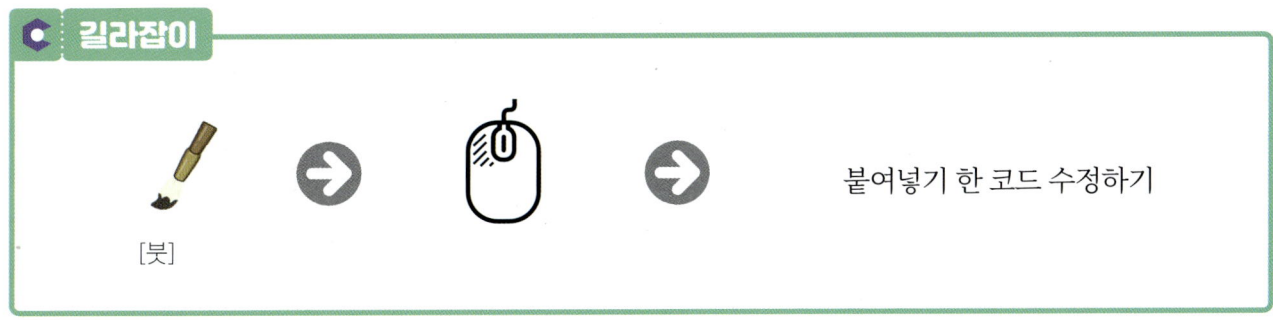

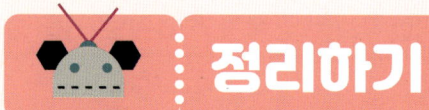

정리하기

전체 코드 보기

발전시키기

- 빨강/노랑 물감 신호를 받았을 때 붓 모양과 색이 변하도록 코드를 추가해보세요.
- 키보드 이벤트를 이용해 붓의 굵기와 투명도를 조절하는 코드를 추가해보세요.

요약하기

- 신호는 자신의 명령어로 다른 오브젝트에 변화를 줄 때 사용합니다.
- 이벤트는 행동하려는 대상이 움직이는 것이라면, 신호는 상대 오브젝트에게 어떤 명령을 시키는 것을 말합니다.

Chapter 06

출구를 향해 가자

Chapter 06 출구를 향해 가자

표식을 해 둔 것이 도움이 되어 무사히 다음 장소로 이동했어요. 그런데 이상한 미로에 도착했네요. 이 미로의 벽에 닿으면 처음 시작했던 위치로 되돌아갑니다. 반대편 출구까지 어떻게 안전하게 이동할 수 있을까요?

프로젝트 난이도 ★★☆

실습 영상
· 실습 파일 : ch6. 출구를 향해 가자(실습).ent
· 완성 파일 : ch6. 출구를 향해 가자(완성).ent

💛 학습 목표

- 2차원 좌표를 설명할 수 있다.
- 좌푯값을 이용하여 오브젝트를 움직일 수 있다.
- [만약 <참> (이)라면] 블록을 활용할 수 있다.

💛 프로젝트 미리보기

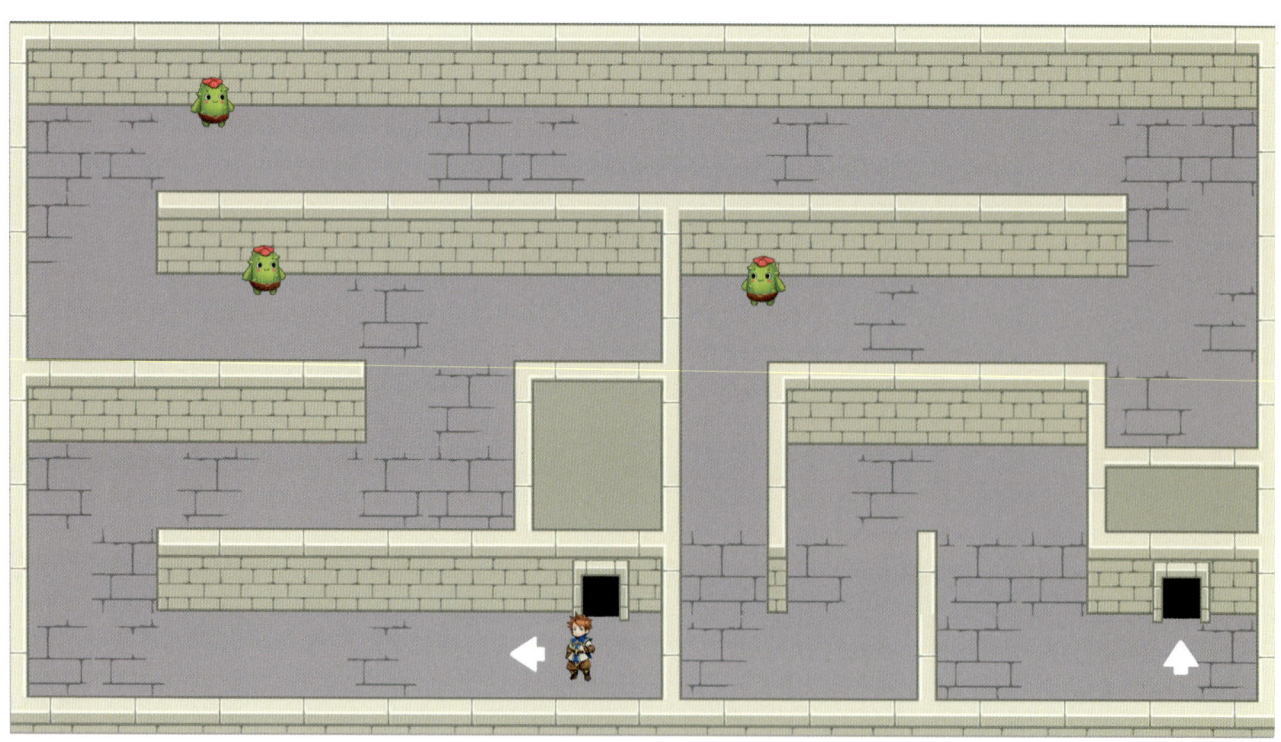

💛 오늘의 이야기

벽에 남긴 표식의 도움을 받으면서 몇 바퀴를 돌아 골목길로 접어들었습니다.

 "들키지 않게 잘 이동했어. 최종 보스가 있는 곳까지 거의 절반 정도 온 것 같아. 여기 미로를 통과하는 문이 있어. 문을 통과해서 제4 도시에 있는 섬에 가 있도록 해."

 "섬에는 왜?"

 "지금 이 일대를 몬스터가 둘러싸고 있어서 당분간은 움직이기가 쉽지 않을 거야. 그곳에 몸을 피해 있도록 해. 내가 너에게 잠시 투명해질 수 있는 능력을 줄게. 자, 이 버튼을 눌러."

 "이걸 누르면 내가 투명 인간이 되는 거야?"

 "길게는 아니고 2초 정도 투명한 상태로 있을 수 있어. 만약 몬스터를 만나면 투명하게 만든 다음, 앞만 보고 뛰도록 해."

투명 상태로 있게 도와주는 버튼을 들고 미로를 탐색합니다.
앗! 미로의 벽에 닿으니 처음 시작 위치로 돌아와 버렸어요. 미로에 닿지 않도록 조심해야겠어요.

개념 다지기

알아보기

좌표

좌표는 공간에 있는 한 점의 위치를 숫자로 표현한 것입니다.
엔트리의 실행 화면은 정중앙이 원점(x:0, y:0)입니다.

> 가로를 x축이라고 하며, 화면 왼쪽 끝 좌표 -240, 화면 오른쪽 끝 좌표 240
> 세로를 y축이라고 하며, 화면 아래쪽 끝 좌표 -135, 화면 위쪽 끝 좌표 135

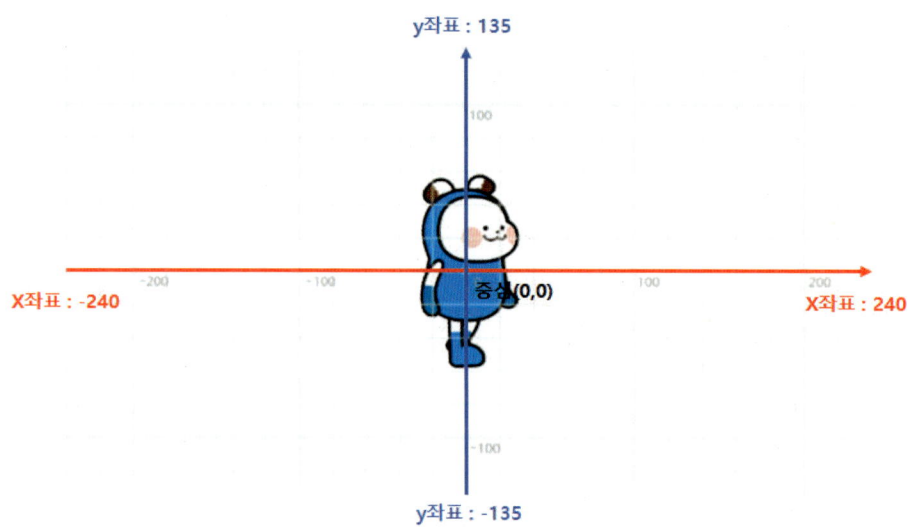

오브젝트 정보에서 이러한 좌표 정보를 살펴볼 수 있습니다. 엔트리에서 오브젝트를 원하는 위치로 옮기기 위해서는 이와 같은 좌표를 이해해야 합니다.

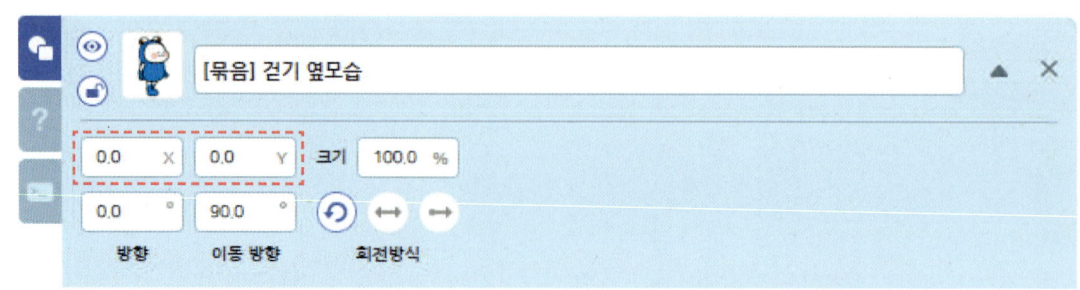

🌸 선택 구조

선택은 차례대로 명령을 실행하다가 선택해야 하는 상황이 되면 동작하는 명령입니다.

아래의 알고리즘을 예로 들면, 오늘이 주말인가? – '예/아니요'로 나누어지는 명령어를 선택이라고 합니다.

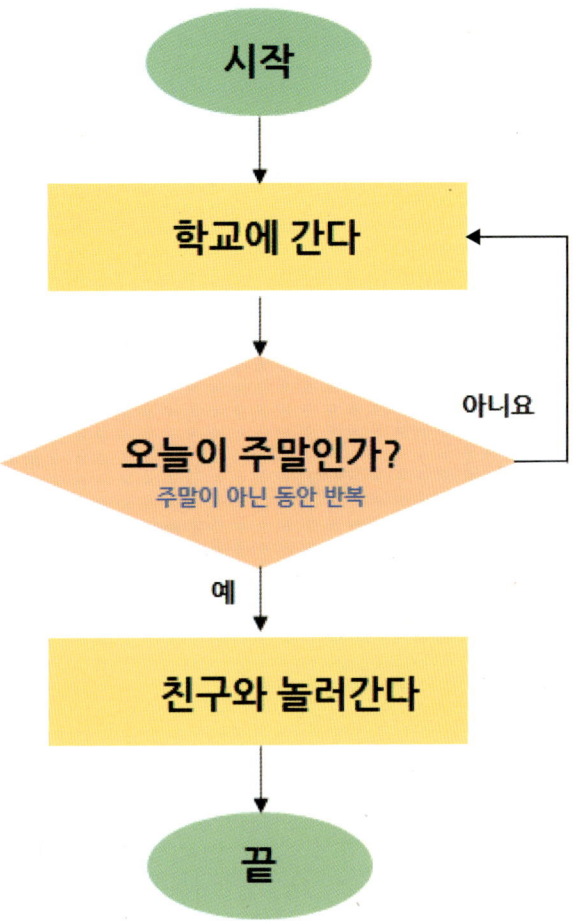

선택은 [만일 ~ (이)라면]과, [만일 ~ (이)라면 - 아니면]이라는 두 가지가 있습니다. 이러한 선택 블록에서는 <참>이라고 하는 판단할 수 있는 조건 명령어를 만들어 줘야 합니다.

조건 1. 만일 <참> (이)라면	조건 2. 만일 <참> (이)라면 - 아니면
조건이 참인 경우에만 안에 들어 있는 명령을 실행	조건이 참인 경우와 그렇지 않은 경우를 구분하여 명령을 실행

프로그래밍하기

프로젝트 만들기

Step 1 키보드 이벤트

방향 키보드를 이용해 '주인공' 오브젝트를 위쪽, 아래쪽, 오른쪽, 왼쪽으로 움직이도록 만들어봅시다.

1 '주인공' 오브젝트를 클릭한 후, [시작] 카테고리에서 [q키를 눌렀을 때] 블록을 가져와 [왼쪽 화살표 키를 눌렀을 때]와 [오른쪽 화살표 키를 눌렀을 때]로 수정합니다.

길라잡이

Tip

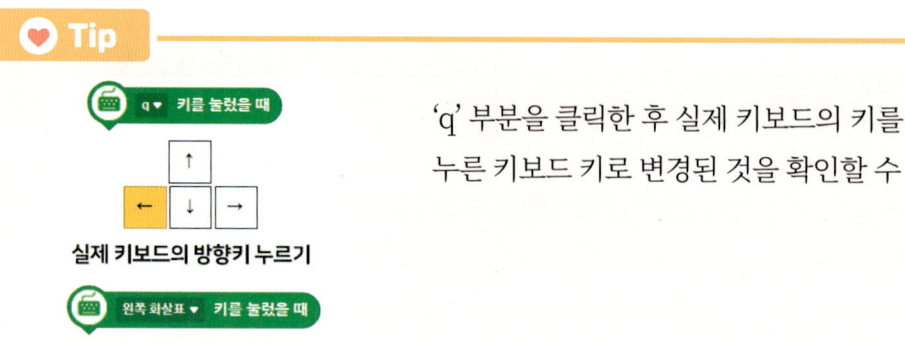

'q' 부분을 클릭한 후 실제 키보드의 키를 누르면, 누른 키보드 키로 변경된 것을 확인할 수 있습니다.

2 [움직임] 카테고리에서 [x 좌표를 10만큼 바꾸기] 블록을 가져와 10을 각각 '-5'와 '5'로 수정합니다. (이 값이 클수록 많이 움직입니다.)

왼쪽 화살표 키를 눌렀을 때 x 좌표를 -5 만큼 바꾸기	오른쪽 화살표 키를 눌렀을 때 x 좌표를 5 만큼 바꾸기
 왼쪽 화살표 키를 눌렀을 때 반대 방향으로 이동할 수 있도록 (-)를 붙여주고, 이동 크기를 입력합니다.	 오른쪽 화살표 키를 눌렀을 때 오른쪽 방향으로 이동할 수 있도록 이동 크기를 입력합니다.

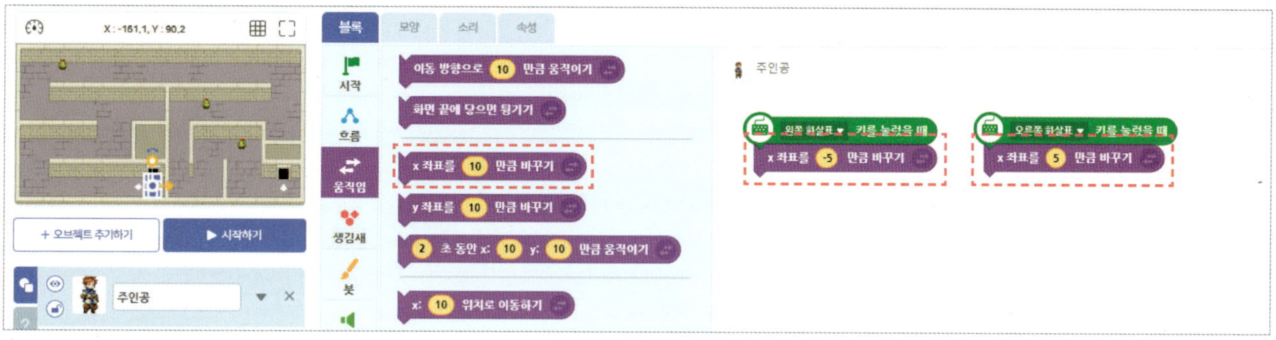

3 [시작] 카테고리에서 [q키를 눌렀을 때] 블록을 가져와 [위쪽 화살표 키를 눌렀을 때]와 [아래쪽 화살표 키를 눌렀을 때]로 수정합니다.

4 **[움직임]** 카테고리에서 **[y 좌표를 10만큼 바꾸기]** 블록을 가져와 10을 각각 '5'와 '-5'로 수정합니다.
   (이 값이 클수록 많이 움직입니다.)

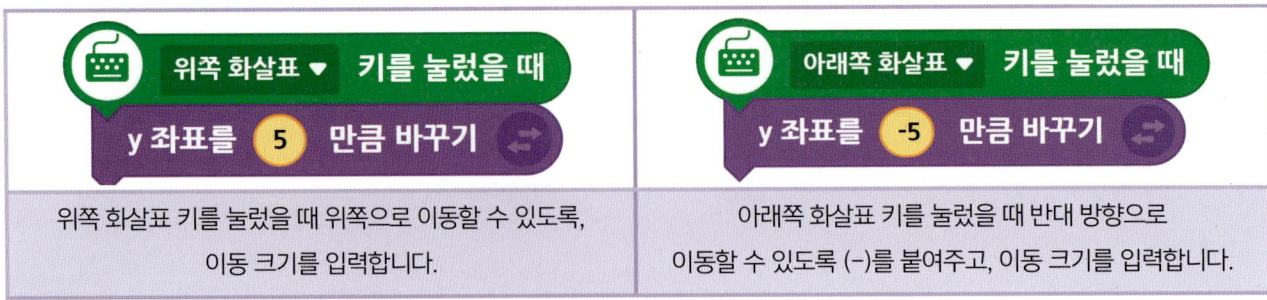

길라잡이

💗 Tip

x축은 오른쪽과 왼쪽, y축은 위와 아래를 뜻합니다. 숫자는 현재 방향의 이동 거리 수를 의미하고 숫자 앞의 빼기(-) 기호는 이동하려는 방향을 반대로 이동하겠다는 뜻입니다.

Step 2 시작 위치로 이동하기

'주인공' 오브젝트가 미로에 닿으면 시작 위치로 이동하도록 만들어봅시다.

5 [시작] 카테고리에서 [시작하기 버튼을 클릭했을 때] 블록을 가져옵니다.

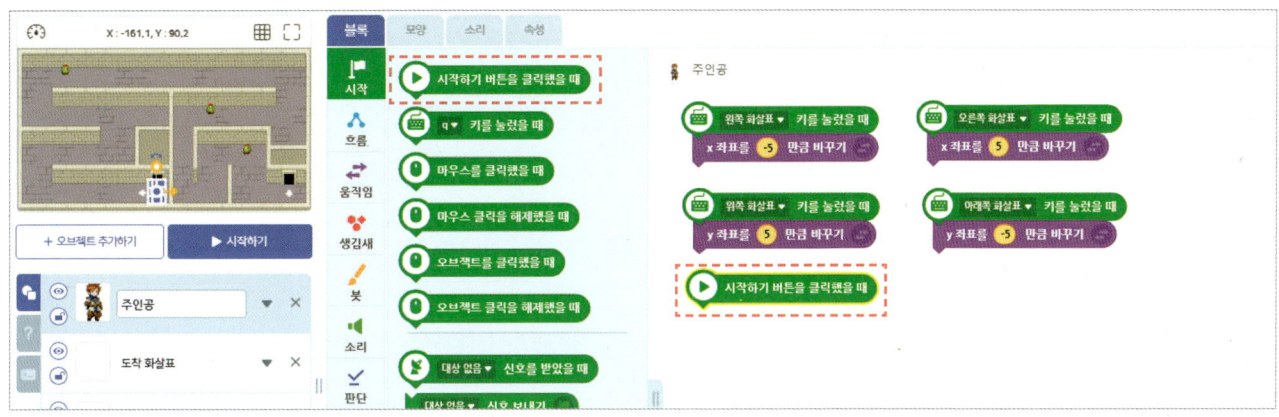

6 [흐름] 카테고리에서 [계속 반복하기] 블록을 가져옵니다.

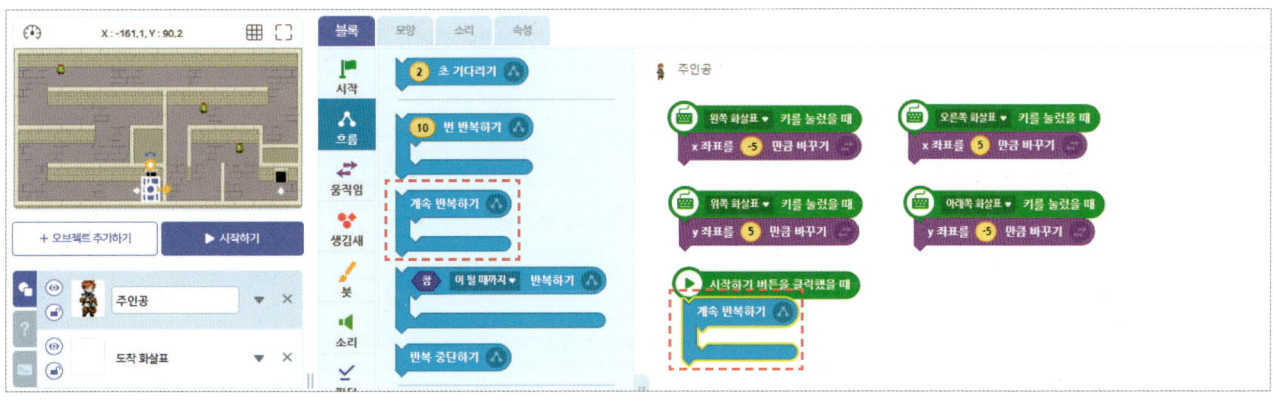

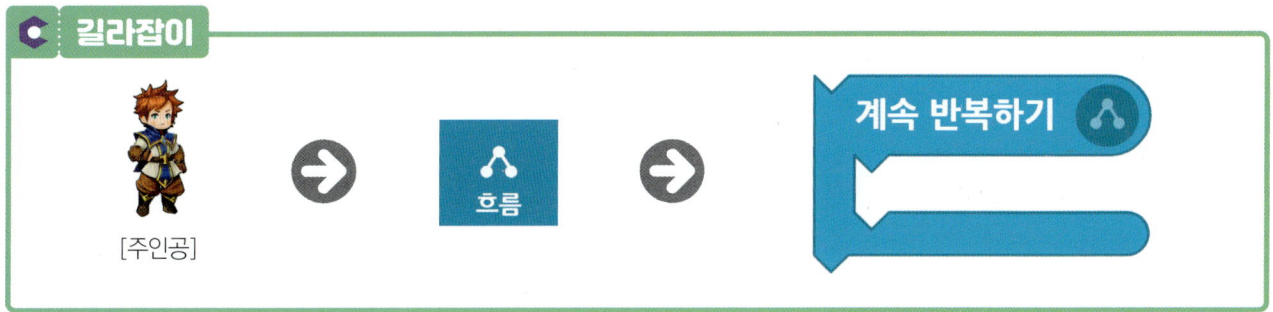

7 [흐름] 카테고리에서 [만일 <참> (이)라면] 블록을 가져옵니다.

[주인공]

8 [판단] 카테고리에서 [마우스포인터에 닿았는가?] 블록을 가져와 <참> 부분에 넣어준 후, [미로에 닿았는가?]로 수정합니다.

[주인공]

9 [움직임] 카테고리에서 [주인공 위치로 이동하기] 블록을 가져와 [출발 화살표 위치로 이동하기]로 수정합니다.

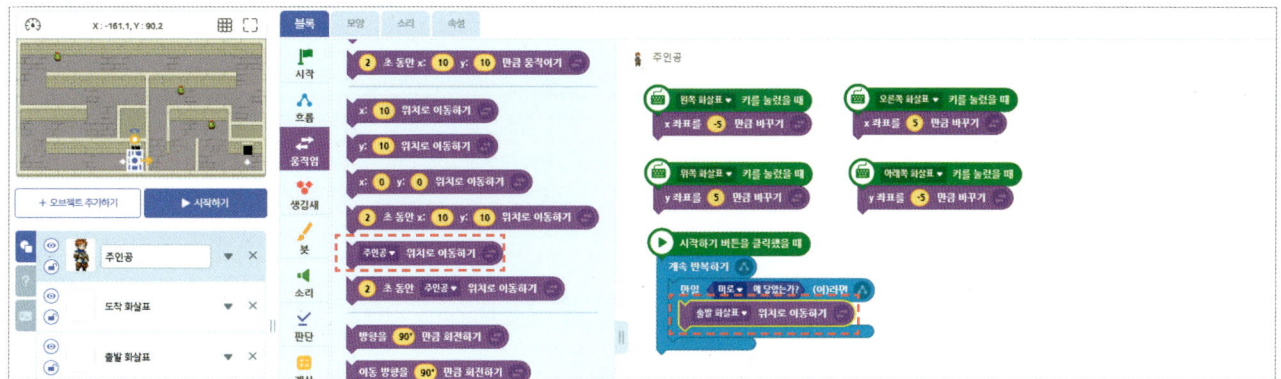

Step 3 모양 숨기기

'주인공' 오브젝트가 '도착' 위치에 가면 문에 들어가는 것처럼 보이게 오브젝트의 모양을 숨기도록 만들어봅시다.

10 [만일 미로에 닿았는가 (이)라면] 블록 위에서 마우스 오른쪽 버튼을 클릭한 후 [코드 복사 & 붙여넣기] 메뉴를 클릭합니다.

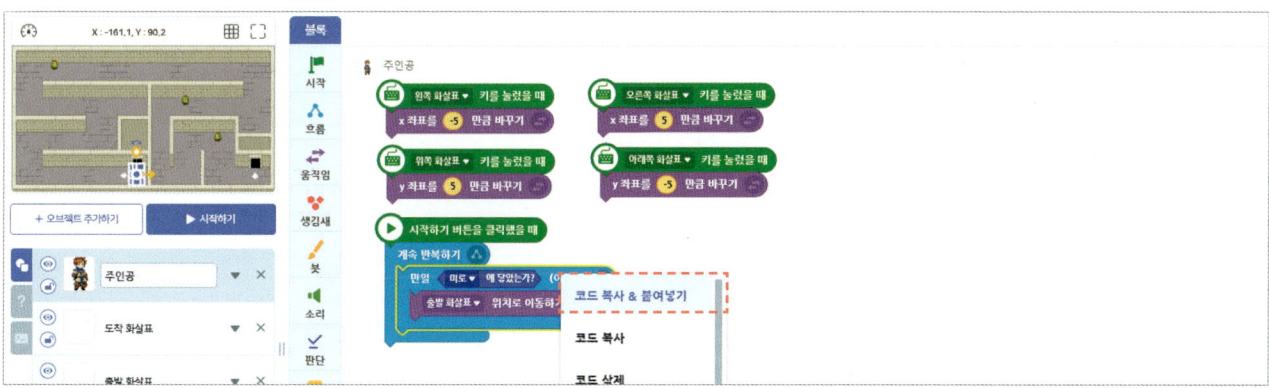

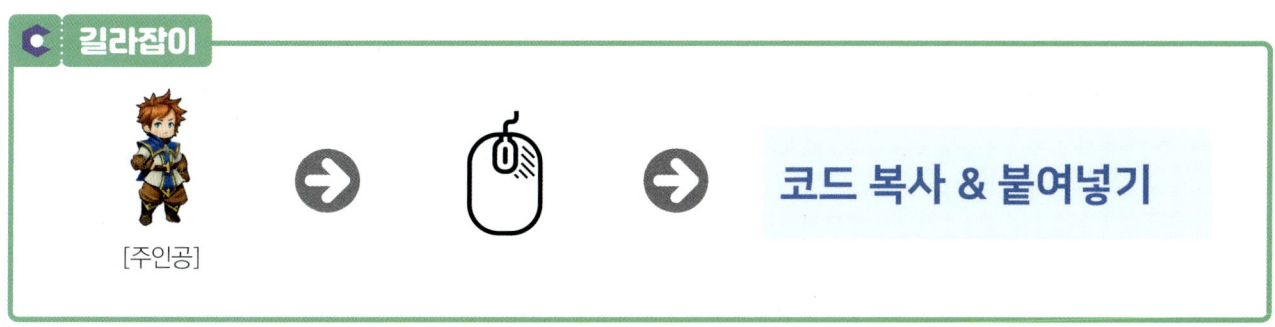

Chapter 06 | 출구를 향해 가자 109

11 붙여넣기 한 코드를 [만일 미로에 닿았는가? (이)라면] 코드 아래에 붙인 후, [만일 도착에 닿았는가? (이)라면]으로 수정합니다.

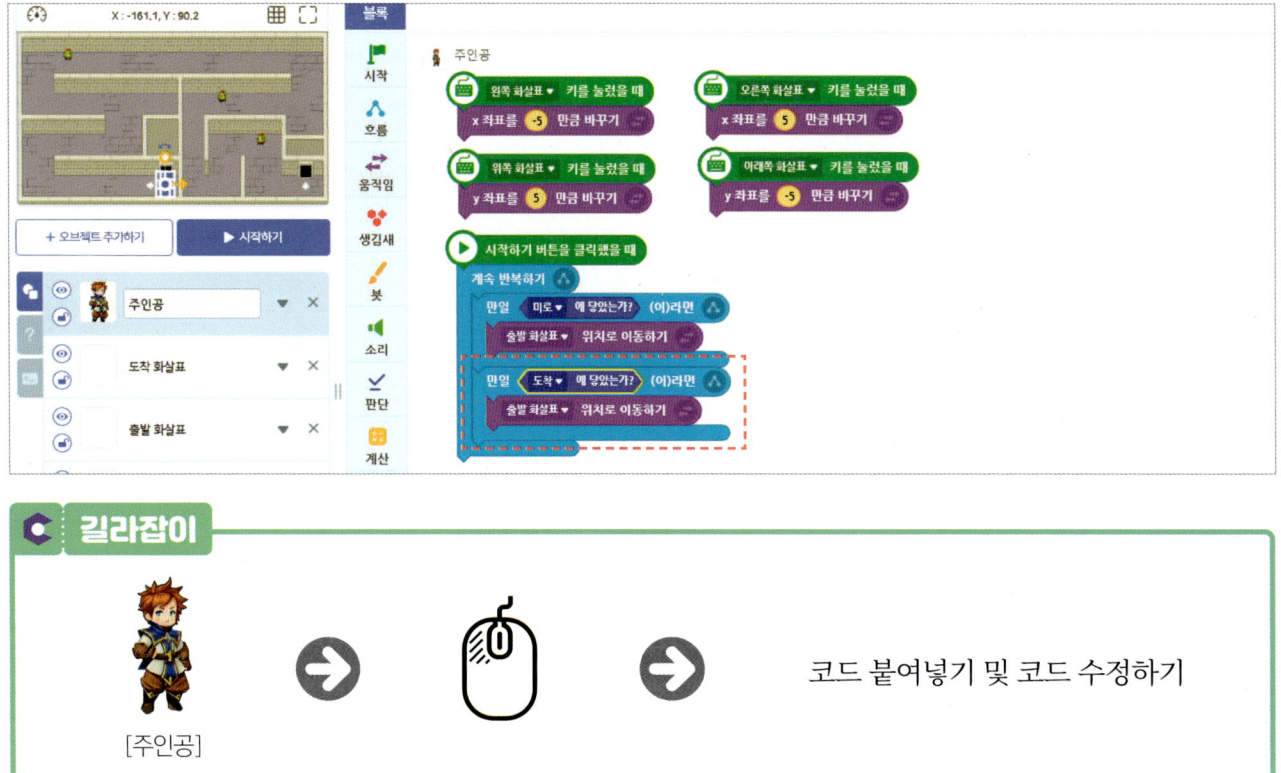

| [주인공] | → | 🖱️ | → | 코드 붙여넣기 및 코드 수정하기 |

12 붙여넣기 한 [출발 화살표 위치로 이동하기]를 블록 꾸러미 쪽으로 드래그하여 블록을 버립니다.

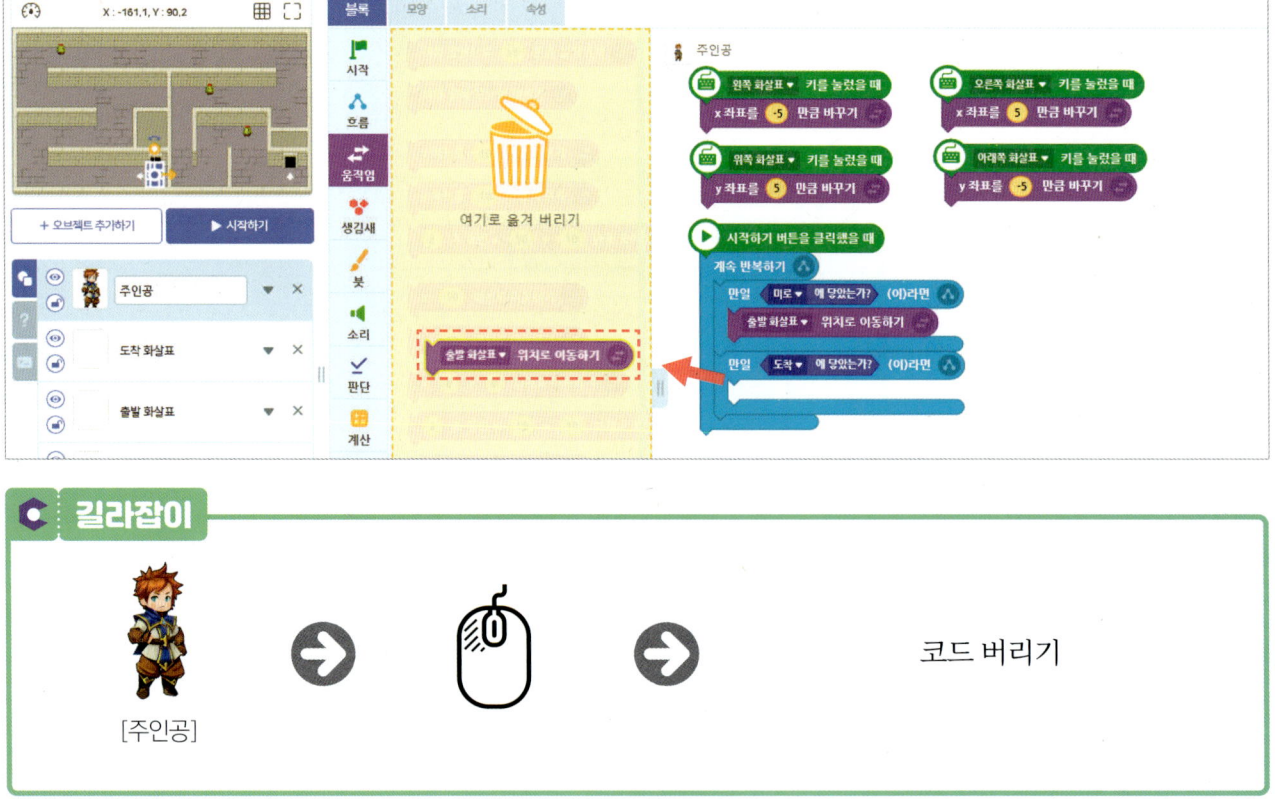

| [주인공] | → | 🖱️ | → | 코드 버리기 |

13 [생김새] 카테고리의 [모양 숨기기] 블록을 가져옵니다.

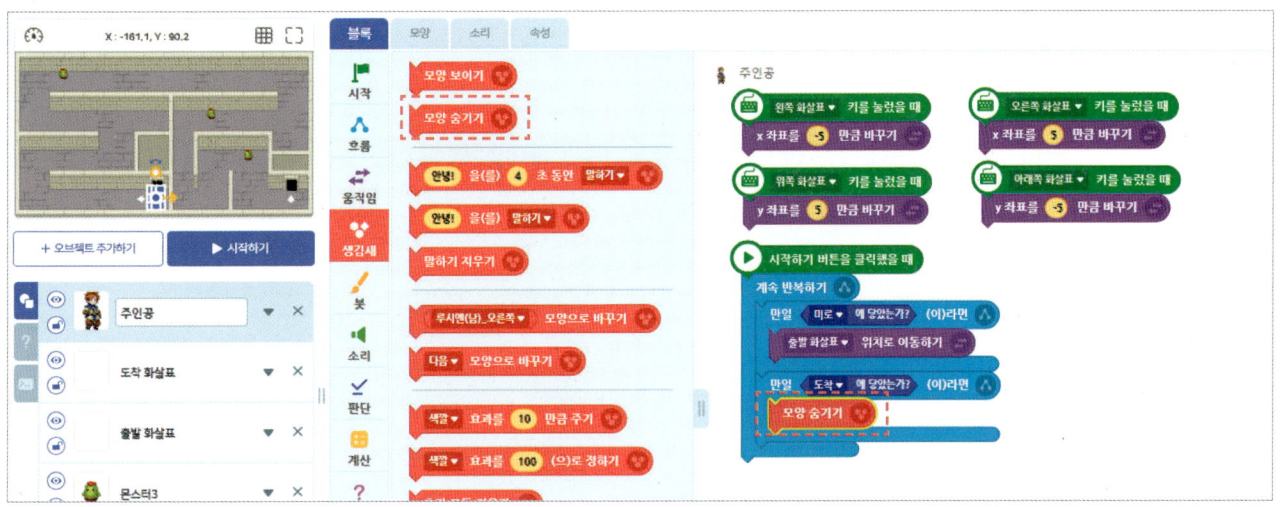

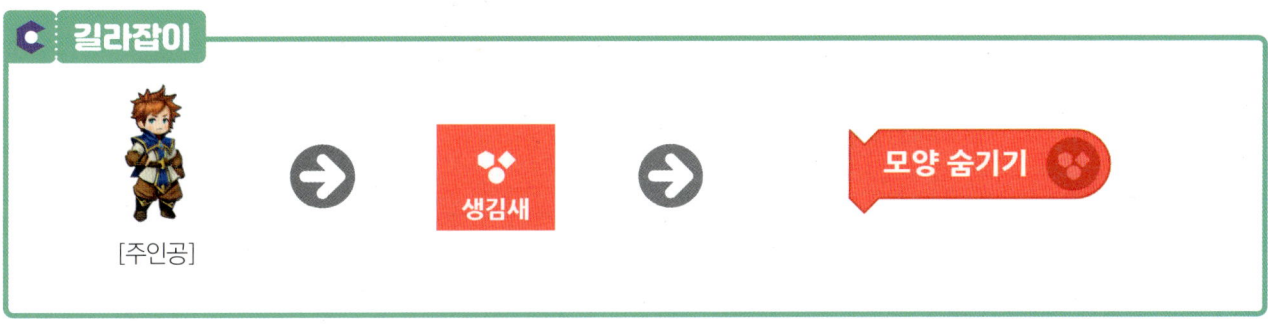
[주인공] → 생김새 → 모양 숨기기

♥ Tip

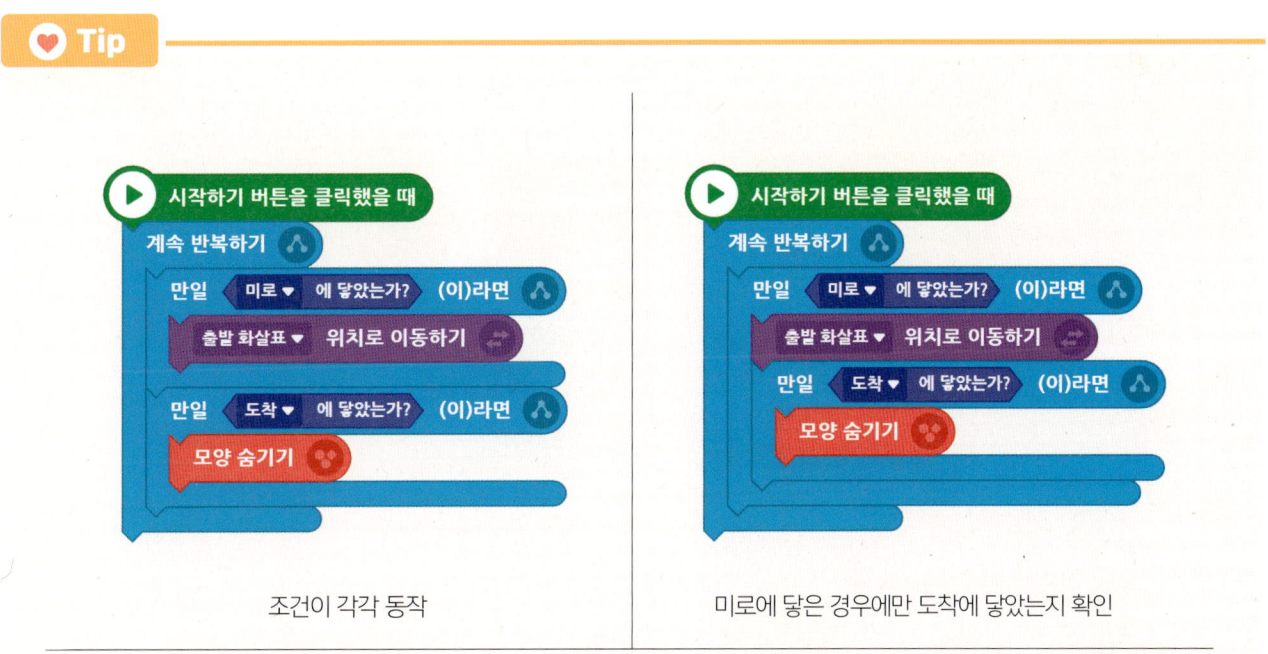

조건이 각각 동작 | 미로에 닿은 경우에만 도착에 닿았는지 확인

[반복하기] 블록과 [만약 ~(이)라면] 블록을 함께 사용할 때는 블록을 넣는 순서에 주의해야 합니다. 모양은 비슷하지만, 순서대로 동작하는 프로그래밍의 특성상 다른 결과가 나타나게 됩니다.

Chapter 06 | 출구를 향해 가자   111

Step 4 이스트에그(숨은 기능) 만들기

키보드 스페이스 키를 눌렀을 때 '주인공' 오브젝트가 2초간 모양을 숨겼다가 다시 보이도록 만들어봅시다.

14 [시작] 카테고리에서 [q키를 눌렀을 때] 블록을 가져와 [스페이스 키를 눌렀을 때]로 수정합니다.

15 [생김새] 카테고리의 [모양 숨기기] 블록을 가져옵니다.

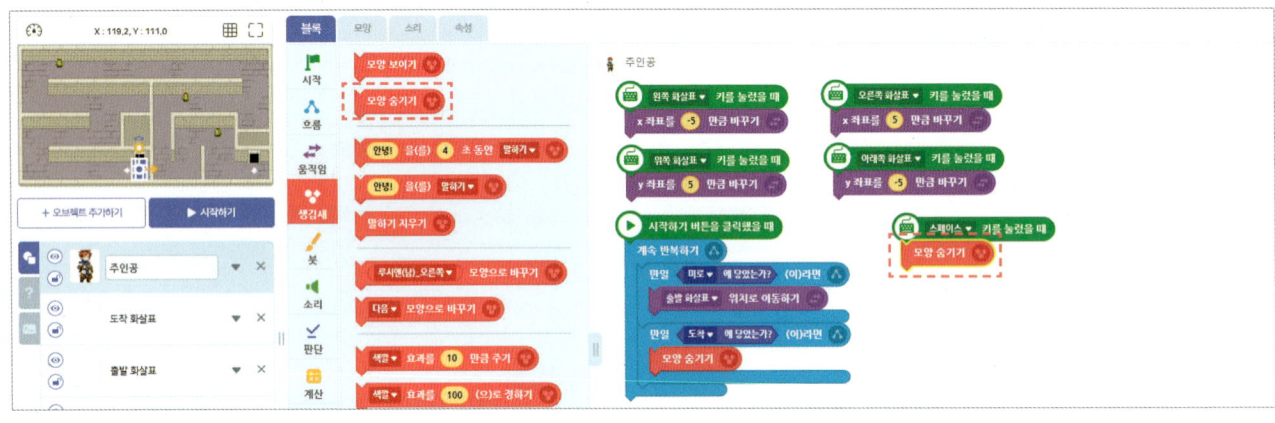

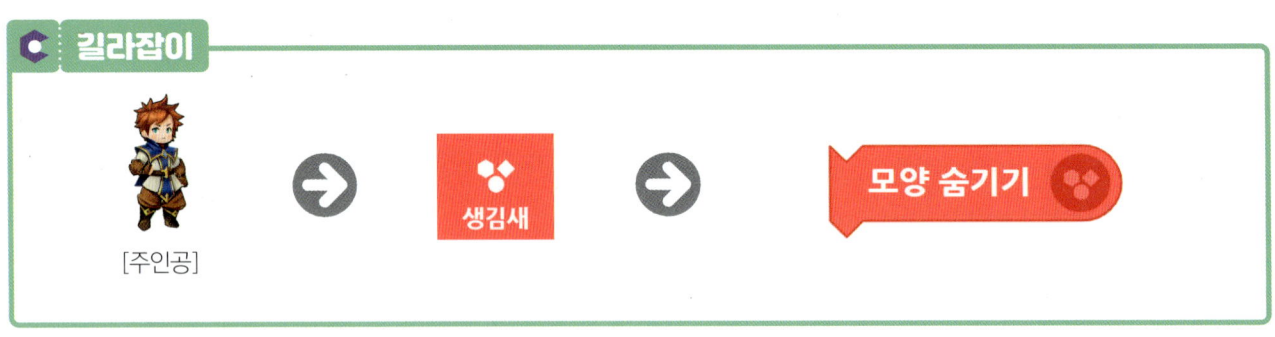

16 [흐름] 카테고리에서 [2초 기다리기] 블록을 가져옵니다.

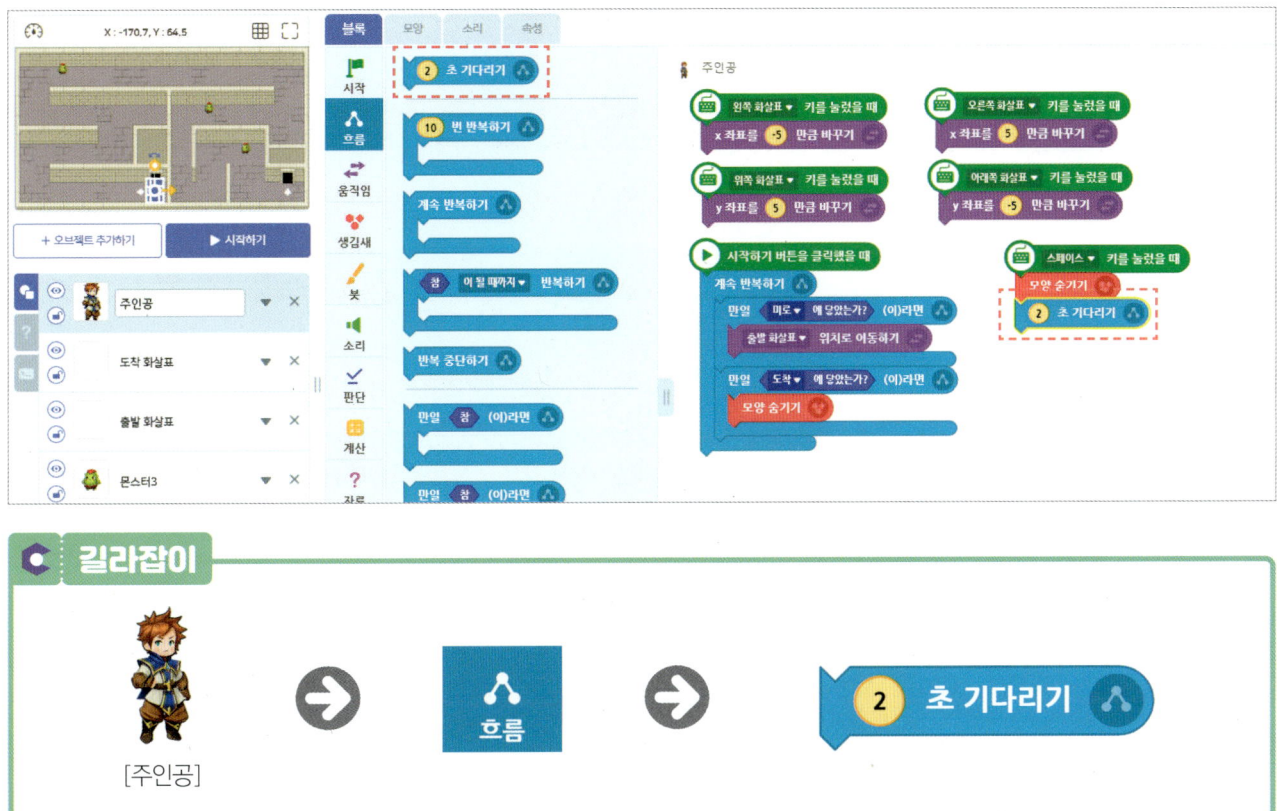

17 [생김새] 카테고리의 [모양 보이기] 블록을 가져옵니다.

Chapter 06 | 출구를 향해 가자

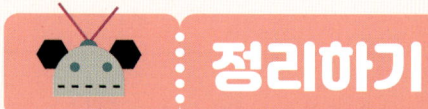
정리하기

전체 코드 보기

발전시키기

- '주인공' 오브젝트를 클릭하여 [모양] 탭을 확인해보세요. 오른쪽 화살표 키를 눌렀을 때는 오른쪽 모양이 나오고, 왼쪽 화살표 키를 눌렀을 때는 왼쪽 모양이 나오도록 만들어보세요. (코드 수정)
- '주인공' 오브젝트가 '몬스터' 오브젝트에 닿았을 때도 '시작' 위치로 올 수 있도록 만들어보세요.

요약하기

- 좌표는 공간에 있는 한 점의 위치를 숫자로 표현한 것이며, 가로는 x축, 세로는 y축이라고 합니다.
- 엔트리의 x축은 −240~240, y축은 −135~135입니다.
- 만일 ~(이)라면은 선택해야 하는 상황이 나타났을 때 동작하는 명령어이며, 두 가지 형태가 있습니다.
  ① 참인 경우
  ② 참인 경우와 거짓인 경우

Chapter 07

나는 주차왕

Chapter 07 나는 주차왕

출구를 빠져나와 항구에 있는 주차장에 안전하게 차를 주차해야 합니다. 주차선과 주차된 차에 닿으면 실패합니다! 자, 이제 주차를 시작해볼까요?

프로젝트 난이도 ★ ☆ ☆

실습 영상
· 실습 파일 : ch7.나는 주차왕(실습).ent
· 완성 파일 : ch7.나는 주차왕(완성).ent

💛 학습 목표

- 키보드를 이용하여 오브젝트를 움직일 수 있다.
- 각도를 이용하여 오브젝트를 회전할 수 있다.
- [만약 <참> (이)라면] 블록을 활용할 수 있다.

💛 프로젝트 미리보기

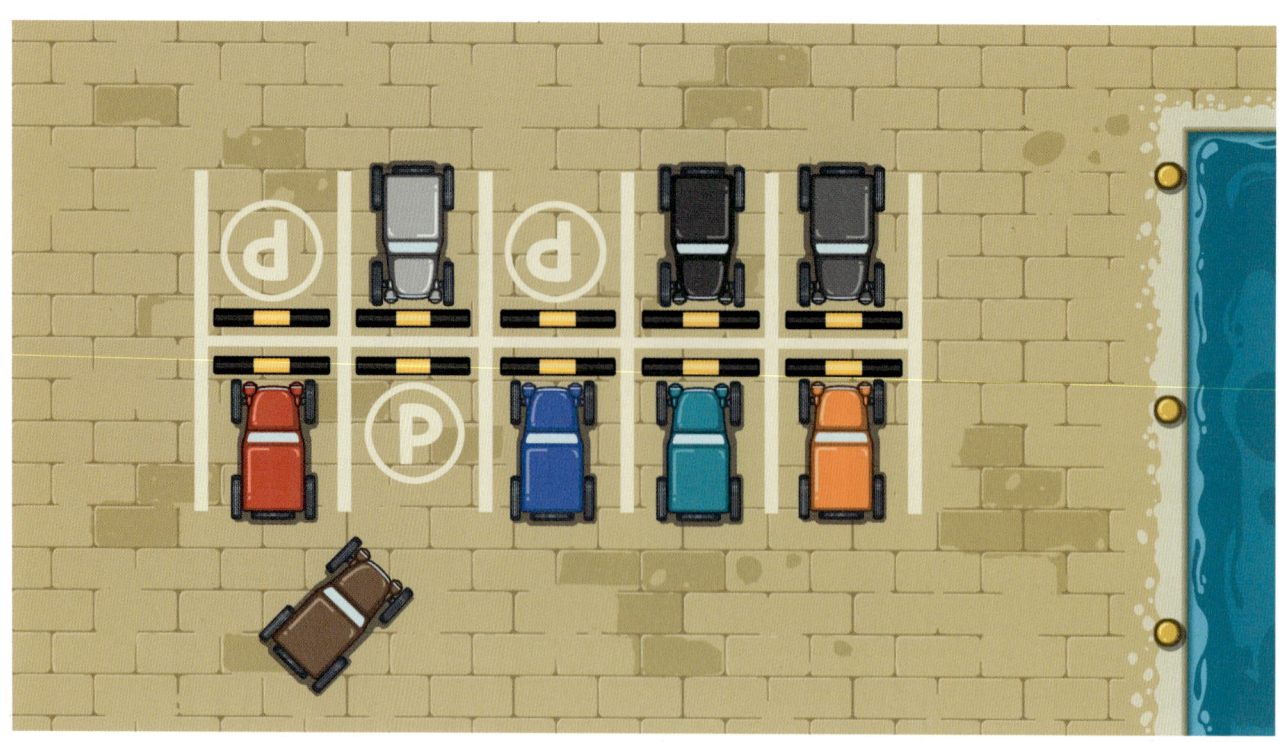

오늘의 이야기

미로를 빠져나오는 것은 너무 어려웠어요. 몇 번이나 미로에 닿아 처음 위치로 되돌아갔거든요.
투명 버튼이 없었다면 몬스터를 피해 미로를 빠져나오기 힘들었을 거예요.

"자, 여기 열쇠. 자동차로 항구 앞까지 가도록 해."

 "나는 차를 운전해 본 적이 없는데?!"

"이 차는 속도가 빠르지 않고 방향만 잘 바꿔주면 어렵지 않게 이동할 수 있어. 걸어가는 것보다는 수월할 거야. 차는 꼭 주차장에 세우도록 해. 차를 잘못 세웠다가 추적당할 수도 있어."

 "알았어. 항구 앞에 있는 주차장에 잘 세워둘게."

"항구에 도착하면 만나자. 나는 먼저 항구로 이동해 있을게."

 "아... 같이 가!"

알아보기

🌸 키보드 이벤트를 사용하는 두 가지 방법

오브젝트를 키보드로 움직이기 위해서 '키보드 이벤트'를 사용했습니다. 키보드 이벤트를 사용하는 방법은 두 가지입니다.

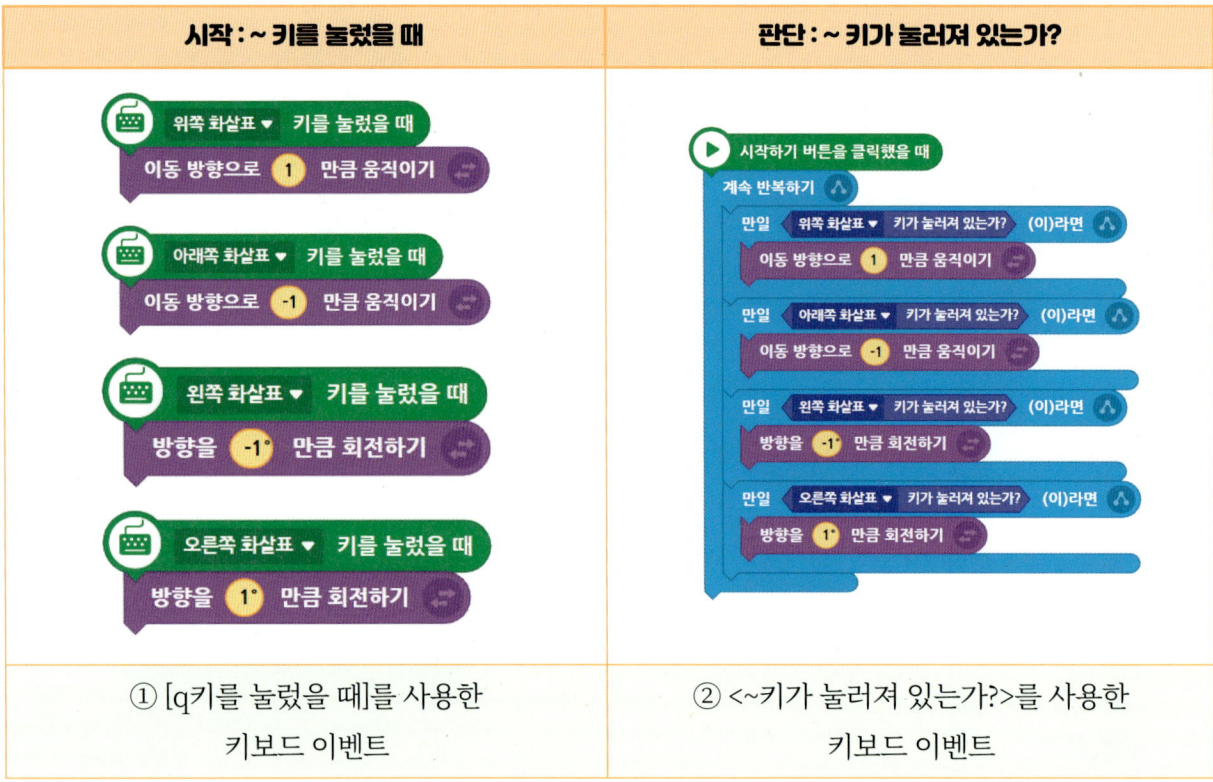

시작 : ~ 키를 눌렀을 때	판단 : ~ 키가 눌러져 있는가?
① [q키를 눌렀을 때]를 사용한 키보드 이벤트	② <~키가 눌러져 있는가?>를 사용한 키보드 이벤트

두 가지 형태 모두 키를 눌렀을 때 같은 동작을 하지만 ② **<~키가 눌러져 있는가?>**를 사용한 키보드 이벤트는 실행 화면이 시작되었을 때 키보드가 연속적으로 눌러져 있는지를 확인합니다.

그래서 ① **[q키를 눌렀을 때]**를 사용한 키보드 이벤트보다 오브젝트가 부드럽게 움직이는 것을 확인할 수 있습니다.

방향

오브젝트가 회전하는 방향을 말합니다. 방향은 기본 0으로 설정되어 있고, 이동 방향은 기본 90도 방향으로 되어 있으며, 마우스 또는 오브젝트 정보에서 0~360도 사이 값을 입력하여 변경할 수 있습니다.

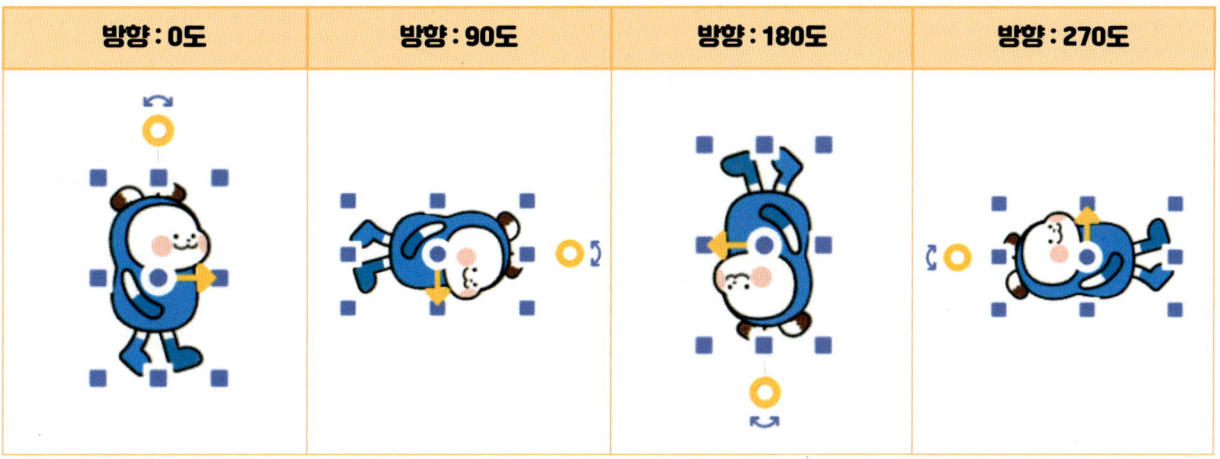

글상자

오브젝트를 추가할 때 이미지뿐만 아니라 글자 오브젝트도 추가할 수 있습니다. '글자' 오브젝트는 글상자라고 불립니다. [오브젝트 추가하기] 버튼을 클릭한 후, [글상자] 버튼을 클릭하면 원하는 글자를 입력하여 사용할 수 있습니다.

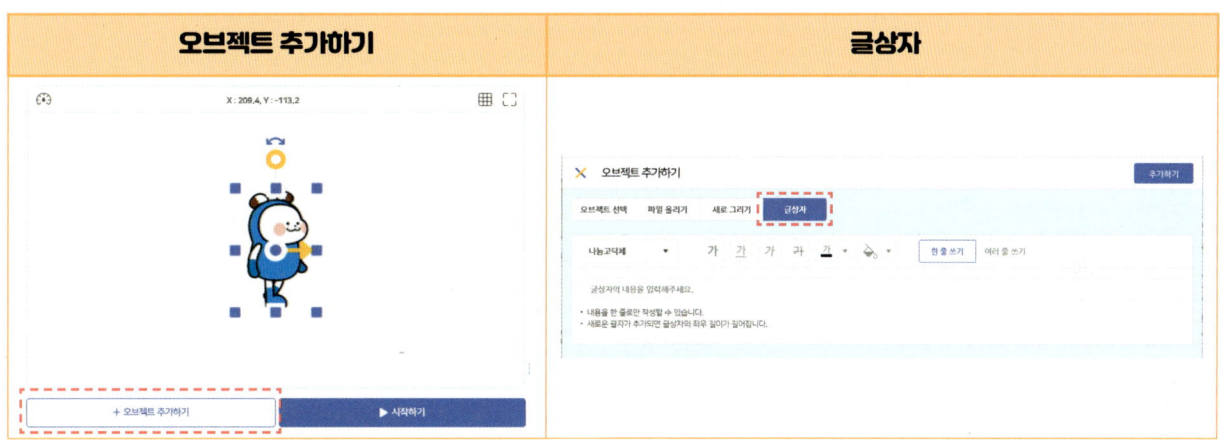

[오브젝트 추가하기]로 추가한 '글상자' 오브젝트를 클릭하면 [모양] 탭은 [글상자] 탭으로 변경되며, 글상자의 입력한 글자와 서체 및 색을 수정할 수 있습니다.

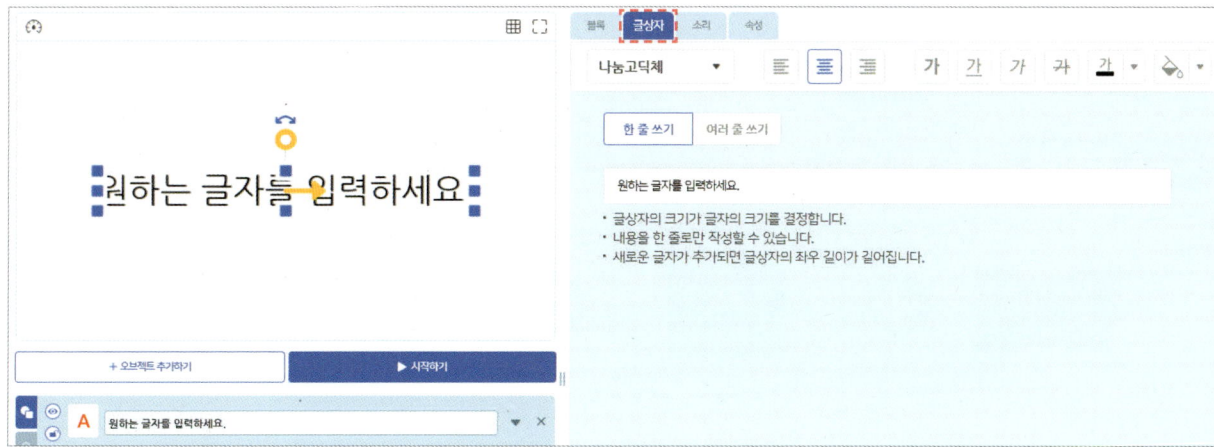

프로그래밍하기

프로젝트 만들기

Step 1 키보드 이벤트

방향 키보드를 이용해 '자동차' 오브젝트가 움직이고, 각도를 조절하도록 만들어봅시다.

1 '자동차' 오브젝트를 클릭한 후, [시작] 카테고리에서 [시작하기 버튼을 클릭했을 때]를 가져옵니다.

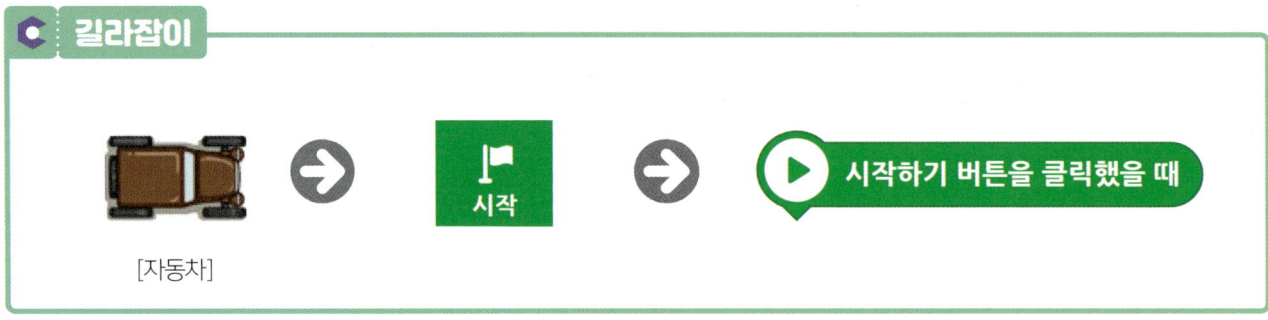

[자동차]

2 [흐름] 카테고리에서 [계속 반복하기] 블록을 가져옵니다.

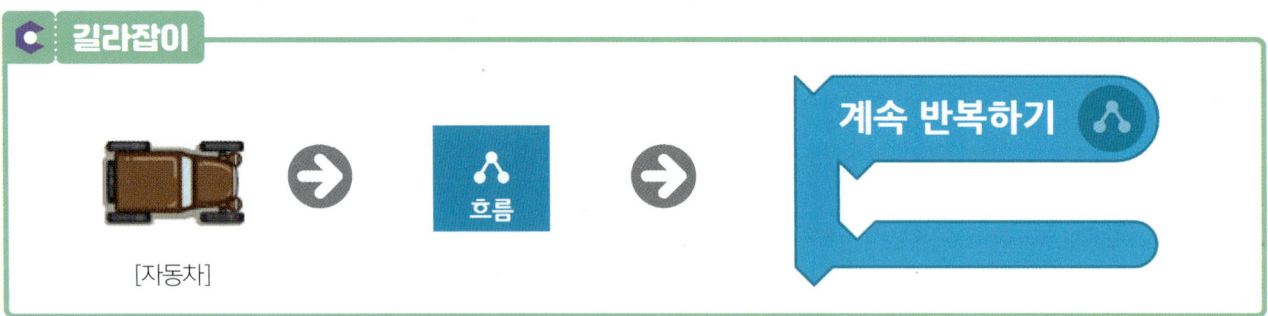

[자동차]

3 [흐름] 카테고리에서 [만일 <참> (이)라면] 블록을 4개 가져옵니다.

4 [판단] 카테고리에서 [q키가 눌러져 있는가?] 블록을 가져와 <참> 부분에 넣어준 후, 각각 [위쪽/아래쪽/왼쪽/오른쪽 화살표 키가 눌러져 있는가?]로 수정합니다.

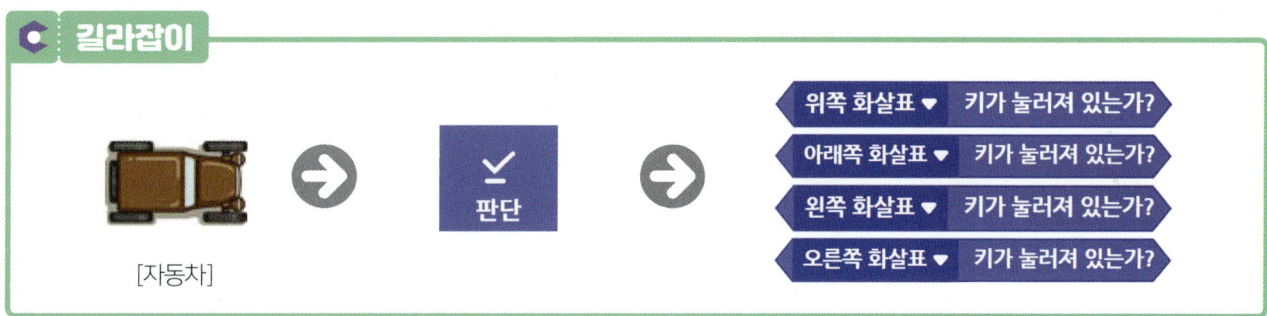

Chapter 07 | 나는 주차왕

5 [움직임] 카테고리에서 [이동 방향으로 10만큼 움직이기] 블록을 가져와 이동 방향 값을 각각 '1', '-1' 로 수정합니다.

6 [움직임] 카테고리에서 [방향을 90°만큼 회전하기] 블록을 가져와 방향 값을 각각 '-1', '1'로 수정합니다.

Step 2 신호 만들기

이제 주차를 올바르게 했을 때와 그렇지 않았을 때 그 결과를 표시해야 합니다.

7 [속성] 탭에서 [신호]를 클릭한 후 [신호 추가하기]를 클릭합니다.

8 신호의 이름을 입력하고 확인 버튼을 클릭합니다. (신호 : 주차 실패, 주차 성공)

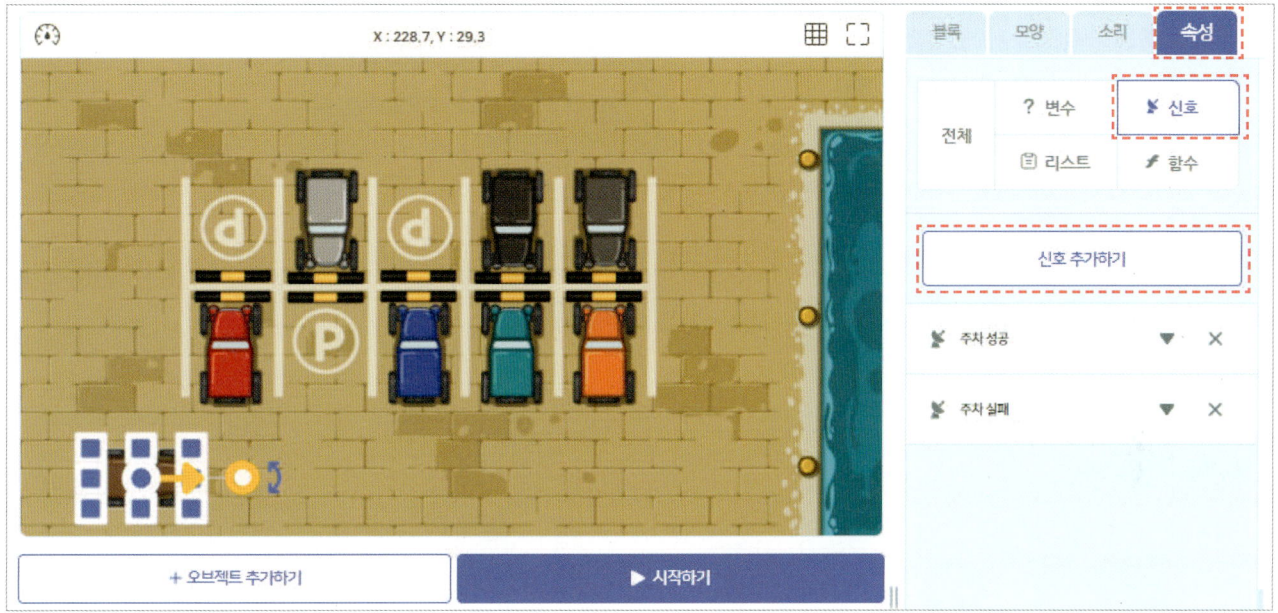

길라잡이

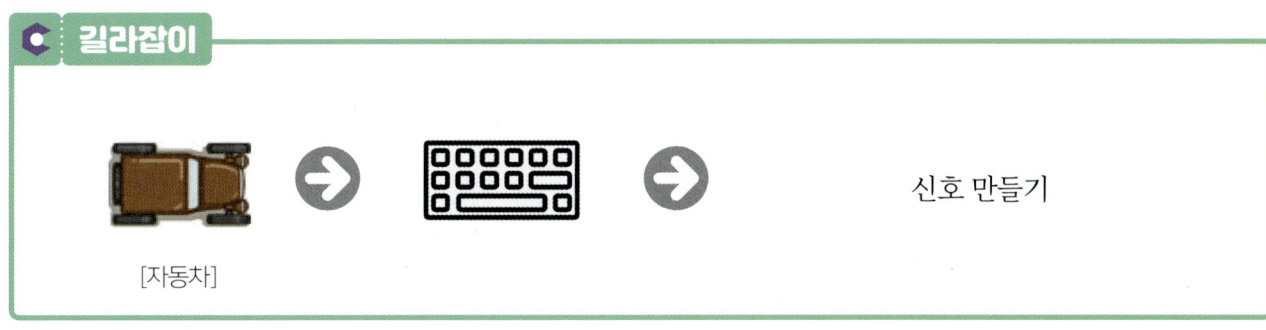

[자동차]   신호 만들기

Step 3 신호 보내기

주차장에 닿았을 때는 '주차 실패', 주차 블록에 닿았을 때는 '주차 성공' 신호를 보내도록 만들어봅시다.

9 [흐름] 카테고리에서 [만일 <참> (이)라면] 블록을 3개 가져옵니다.

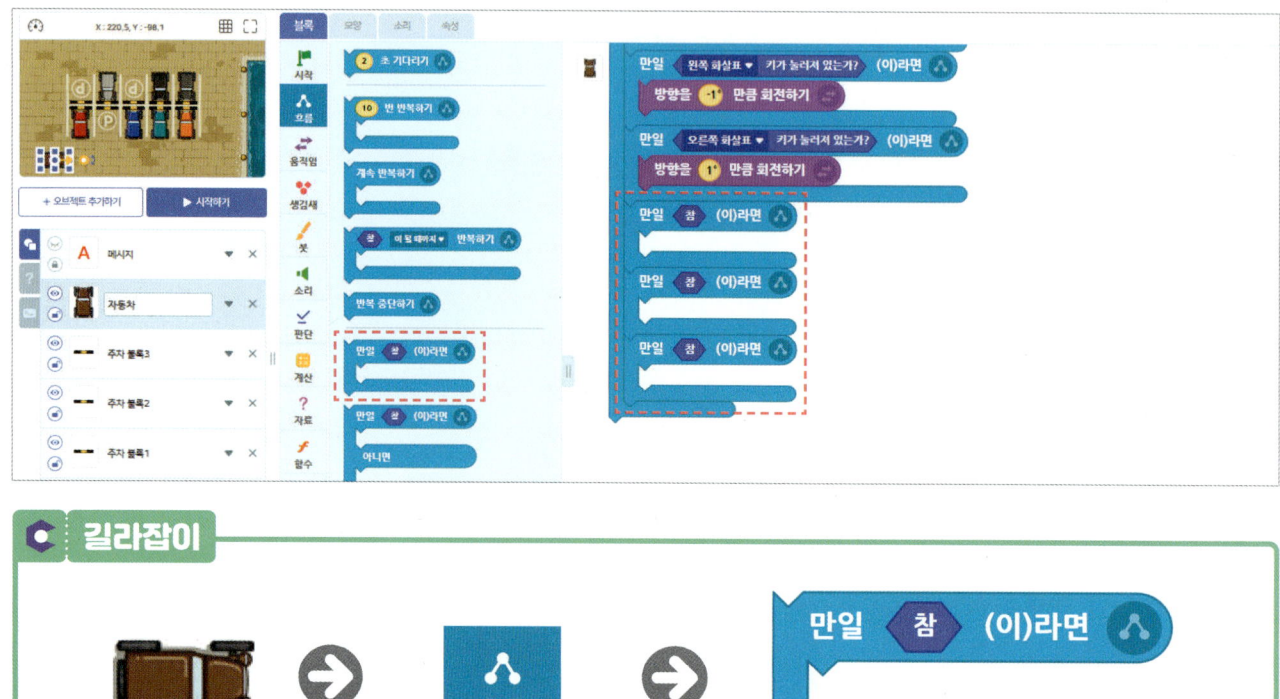

길라잡이

[자동차] → 흐름 → 만일 <참> (이)라면

Tip

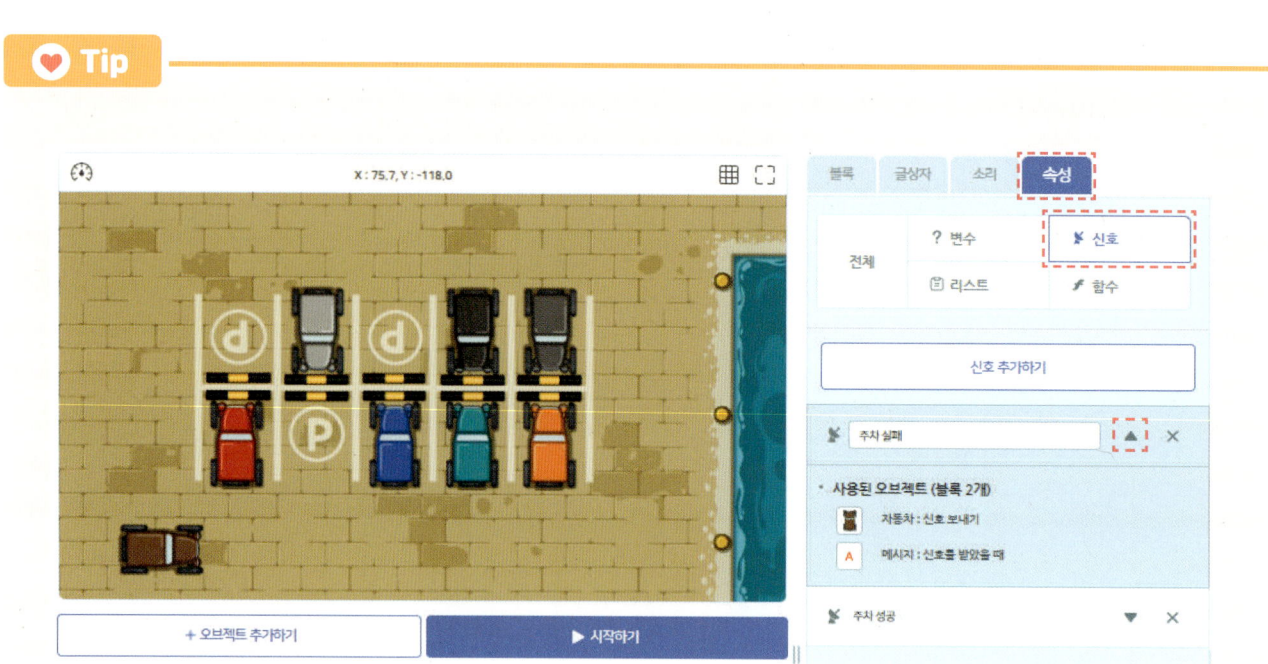

만들어진 신호의 화살표를 클릭하면 신호가 사용되고 있는 오브젝트를 확인할 수 있습니다.

10 [판단] 카테고리에서 [마우스포인터에 닿았는가?] 블록을 3개 가져와, [주차장에 닿았는가?], [주차 블록1에 닿았는가?], [주차 블록2에 닿았는가?]로 수정합니다.

11 [시작] 카테고리에서 주차장에 닿았을 때는 [주차 실패 신호 보내기], 주차 블록1과 2에 닿았을 때는 [주차 성공 신호 보내기] 블록을 가져옵니다.

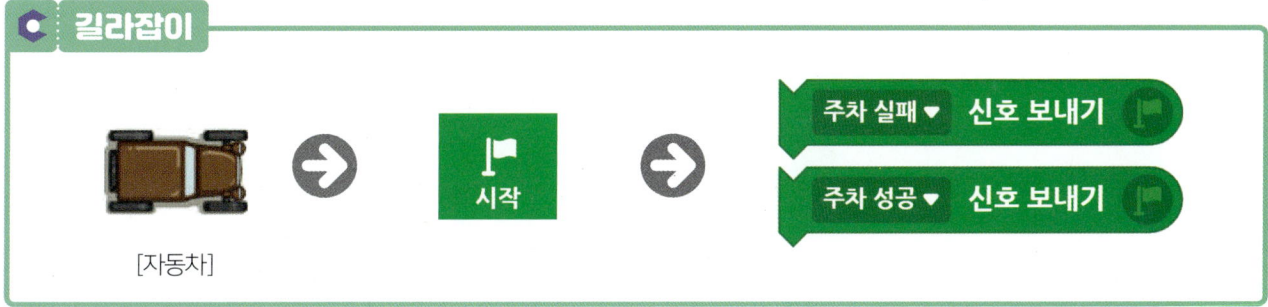

12 [흐름] 카테고리에서 [반복 중단하기] 블록을 가져옵니다.

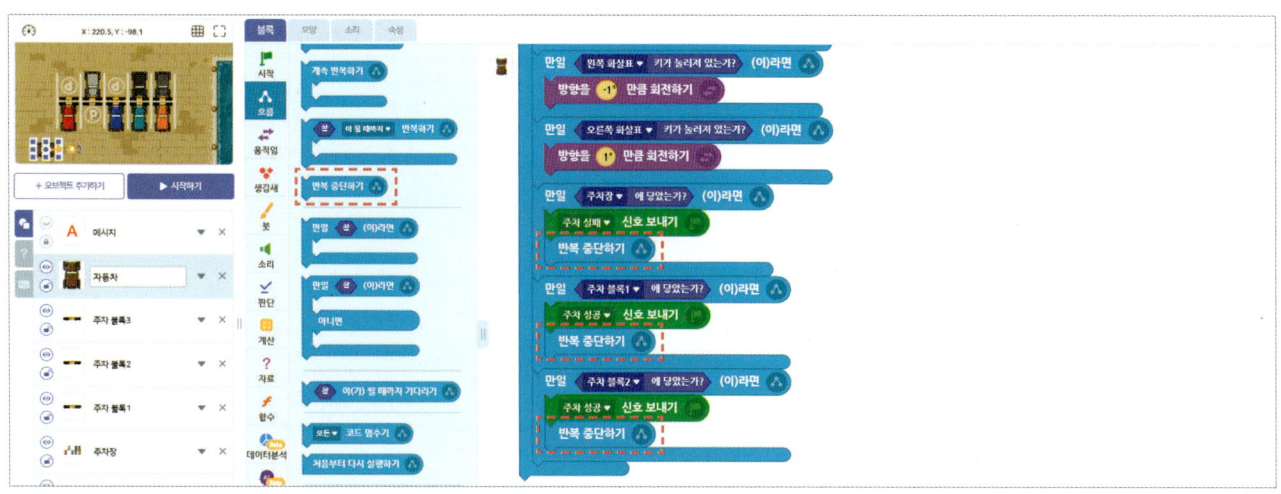

> **길라잡이**
>
> [자동차] → 흐름 → 반복 중단하기

Step 4 신호를 받았을 때

신호를 받았을 때 주차 성공/실패 메시지가 나타나도록 만들어봅시다.

13 '메시지' 오브젝트를 클릭한 후, [시작] 카테고리에서 [주차 성공 신호를 받았을 때] 블록을 2개 가져와 그 중 하나는 [주차 실패 신호를 받았을 때]로 수정합니다

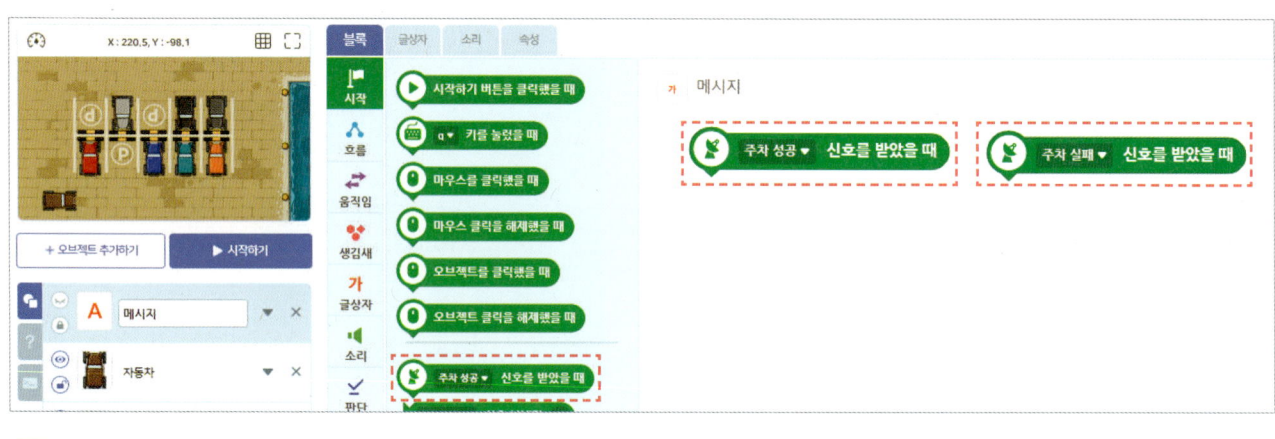

> **길라잡이**
>
> [메시지] → 시작 → 주차 성공 ▼ 신호를 받았을 때
> 주차 실패 ▼ 신호를 받았을 때

126

14 [생김새] 카테고리에서 [모양 보이기] 블록을 가져옵니다.

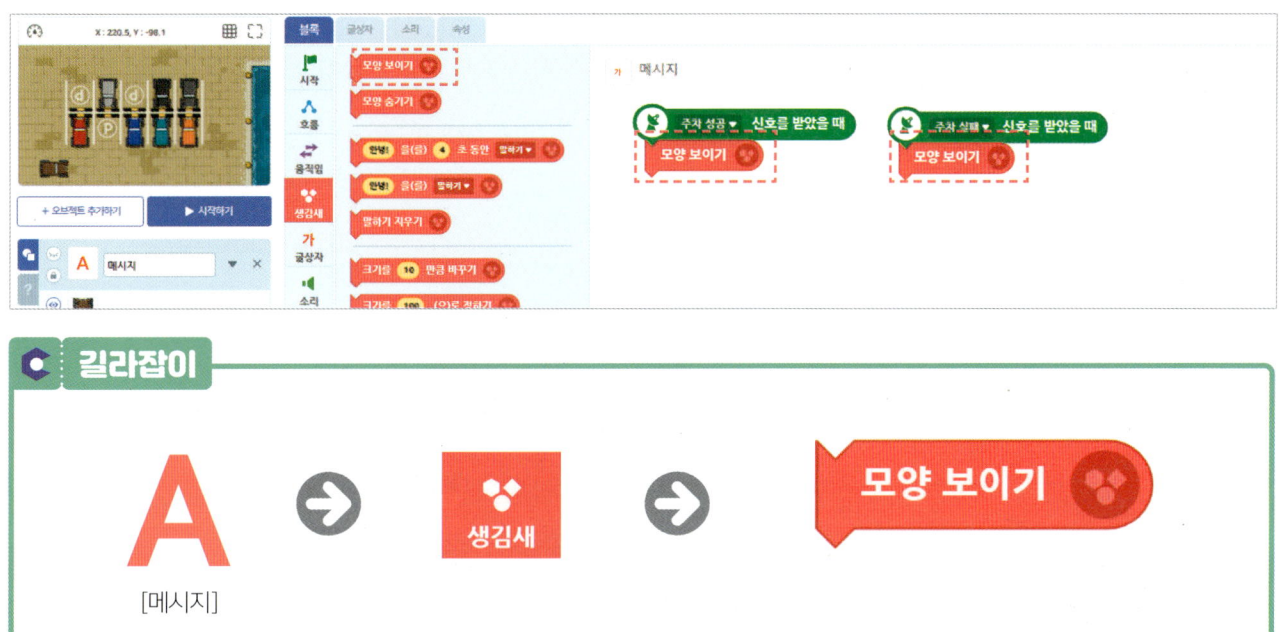

15 [글상자] 카테고리에서 [~라고 글쓰기] 블록을 가져와 내용을 각각 '주차 성공', '주차 실패'로 수정합니다.

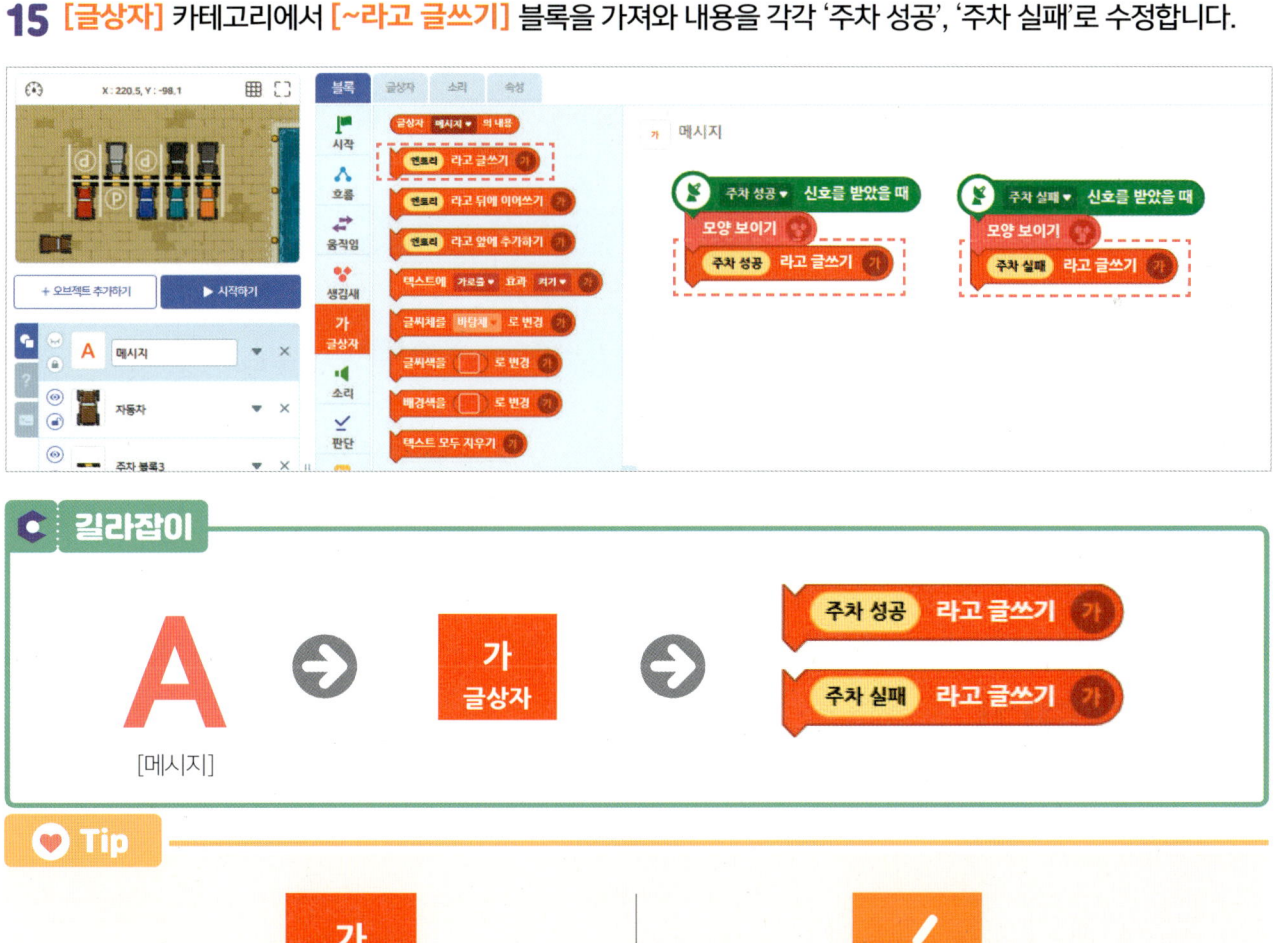

전체 코드 보기

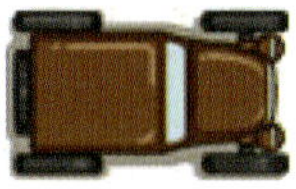

[자동차]

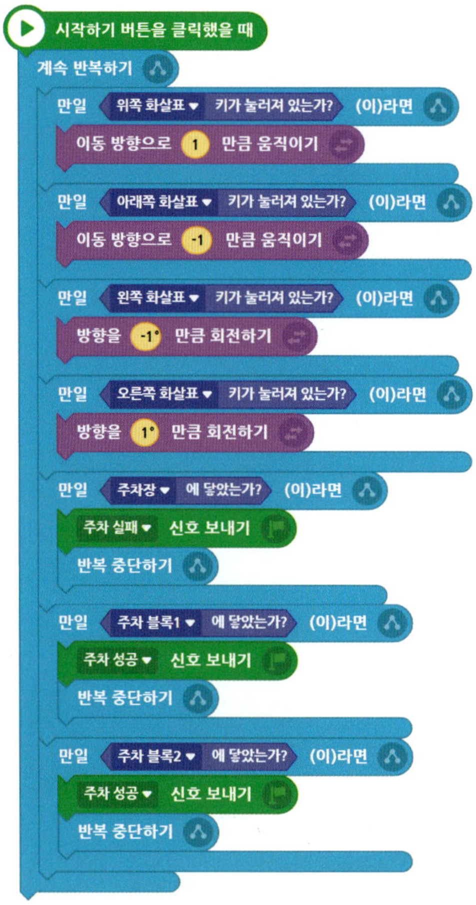

```
시작하기 버튼을 클릭했을 때
계속 반복하기
  만일 <위쪽 화살표▼ 키가 눌러져 있는가?> (이)라면
    이동 방향으로 1 만큼 움직이기
  만일 <아래쪽 화살표▼ 키가 눌러져 있는가?> (이)라면
    이동 방향으로 -1 만큼 움직이기
  만일 <왼쪽 화살표▼ 키가 눌러져 있는가?> (이)라면
    방향을 -1° 만큼 회전하기
  만일 <오른쪽 화살표▼ 키가 눌러져 있는가?> (이)라면
    방향을 1° 만큼 회전하기
  만일 <주차장▼ 에 닿았는가?> (이)라면
    주차 실패▼ 신호 보내기
    반복 중단하기
  만일 <주차 블록1▼ 에 닿았는가?> (이)라면
    주차 성공▼ 신호 보내기
    반복 중단하기
  만일 <주차 블록2▼ 에 닿았는가?> (이)라면
    주차 성공▼ 신호 보내기
    반복 중단하기
```

A [메시지]

```
주차 성공▼ 신호를 받았을 때
모양 보이기
주차 성공 라고 글쓰기
```

```
주차 실패▼ 신호를 받았을 때
모양 보이기
주차 실패 라고 글쓰기
```

발전시키기

- 주차 블록3에 부딪혔을 때 '주차 성공' 메시지가 나타나도록 구성해보세요.

요약하기

- 키보드 이벤트는 반복하기를 사용하는 방법과 그렇지 않은 방법 두 가지를 사용할 수 있습니다.
- 방향은 오브젝트의 회전 방향을 말하며 0~360도 값을 입력하거나, 오브젝트의 방향점을 마우스로 조정하여 회전시킬 수 있습니다.

Chapter 08

어려운 수수께끼

Chapter 08 어려운 수수께끼

섬으로 향하던 중에 중간 보스를 만나고 말았어요. 중간 보스가 내는 문제를 맞히면 지나갈 수 있게 해준다고 합니다. 문제의 정답을 맞히고 다음 장소로 이동해볼까요?

프로젝트 난이도 ★★☆

실습 영상
- 실습 파일 : ch8.어려운 수수께끼(실습).ent
- 완성 파일 : ch8.어려운 수수께끼(완성).ent

💛 학습 목표

- [~ 묻고 대답하기] 블록을 활용할 수 있다.
- [만약 <참> (이)라면 — 아니면]을 이용하여 상황에 따라 다른 결과가 나오도록 할 수 있다.
- 나만의 퀴즈 프로그램을 만들 수 있다.

💛 프로젝트 미리보기

오늘의 이야기

항구에 무사히 도착한 다음 배를 타고 섬으로 넘어가려는 순간, 중간 보스인 보어맨을 만나게 되었습니다.

"어이 인간! 너 어디로 가는 거야! 심심한데 잘 됐다. 나랑 내기하지 않겠어? 보통이라면 인간을 발견한 즉시 감옥으로 끌고 가지만 보다시피 내가 꽤 심심해서 말이지. 내기에서 이기면 너를 보내주지!"

 "거짓말! 사람들을 어디에 가둔 거야?"

"그건 네가 직접 들어가서 확인하는 게 어때? 후후... 너희는 꽤 쓸만한 일꾼들이야. 나는 그래도 꽤 인정이 많다고. 너에게 이렇게 기회를 주잖아."

 "어떤 내기를 하면 되는 거지?"

"간단해. 내가 내는 문제를 맞히면 이곳을 벗어나게 해주지!"

개념 다지기

알아보기

입력과 출력

- 입력 : 마우스와 키보드를 이용해 컴퓨터에 값을 넣어주는 것을 말합니다.
- 출력 : 출력장치인 모니터에 값이 보이는 것을 말합니다.
- 입력과 출력을 합쳐서 입출력이라고 말합니다.

컴퓨터에서 입력과 출력은 사람이 숫자를 계산할 때 사용하는 방식과 비슷합니다.
계산할 값을 쓰고(입력), 머리로 계산한 다음(처리), 답을 내어 결과를 씁니다(출력).

입력	처리	출력
3+4 =		3+4 = 7
계산할 숫자를 쓴다.	머리로 계산한다.	결과를 쓴다.

엔트리에서 입출력

[~을(를) 묻고 대답 기다리기]를 이용한 입출력

값을 키보드로 입력한 후 체크 버튼을 클릭	입력한 대답이 저장되고 화면에 출력

프로그래밍하기

프로젝트 만들기

Step 1 묻고 대답 기다리기

'중간 보스' 오브젝트가 '주인공' 오브젝트에게 질문을 하고, 답변을 입력할 수 있도록 만들어봅시다.

1 '중간 보스' 오브젝트를 클릭한 후, [시작] 카테고리에서 [시작하기 버튼을 클릭했을 때] 블록을 가져옵니다.

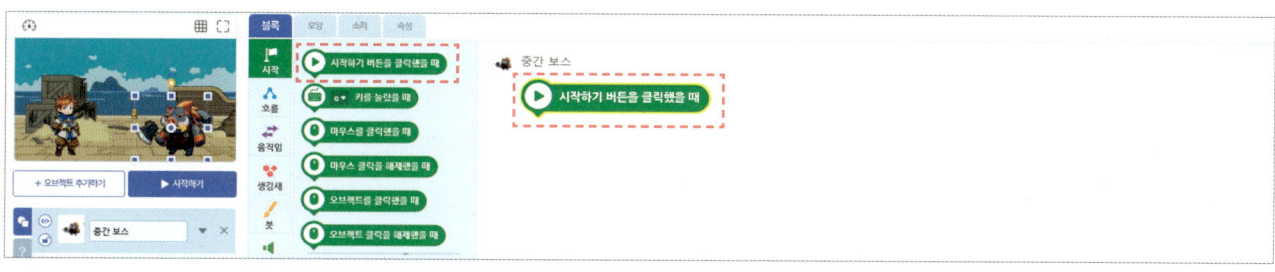

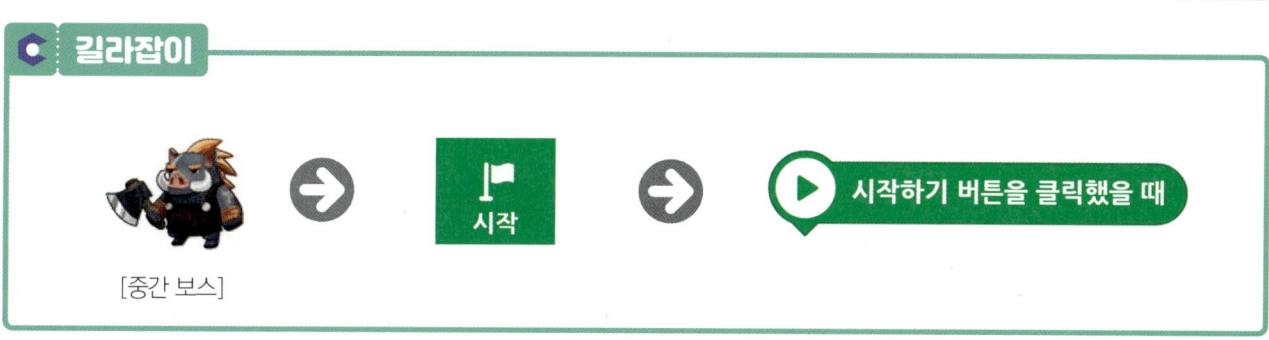

2 [생김새] 카테고리에서 [안녕!을(를) 4초 동안 말하기] 블록을 가져와 [내가 내는 문제를 맞히면 보내주지!을(를) 4초 동안 말하기]로 수정합니다.

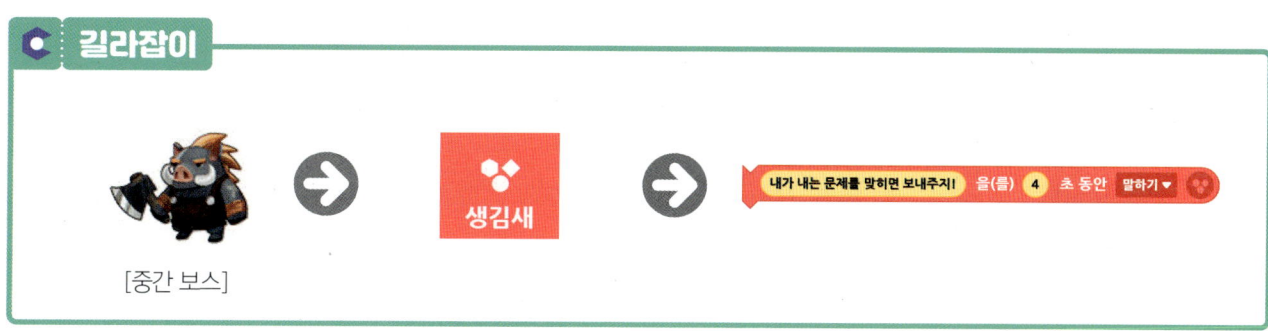

Chapter 08 |어려운 수수께끼 **133**

3 [자료] 카테고리에서 [안녕!을(를) 묻고 대답 기다리기] 블록을 가져와 [우리나라에서 가장 무서운 가요는?을(를) 묻고 대답 기다리기]로 수정합니다.

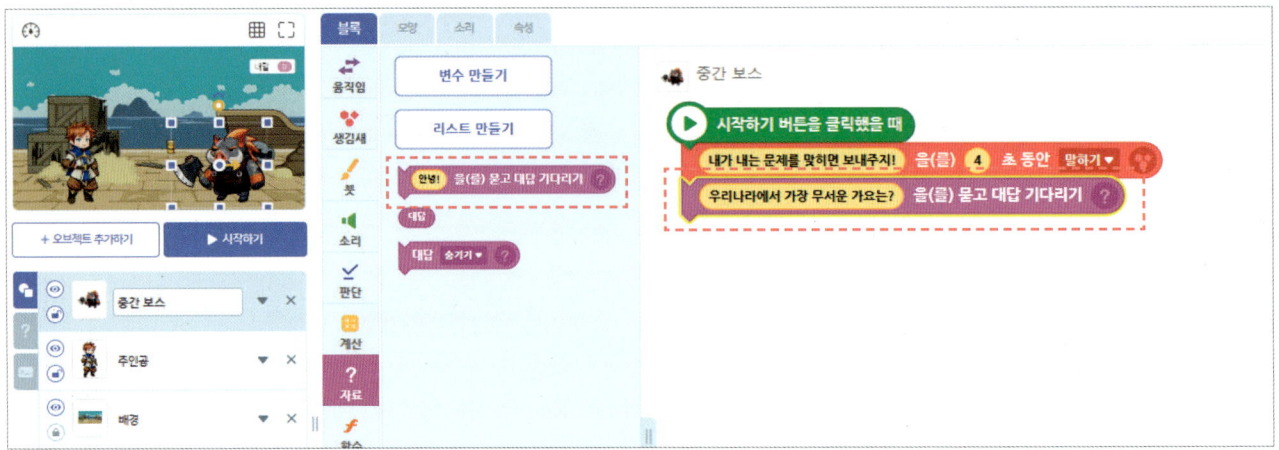

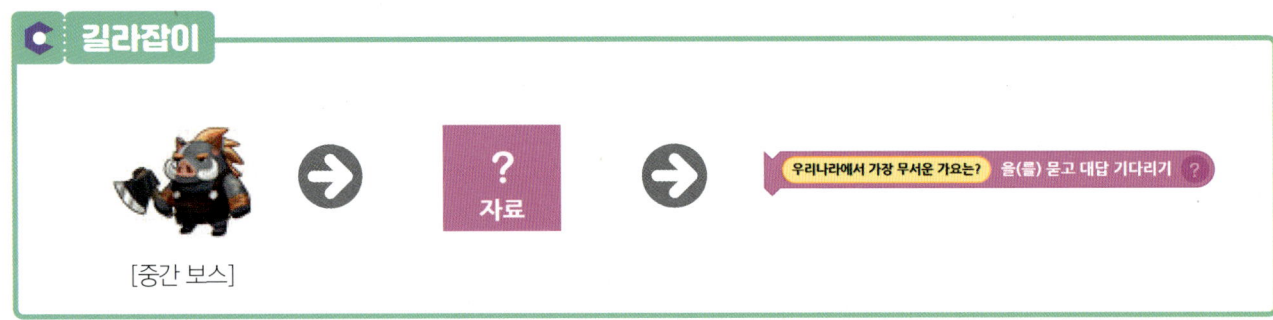

[중간 보스]

Step 2 신호 만들기

정답 여부에 따라 주인공의 행동을 나타내기 위해 맞혔다/틀렸다 두 개를 신호를 만들어봅시다.

4 [속성] 탭에서 [신호]를 클릭한 후 [신호 추가하기]를 클릭합니다.

5 신호의 이름을 입력하고 확인 버튼을 클릭합니다. (신호 이름 : 틀렸다, 맞혔다)

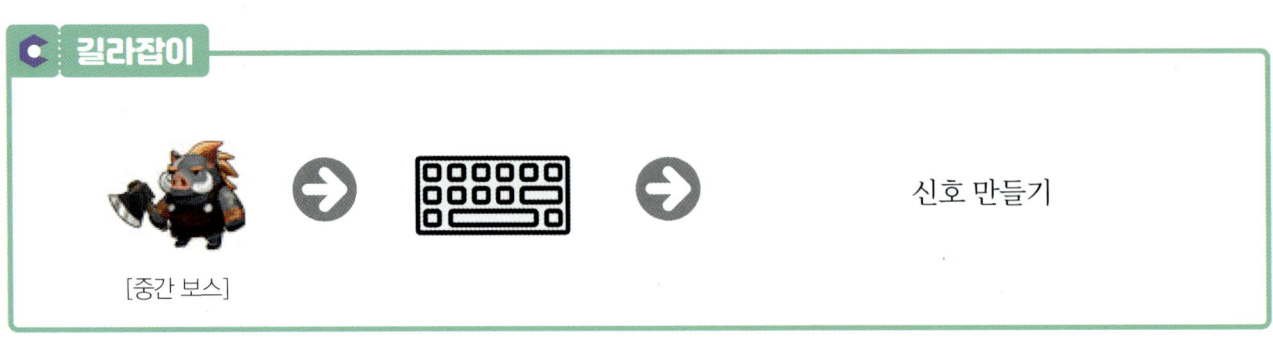

[중간 보스]

Step 3 신호 보내기

정답을 맞혔을 때와 틀렸을 때를 판단하여 주인공에게 신호를 보내도록 만들어봅시다.

6 [흐름] 카테고리에서 [만일 <참> (이)라면 - 아니면] 블록을 가져옵니다.

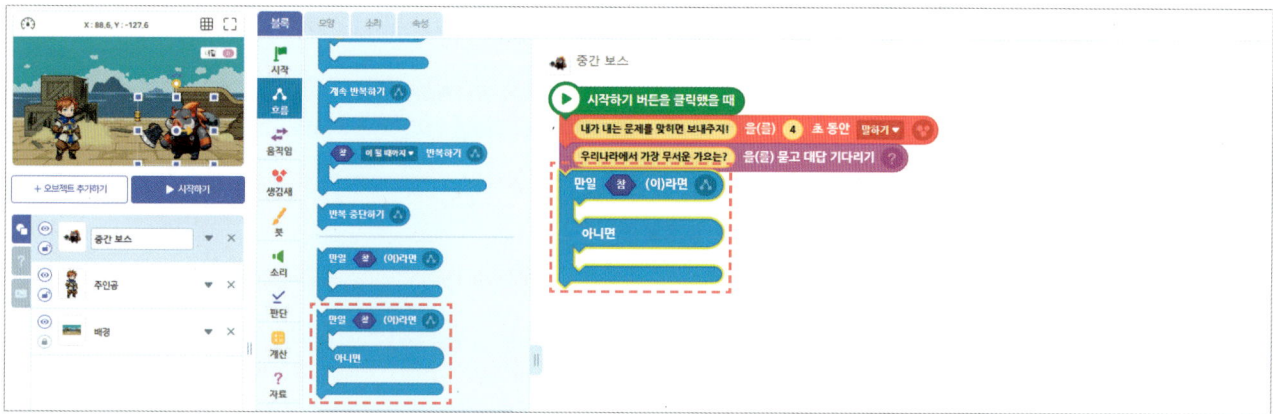

[중간 보스]

7 [판단] 카테고리에서 [10 = 10] 블록을 가져와 <참> 부분에 넣어준 후, 왼쪽에 정답을 입력하여 [무서운가요 = 10]으로 수정합니다.

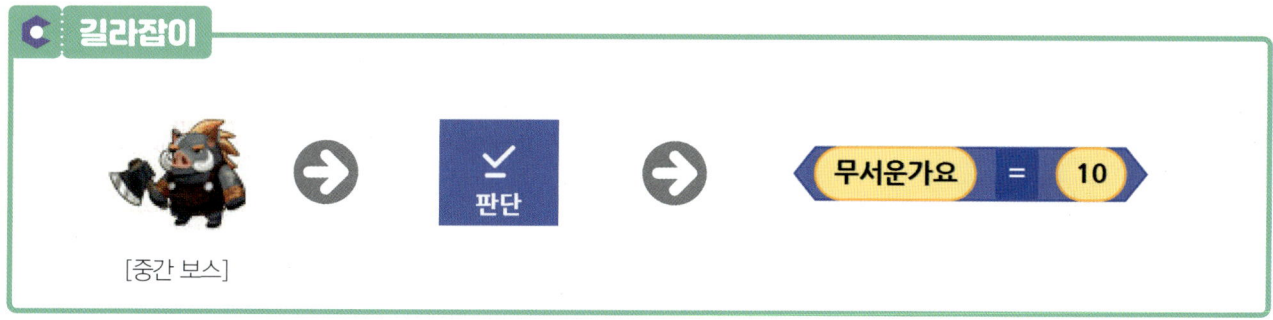

[중간 보스]

8 [자료] 카테고리에서 [대답] 블록을 가져와 [무서운가요 = 10] 블록의 오른쪽 부분에 넣어줍니다.

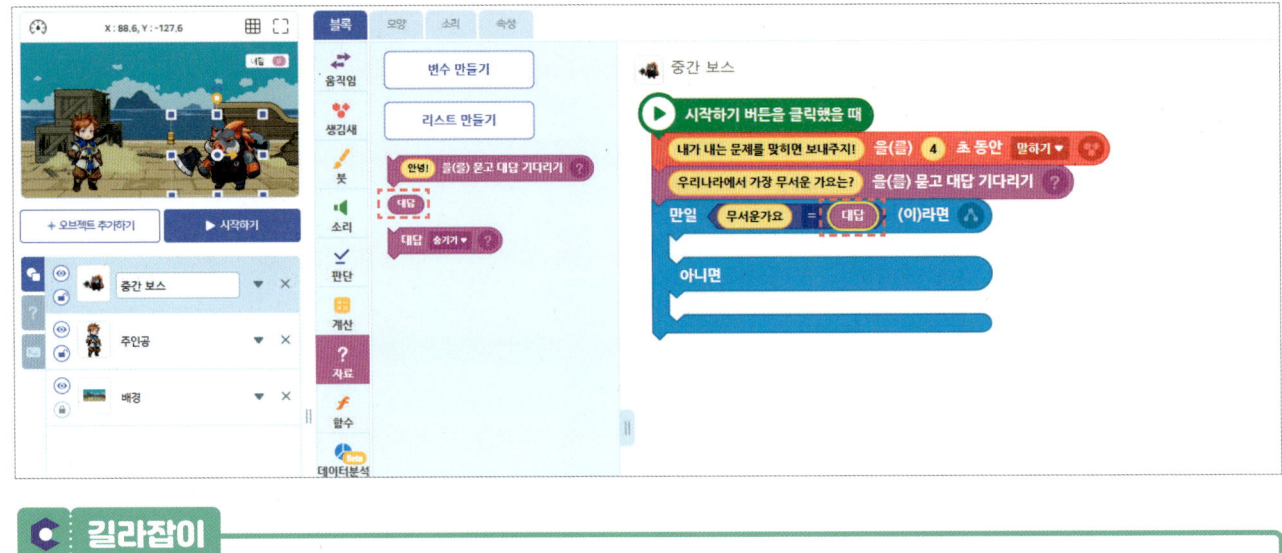

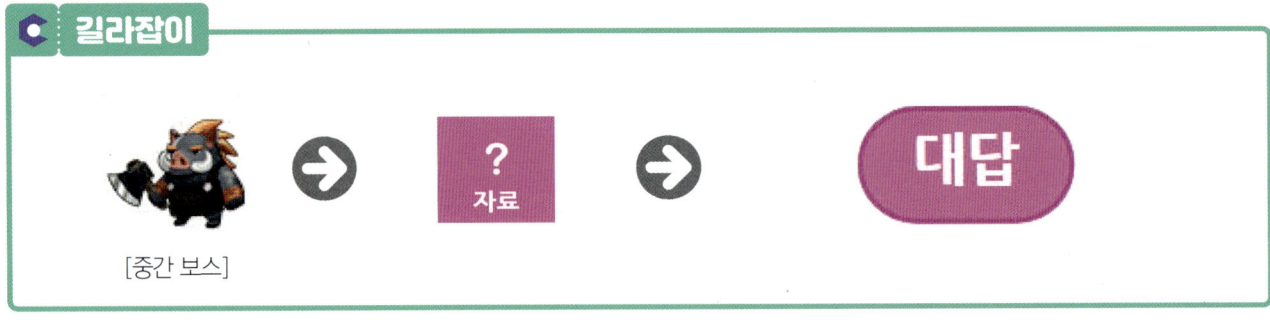
[중간 보스]

9 [생김새] 카테고리에서 [안녕!을(를) 4초 동안 말하기] 블록을 가져와 내용을 [만약 <참> (이)라면 – 아니면] 블록 안에 넣어준 후 내용을 수정합니다.

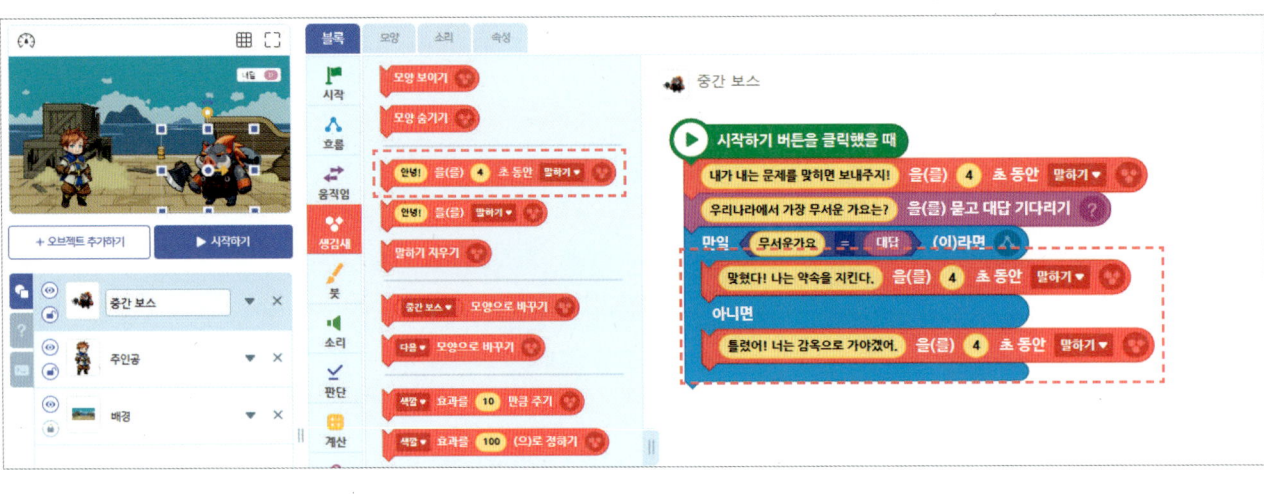

[중간 보스]

10 [시작] 카테고리에서 [맞혔다 신호 보내기] 블록을 가져와 말하기 블록 아래에 붙여준 후, 각각 [맞혔다 신호 보내기], [틀렸다 신호 보내기]로 수정합니다.

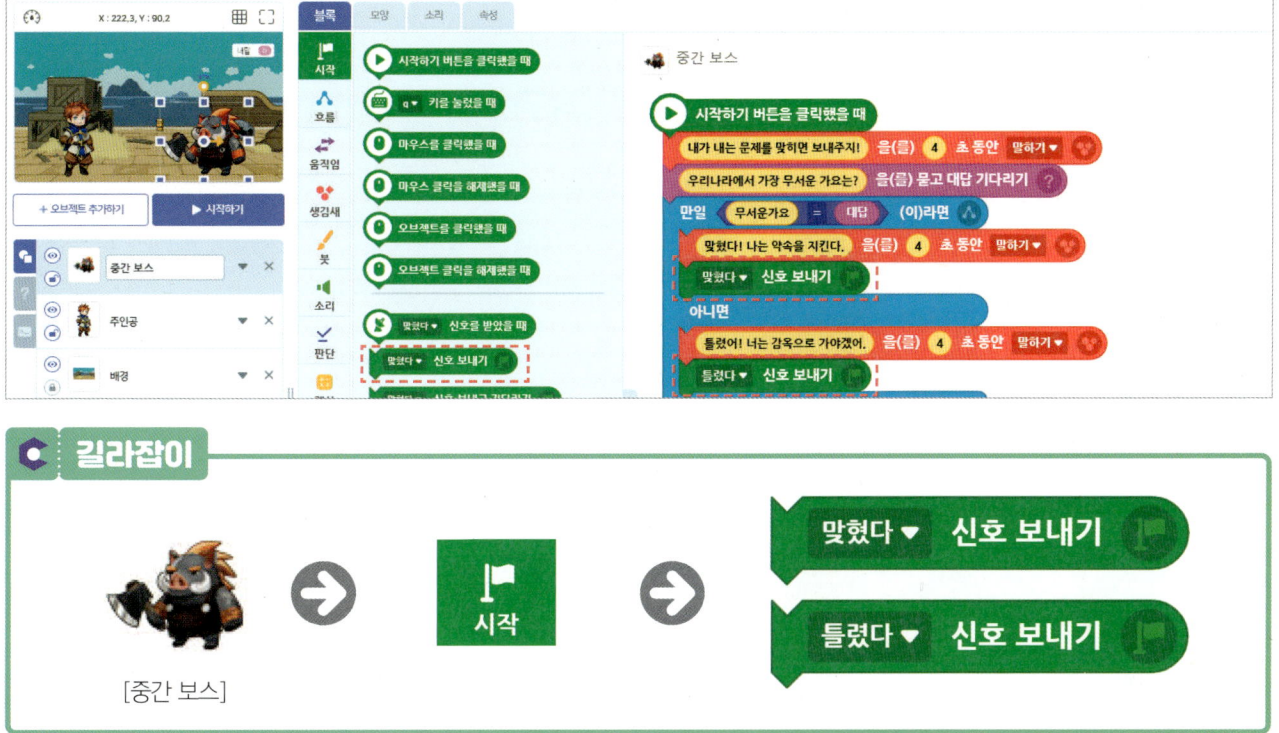

[중간 보스]

Step 4 신호를 받았을 때

맞혔다/틀렸다 신호를 받았을 때 '주인공' 오브젝트의 행동이 다르게 나타나도록 만들어봅시다.

11 '주인공' 오브젝트를 클릭한 후, [시작] 카테고리에서 [맞혔다 신호를 받았을 때] 블록을 2개 가져와 그 중 하나를 [틀렸다 신호를 받았을 때]로 수정합니다.

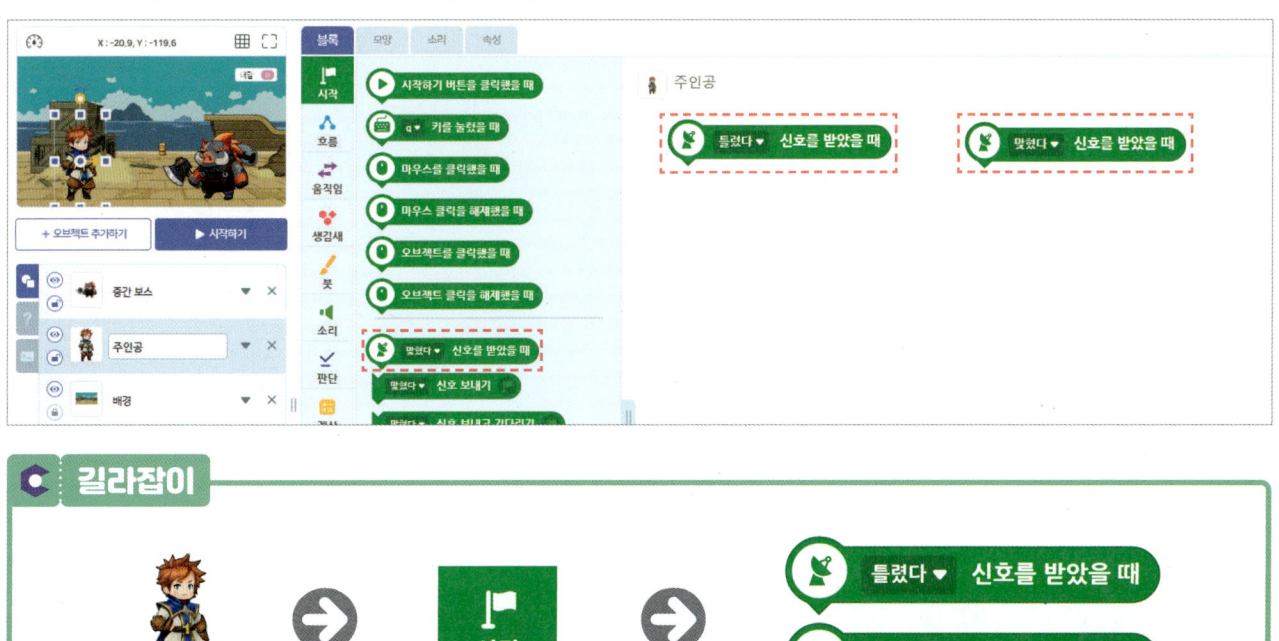

[주인공]

Chapter 08 | 어려운 수수께끼

12 [생김새] 카테고리에서 [모양 숨기기] 블록을 가져와 [틀렸다 신호를 받았을 때] 아래에 붙여줍니다.

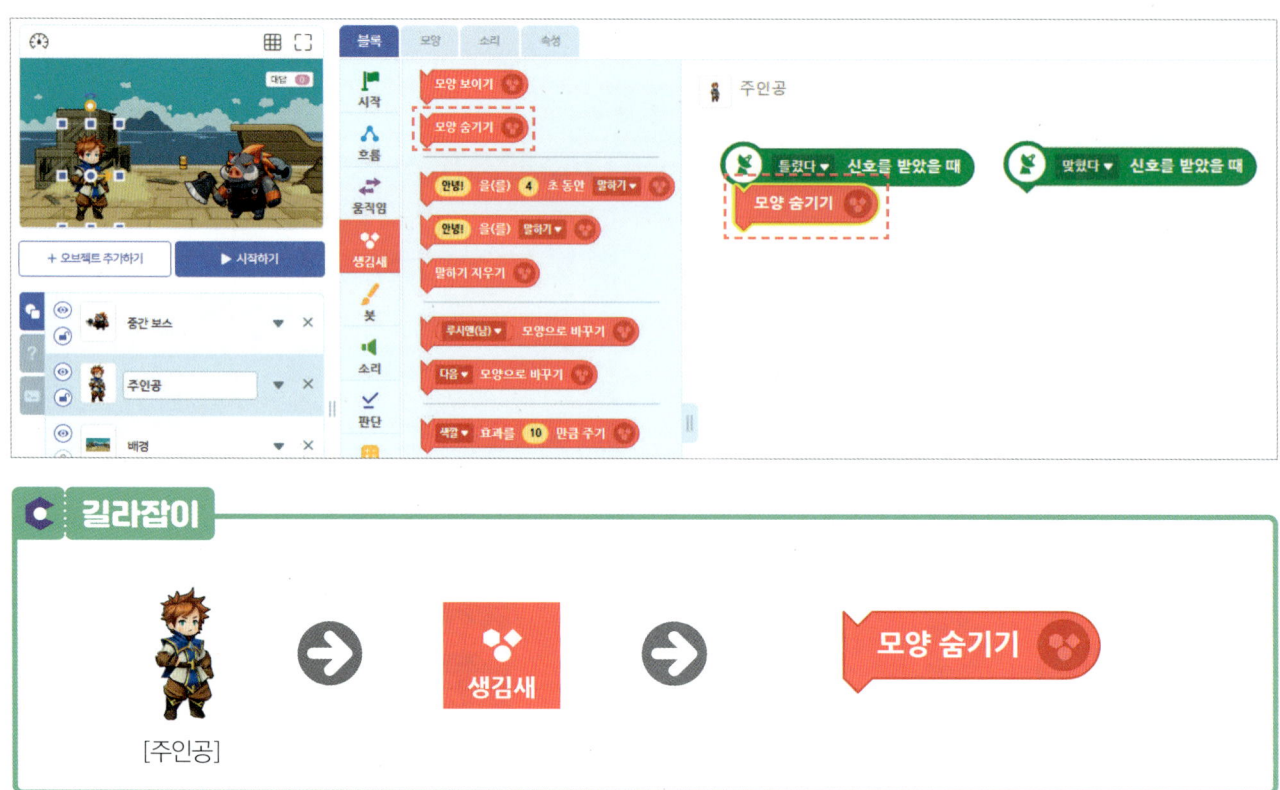

13 [생김새] 카테고리에서 [안녕!을(를) 4초 동안 말하기] 블록을 가져와 [맞혔다 신호를 받았을 때] 아래에 붙여준 후, [야호!을(를) 4초 동안 말하기]로 수정합니다.

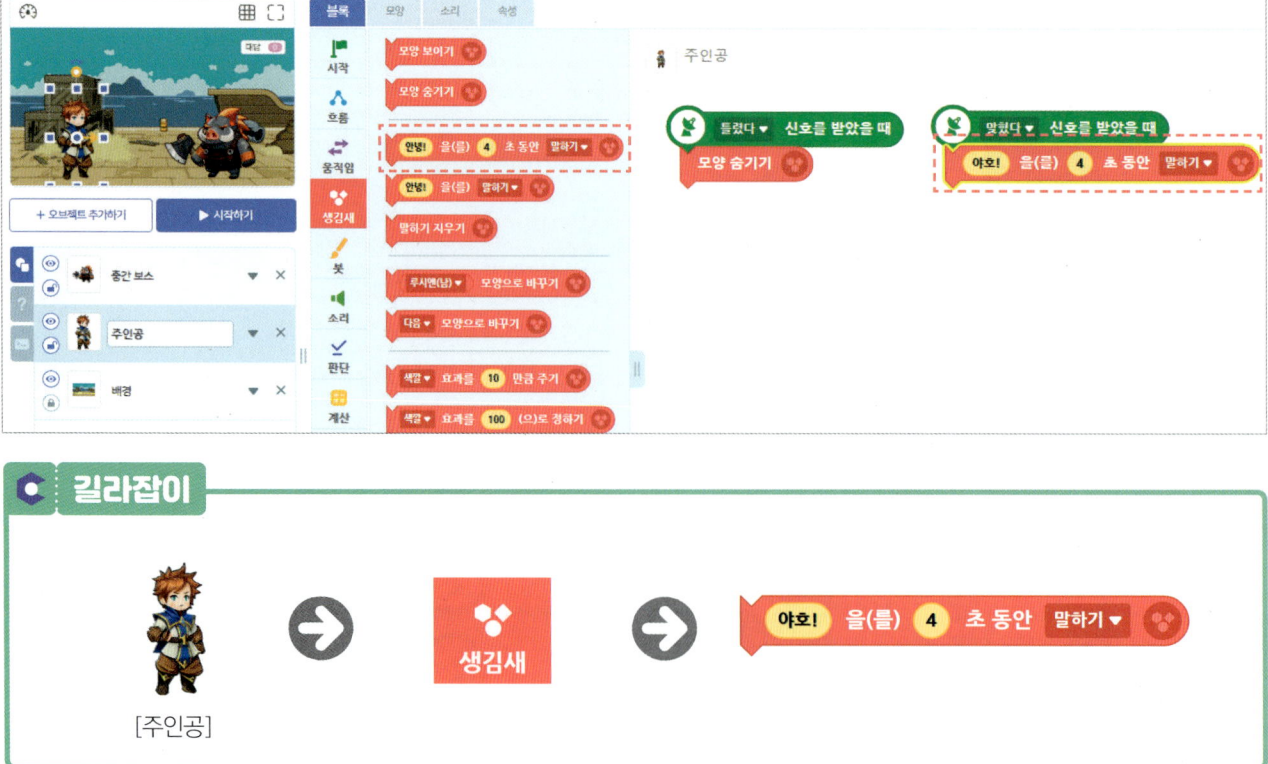

14 [흐름] 카테고리에서 [10번 반복하기] 블록을 가져와 [야호!을(를) 4초 동안 말하기] 블록 아래에 붙여준 후, [200번 반복하기]로 수정합니다.

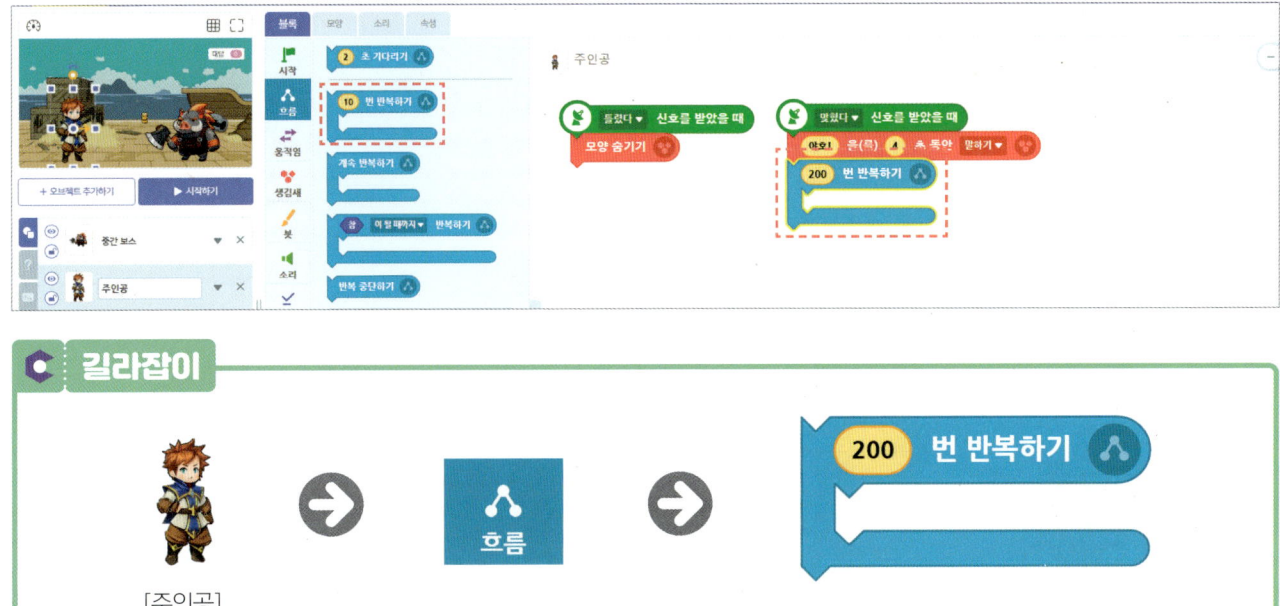

15 [움직임] 카테고리에서 [이동 방향으로 10만큼 움직이기] 블록을 가져와 [이동 방향으로 5만큼 움직이기]로 수정합니다.

💛 Tip

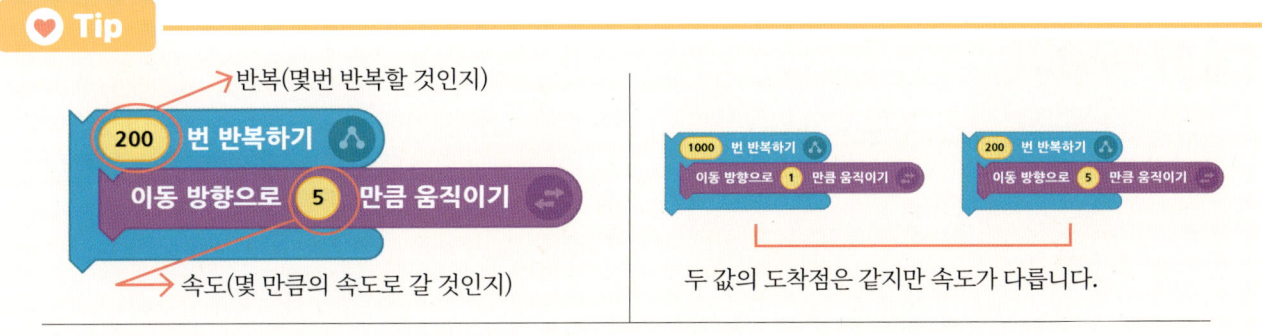

반복(몇번 반복할 것인지)
속도(몇 만큼의 속도로 갈 것인지)

두 값의 도착점은 같지만 속도가 다릅니다.

Chapter 08 | 어려운 수수께끼 **139**

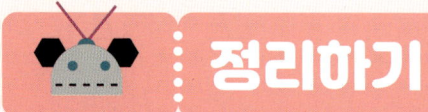
정리하기

◯ 전체 코드 보기

[중간 보스]

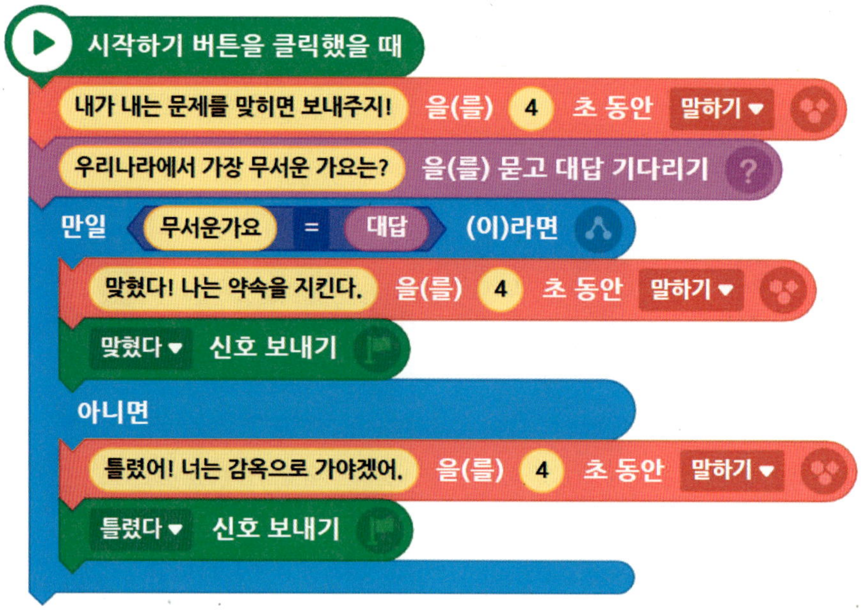

```
▶ 시작하기 버튼을 클릭했을 때
내가 내는 문제를 맞히면 보내주지! 을(를) 4 초 동안 말하기
우리나라에서 가장 무서운 가요는? 을(를) 묻고 대답 기다리기
만일 < 무서운가요 = 대답 > (이)라면
    맞혔다! 나는 약속을 지킨다. 을(를) 4 초 동안 말하기
    맞혔다 ▼ 신호 보내기
아니면
    틀렸어! 너는 감옥으로 가야겠어. 을(를) 4 초 동안 말하기
    틀렸다 ▼ 신호 보내기
```

[주인공]

```
📡 틀렸다 ▼ 신호를 받았을 때
모양 숨기기
```

```
📡 맞혔다 ▼ 신호를 받았을 때
야호! 을(를) 4 초 동안 말하기
200 번 반복하기
    이동 방향으로 5 만큼 움직이기
```

◯ 발전시키기
- 정답을 맞혔을 경우 한 개의 퀴즈를 더 낼 수 있도록 만들어보세요. (코드 복사 & 붙여넣기를 이용)

◯ 요약하기
- 컴퓨터는 마우스와 키보드로 값을 입력하는 것과 모니터로 값을 출력해 주는 입출력의 기능이 있습니다.
- [만약 ~(이)라면 – 아니면] 블록은 조건을 만들고, 조건이 맞거나 틀렸을 경우를 선택할 수 있도록 합니다.

Chapter 09

잡아라! 황금 동전

1차시 2차시 3차시 4차시 5차시 6차시 7차시 8차시 **9차시** 10차시 11차시 12차시 13차시 14차시 15차시 16차시

Chapter 09 잡아라! 황금 동전

몬스터를 피해 잠시 섬에 몸을 숨겼습니다. 다시 모험을 떠나려면 섬을 벗어나야 하는데요.
황금 동전을 꺼내려다가 그만 놓치고 말았어요. 동전이 빠지지 않도록 판을 이용해서 튕겨볼까요?

프로젝트 난이도

실습 영상

· 실습 파일 : ch9.잡아라! 황금 동전(실습).ent
· 완성 파일 : ch9.잡아라! 황금 동전(완성).ent

💛 학습 목표

- 무작위 수 개념을 설명할 수 있다.
- [마우스 좌표]를 사용할 수 있다.
- 핑퐁 게임을 만들 수 있다.

💛 프로젝트 미리보기

💛 오늘의 이야기

섬에 도착한 우리는 몬스터와 싸우기 위한 훈련을 했습니다.

"다행이야, 몬스터가 이 섬까지는 못들어와서. 그동안 몬스터와 싸우는 훈련을 했으니 좀 더 힘내보자."

"이 정도로 괜찮을까?"

"처음에 너는 아무 것도 할 줄 몰랐잖아. 이제는 적을 피해 숨을 줄도 알고, 심지어 중간 보스와 내기에서 이겼지. 많이 성장했어. 이제 적들이 어떤 형태로 나타날지 모르니까 더욱 조심히 움직이자. 혹시 너 황금 동전 있어?"

"응, 가방에 챙겨온 것 같아."

"연습용 도구로는 힘이 약해. 제6 도시로 이동하면 무기 상점이 있어. 무인 상점인데 그곳에서 무기를 구매하자."

"가만있어 보자, 내 황금 동전이 어디 있지? 어... 안돼!!"

동전이 바다로 빠지려고 해요! 동전이 빠지지 않게 잡아야 합니다.

개념 다지기

알아보기

좌표 위치로 이동하기
- 좌표 위치로 이동하기는 실행 화면에서 정해진 좌표의 위치로 이동하는 것을 말합니다.
- 실행 화면에서 오른쪽과 왼쪽 위치는 X 좌푯값으로, 위와 아래 위치는 Y 좌푯값으로 표시하며, 좌표를 이용하여 오브젝트를 원하는 위치로 보낼 수 있습니다.

실행 화면의 위치	좌푯값 코드
(중앙에 캐릭터, x:0, y:0)	시작하기 버튼을 클릭했을 때 / x: 0 y: 0 위치로 이동하기
(오른쪽 아래에 캐릭터, x:100, y:-100)	시작하기 버튼을 클릭했을 때 / x: 100 y: -100 위치로 이동하기

무작위 수
- 무작위 수란 컴퓨터가 같은 확률을 갖고 무작위로 뽑아낸 수를 말합니다.
- 입력한 작은 값과 큰 값 사이의 값을 무작위 확률로 뽑아냅니다.
- 무작위 수를 활용하면 캐릭터 랜덤 생성기, 뽑기, 주사위 등의 프로그램을 만들 수 있습니다.

블록	블록 설명
0 부터 10 사이의 무작위 수	입력한 두 수 사이에서 선택된 무작위 수 값입니다. (두 수 모두 정수를 입력한 경우 정수가 선택되고, 두 수 중 하나라도 소수를 입력한 경우 소수점 둘째 자리의 소수 값이 선택됩니다.)

무작위 위치로 이동

- 좌표와 무작위를 함께 활용하면 무작위 위치로 이동할 수 있습니다.
- 엔트리 실행 화면의 X 좌푯값은 −240~240, Y 좌푯값은 −135~135이며, 이 사이의 값을 무작위로 사용하면 실행 화면 안에서 오브젝트가 무작위로 이동합니다.
- 아래 코드에서는 실행 화면을 마우스로 클릭할 때마다 오브젝트의 위치가 바뀌는 것을 확인할 수 있습니다.

주사위 무작위

- [모양] 탭과 무작위 수를 이용하여 무작위로 주사위의 모양이 나타나게 할 수 있습니다.

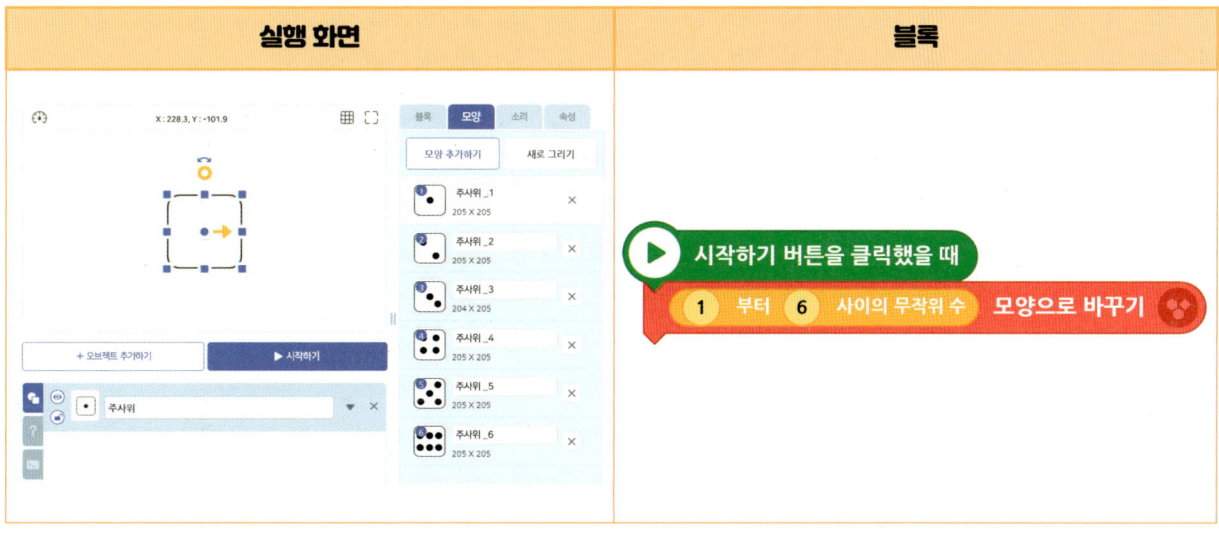

프로그래밍하기

프로젝트 만들기

Step 1　마우스 X 좌표로 이동하기

'판' 오브젝트가 마우스의 X 좌표(좌우)로만 이동하도록 만들어봅시다.

1 '판' 오브젝트를 클릭한 후, [시작] 카테고리에서 [시작하기 버튼을 클릭했을 때] 블록을 가져옵니다.

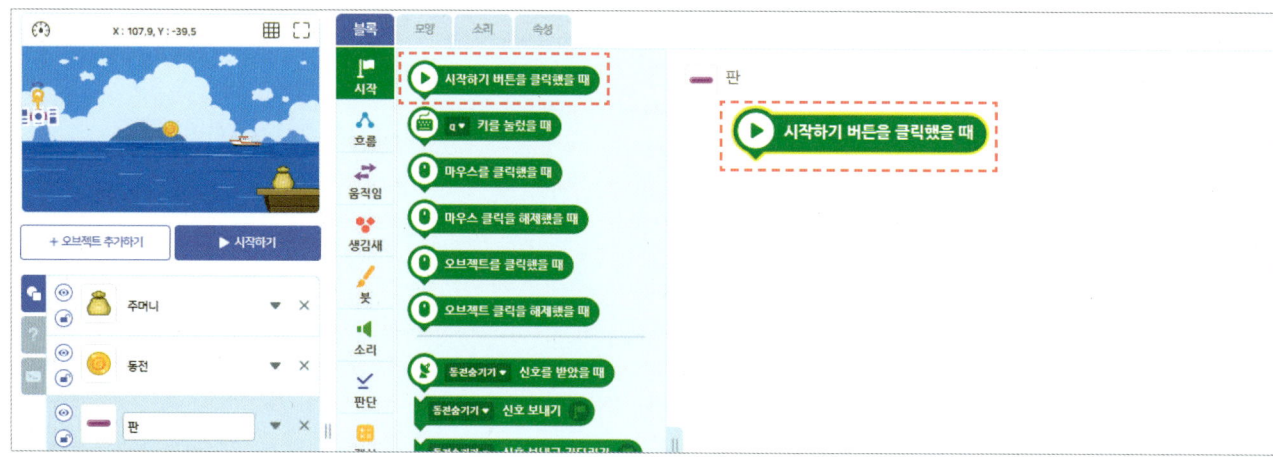

길라잡이

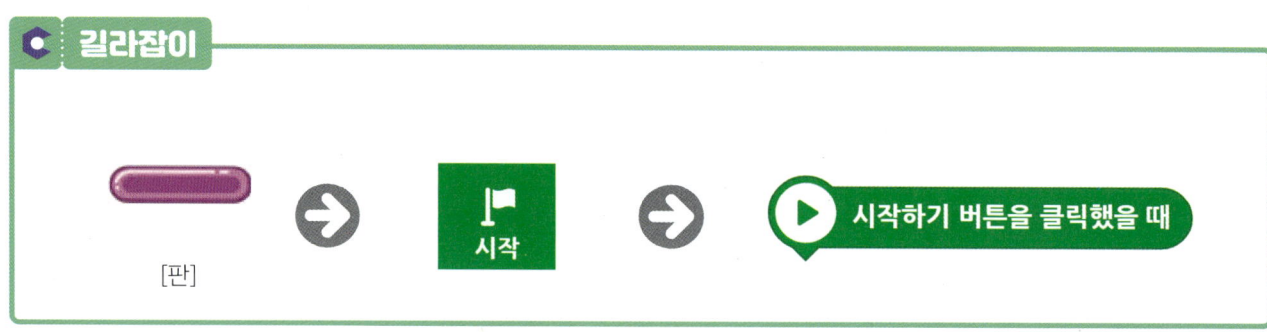

♥ Tip

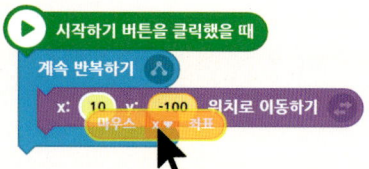

A 블록 안에 B 블록을 넣는 경우, 넣어야 할 B 블록을 A 블록의 오른쪽 아래에 갖다 대면 색이 변하는 것을 확인할 수 있습니다. 색이 변하는 것을 확인한 후에 마우스 버튼을 해제하면 됩니다.

2 [흐름] 카테고리에서 [계속 반복하기] 블록을 가져옵니다.

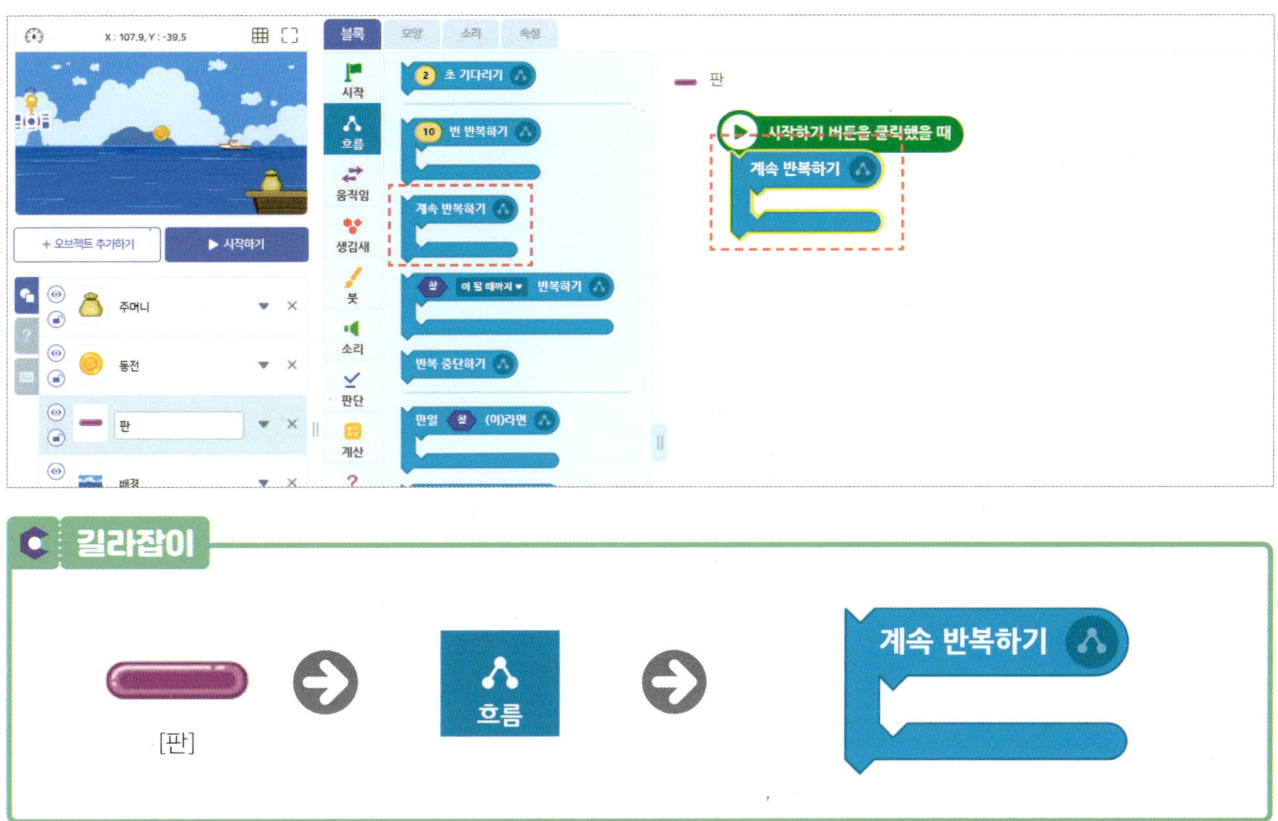

3 [움직임] 카테고리에서 [x:0 y:0 위치로 이동하기] 블록을 가져와 [x:0 y:-100 위치로 이동하기]로 수정합니다.

4 [계산] 카테고리에서 [마우스 x 좌표]를 가져와 x 값 위치에 넣어줍니다.

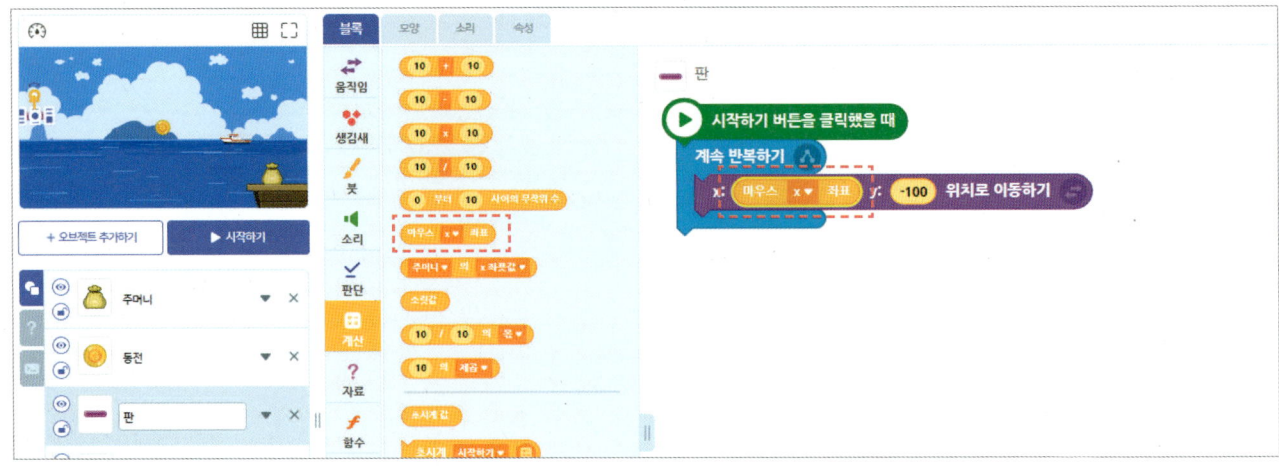

길라잡이

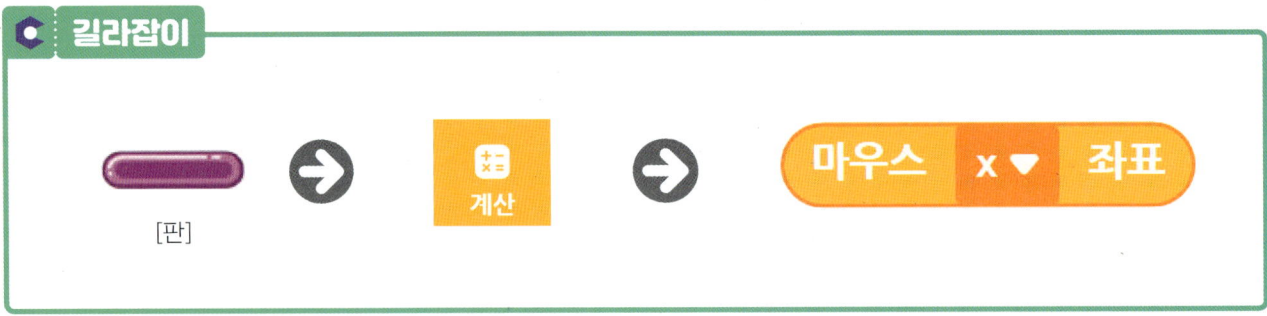

Step 2 화면 끝에 닿으면 튕기기

동전이 무작위 각도로 방향을 정한 후 움직이고, 화면 끝에 닿으면 튕기도록 만들어봅시다.

5 '동전' 오브젝트를 클릭한 후, [시작] 카테고리에서 [시작하기 버튼을 클릭했을 때] 블록을 가져옵니다.

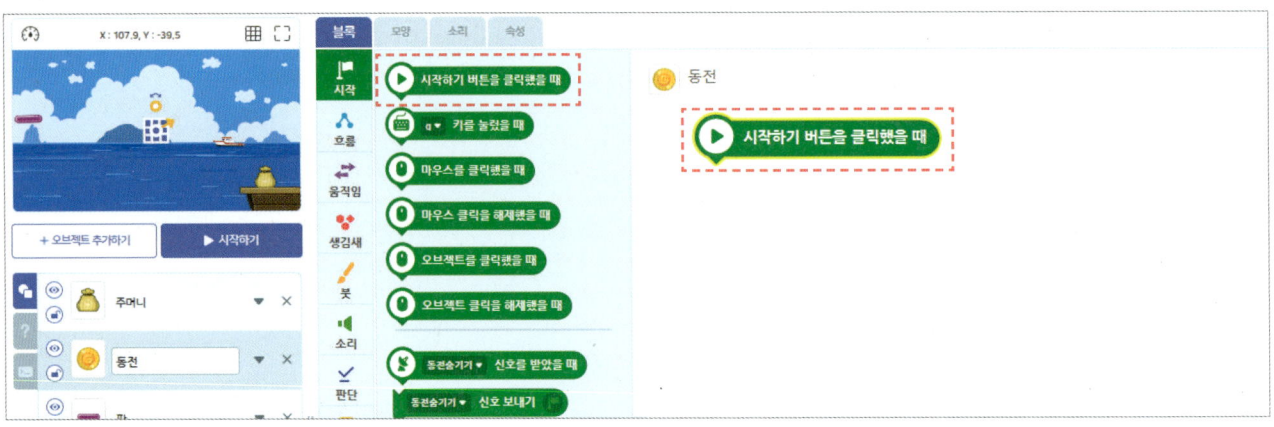

길라잡이

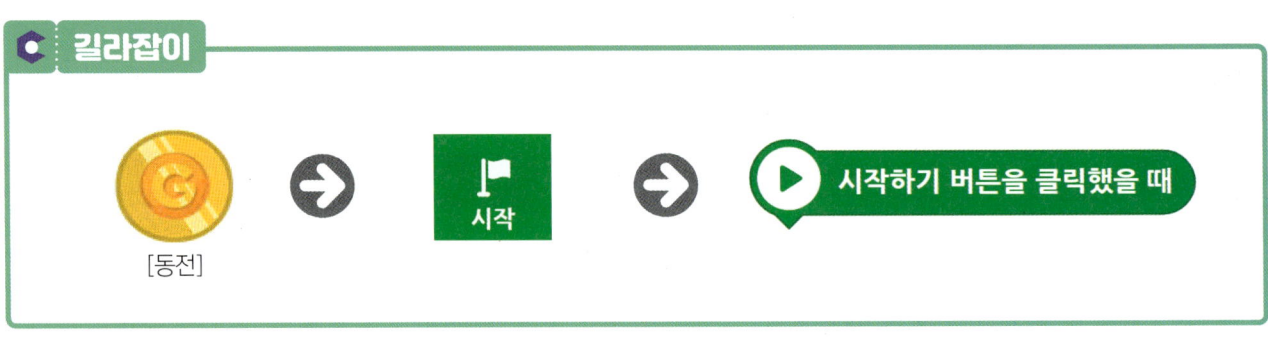

6 [움직임] 카테고리에서 [방향을 90°(으)로 정하기] 블록을 가져옵니다.

7 [계산] 카테고리에서 [0부터 10사이의 무작위 수] 블록을 가져와 [-60부터 60사이의 무작위 수]로 수정합니다.

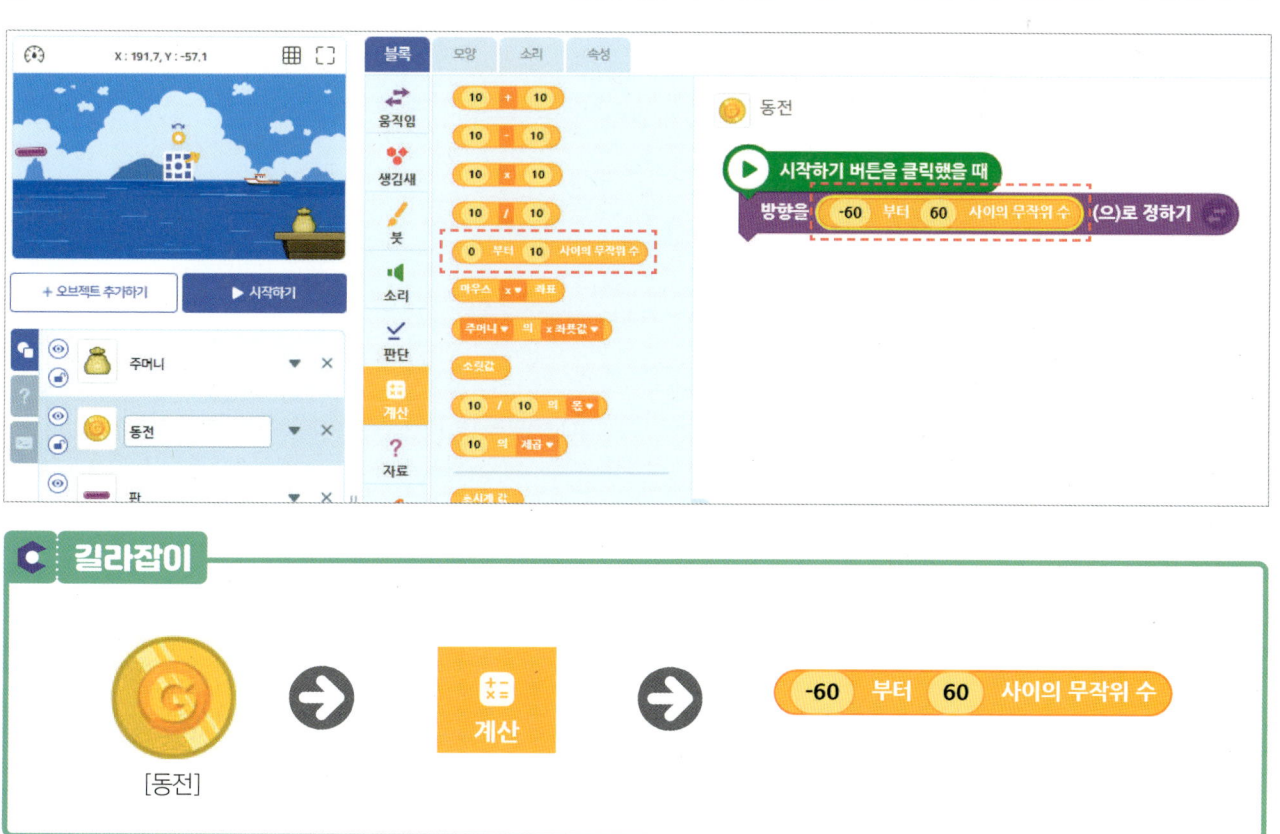

8 [흐름] 카테고리에서 [계속 반복하기] 블록을 가져옵니다.

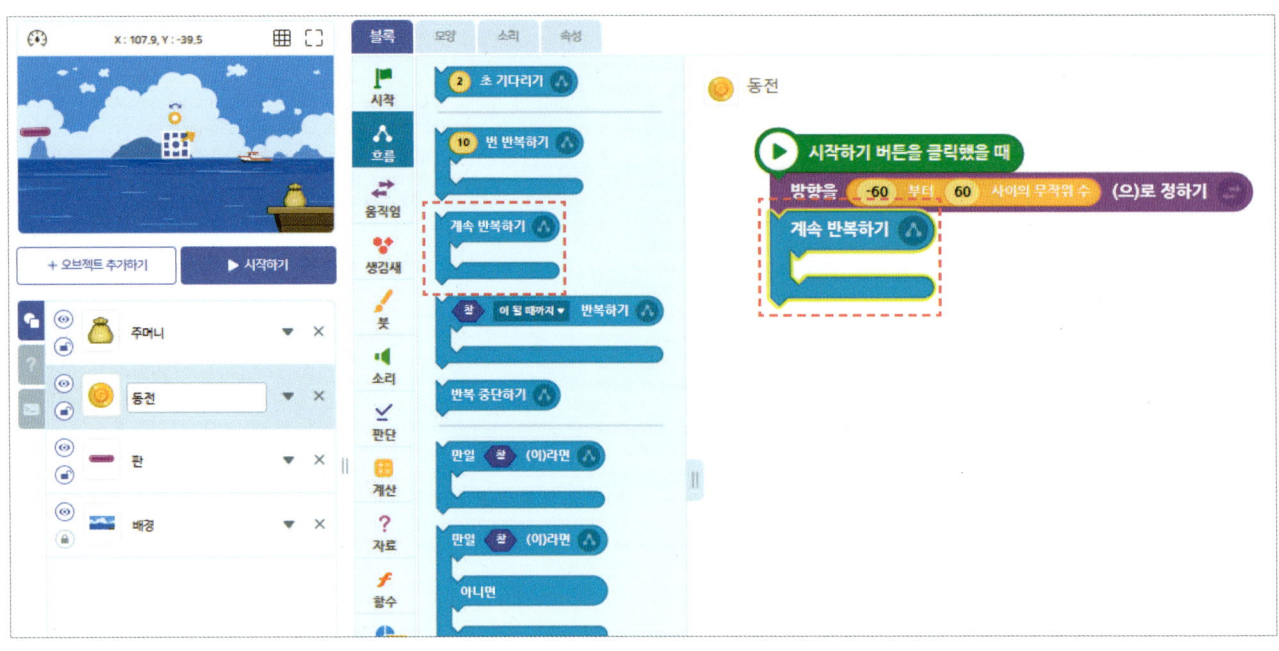

길라잡이

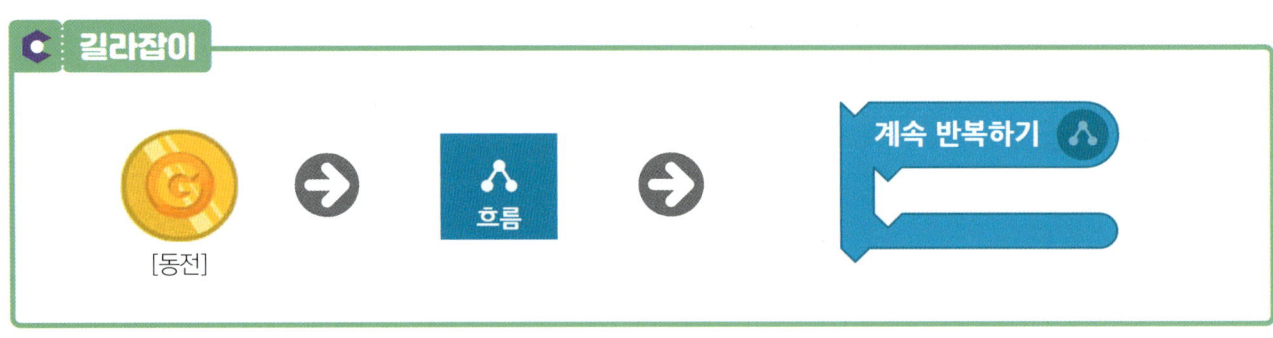

♥ Tip

-60에서 60으로 위치를 정하면 왼쪽과 같은 영역 안에서만 동전의 각도를 정하는 것을 알 수 있습니다.
이렇게 값을 정하면 동전이 바닥으로 떨어지지 않고 튕기는 각도를 유지할 수 있습니다.

9 [움직임] 카테고리에서 [이동 방향으로 10만큼 움직이기] 블록을 가져와 [계속 반복하기] 안에 넣어 줍니다.

10 [움직임] 카테고리에서 [화면 끝에 닿으면 튕기기] 블록을 가져와 [이동 방향으로 10만큼 움직이기] 아래에 붙여줍니다.

Step 3 [~에 닿았는가?] 활용하기

이제 황금 동전이 판에 닿으면 튕기고, 아래쪽 벽에 닿으면 모양을 숨기면서 모든 코드가 멈추도록 만들어봅시다.

11 [시작] 카테고리에서 [시작하기 버튼을 클릭했을 때] 블록을 가져옵니다.

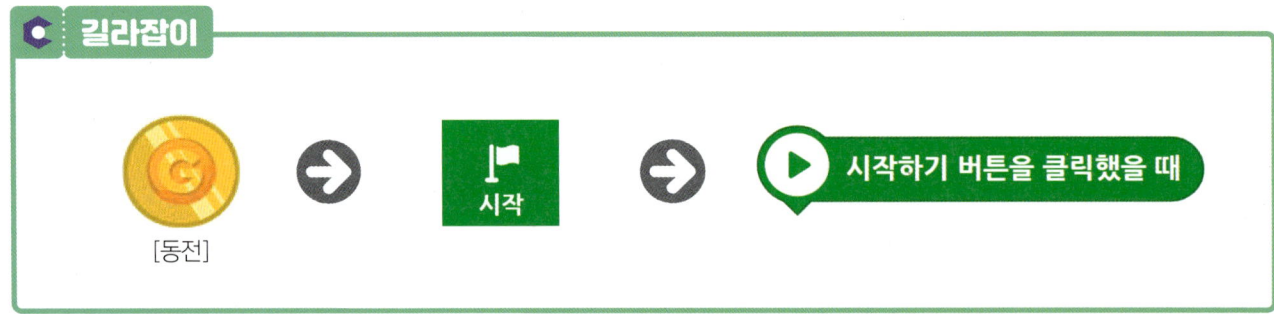

12 [흐름] 카테고리에서 [계속 반복하기] 블록을 가져옵니다.

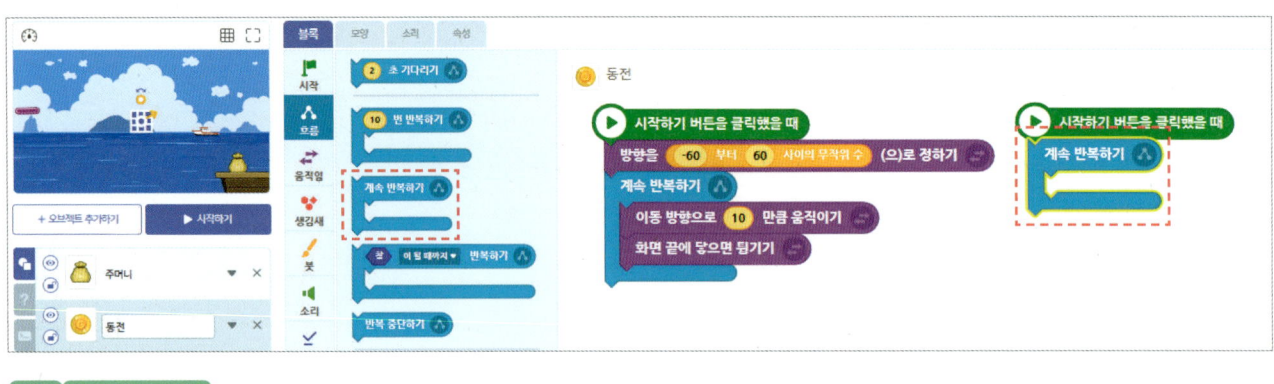

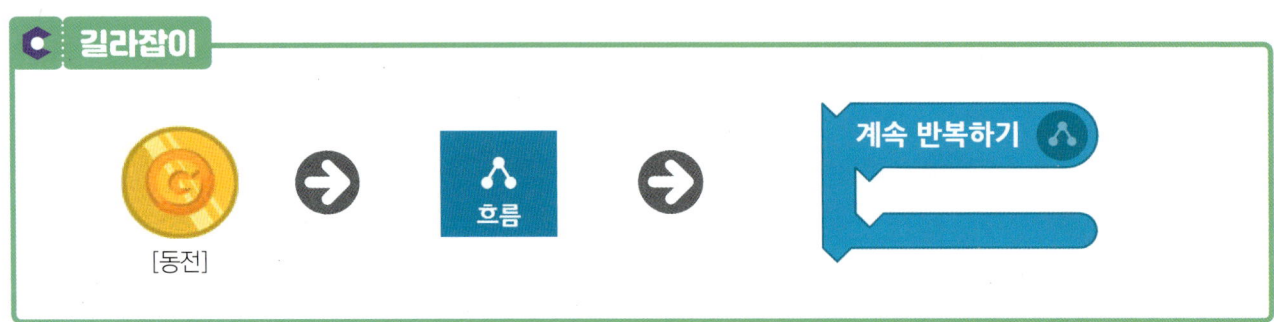

13 [흐름] 카테고리에서 [만일 <참> (이)라면] 블록을 2개 가져와 [계속 반복하기] 블록 안에 넣어줍니다.

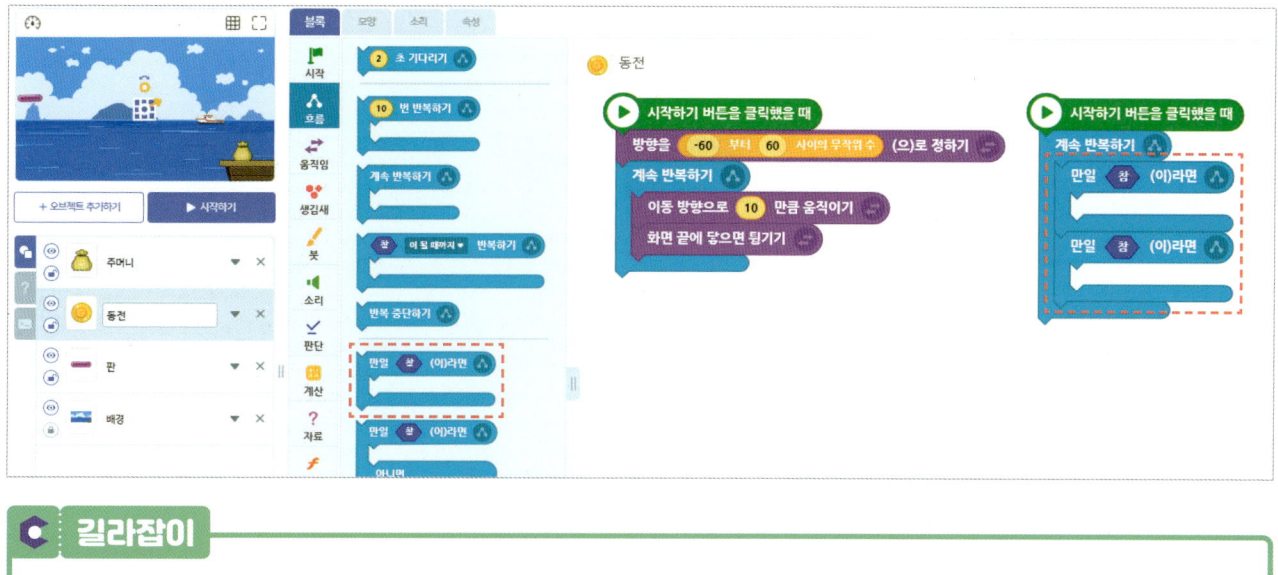

14 [판단] 카테고리에서 [마우스포인터에 닿았는가?] 블록을 가져와 각각 [판에 닿았는가?], [아래쪽 벽에 닿았는가?]로 수정합니다.

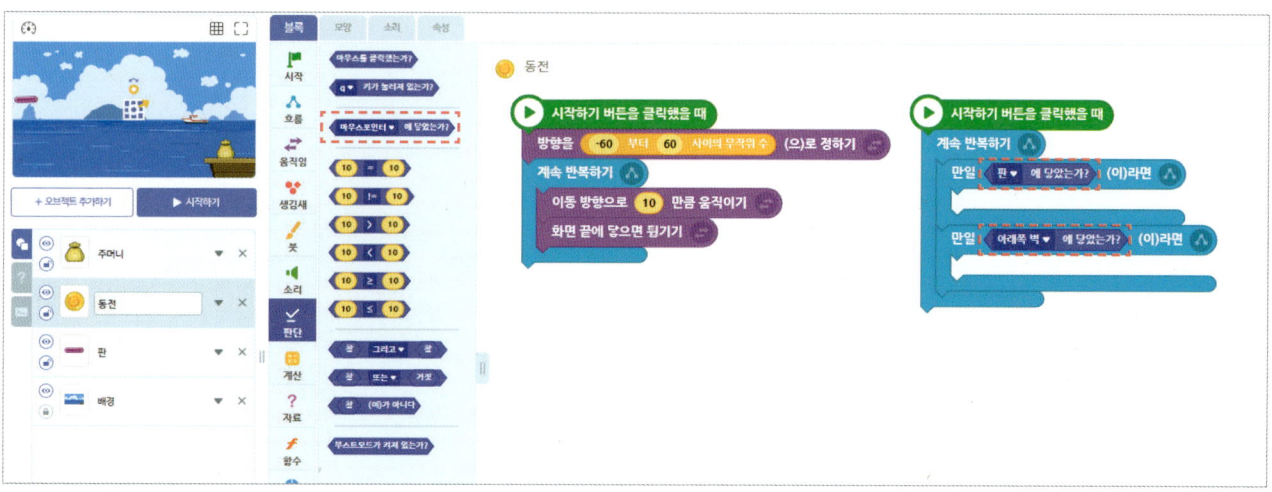

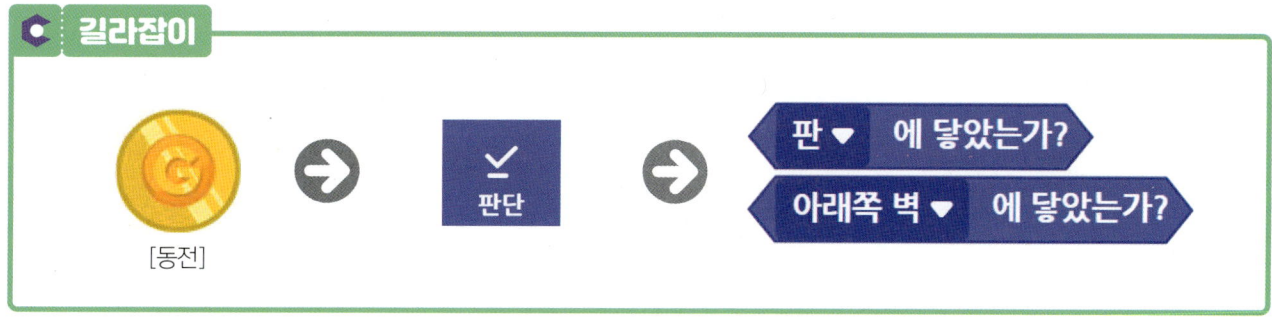

15 [움직임] 카테고리에서 [방향을 90°(으)로 정하기] 블록을 가져와 [만일 판에 닿았는가? (이)라면] 블록 안에 넣어줍니다.

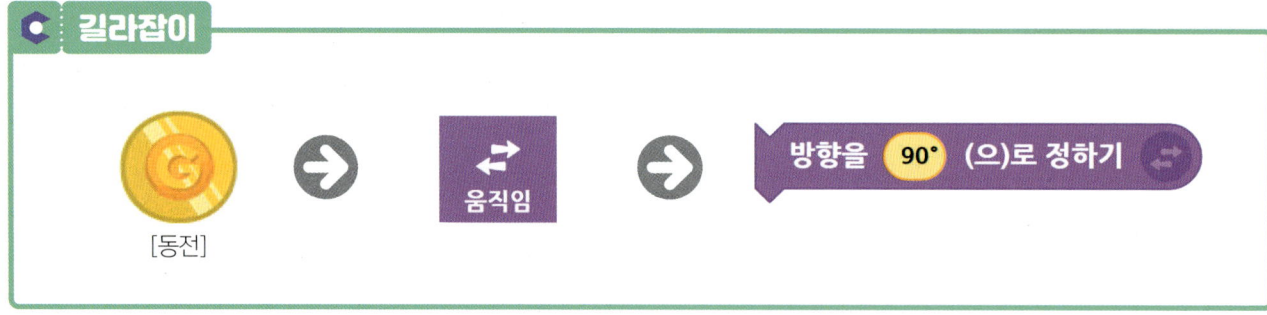

[동전] → 움직임 → 방향을 90° (으)로 정하기

16 [계산] 카테고리에서 [0부터 10사이의 무작위 수] 블록을 가져와 [-60부터 60사이의 무작위 수]로 수정합니다.

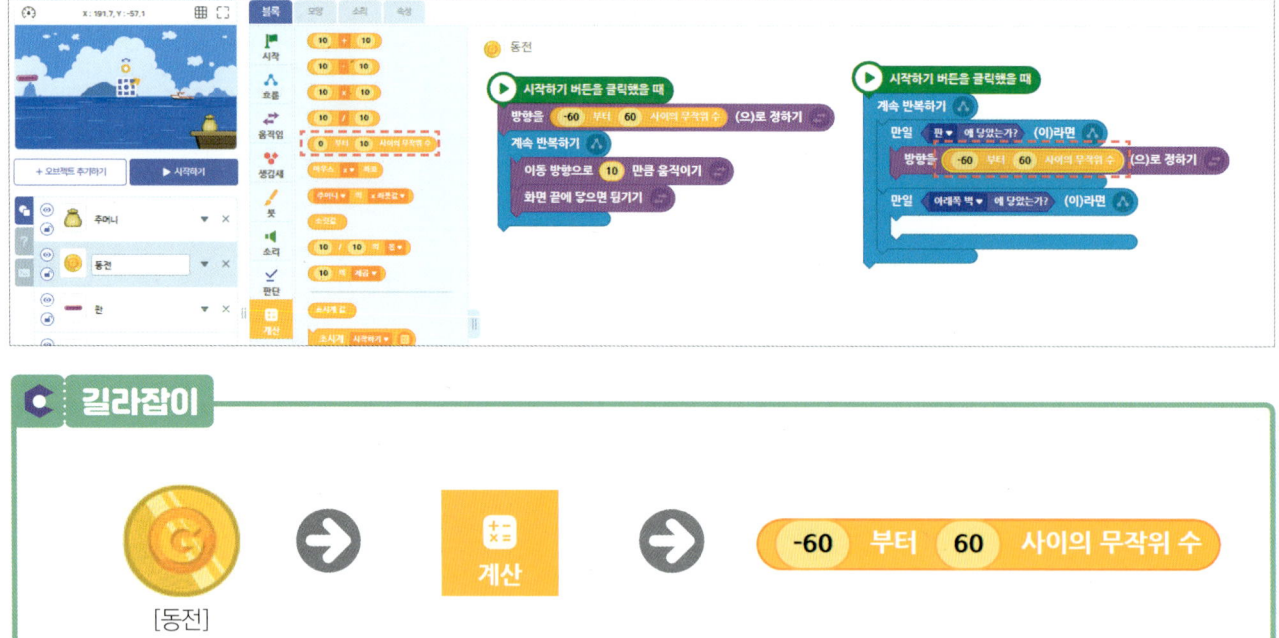

[동전] → 계산 → -60 부터 60 사이의 무작위 수

17 [생김새] 카테고리에서 [모양 숨기기] 블록을 가져와 [만일 아래쪽 벽에 닿았는가? (이)라면] 블록 안에 넣어줍니다.

18 [흐름] 카테고리에서 [모든 코드 멈추기] 블록을 가져와 [모양 숨기기] 블록 아래에 붙여줍니다.

정리하기

◯ 전체 코드 보기

[판]

```
시작하기 버튼을 클릭했을 때
계속 반복하기
    x: 마우스 x▼ 좌표  y: -100  위치로 이동하기
```

[동전]

```
시작하기 버튼을 클릭했을 때
방향을 -60 부터 60 사이의 무작위 수 (으)로 정하기
계속 반복하기
    이동 방향으로 10 만큼 움직이기
    화면 끝에 닿으면 튕기기
```

```
시작하기 버튼을 클릭했을 때
계속 반복하기
    만일 판▼ 에 닿았는가? (이)라면
        방향을 -60 부터 60 사이의 무작위 수 (으)로 정하기
    만일 아래쪽 벽▼ 에 닿았는가? (이)라면
        모양 숨기기
        모든▼ 코드 멈추기
```

◯ 발전시키기
- 동전이 '주머니' 오브젝트에 닿으면 주머니에 들어간 것 같은 효과를 주기 위해 모양을 숨기고, 모든 코드를 멈추도록 만들어보세요.

◯ 요약하기
- 실행 화면은 위치를 표시하는 좌표라는 값을 가지고 있으며, 좌푯값을 활용하면 오브젝트를 원하는 위치로 이동할 수 있습니다.
- 무작위 수란 컴퓨터 같은 확률을 갖고 무작위로 뽑아낸 수를 말합니다. 무작위 수는 입력한 두 수 사이의 수를 무작위로 뽑을 수 있습니다.

Chapter 10

숫자를 맞혀봐

Chapter 10 숫자를 맞혀봐

중간 보스와 다시 마주쳤습니다. 지난 번에 내기에 졌던 것이 분했는지 이번에는 무작위로 뽑은 숫자를 5번 만에 맞혀보라고 합니다. 중간 보스가 내는 문제를 풀고 다음 장소로 이동해볼까요?

프로젝트 난이도 ★★☆

실습 영상
· 실습 파일 : ch10.숫자를 맞혀봐(실습).ent
· 완성 파일 : ch10.숫자를 맞혀봐(완성).ent

🧡 학습 목표

- 변수의 개념을 설명할 수 있다.
- 비교 연산을 설명할 수 있다.
- 비교 연산으로 두 숫자의 크기를 비교할 수 있다.

🧡 프로젝트 미리보기

오늘의 이야기

제5 도시에 들어서자마자 익숙한 얼굴이 보였습니다.

"어라? 너 내 문제를 맞히고 아직 살아 있었구나! 너를 잡아서 노예로 써야겠다."

"그냥 끌려가면 네가 심심하지 않겠어? 나와 내기를 하자. 이번에는 네가 이기면 되잖아?"

"내기? 어차피 내가 끌고 가면 그만인데 굳이 너와 내기를 할 필요가 없지."

"지난번에 나에게 졌던 게 분하지 않아? 분함을 풀어야지. 네가 뽑은 숫자가 무엇인지 맞혀볼게. 어때?"

"흠… 뭔가 이상한데… 뭐 좋아. 운이 좋아서 한 번은 네가 이겼지만, 이번에는 내가 이겨주도록 하지."

가방에서 종이와 연필을 꺼내 무작위 수를 적은 후 종이를 섞었습니다.

"내가 손에 들고 있는 숫자가 뭔지 이제 맞혀보도록 해. 기회는 5번을 주겠다."

개념 다지기

알아보기

변수

변수(variable)란 값(data)을 저장하기 위한 이름을 가진 공간을 의미합니다. 직접 값을 저장하기 위한 공간을 만들고, 원하는 값을 저장할 수 있습니다. 게임에서 레벨을 올려주기 위해 레벨 숫자 값을 저장한다거나 캐릭터의 이름을 표시하기 위해 이름을 저장하는 것을 예로 들 수 있습니다.

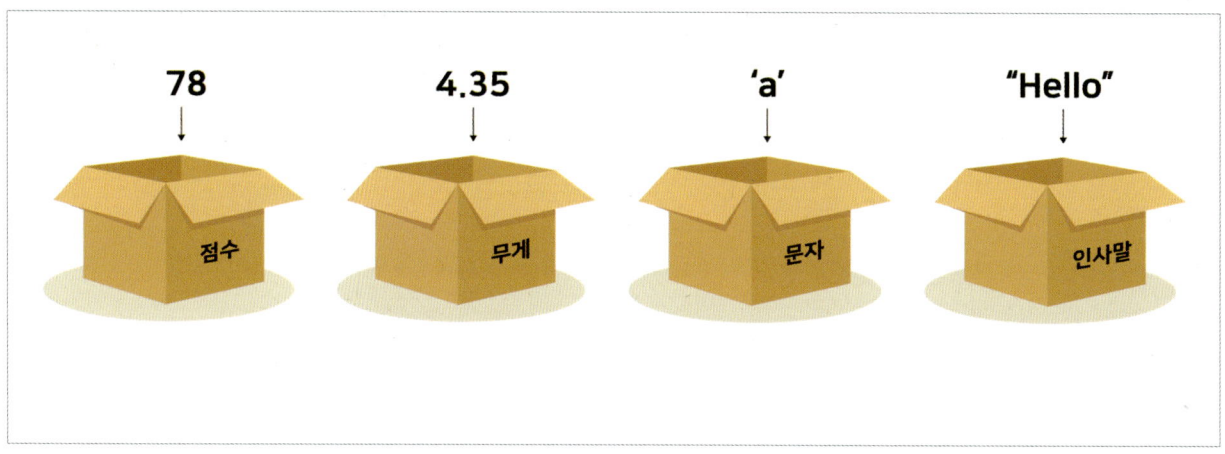

[속성] 탭에서 [변수]를 클릭하면 실행 화면에 만든 변수를 확인할 수 있습니다. 변수에 저장된 값은 다른 값으로 바뀔 수 있습니다.

엔트리에서 [속성]-[변수 만들기]를 진행하면 다음과 같이 변수와 관련된 블록을 확인할 수 있습니다.

🌸 비교 연산

비교 연산은 두 숫자의 크기를 비교하는 연산을 말합니다. 두 숫자의 크기를 비교하여 참/거짓으로 결과를 나타냅니다. 비교 연산 블록은 단독으로 사용되지 않고, 조건을 만들어야 하는 [만약 <참> (이)라면], [만약 <참> (이)라면 – 아니면] 블록과 함께 사용됩니다.

비교 연산	결과	설명
10 = 10	참	왼쪽에 있는 값과 오른쪽에 있는 값이 같은 경우 '참'으로 판단합니다.
10 != 10	거짓	왼쪽에 있는 값과 오른쪽에 있는 값이 같지 않으면 '참'으로 판단합니다.
10 < 10	거짓	왼쪽에 있는 값이 오른쪽에 있는 값보다 작은 경우 '참'으로 판단합니다.
10 > 10	거짓	왼쪽에 있는 값이 오른쪽에 있는 값보다 큰 경우 '참'으로 판단합니다.
10 ≤ 10	참	왼쪽에 있는 값이 오른쪽에 있는 값보다 작거나 같은 경우 '참'으로 판단합니다.
10 ≥ 10	참	왼쪽에 있는 값이 오른쪽에 있는 값보다 크거나 같은 경우 '참'으로 판단합니다.

프로그래밍하기

프로젝트 만들기

Step 1 변수 만들기

작품에 필요한 변수인 '숫자'와 '기회' 변수를 만들어봅시다.

1 [속성] 탭에서 [변수]를 클릭한 후 [변수 추가하기]를 클릭합니다.

2 변수의 이름을 입력하고 확인 버튼을 클릭합니다. (변수 : 숫자, 기회)

3 '기회' 변수의 기본값을 '0'에서 '5'로 수정합니다.

길라잡이

변수 추가하기 → → 변수 만들기

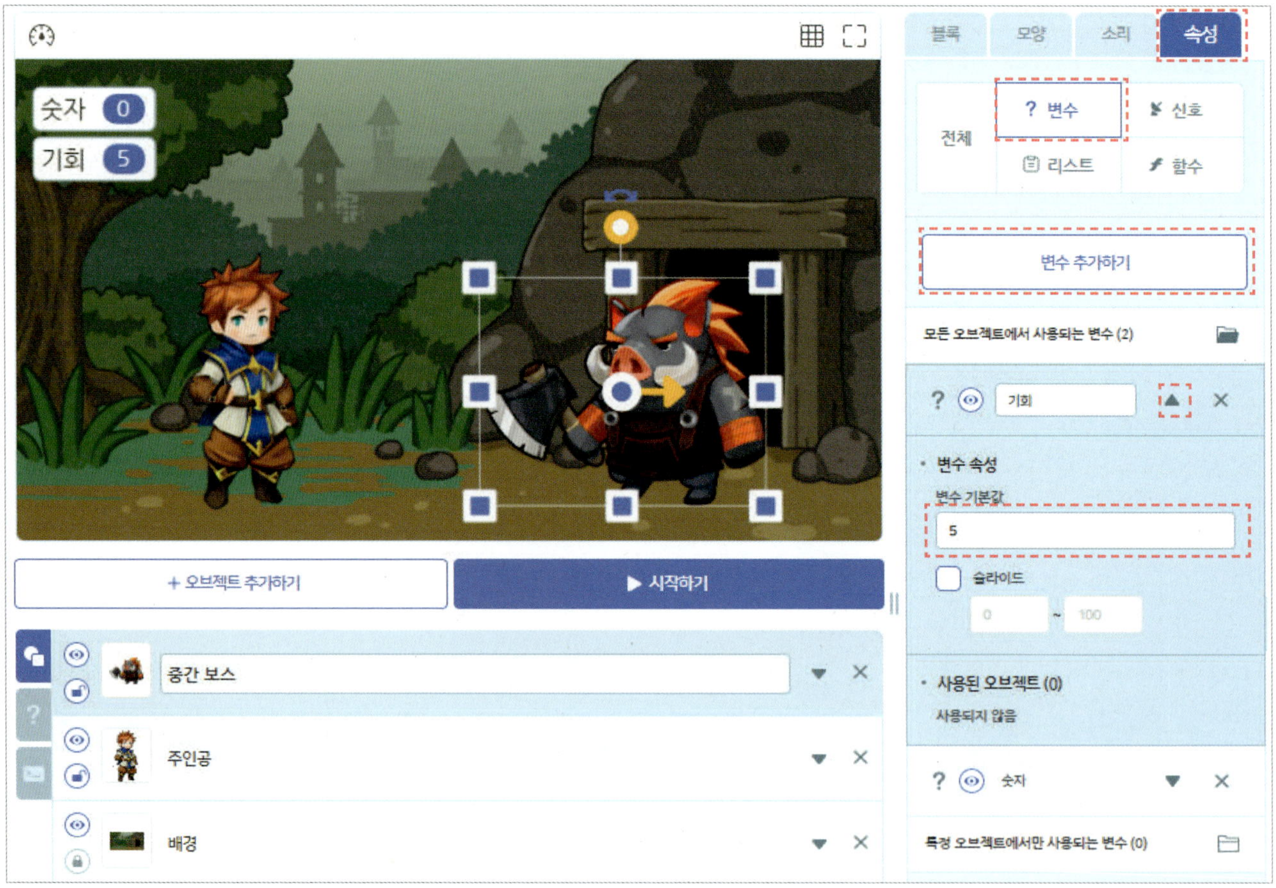

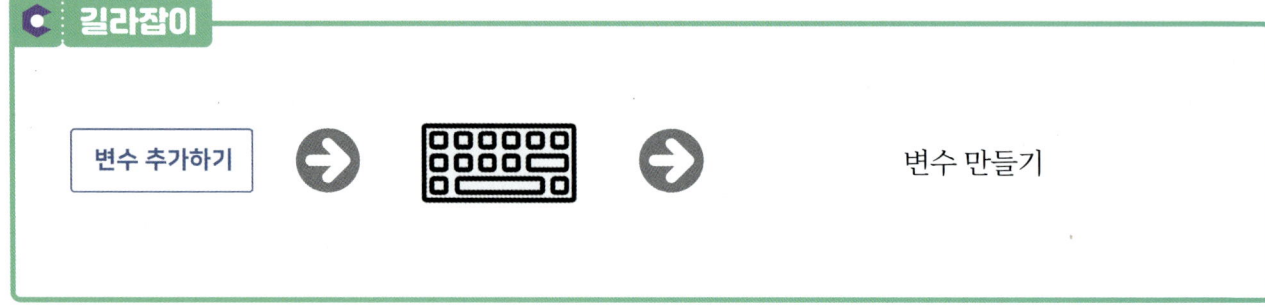

Step 2 숫자 값 정하기

'숫자' 변수의 값을 1~50까지의 무작위 수로 정해봅시다.

4 '중간 보스' 오브젝트를 클릭한 후, [시작] 카테고리에서 [시작하기 버튼을 클릭했을 때] 블록을 가져옵니다.

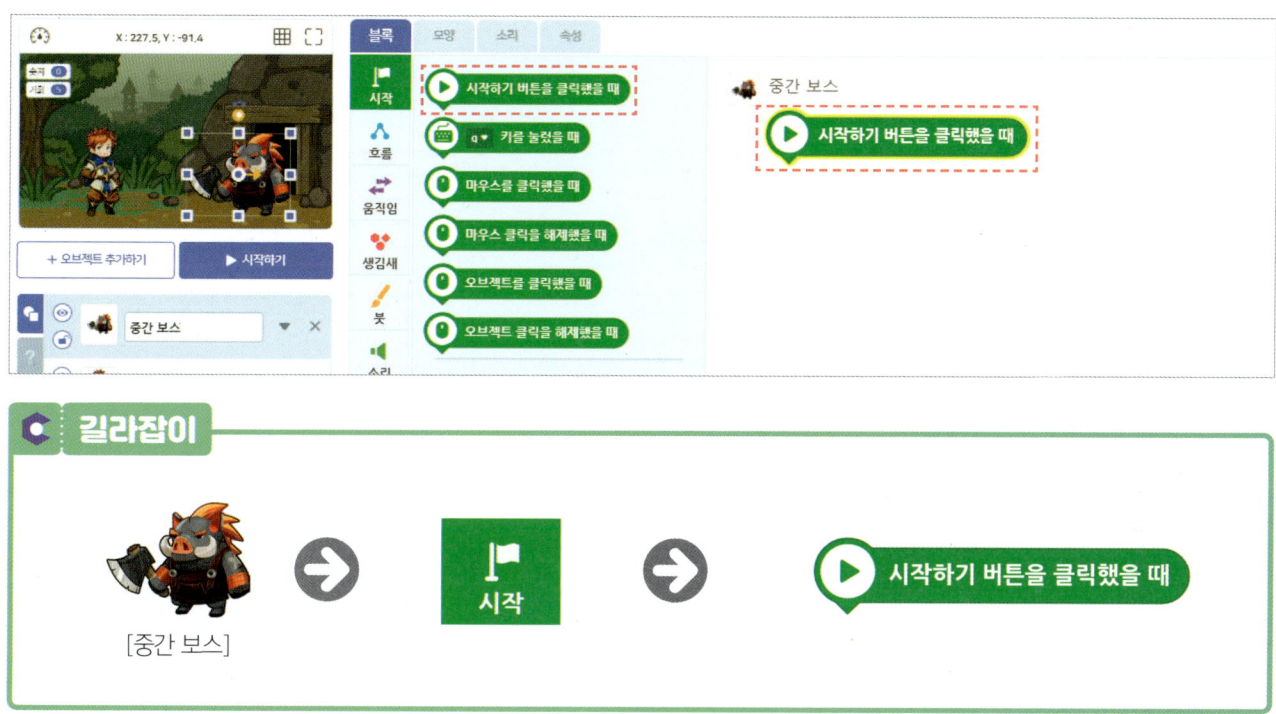

5 [자료] 카테고리에서 [기회를 10(으)로 정하기] 블록을 가져와 [숫자를 10(으)로 정하기]로 수정합니다.

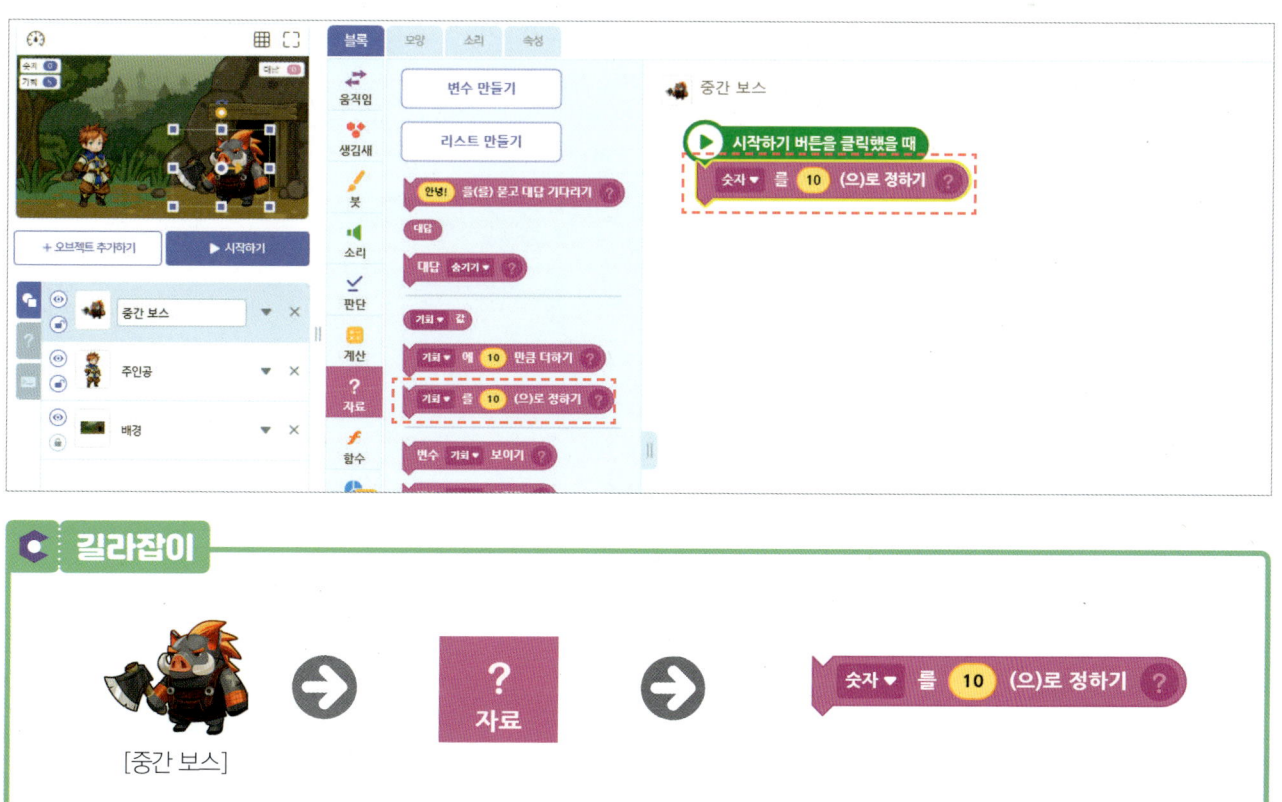

Chapter 10 | 숫자를 맞혀봐   163

6 [계산] 카테고리에서 [0부터 10사이의 무작위 수] 블록을 가져와 [숫자를 10(으)로 정하기] 블록 안에 넣은 다음, 값을 [1부터 50사이의 무작위 수]로 수정합니다.

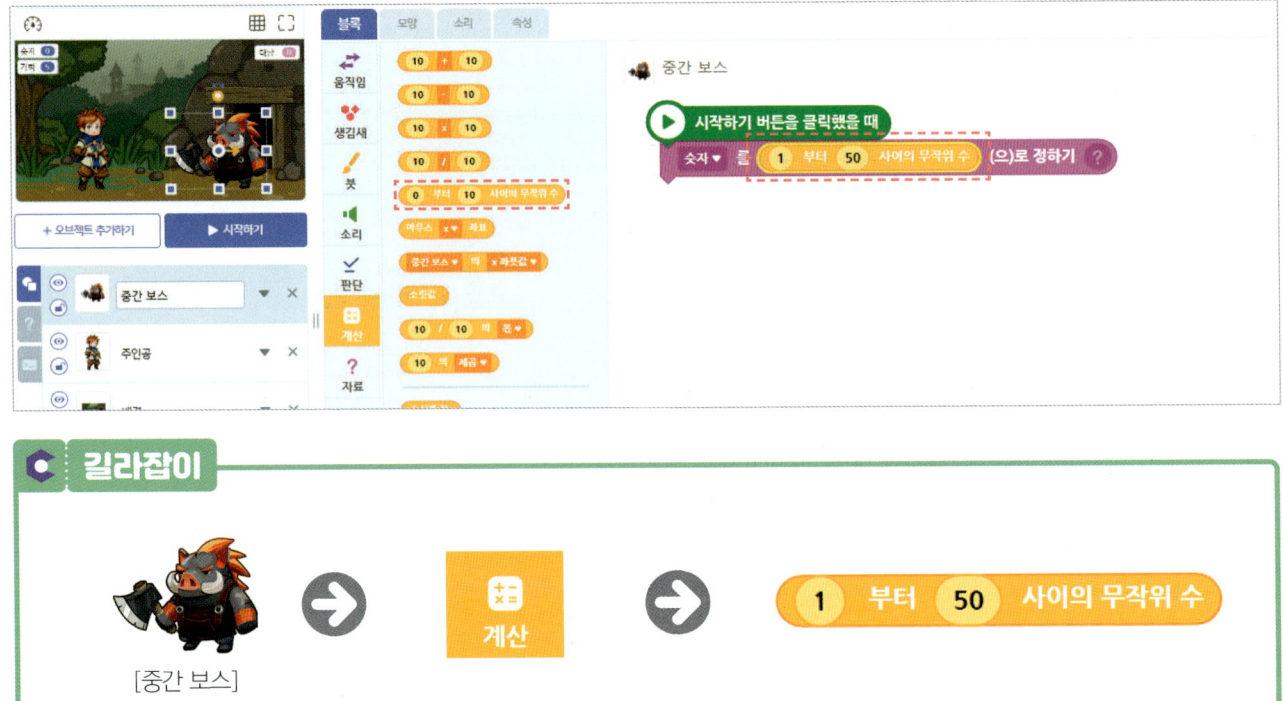

[중간 보스]

Step 3   묻고 대답 기다리기

'중간 보스' 오브젝트가 질문을 5번 하고 대답을 기다리도록 만들어봅시다.

7 [흐름] 카테고리에서 [10번 반복하기] 블록을 가져와 [5번 반복하기]로 수정합니다.

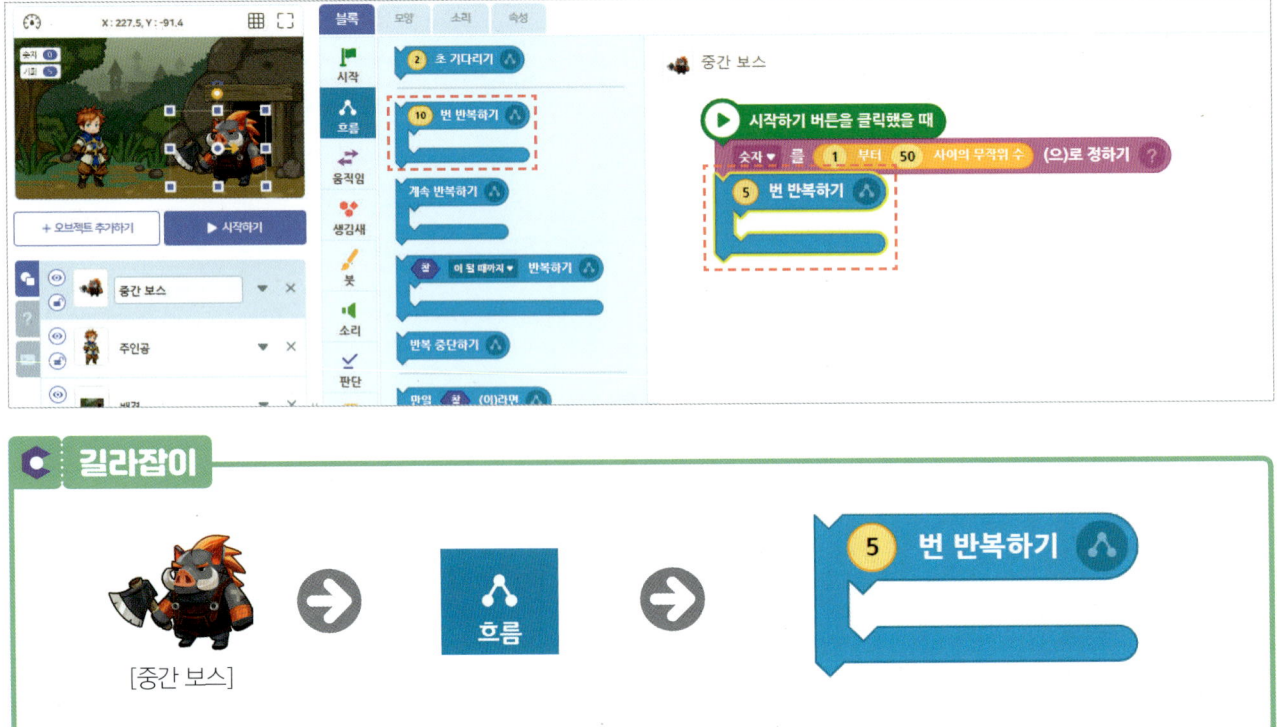

[중간 보스]

8 [자료] 카테고리에서 [안녕!을(를) 묻고 대답 기다리기] 블록을 가져와 [1부터 50까지 수 중에서 뽑은 숫자를 맞혀봐을(를) 묻고 대답 기다리기]로 수정합니다.

길라잡이

[중간 보스] → 자료 → 1부터 50까지 수 중에서 뽑은 숫자를 맞혀봐 을(를) 묻고 대답 기다리기

Step 4 조건 만들기

무작위로 뽑은 숫자와 사용자가 입력한 숫자가 '같다'라는 조건을 만들어봅시다.

9 [흐름] 카테고리에서 [만일 <참> (이)라면 - 아니면] 블록을 가져와 [1부터 50까지 수 중에서 뽑은 숫자를 맞혀봐을(를)묻고 대답 기다리기] 블록 아래에 붙여줍니다.

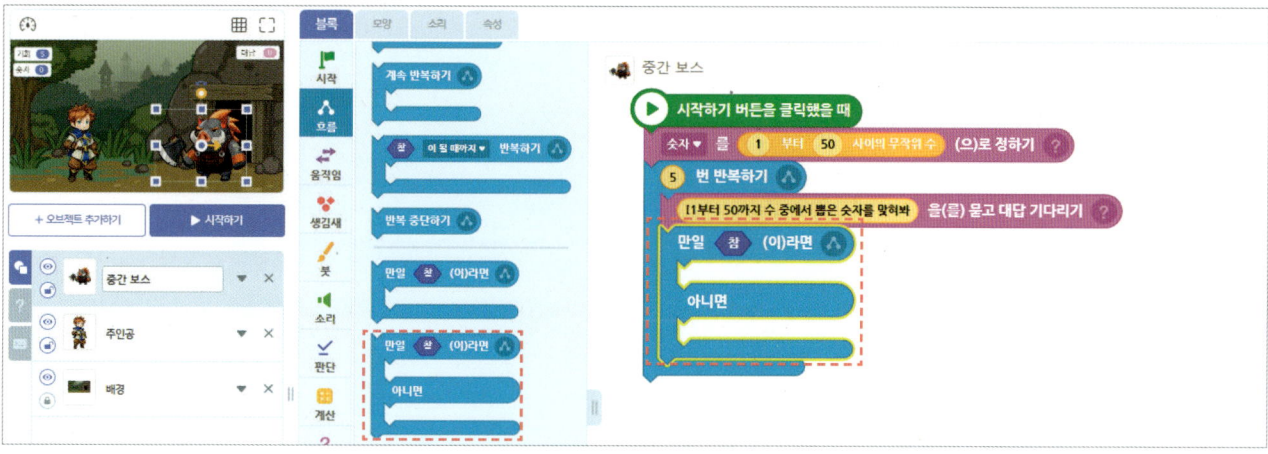

길라잡이

[중간 보스] → 흐름 → 만일 참 (이)라면 / 아니면

10 [판단] 카테고리에서 [10 = 10] 블록을 가져와 <참> 부분에 넣어줍니다.

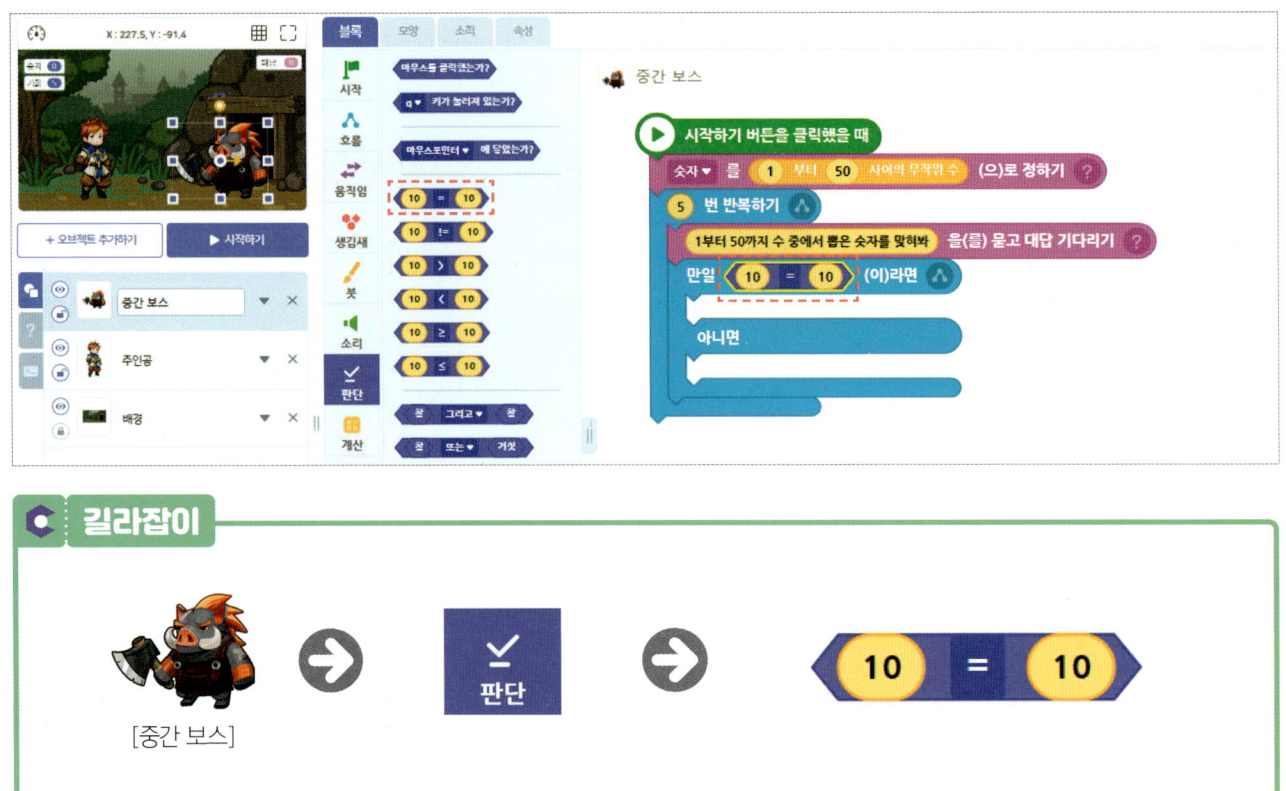

11 [자료] 카테고리에서 [기회 값] 블록을 가져와 [10 = 10]의 왼쪽 부분에 넣고 [숫자 값]으로 수정합니다.

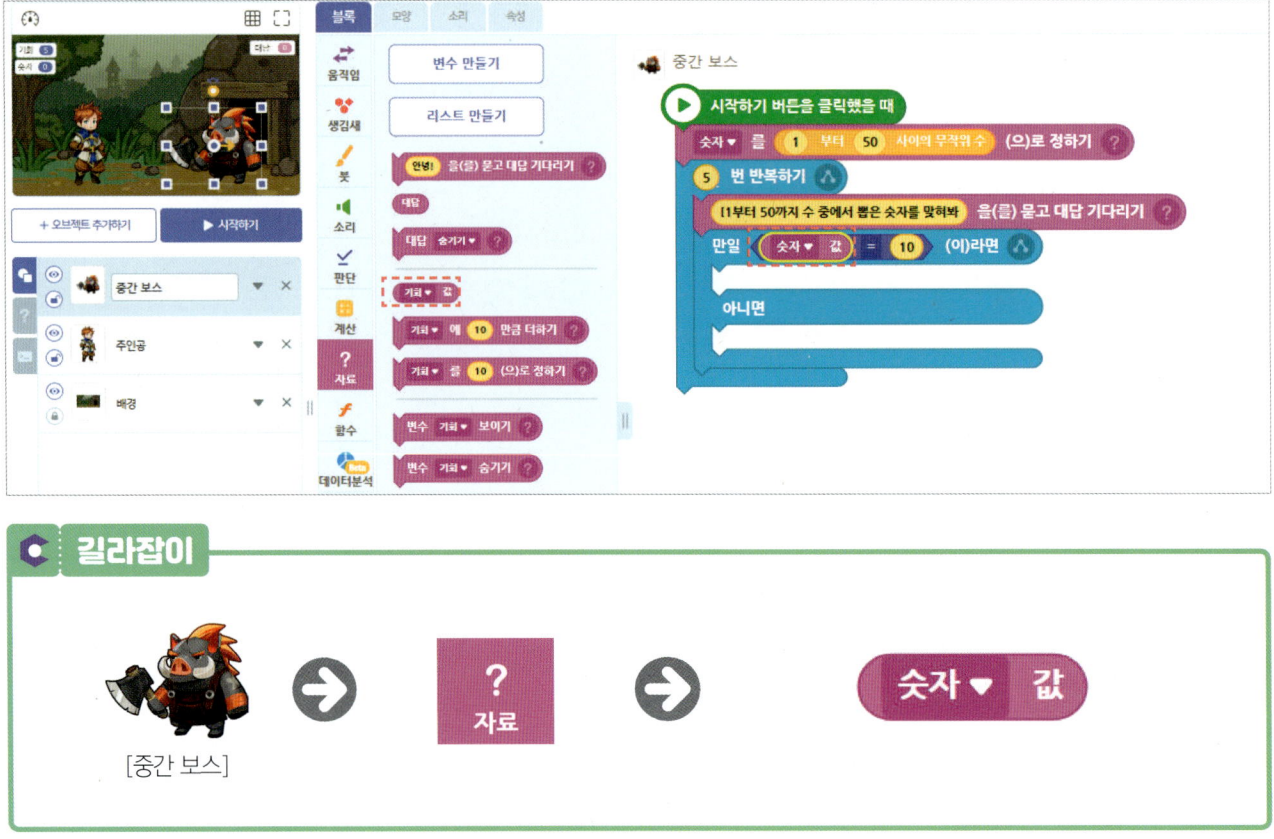

12 [자료] 카테고리에서 [대답] 블록을 가져와 [10 = 10]의 오른쪽 부분에 넣어줍니다.

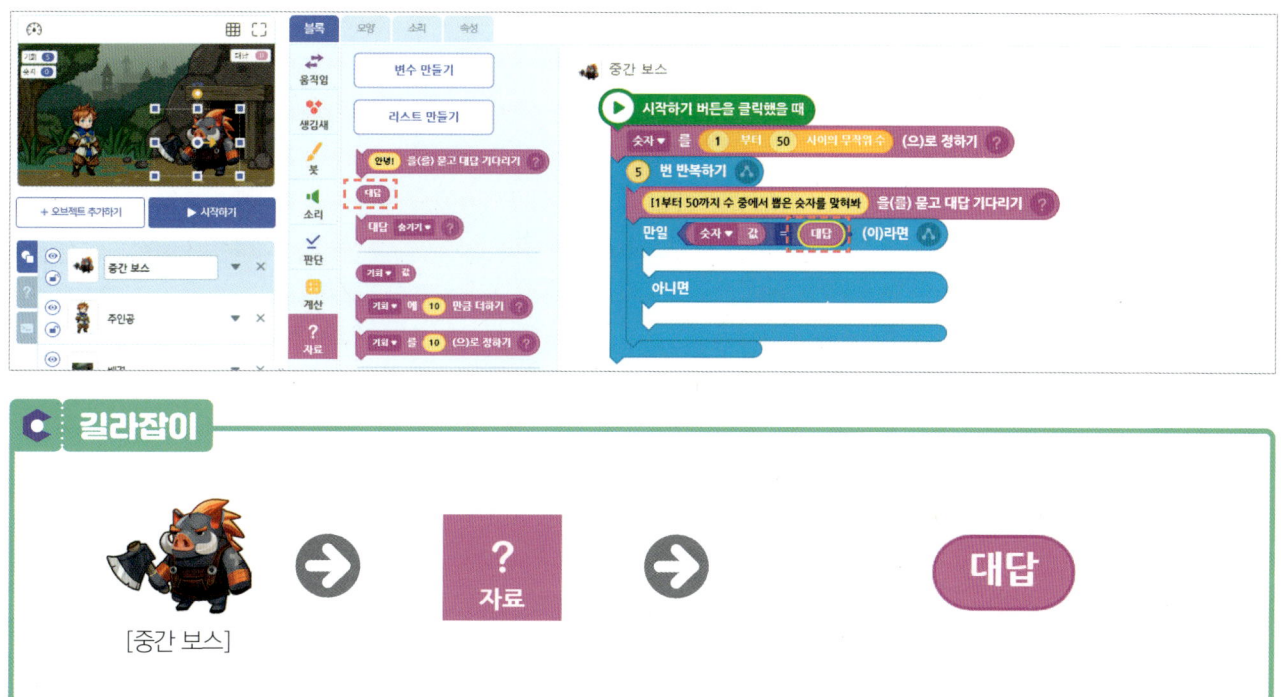

길라잡이

[중간 보스] → ? 자료 → 대답

Step 5 맞혔을 경우

무작위로 뽑은 숫자와 사용자가 입력한 숫자가 일치할 때 게임을 끝내도록 만들어봅시다.

13 [생김새] 카테고리에서 [안녕!을(를) 4초 동안 말하기] 블록을 가져와 [이걸 맞히다니!을(를) 4초 동안 말하기]로 수정합니다.

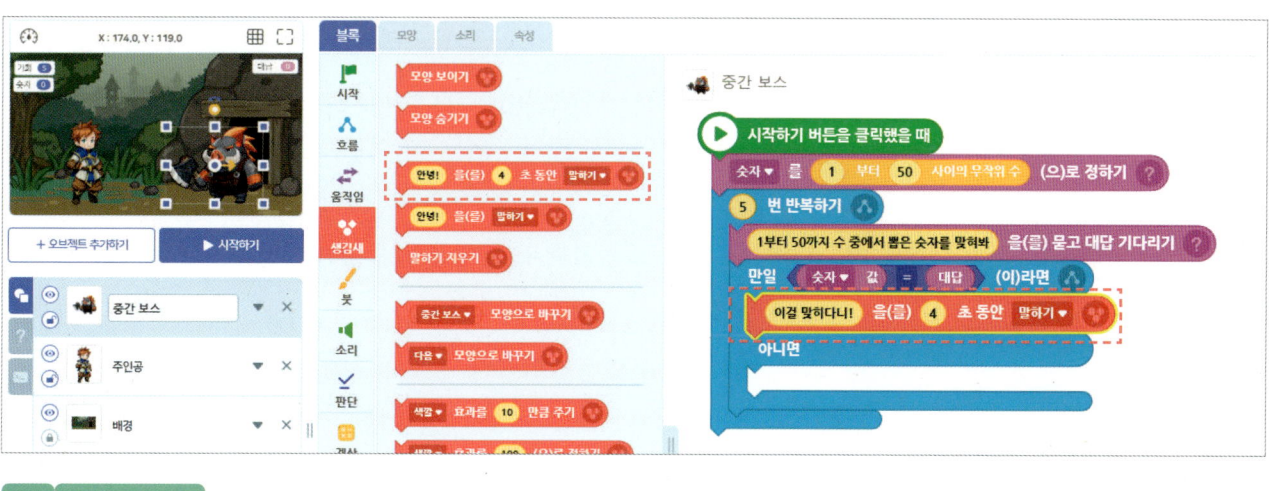

길라잡이

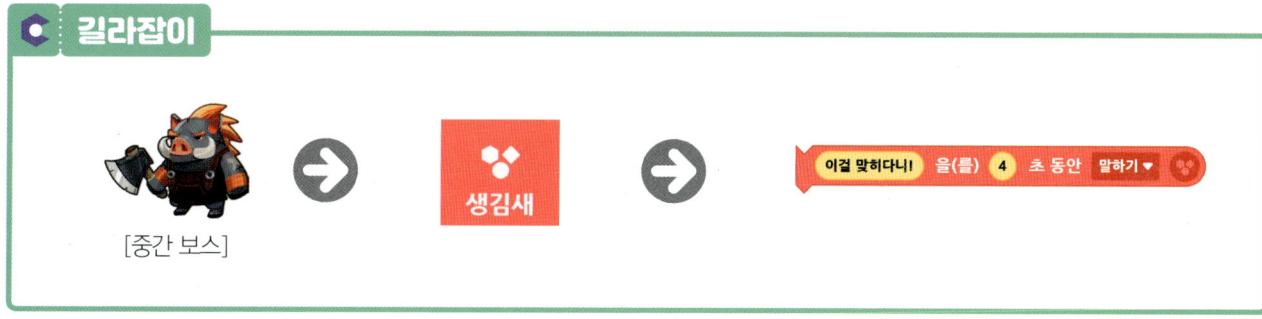

[중간 보스]

14 [흐름] 카테고리에서 [모든 코드 멈추기] 블록을 가져와 [이걸 맞히다니!을(를) 4초 동안 말하기] 블록 아래에 붙여줍니다.

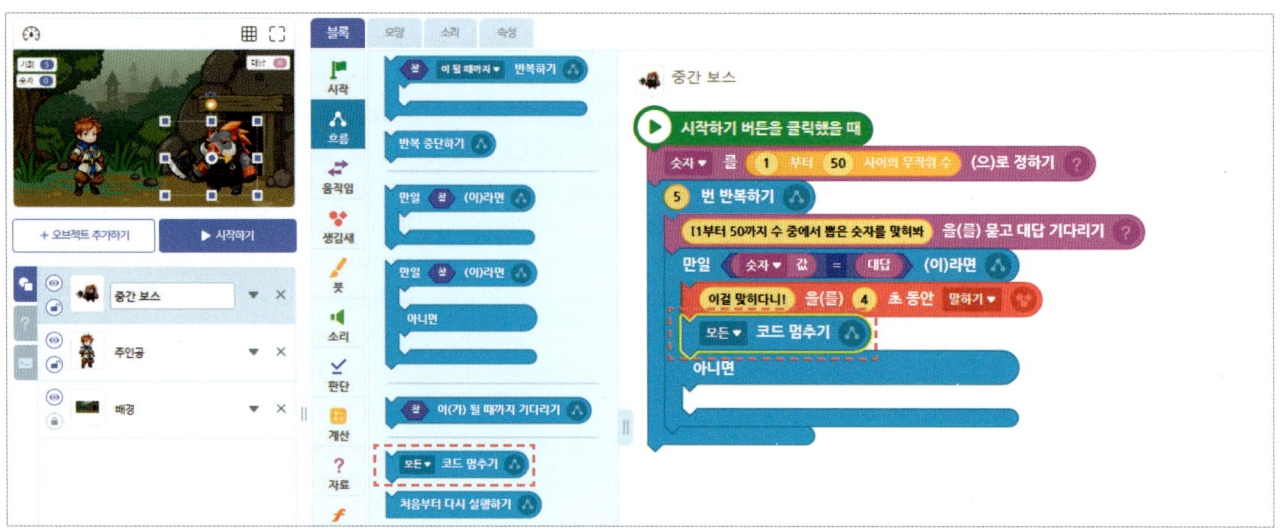

길라잡이

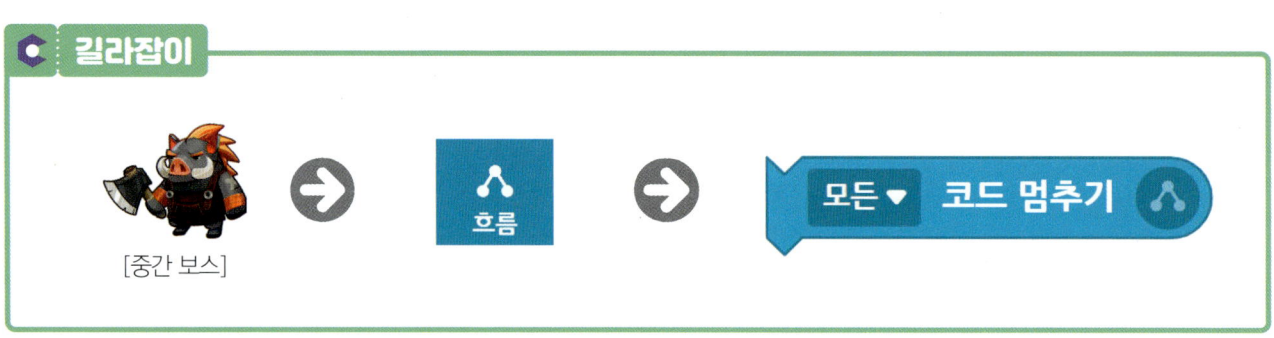

[중간 보스]

💗 Tip

[코드 멈추기] 블록의 ▽를 클릭하면 코드를 멈출 수 있는 오브젝트를 선택할 수 있습니다.
[코드 멈추기] 블록은 선택한 즉시 블록을 멈춥니다. 목록 상자를 클릭하면 멈출 수 있는 블록을 선택할 수 있습니다. 하지만 모든 코드를 멈추어도 작품을 중지하는 것은 아닙니다. 시작 블록은 여전히 작동합니다.

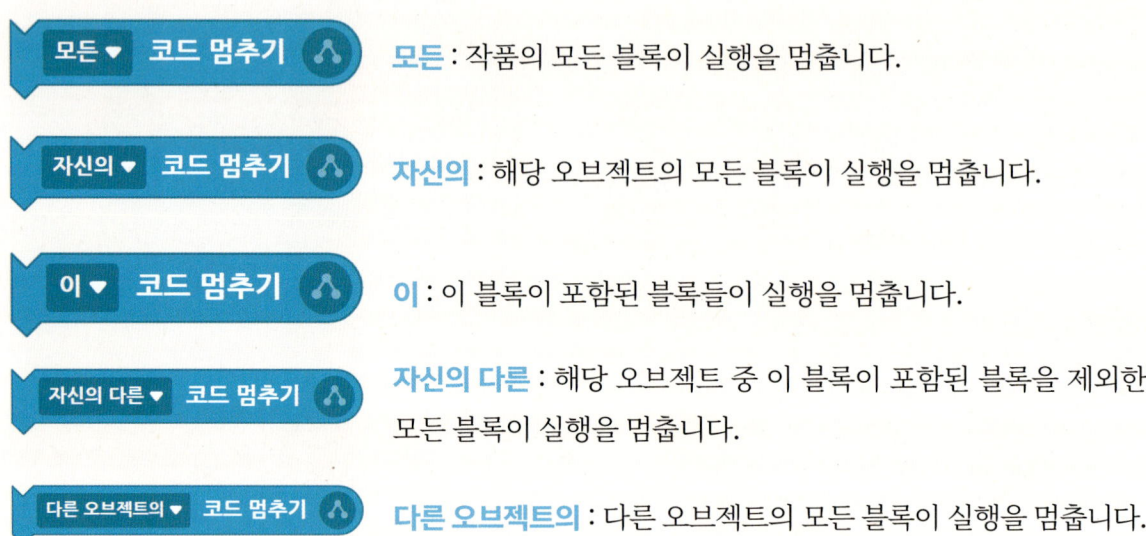

모든 : 작품의 모든 블록이 실행을 멈춥니다.

자신의 : 해당 오브젝트의 모든 블록이 실행을 멈춥니다.

이 : 이 블록이 포함된 블록들이 실행을 멈춥니다.

자신의 다른 : 해당 오브젝트 중 이 블록이 포함된 블록을 제외한 모든 블록이 실행을 멈춥니다.

다른 오브젝트의 : 다른 오브젝트의 모든 블록이 실행을 멈춥니다.

Step 6 틀렸을 경우

무작위로 뽑은 숫자와 사용자가 입력한 숫자가 일치하지 않을 때, 입력한 숫자가 무작위 수보다 큰지/작은지 말해주도록 만들어봅시다.

15 [자료] 카테고리에서 [기회에 10만큼 더하기] 블록을 가져와 [아니면] 부분에 넣어준 후, [기회에 –1만큼 더하기]로 수정합니다.

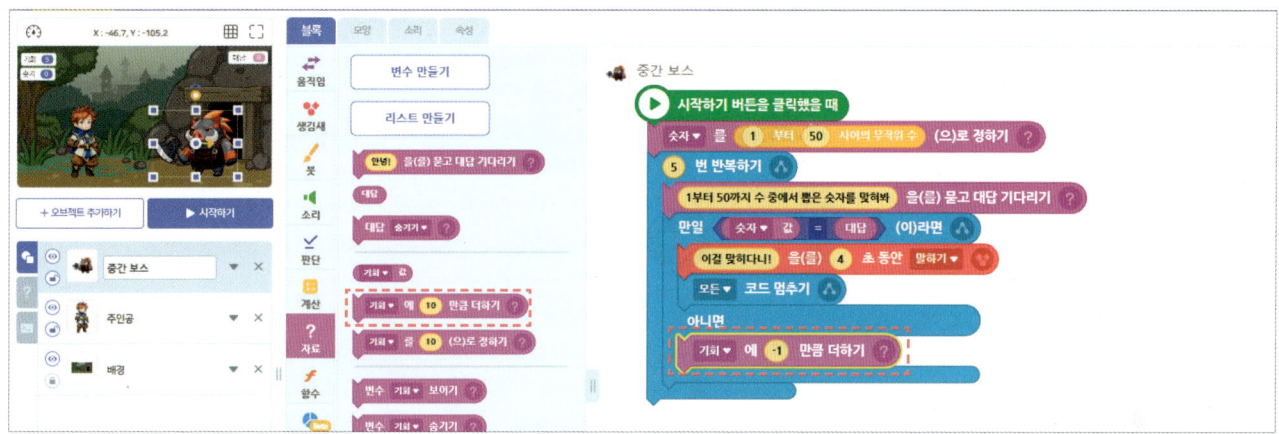

길라잡이

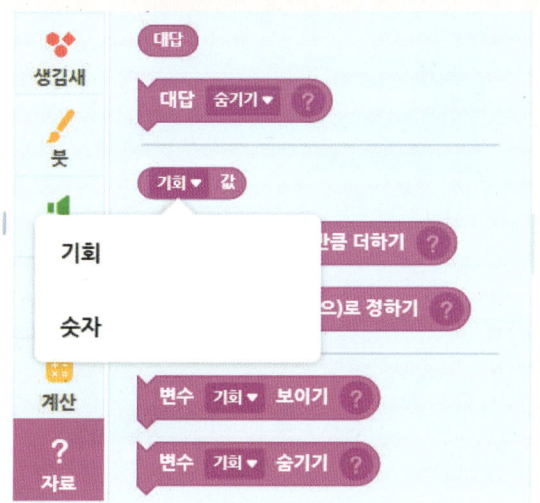

[중간 보스]

Tip

[자료] 카테고리에서 값 오브젝트가 나타나는 순서는 [속성]-[변수 만들기]에서 진행한 순서와 같습니다. 변수의 순서가 다르더라도 작품을 만들 때는 문제가 없습니다.

16 [흐름] 카테고리에서 [만일 <참> (이)라면 – 아니면] 블록을 가져와 [기회에 -1만큼 더하기] 블록 아래에 붙여줍니다.

17 [판단] 카테고리에서 [10 > 10] 블록을 가져와 <참> 부분에 넣어줍니다.

18 [자료] 카테고리에서 [기회 값] 블록을 가져와 [10 > 10]의 왼쪽 부분에 넣고 [숫자 값]으로 수정합니다.

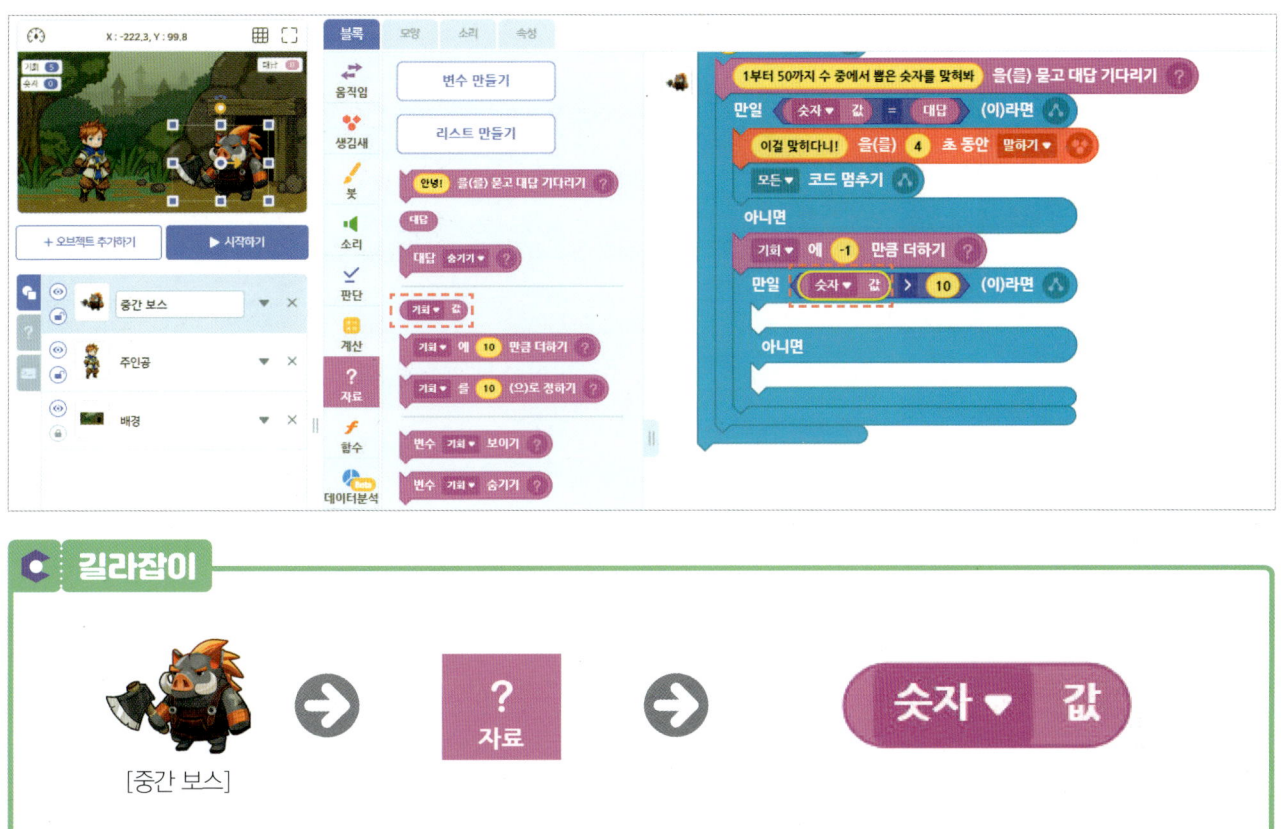

19 [자료] 카테고리에서 [대답] 블록을 가져와 [숫자 값 > 10]의 오른쪽 부분에 넣어줍니다.

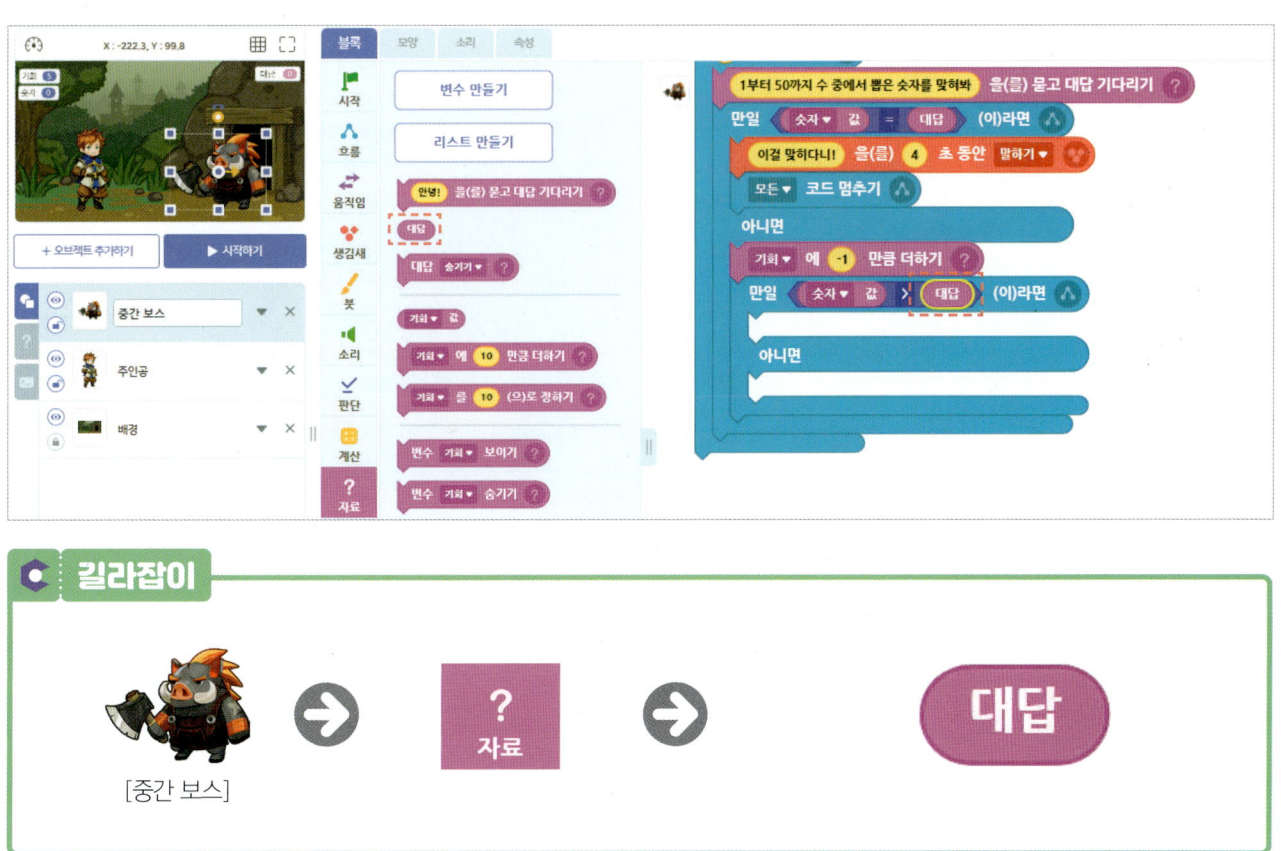

20 [생김새] 카테고리에서 [안녕!을(를) 4초 동안 말하기] 블록을 가져와 [입력한 숫자보다 크다.을(를) 4초 동안 말하기]로 수정합니다.

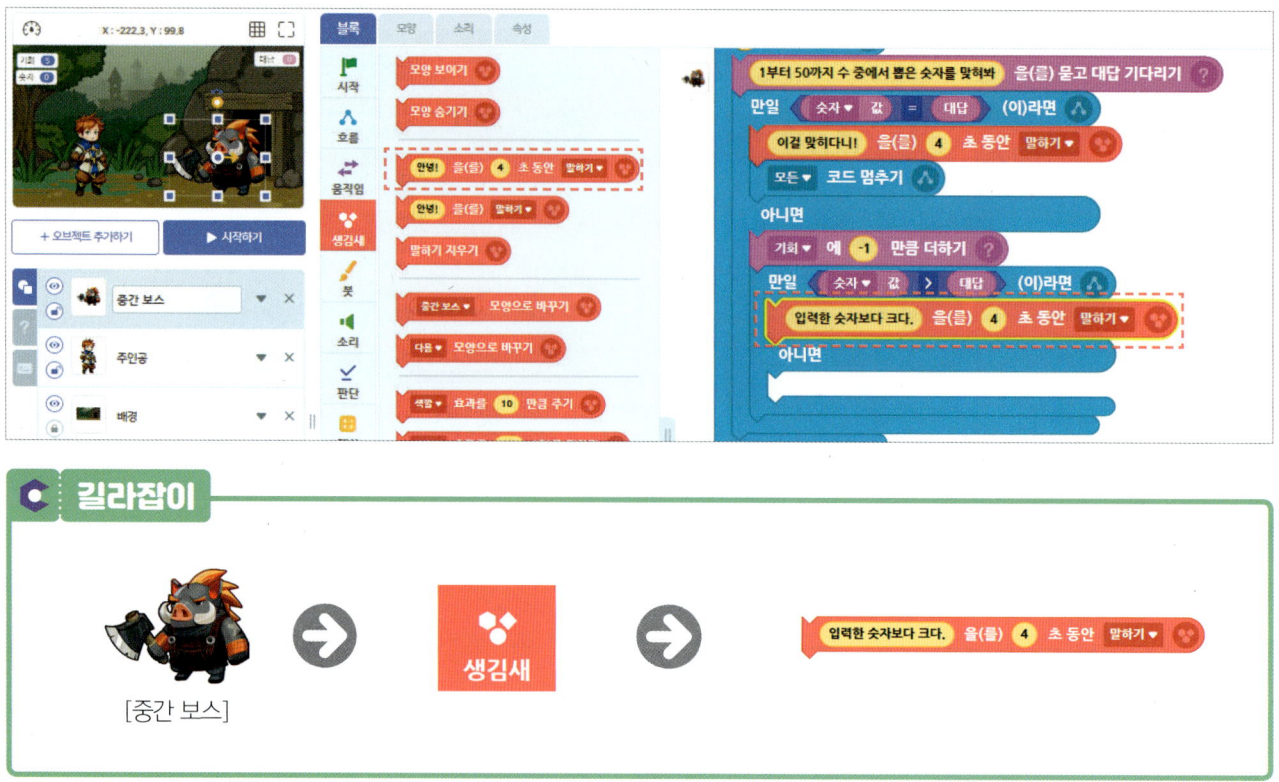

21 [생김새] 카테고리에서 [안녕!을(를) 4초 동안 말하기] 블록을 가져와 [입력한 숫자보다 작다.을(를) 4초 동안 말하기]로 수정합니다.

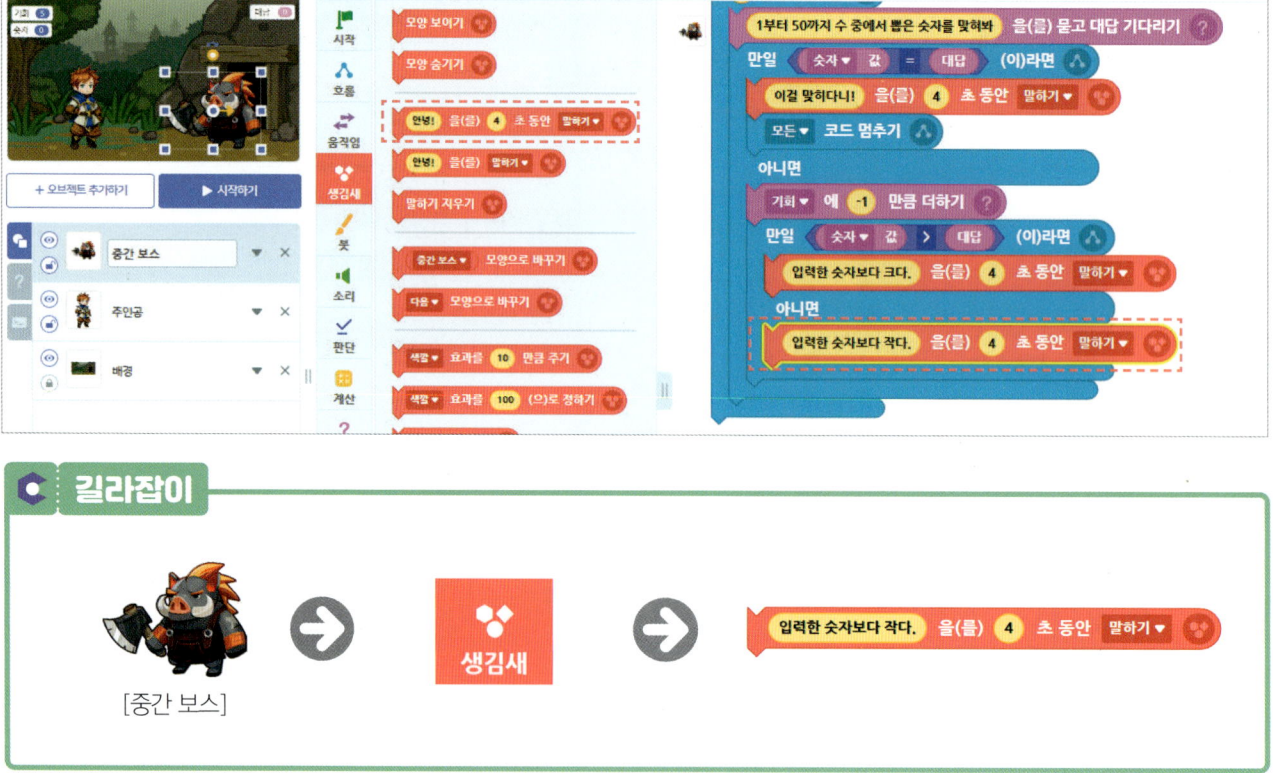

22 [속성] 탭에서 숫자 변수의 눈 모양을 마우스로 클릭하여 실행 화면에서 [숫자] 변수가 보이지 않도록 숨겨줍니다.

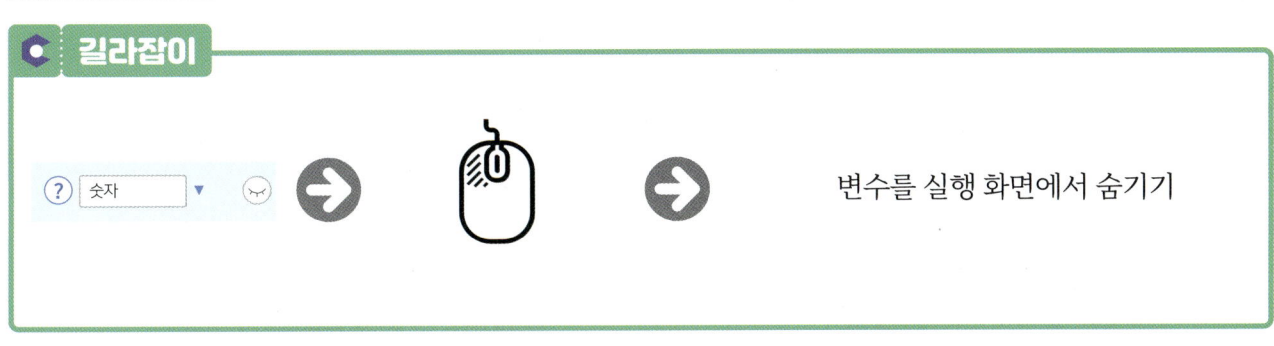

변수를 실행 화면에서 숨기기

Tip

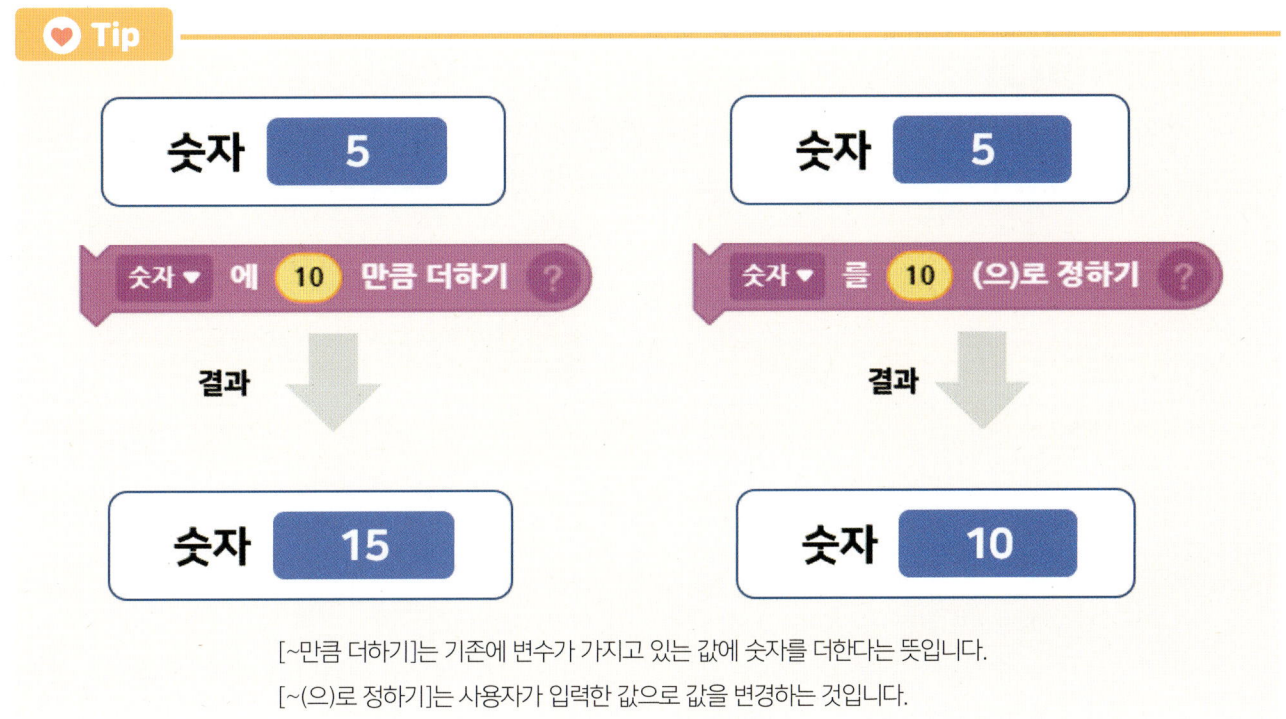

[~만큼 더하기]는 기존에 변수가 가지고 있는 값에 숫자를 더한다는 뜻입니다.
[~(으)로 정하기]는 사용자가 입력한 값으로 값을 변경하는 것입니다.

정리하기

◎ 전체 코드 보기

[중간 보스]

◎ 발전시키기

- "입력한 숫자보다 크다/작다"를 다음 [계산] 카테고리의 [안녕!과(와) 엔트리를 합치기] 블록을 이용하여 "사용자가 입력한 숫자보다 크다/작다"로 말할 수 있게 만들어보세요.

  ◎ 참고 코드

◎ 요약하기

- 변수는 값을 저장하기 위한 공간이며, 저장된 값은 바뀔 수 있습니다.
- 비교 연산은 두 숫자의 크기를 비교하는 연산으로 결과가 참/거짓으로 나타나며, 혼자 사용되지 않고, 선택 블록과 함께 사용됩니다.

Chapter 11

황금 동전은 누구에게

Chapter 11 황금 동전은 누구에게

어쩌죠? 문제를 맞혔는데도 중간 보스가 길을 내주지 않습니다. 무작위 수를 이용해 다시 한 번 게임을 하자고 합니다. 누가 동전을 가지고 있는지 맞히라는 거죠. 기회는 단 3번. 맞히지 못할 때마다 동전을 가진 몬스터가 바뀐다고 합니다. 복불복 황금 동전 찾기를 무사히 마치고 다음 장소로 이동해볼까요?

프로젝트 난이도 ★★☆

실습 영상
· 실습 파일 : ch11.황금 동전은 누구에게(실습).ent
· 완성 파일 : ch11.황금 동전은 누구에게(완성).ent

💛 학습 목표

- 무작위 수를 활용해 프로젝트를 만들 수 있다.
- 비교 연산을 활용해 프로젝트를 만들 수 있다.
- 중첩 조건을 활용해 프로젝트를 만들 수 있다.

💛 프로젝트 미리보기

오늘의 이야기

"잠깐!! 너 무슨 꼼수를 쓴 거야, 그렇지?"

"아니야! 나는 정정당당하게 너와 내기를 했고, 그 내기에서 내가 이겼어!"

"으... 분하다. 분명히 뭔가 있어! 그 어려운 퀴즈도 풀고, 숫자를 무작위로 뽑았는데도 내기에서 네 녀석이 이기다니 인정할 수 없다."

"나와 약속했잖아, 나를 보내줘."

"안돼! 이대로 너를 보낼 순 없어. 다시 한번 나와 내기를 해야 해. 이번 내기에 승리한다면 너를 인정하고 보내주마."

"이번에는 또 어떤 내기지?"

"저기 몬스터 케티가 보이냐? 네가 무작위를 이용했으니 나도 이 방법을 이용하겠다. 저기 있는 케티 중 어느 케티가 동전을 가졌는지 맞히면 된다. 3번의 기회를 줄거야. 그리고 매번 동전을 가진 케티는 바뀌게 될거야."

개념 다지기

🟢 알아보기

✳ 중첩 조건
- 판단해야 하는 조건이 3개 이상일 때 선택 구조 안에 선택 구조를 넣는 중첩 조건을 사용하게 됩니다.
- 중첩 조건은 여러 형태로 만들어 사용할 수 있습니다.

✳ 오브젝트 복제
- 엔트리에서 사용하는 오브젝트는 [복제하기] 메뉴를 이용하여 똑같은 모양의 오브젝트를 만들 수 있습니다. 오브젝트를 복제할 경우 오브젝트에 사용하는 블록도 함께 복제됩니다.
- 똑같은 형태의 오브젝트가 같은 동작을 하는 경우 [복제하기] 메뉴를 이용하면 편리하게 작품을 만들 수 있습니다.

프로그래밍하기

프로젝트 만들기

Step 1 변수 만들기

작품에 필요한 변수인 '무작위'와 '기회' 변수를 만들어봅시다.

1 [속성] 탭에서 [변수]를 클릭한 후 [변수 추가하기]를 클릭합니다.

2 변수의 이름을 입력하고 확인 버튼을 클릭합니다. (변수 : 무작위, 기회)

3 '기회' 변수의 기본값을 '0'에서 '3'으로 수정합니다.

길라잡이

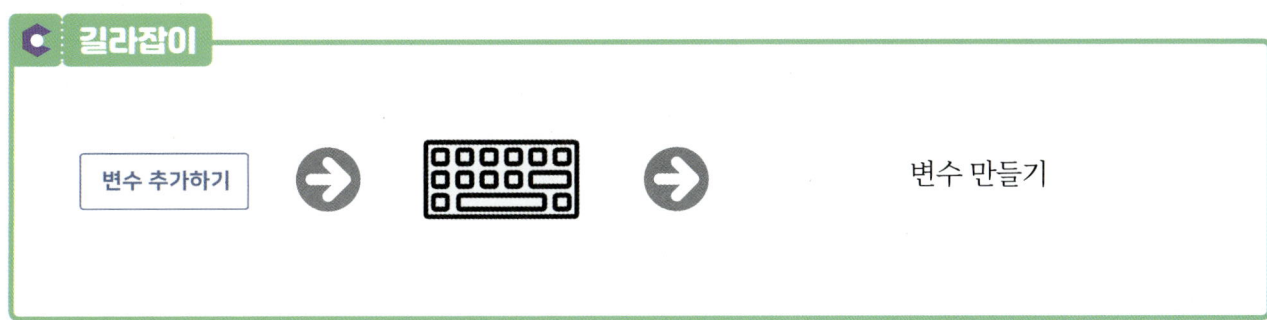

Step 2 무작위 수

1부터 3까지의 수 중 무작위 수를 뽑아 변수에 저장하도록 만들어봅시다.

4 '중간 보스' 오브젝트를 클릭한 후, [시작] 카테고리에서 [시작하기 버튼을 클릭했을 때] 블록을 가져옵니다.

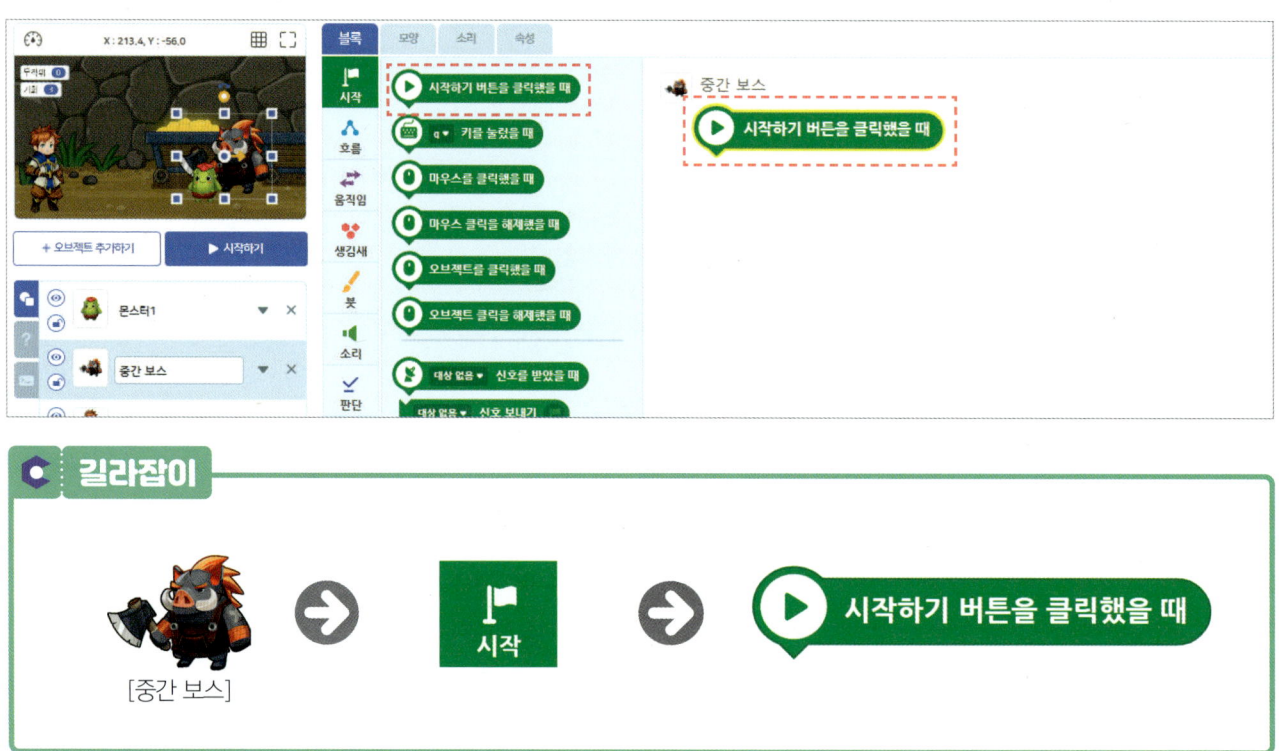

5 [자료] 카테고리에서 [기회를 10(으)로 정하기] 블록을 가져와 [무작위를 10(으)로 정하기]로 수정합니다.

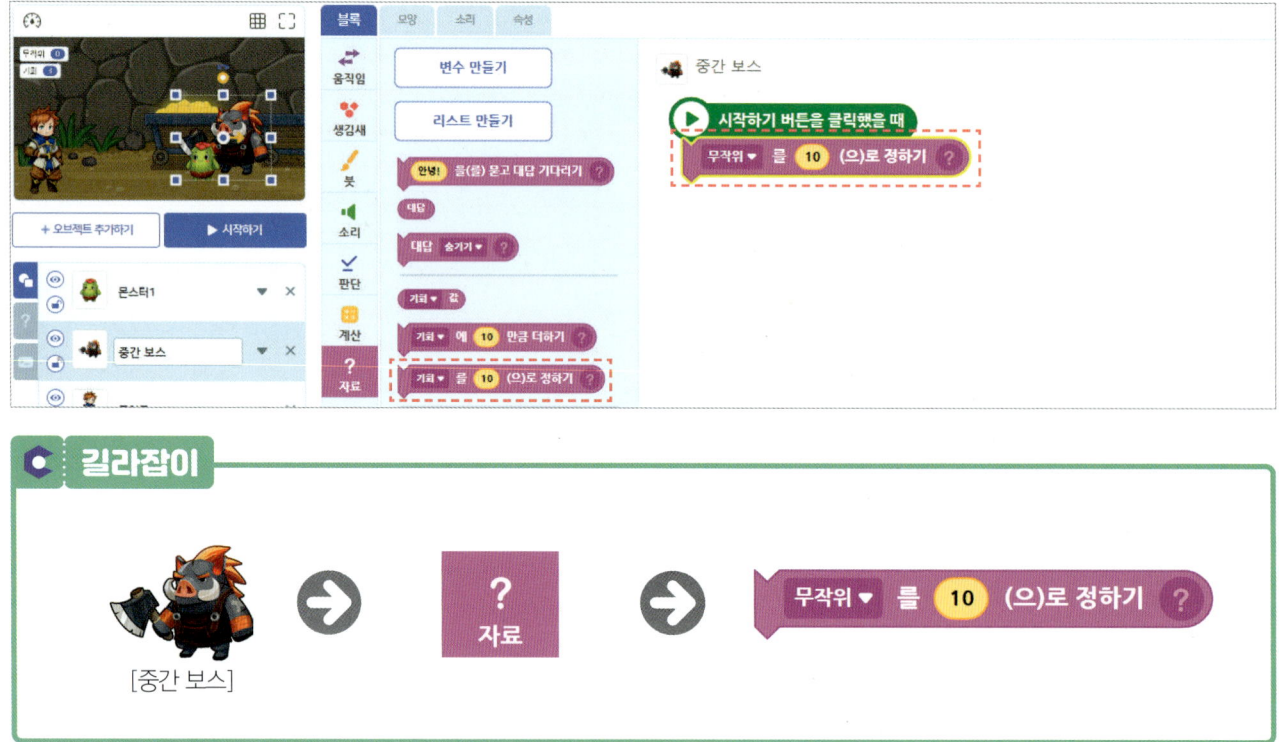

6 [계산] 카테고리에서 [0부터 10사이의 무작위 수] 블록을 가져와 [무작위를 10(으)로 정하기] 블록 안에 넣어 준 후, 값을 [1부터 3사이의 무작위 수]로 수정합니다.

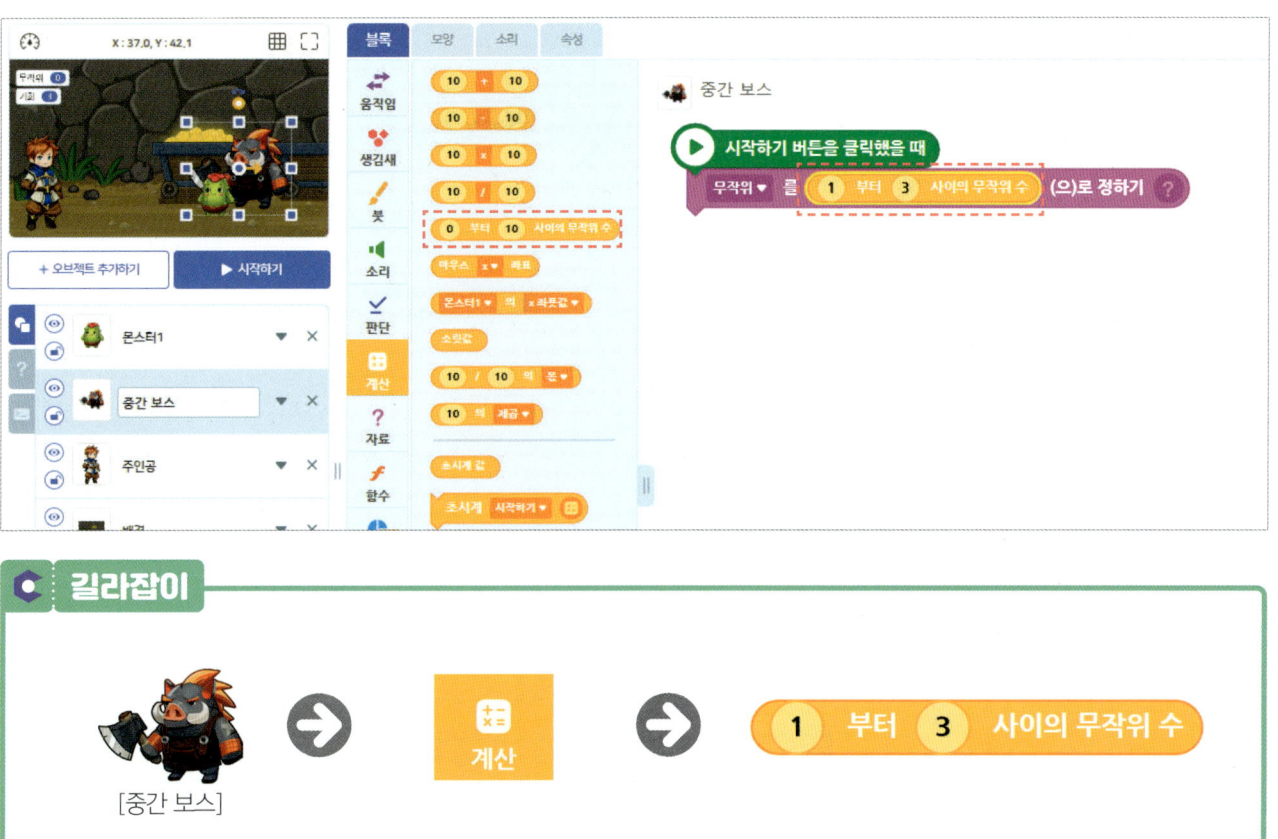

7 [생김새] 카테고리에서 [안녕!을(를) 4초 동안 말하기] 블록을 가져와 [동전을 누가 갖고 있는 맞혀봐!을(를) 2초 동안 말하기]로 수정합니다.

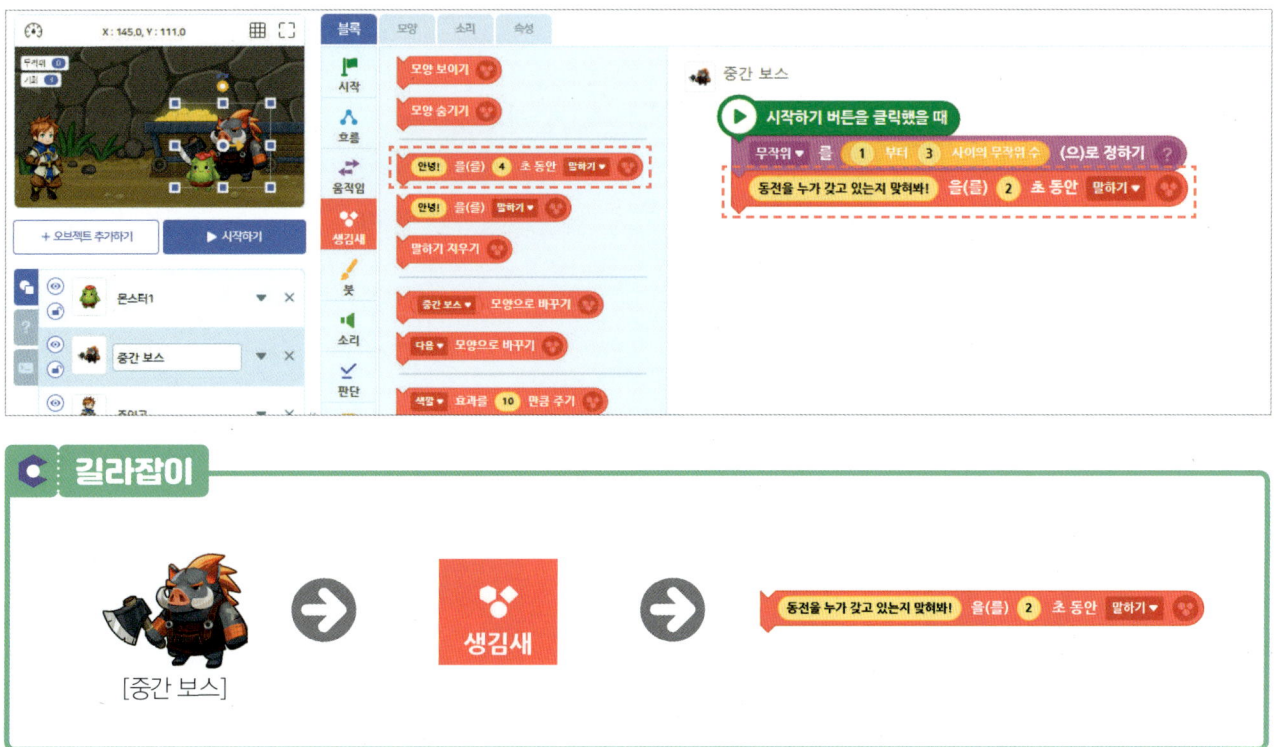

Step 3 기회가 있다면

오브젝트를 클릭했을 때 '기회' 변수의 값이 '0' 보다 컸을 때만 동작하도록 만들어봅시다.

8 '몬스터1' 오브젝트를 클릭한 후, [시작] 카테고리에서 [오브젝트를 클릭했을 때] 블록을 가져옵니다.

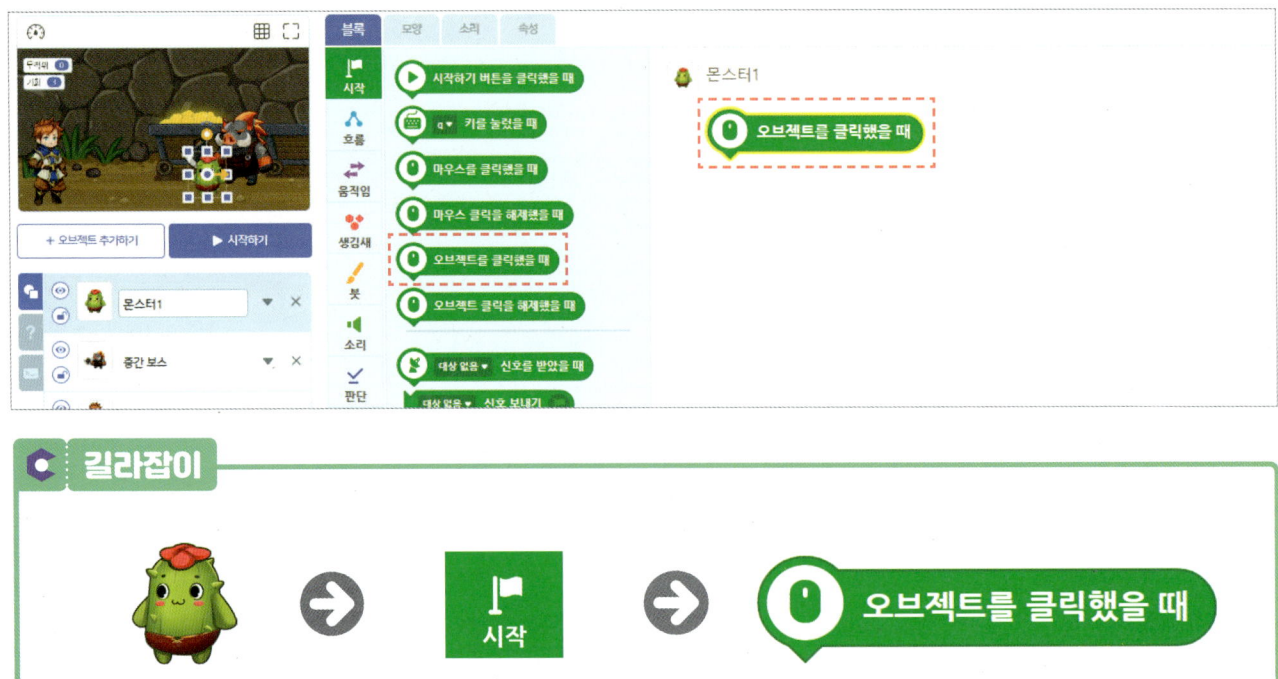

9 [흐름] 카테고리에서 [만일 <참> (이)라면] 블록을 가져옵니다.

182

10 [판단] 카테고리에서 [10 > 10] 블록을 가져와 <참> 부분에 넣어줍니다.

11 [자료] 카테고리에서 [기회 값] 블록을 가져와 [10 > 10]의 왼쪽 부분에 넣어주고, 오른쪽 부분의 '10'을 '0'으로 수정합니다.

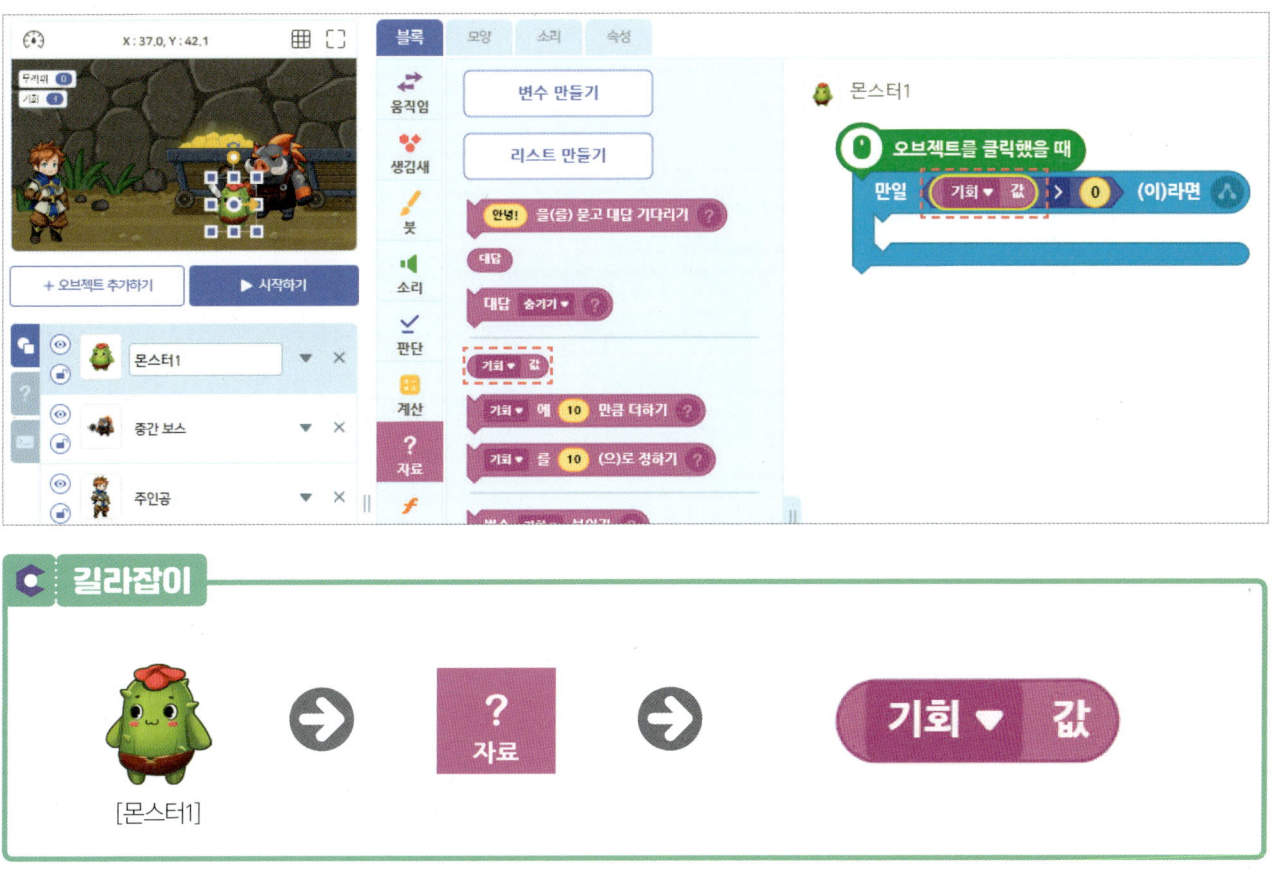

12 [자료] 카테고리에서 [기회에 10만큼 더하기] 블록을 가져와 [기회에 –1만큼 더하기]로 수정합니다.

Step 4 맞혔을 경우/틀렸을 경우

무작위로 뽑은 숫자와 사용자가 정한 숫자가 일치하거나 일치하지 않을 때, '몬스터' 오브젝트의 모양이 바뀌도록 만들어봅시다.

13 [흐름] 카테고리에서 [만일 <참> (이)라면 – 아니면] 블록을 가져와 [만일 기회 값 > 0 (이)라면] 블록 아래에 붙여줍니다.

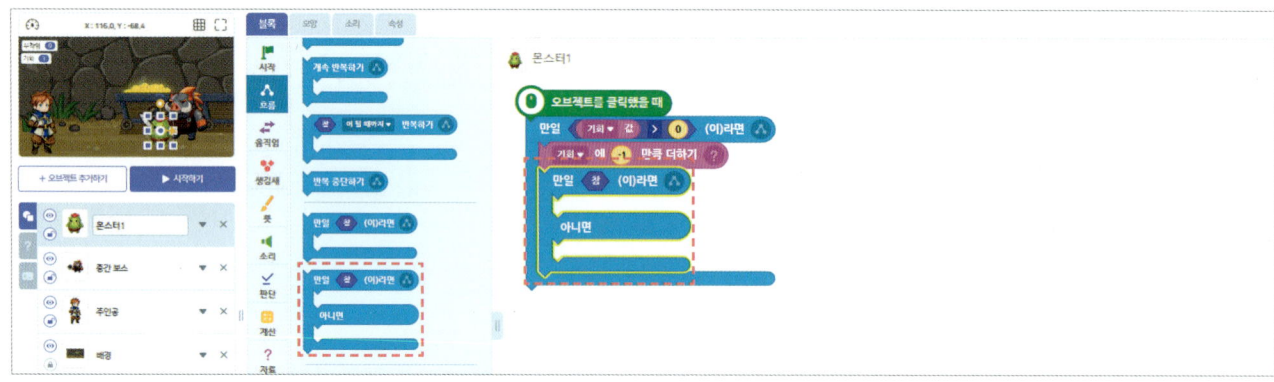

14 [판단] 카테고리에서 [10 = 10] 블록을 가져와 <참> 부분에 넣어줍니다.

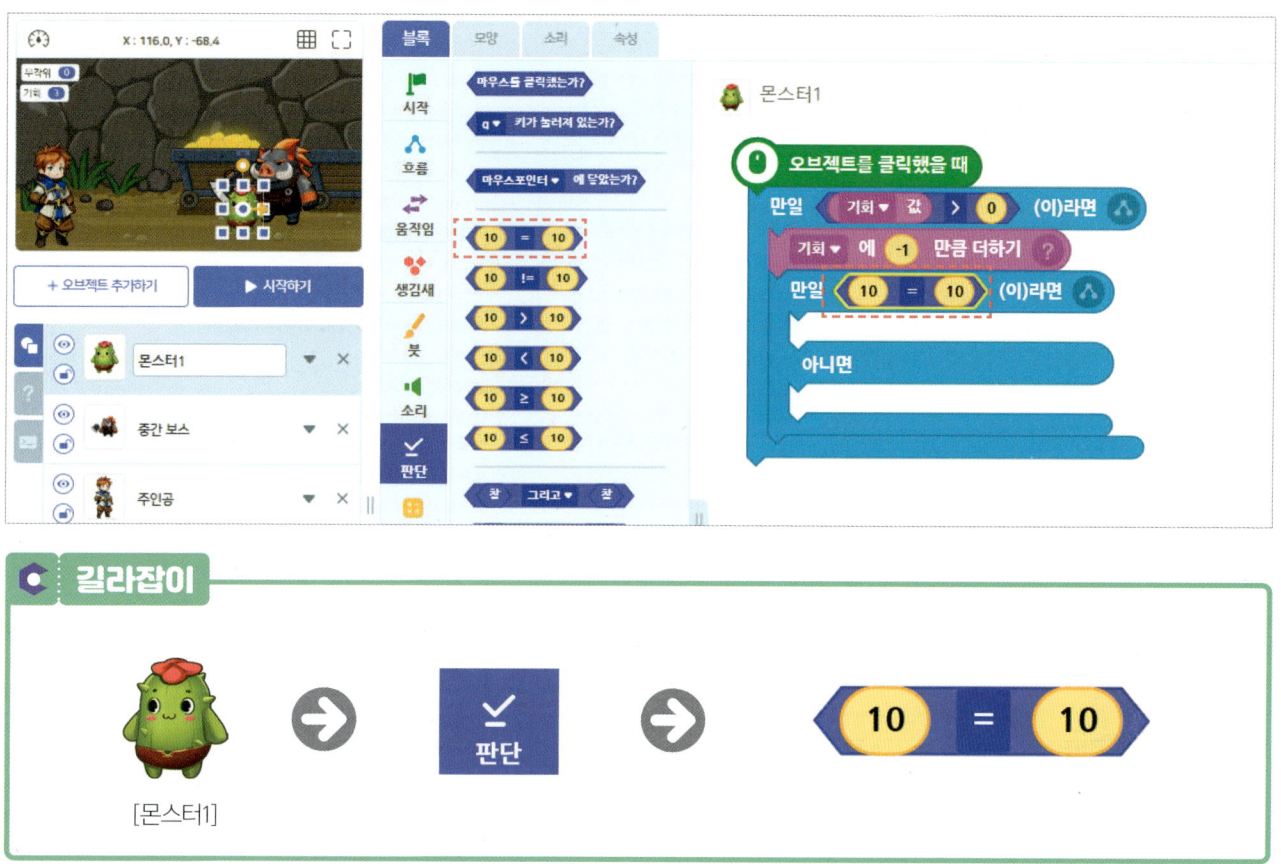

15 [자료] 카테고리에서 [기회 값] 블록을 가져와 [10 = 10]의 왼쪽 부분에 넣어준 후, [무작위 값]으로 수정하고, 오른쪽 부분의 '10'을 '1'로 수정합니다.

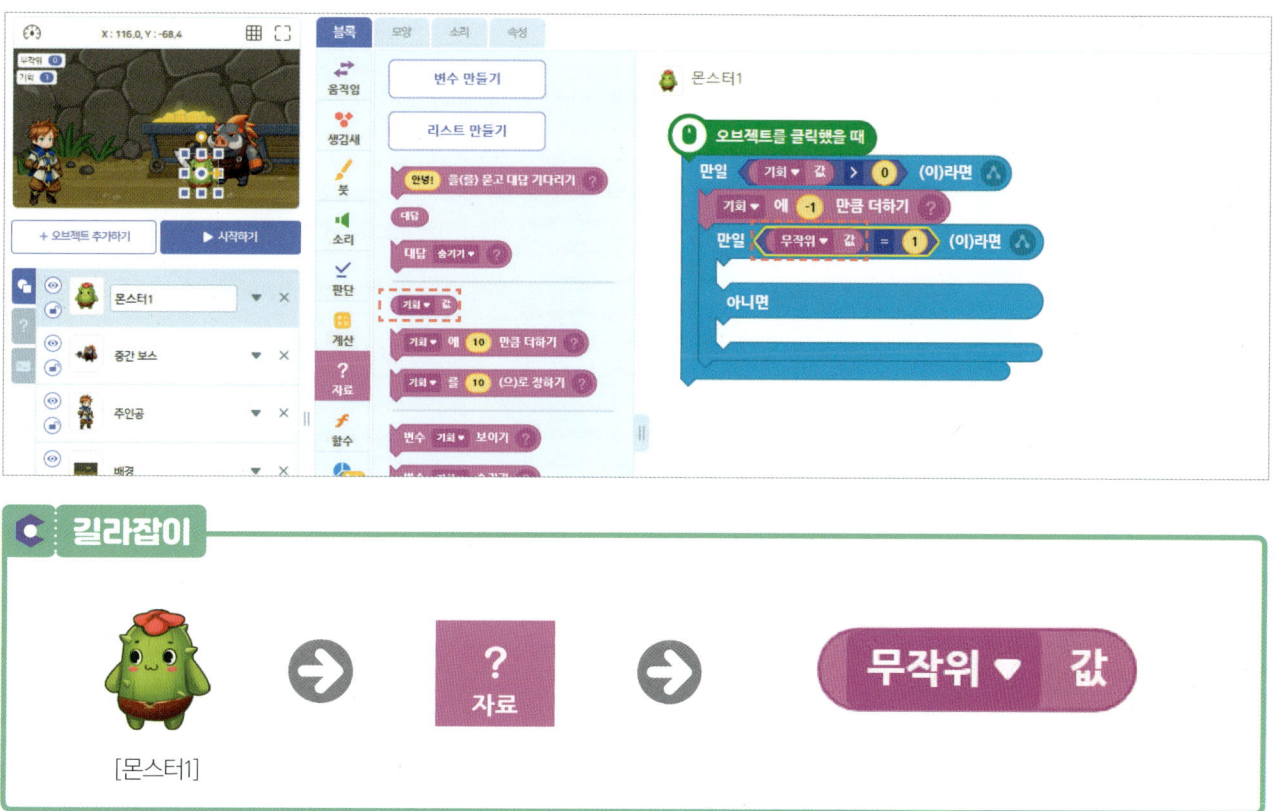

16 [생김새] 카테고리에서 [기본 모양으로 바꾸기] 블록을 가져와 [맞혔다 모양으로 바꾸기]로 수정합니다.

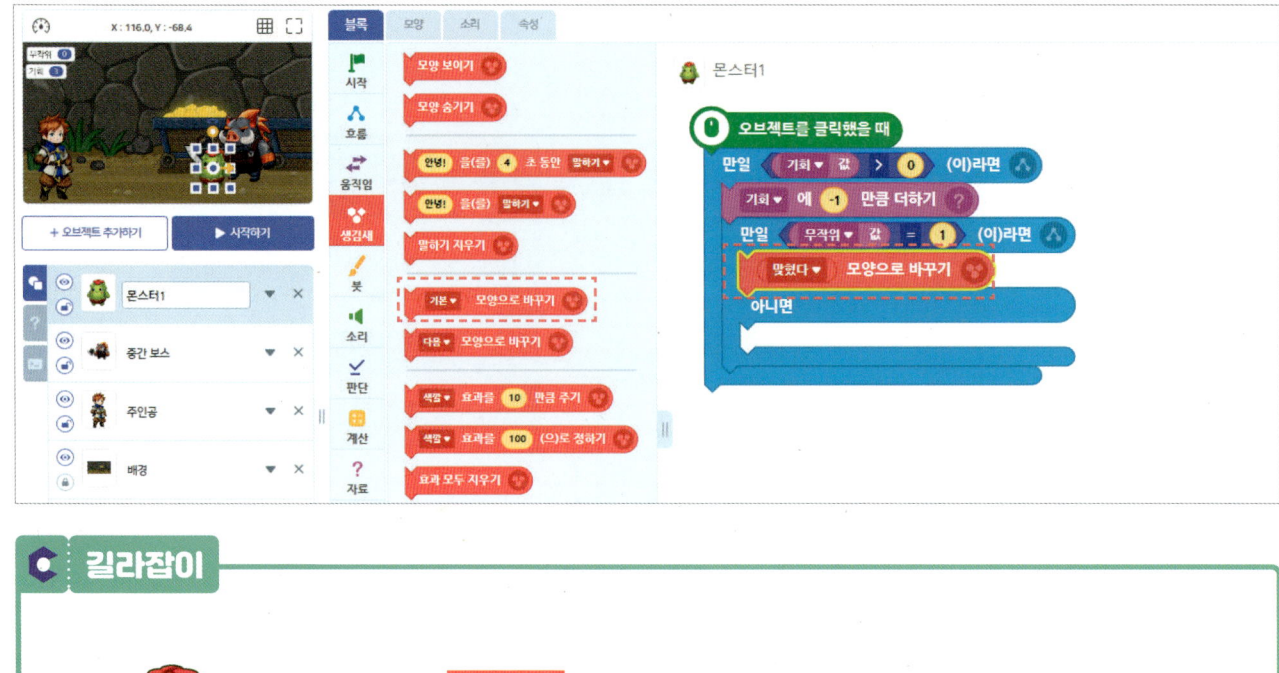

17 [생김새] 카테고리에서 [안녕!을(를) 4초 동안 말하기] 블록을 가져와 [맞혔다.을(를) 2초 동안 말하기]로 수정합니다.

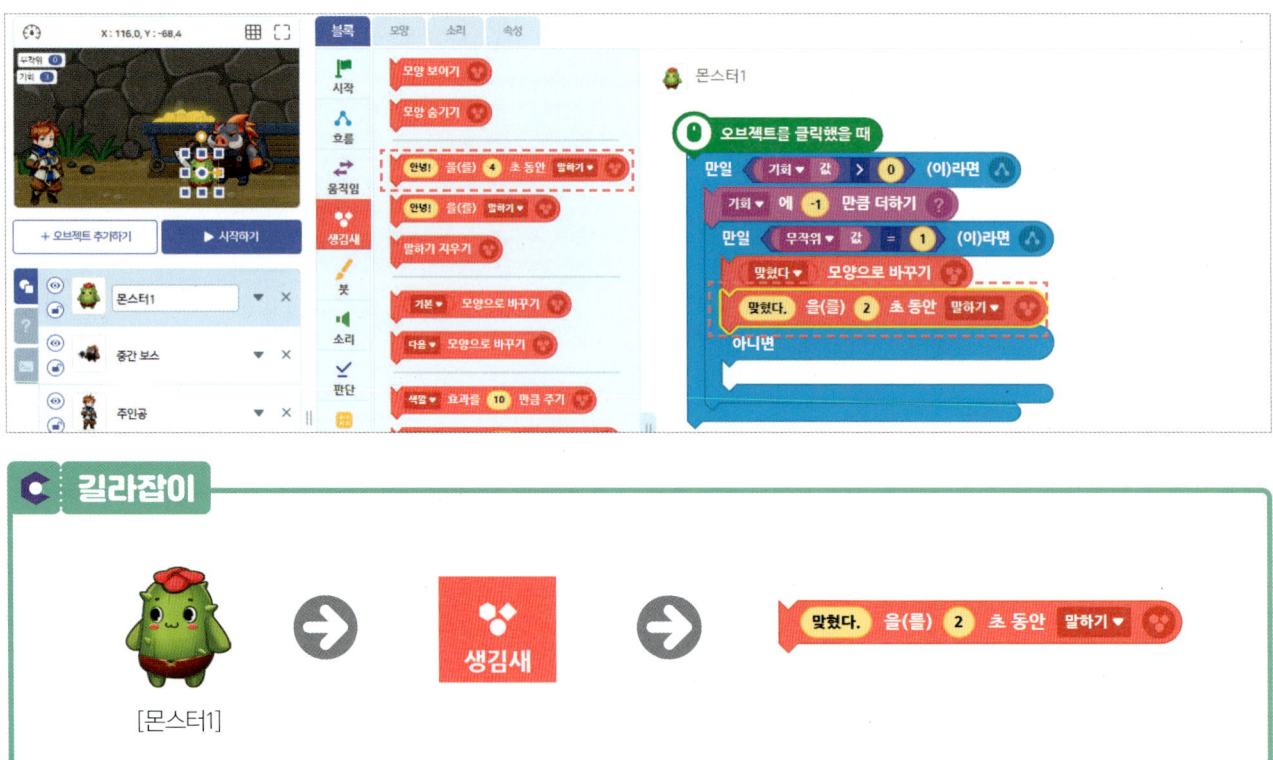

18 [맞혔다 모양으로 바꾸기] 블록 위에서 마우스 오른쪽 버튼을 클릭하여 [코드 복사 & 붙여넣기] 메뉴를 클릭합니다.

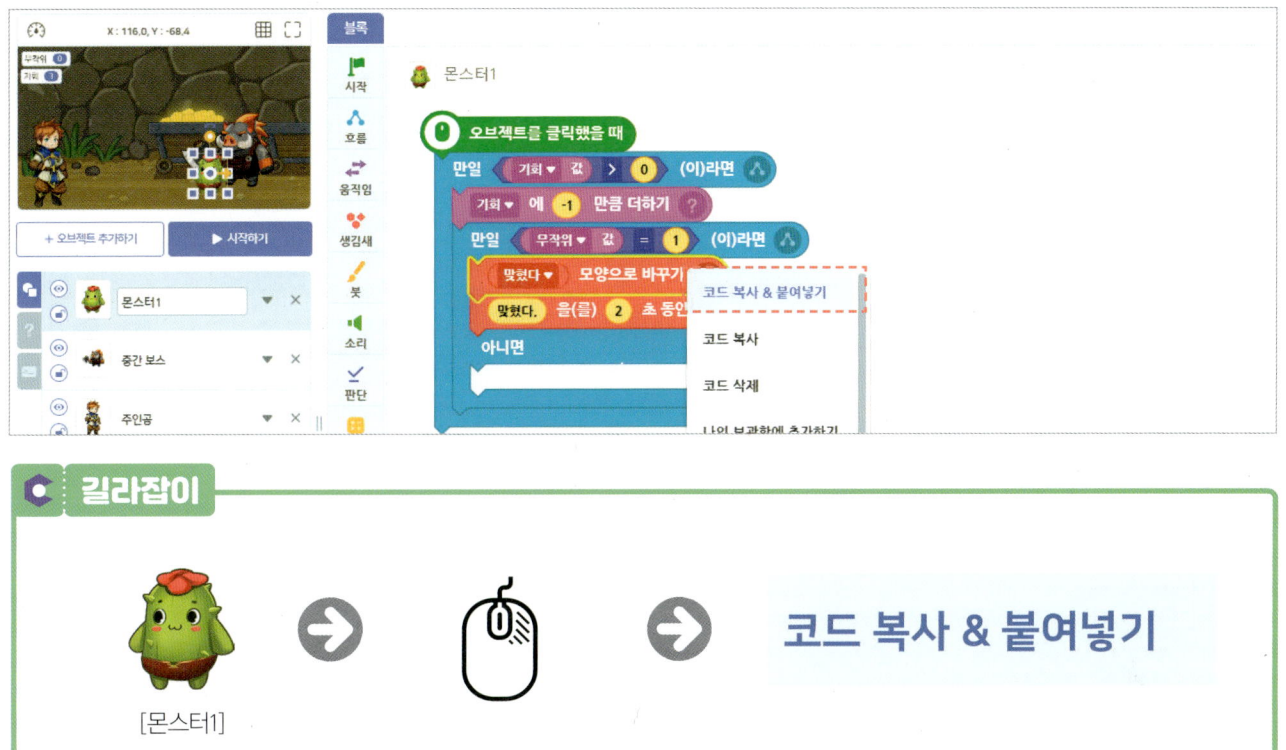

19 붙여넣기 한 블록을 [아니면]에 넣고, [맞혔다 모양으로 바꾸기]는 [기본 모양으로 바꾸기]로, '맞혔다'는 '틀렸다'로 내용을 수정합니다.

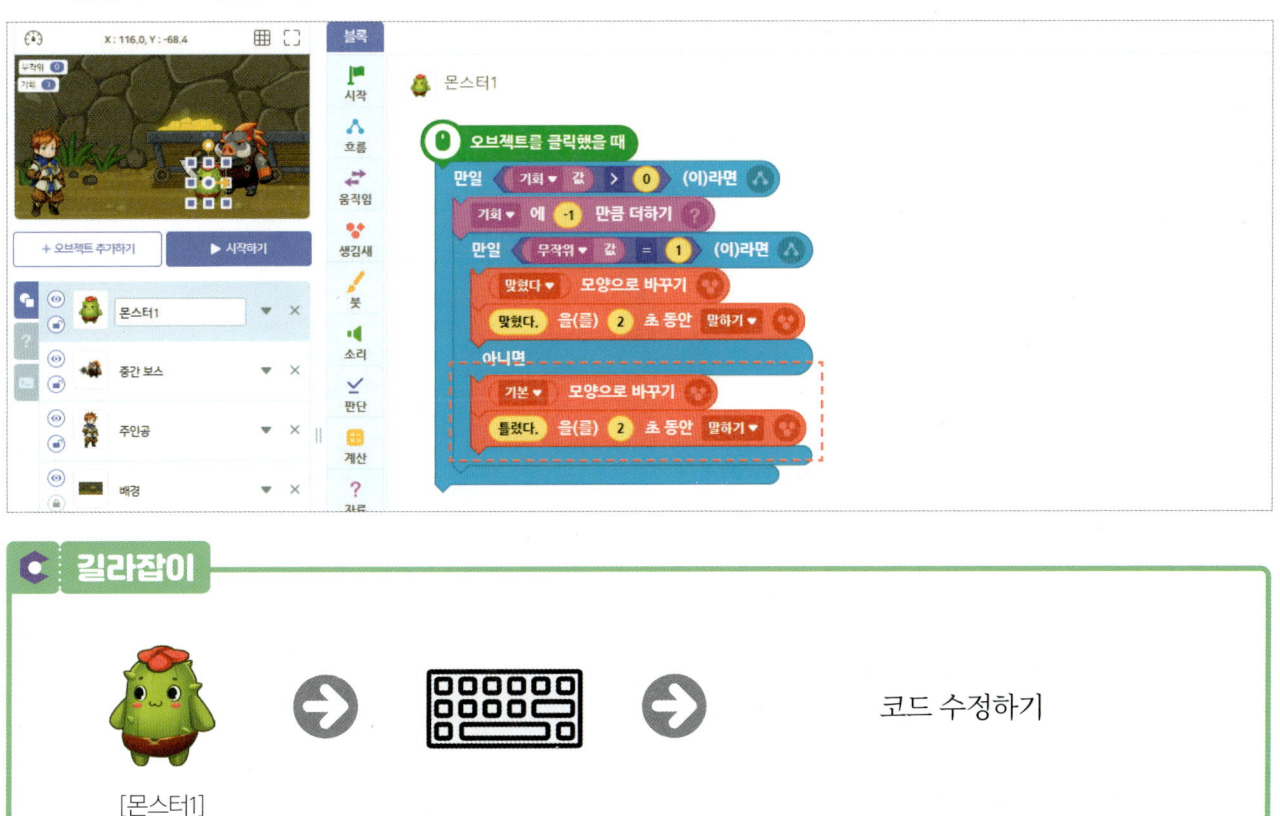

Step 5 무작위 수

틀렸을 경우, 몬스터를 클릭할 때마다 무작위 수(1~3)를 다시 뽑도록 만들어봅시다.

20 [자료] 카테고리에서 [기회를 10(으)로 정하기] 블록을 가져와 [무작위를 10(으)로 정하기]로 수정합니다.

21 [계산] 카테고리에서 [0부터 10사이의 무작위 수] 블록을 가져와 [무작위를 10(으)로 정하기] 블록 안에 넣어준 후, 값을 [1부터 3사이의 무작위 수]로 수정합니다.

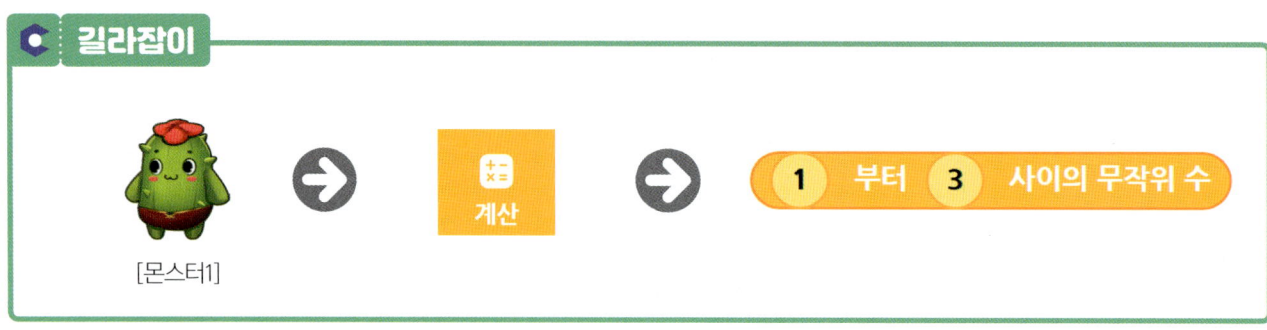

Step 6 오브젝트 복제하기

'몬스터1' 오브젝트를 복제하고 값을 수정하여 코드를 완성해봅시다.

22 '오브젝트 목록'에서 '몬스터1' 오브젝트를 선택하고, 마우스 오른쪽 버튼을 클릭한 후, [복제하기] 메뉴를 클릭합니다.

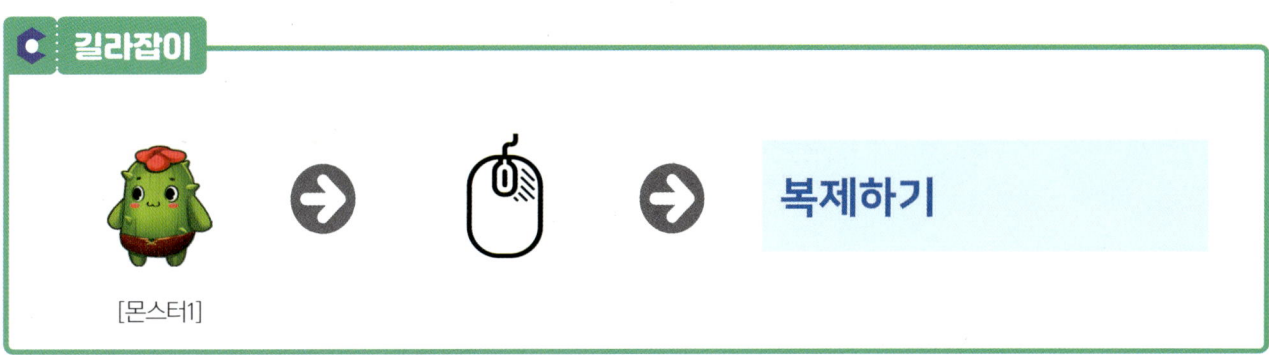

23 '몬스터2' 오브젝트를 클릭하여 원하는 위치로 옮겨준 후, [무작위 값 = 1] 블록의 값을 [무작위 값 = 2]로 수정합니다.

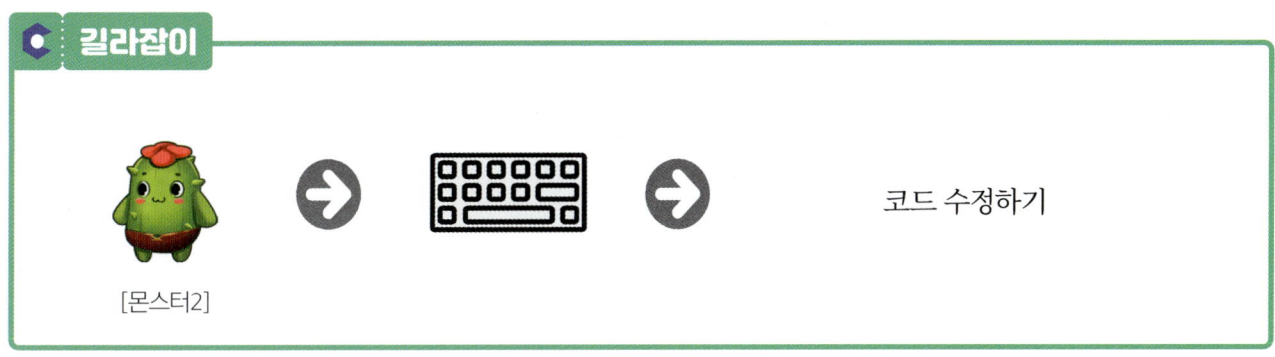

24 같은 방식으로 '몬스터3'을 만들고, [무작위 값 = 2] 블록의 값을 [무작위 값 = 3]으로 수정합니다.

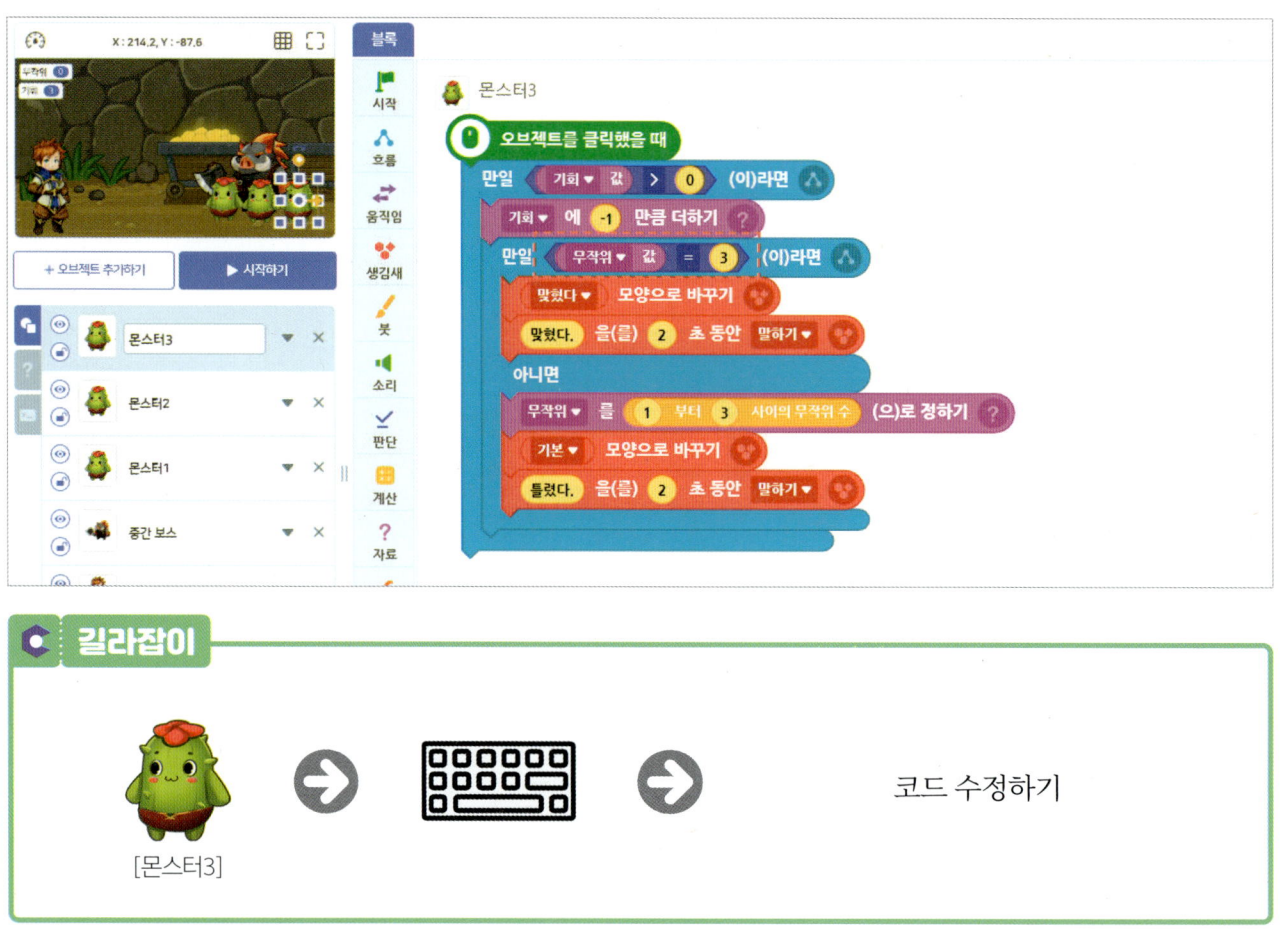

> **길라잡이**
>
> [몬스터3] → ⌨ → 코드 수정하기

25 실행 화면에 있는 변수들은 마우스로 위치를 변경할 수 있습니다. 기회, 무작위 순서대로 위치를 변경합니다.

> **길라잡이**
>
> 기회 3 / 무작위 0 → 🖱 → 변수 위치 변경하기

26 [속성] 탭에서 무작위 변수의 눈 모양을 마우스로 클릭하여 실행 화면에 [무작위] 변수가 보이지 않도록 숨겨줍니다.

길라잡이

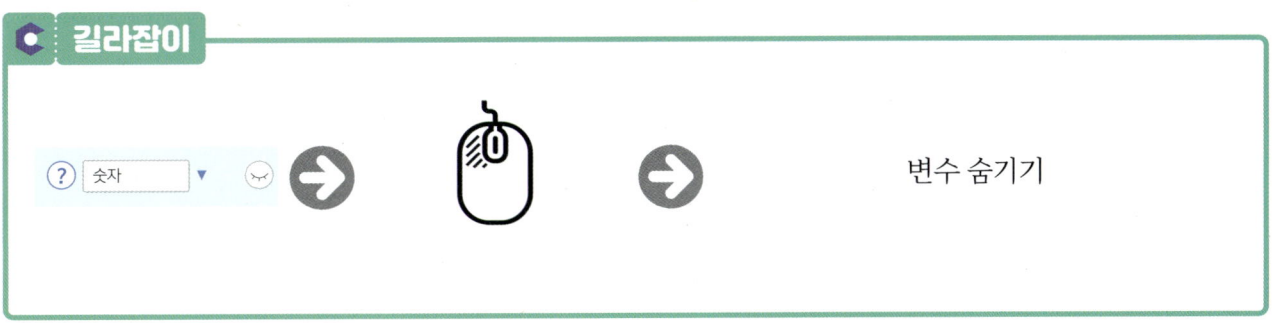

💛 Tip

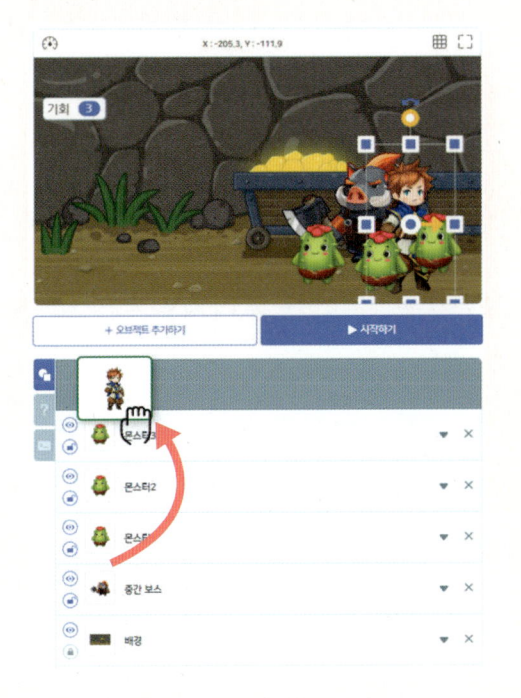
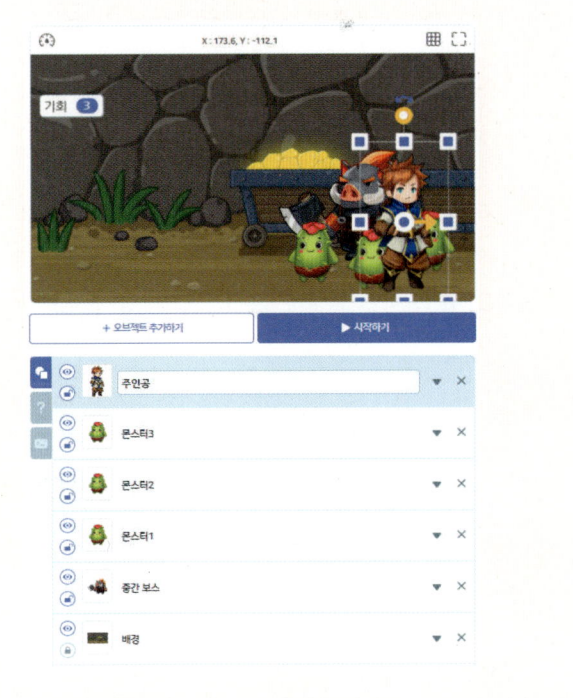

오브젝트 목록의 순서대로 오브젝트가 쌓입니다.

오브젝트 목록에서 오브젝트를 마우스로 드래그하면 오브젝트의 순서를 바꿀 수 있습니다.

정리하기

전체 코드 보기

[중간 보스] / [몬스터1] / [몬스터2] / [몬스터3]

발전시키기

- '몬스터' 오브젝트에서 정답을 맞혔을 경우 '맞혔다' 신호를 보내도록 만들어보세요. (신호는 각 '몬스터' 오브젝트에서 보내야 합니다.)
- '맞혔다' 신호를 받았을 때 '주인공' 실행 화면의 왼쪽으로 이동할 수 있도록 다음 블록을 이용해 동작을 완성해 보세요.

참고 코드

[주인공]

요약하기

- 판단해야 하는 조건이 3개 이상일 때 중첩 조건을 사용합니다.
- [복제하기] 메뉴를 이용하면 오브젝트를 복제할 수 있으며, 코드도 함께 복제됩니다.

Chapter 12

마법의 가게에서 물건을 사요

Chapter 12 마법의 가게에서 물건을 사요

몬스터를 무찌르려면 무기가 필요해요. 상점에서 필요한 물건을 구매해볼까요?

프로젝트 난이도 ★★☆

실습 영상
· 실습 파일 : ch12.마법의 가게에서 물건을 사요(실습).ent
· 완성 파일 : ch12.마법의 가게에서 물건을 사요(완성).ent

🧡 학습 목표

- 문자열 개념을 설명할 수 있다.
- 산술 연산 개념을 설명할 수 있다.
- 중첩 조건을 사용할 수 있다.

🧡 프로젝트 미리보기

오늘의 이야기

어떤 몬스터가 동전을 가지고 있는지 맞혀 중간 보스에게서 도망칠 수 있었습니다.
이제 최종 보스를 상대하기 위해 무기를 사야 합니다.

"중간 보스가 꽤 집요한걸. 어려웠을 텐데 이곳까지 아주 잘 왔어."

 "이렇게 집요할 줄이야…"

"이제 상점에서 필요한 물건을 사자. 상점에 가면 총알을 쏘는 무기가 있어. 그걸 꼭 사도록 해."

 "응! 알겠어."

"물건 개수와 가격을 잘 확인해서 사야 해."

 "그 정도야 맡겨두라고!"

개념 다지기

알아보기

문자열

문자는 글자가 1개 있는 상태를 말하며, 문자열은 글자가 2개 이상 있는 상태를 이야기합니다.
문자가 2개 이상인 문자열은 글자를 합치거나, 필요한 글자를 찾거나, 글자를 바꾸는 등의 여러 가지 기능을 할 수 있습니다.

문자	문자열
'우'	"우유는 역시 딸기 우유가 맛있어!"

문자열 블록은 단독으로 사용되지 않고, 다른 블록과 함께 사용할 수 있습니다.

문자열 블록	기능
엔트리 의 글자 수	입력한 값의 공백을 포함한 글자 수입니다.
안녕! 과(와) 엔트리 를 합치기	입력한 두 값을 결합한 값입니다.
안녕 엔트리! 의 1 번째 글자	입력한 값에서 입력한 숫자 번째의 글자 값입니다. (공백을 포함)
안녕 엔트리! 의 2 번째 글자부터 5 번째 글자까지의 글자	입력한 값에서 입력한 범위 내의 글자 값입니다. (공백을 포함)
안녕 엔트리! 에서 엔트리 의 시작 위치	입력한 값에서 지정한 값이 처음으로 등장하는 위치 값입니다. (공백을 포함)
안녕 엔트리! 의 안녕 을(를) 반가워 로 바꾸기	입력한 값에서 지정한 값을 찾아 추가로 입력한 값으로 모두 바꾼 값입니다. (영문 입력 시 대소문자를 구분)
Hello Entry! 의 대문자 ▼	입력한 영문의 모든 알파벳을 대문자 또는 소문자로 바꾼 값입니다.

산술 연산

우리가 알고 있는 덧셈, 뺄셈, 곱셈, 나눗셈의 계산을 산술 연산이라고 합니다.
산술 연산 블록도 혼자 사용되지 않고 다른 블록과 함께 사용됩니다.

산술 연산 블록	산술 연산 블록의 활용
10 - 10 10 + 10 10 x 10 10 / 10	시작하기 버튼을 클릭했을 때 10 + 10 을(를) 4 초 동안 말하기

프로그래밍하기

프로젝트 만들기

Step 1 변수 만들기

작품에 필요한 변수를 만들어봅시다.

1 [속성] 탭에서 [변수]를 클릭한 후 [변수 추가하기]를 클릭합니다.

2 변수의 이름을 입력하고 확인 버튼을 클릭합니다. (만들 변수 : 상품의 이름 6개, 구매금액, 지갑)

3 '지갑' 변수의 기본값을 '0'에서 '10000'으로 수정합니다.

길라잡이

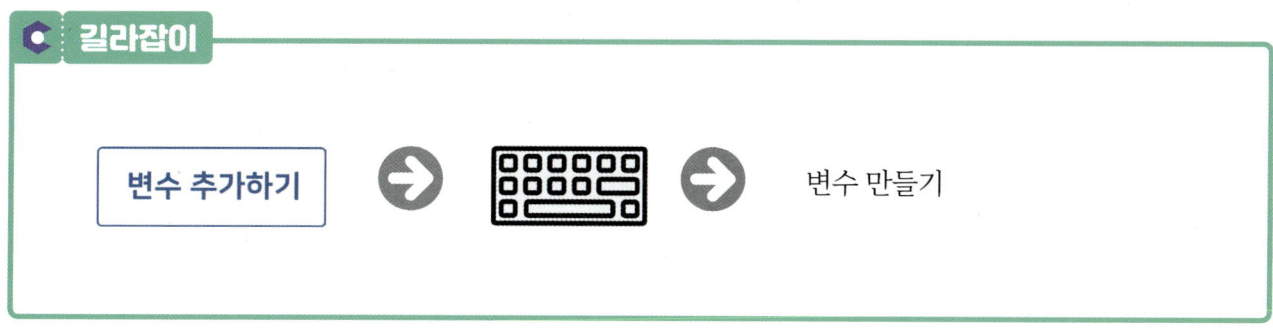

Step 2 ~만큼 더하기

오브젝트를 클릭하면 수량이 증가하도록 만들어봅시다.

4 '영웅의 총' 오브젝트를 클릭한 후, [시작] 카테고리에서 [오브젝트를 클릭했을 때] 블록을 가져옵니다.

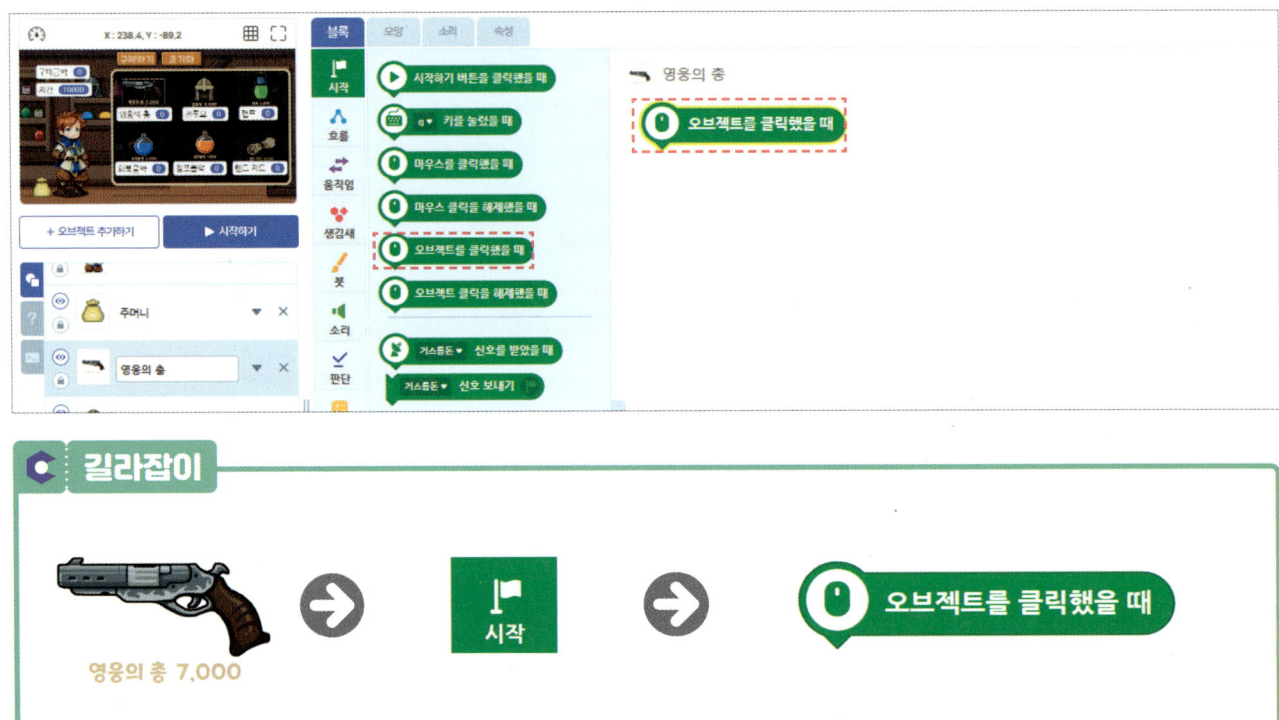

5 [자료] 카테고리에서 [지갑에 10만큼 더하기] 블록을 가져와 [영웅의 총에 1만큼 더하기]로 수정합니다.

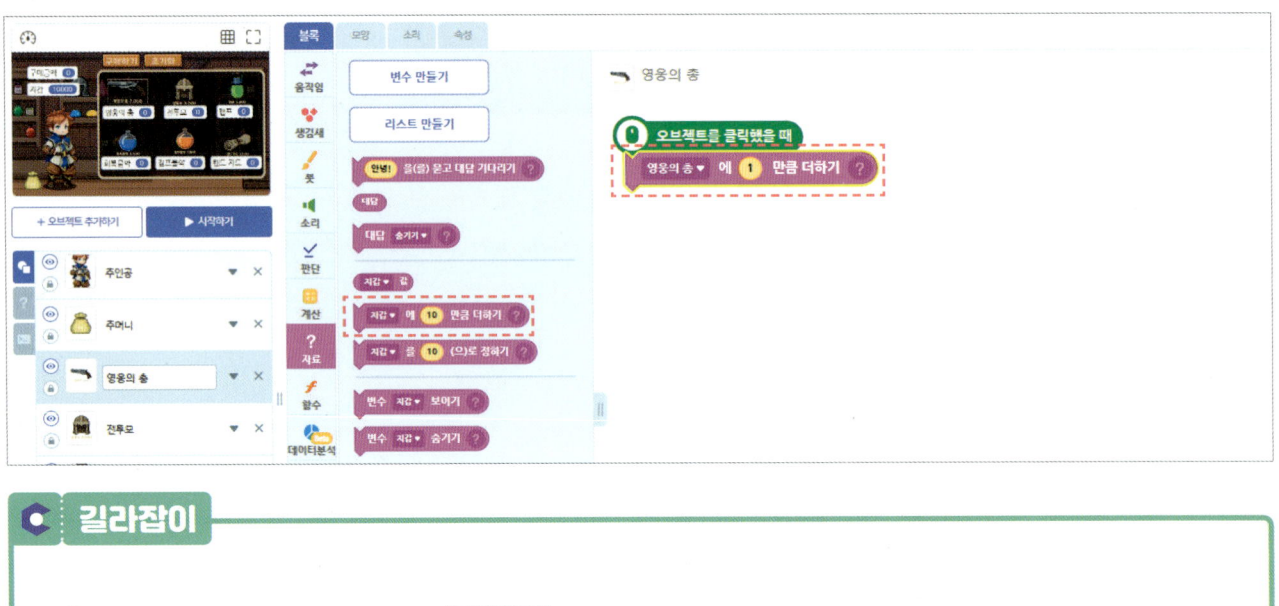

6 [자료] 카테고리에서 [지갑를 10(으)로 정하기] 블록을 가져와 [구매금액를 10(으)로 정하기]로 수정합니다.

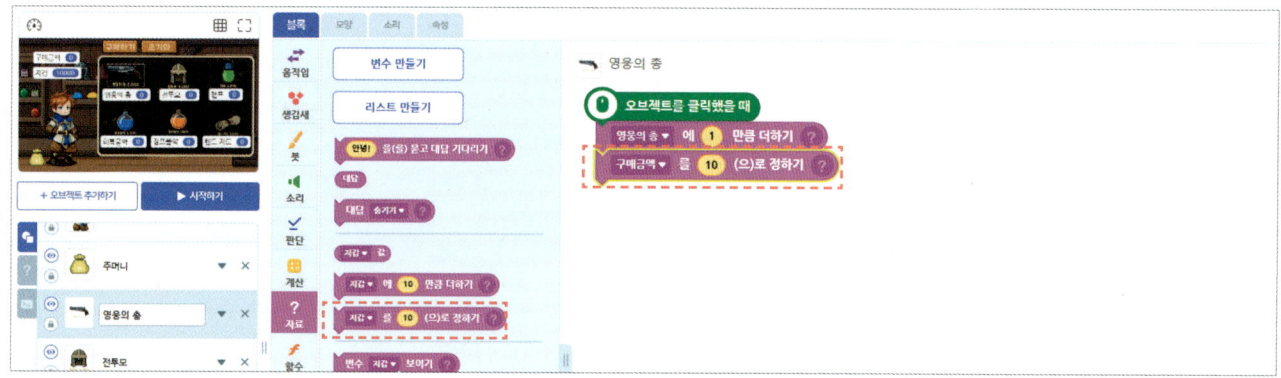

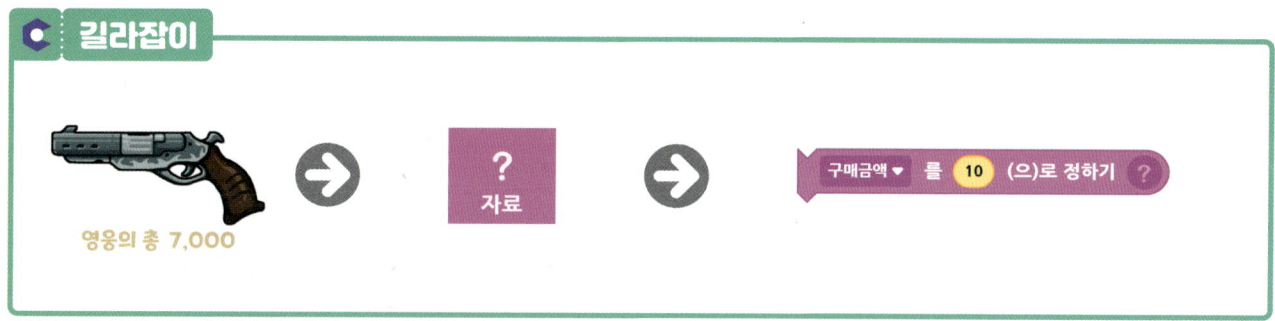

Step 3 구매금액 계산하기

오브젝트를 클릭하면 구매금액이 계산되도록 만들어봅시다(영웅의 총, 전투모, 램프 오브젝트에 대해서만 진행).

7 [계산] 카테고리에서 [10 + 10] 블록을 2개 가져옵니다.

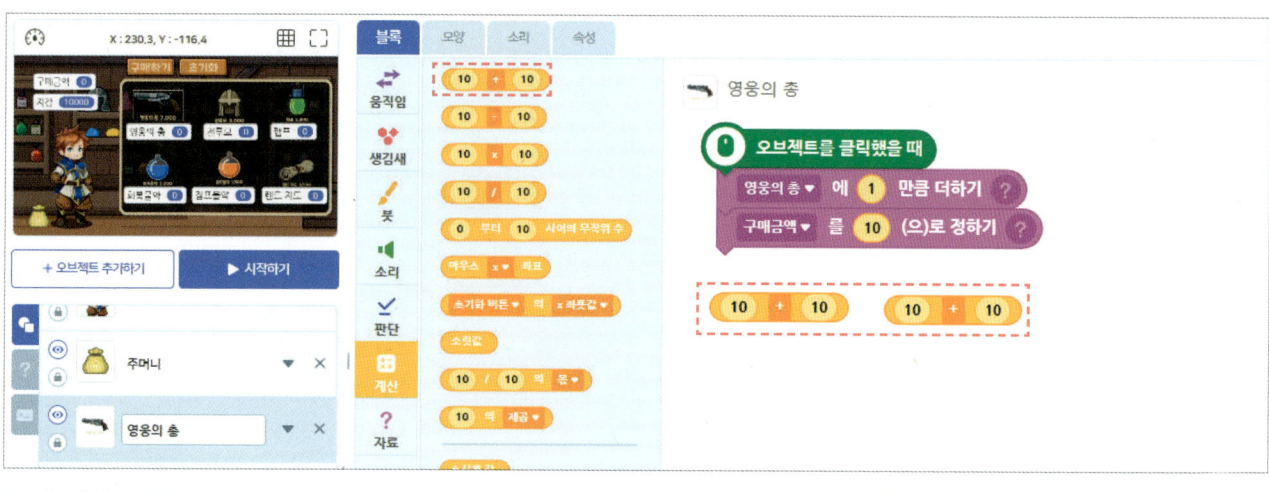

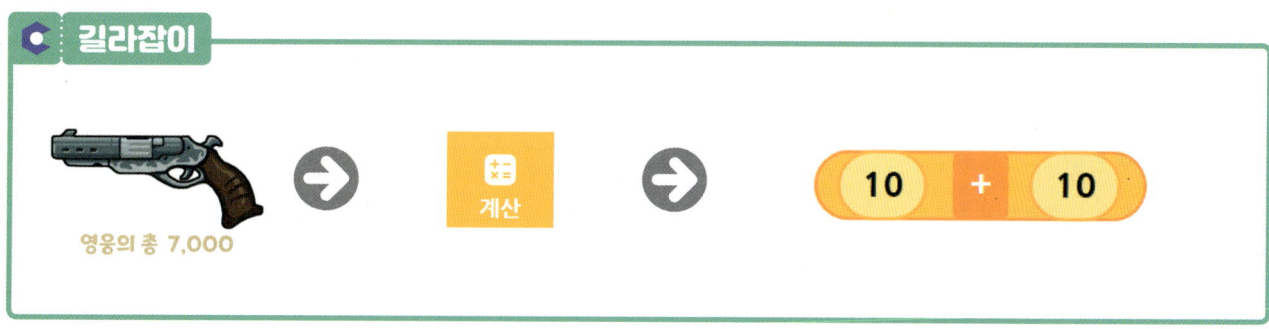

Chapter 12 | 마법의 가게에서 물건을 사요

8 [10 + 10] 블록을 서로 합쳐 10이 3개 표시되도록 만듭니다.

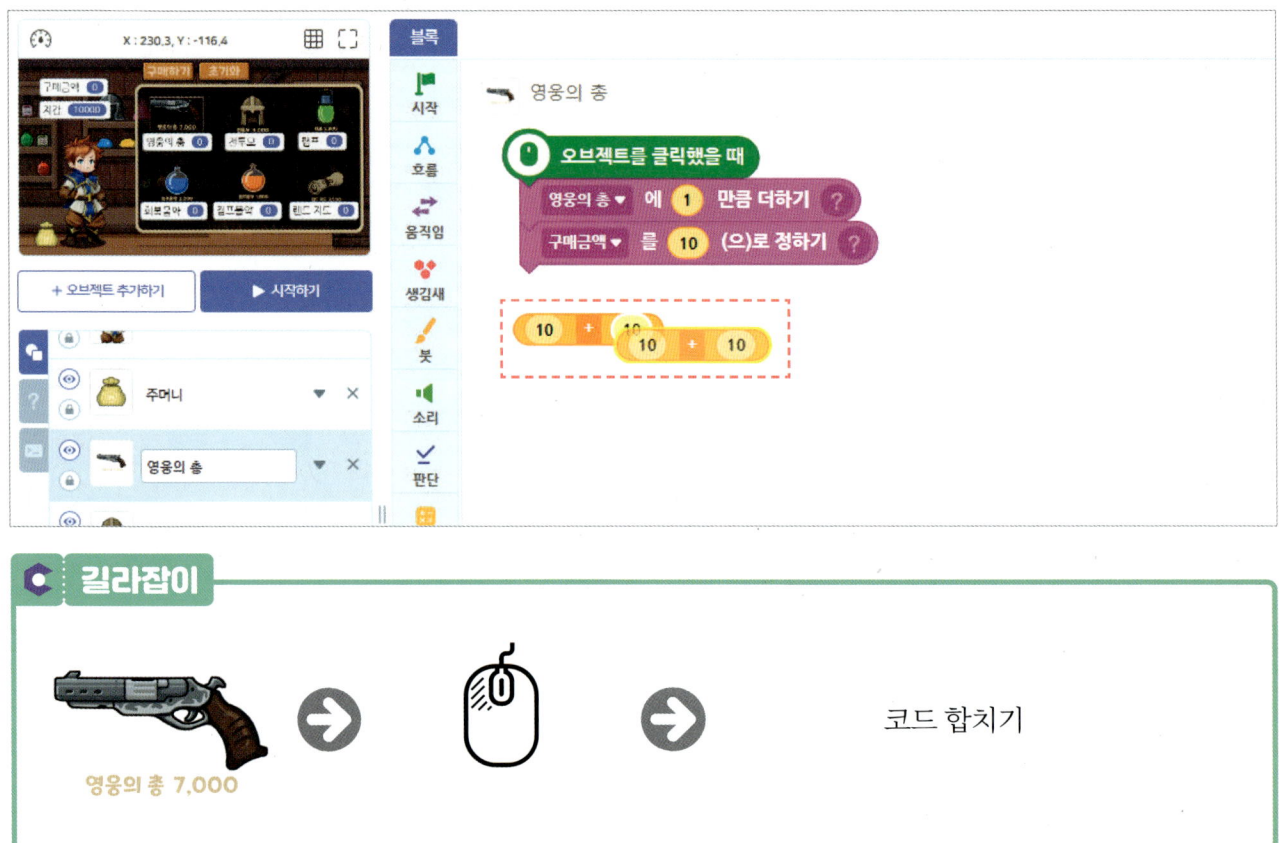

9 [계산] 카테고리에서 [10 × 10] 블록을 3개 가져옵니다.

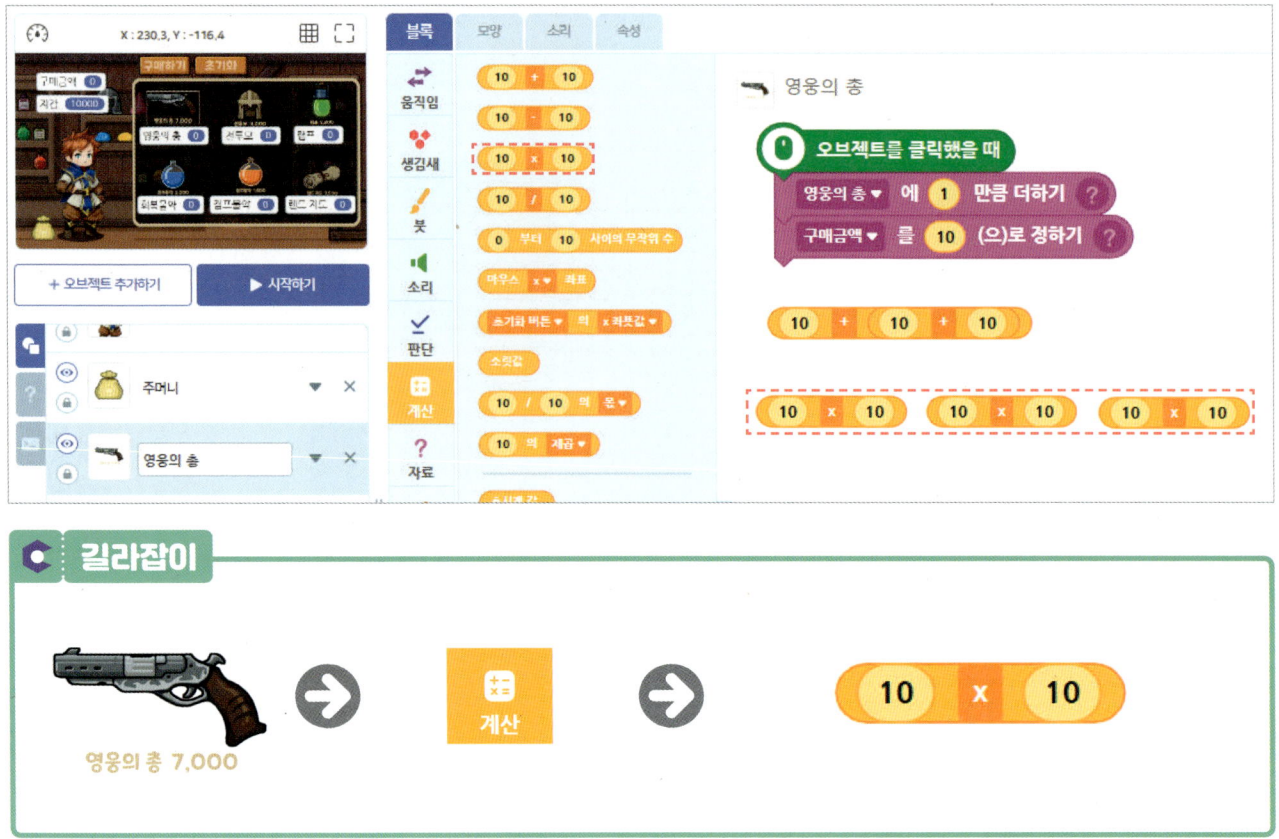

10 [자료] 카테고리에서 [지갑 값]을 가져와 각 물건의 변수 값으로 수정한 후, [10 × 10] 왼쪽에 넣어주고, 오른쪽에는 물건의 가격을 입력합니다. (수량×가격=구매금액)

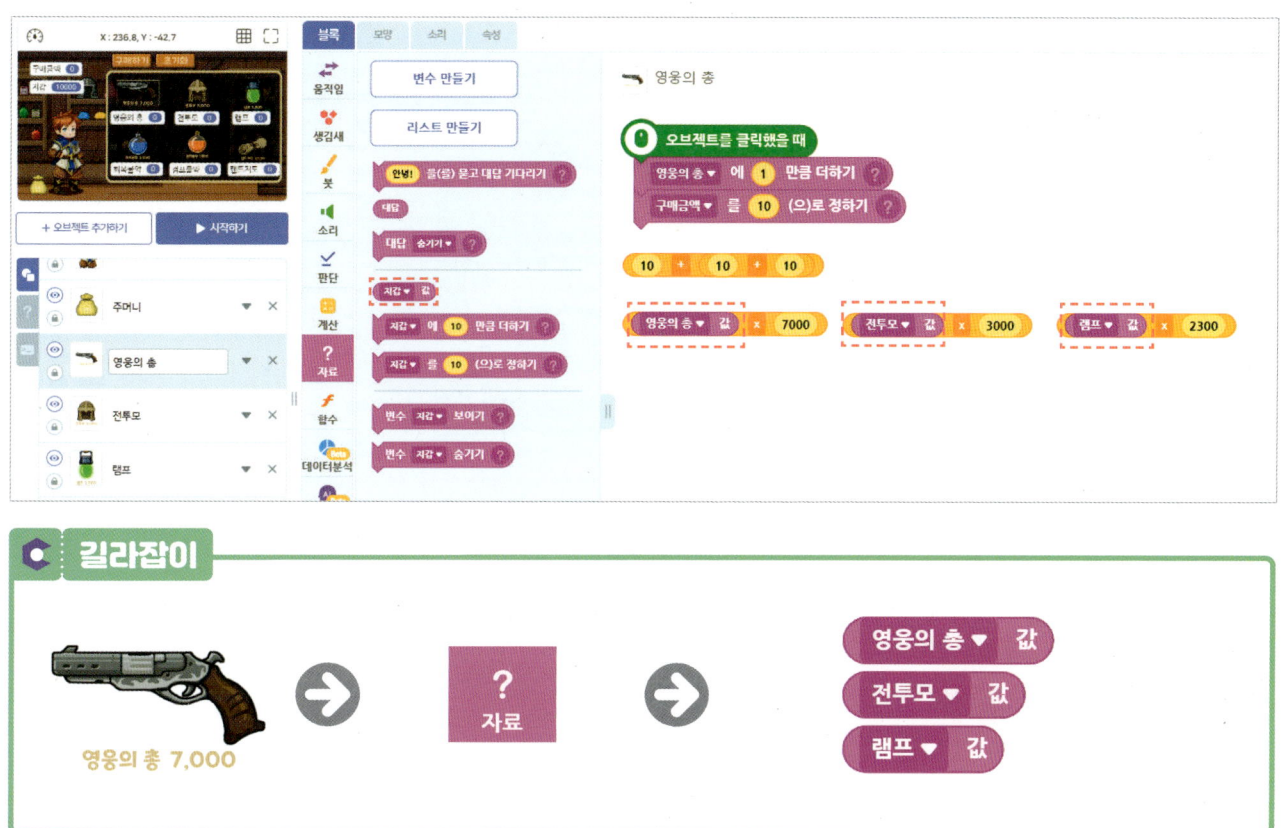

11 각 구매금액 블록을 더하기(+) 블록 안에 넣어줍니다. (블록이 길어지기 때문에 뒤쪽부터 차례대로 넣어줍니다.)

Chapter 12 | 마법의 가게에서 물건을 사요

12 [구매금액를 10(으)로 정하기] 안에 총 구매금액 블록을 넣어줍니다.

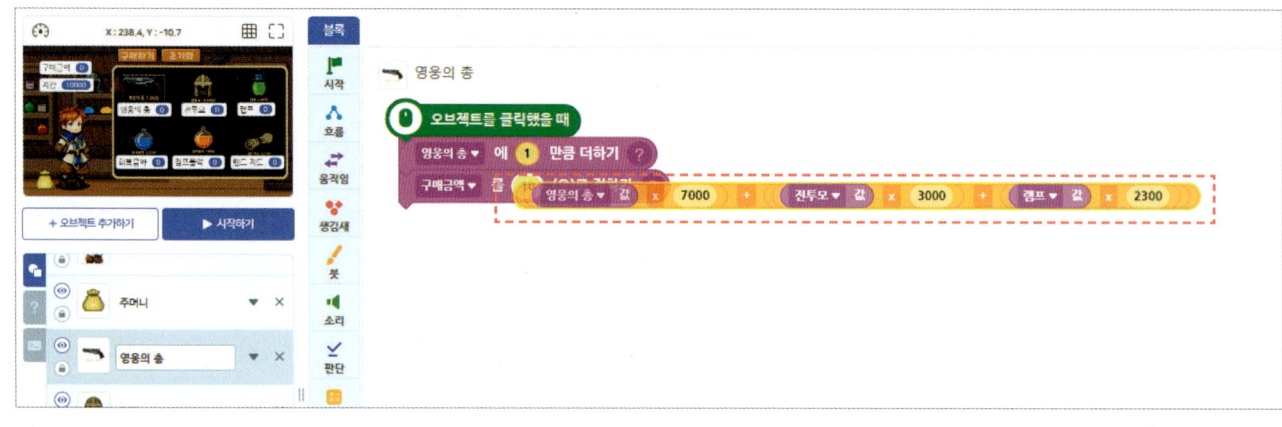

> **C 길라잡이**
>
>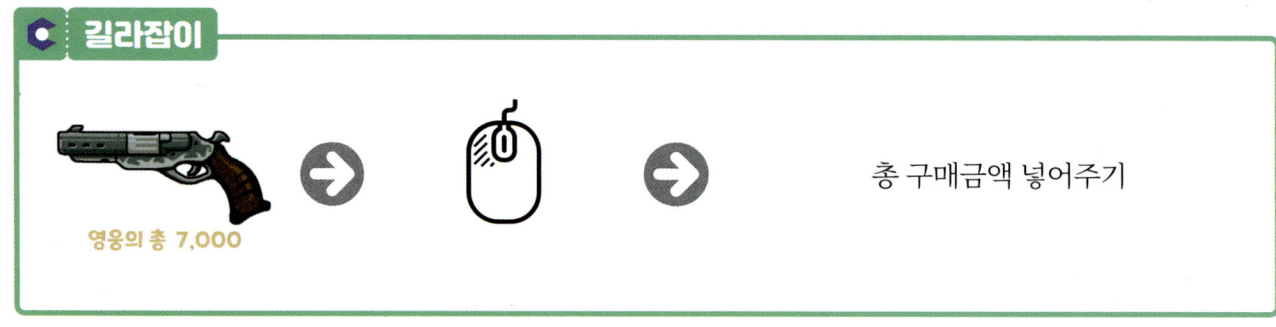
>
> 영웅의 총 7,000 → 🖱 → 총 구매금액 넣어주기

Step 4 복사/붙여넣기

'영웅의 총' 오브젝트에 사용한 블록을 복사하여, 다른 오브젝트에 붙여넣고 수정해봅시다.

13 '영웅의 총' 오브젝트의 [오브젝트를 클릭했을 때] 블록 위에서 마우스 오른쪽 버튼을 클릭한 후 [코드 복사] 메뉴를 클릭합니다.

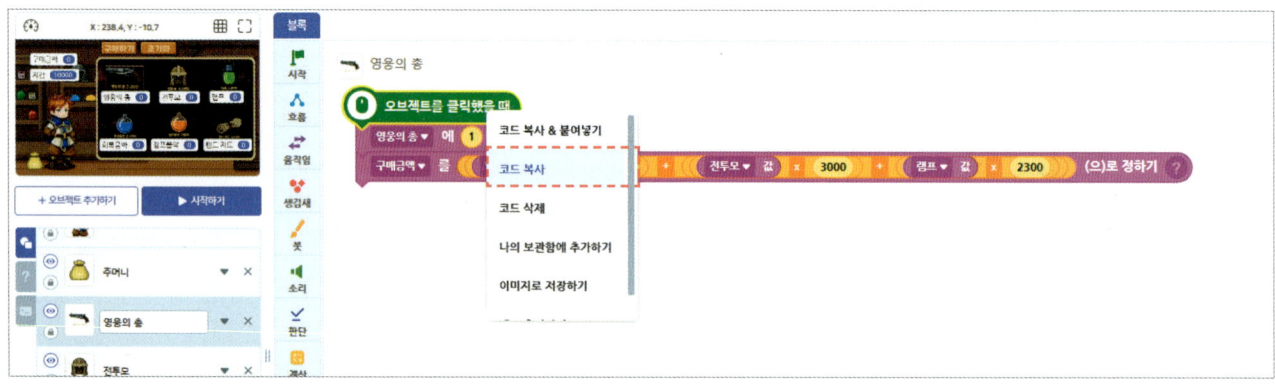

> **C 길라잡이**
>
>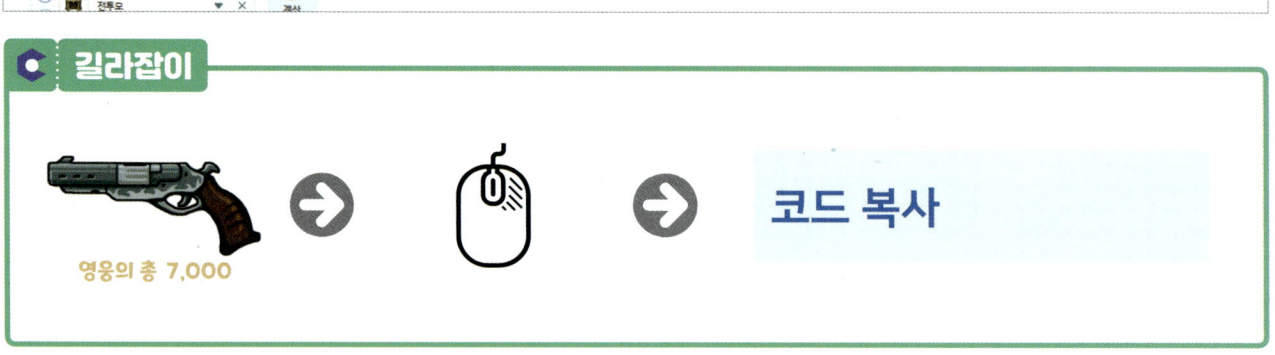
>
> 영웅의 총 7,000 → 🖱 → 코드 복사

202

14 '전투모' 오브젝트를 선택한 후, 블록 조립소에서 마우스 오른쪽 버튼을 클릭하여 **[붙여넣기]** 메뉴를 클릭합니다.

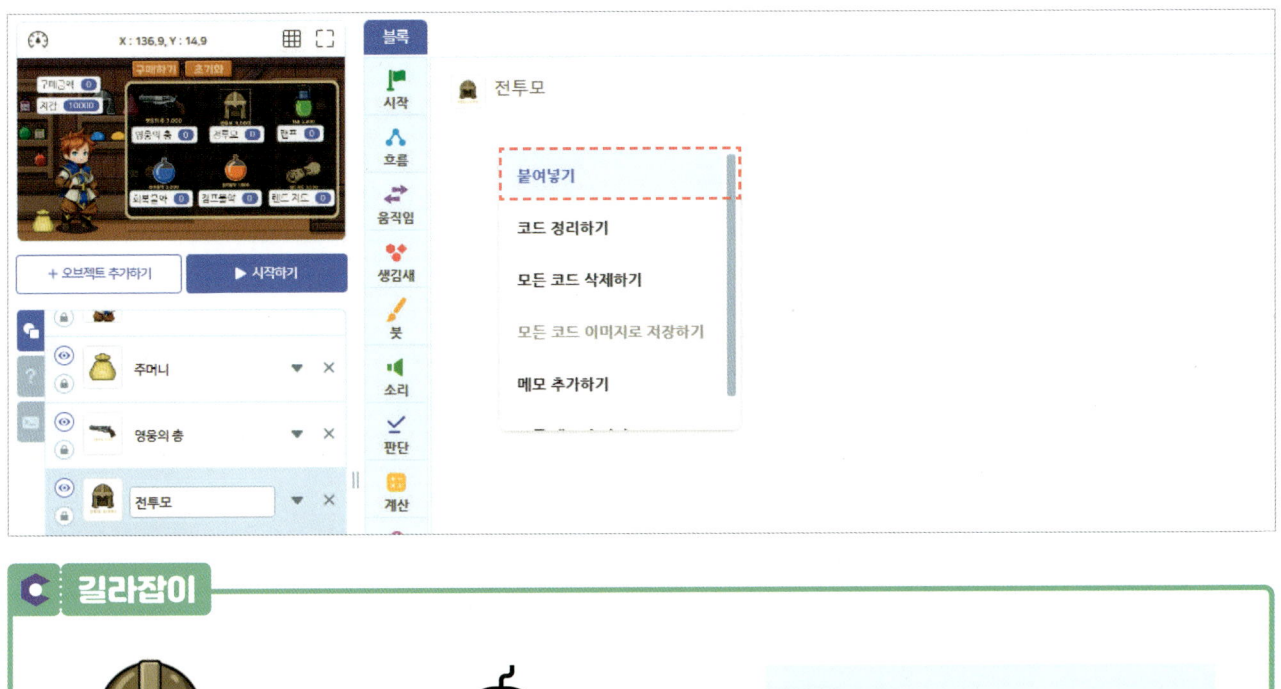

15 붙여넣기 한 블록에서 **[영웅의 총에 1만큼 더하기]**를 **[전투모에 1만큼 더하기]**로 수정합니다.

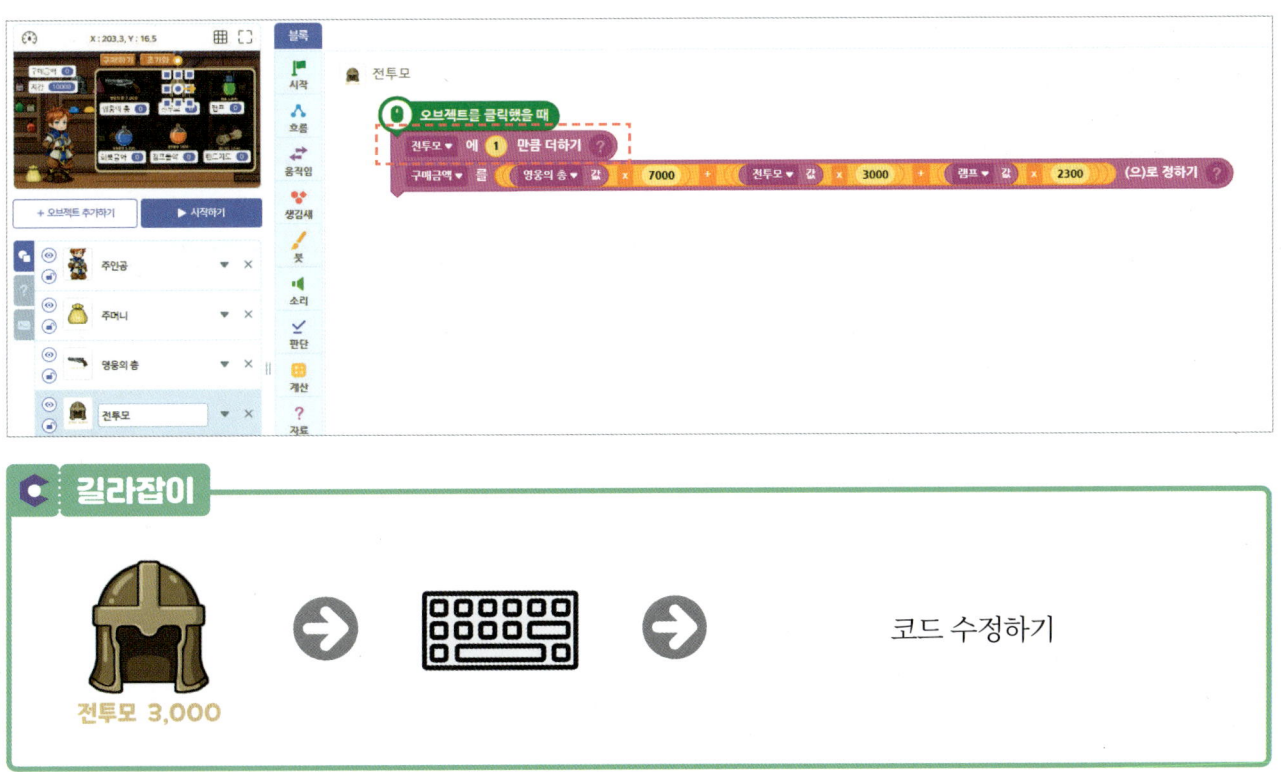

16 각 물건 오브젝트에 복사/붙여넣기/수정을 이용하여 다음과 같이 코드를 만듭니다.

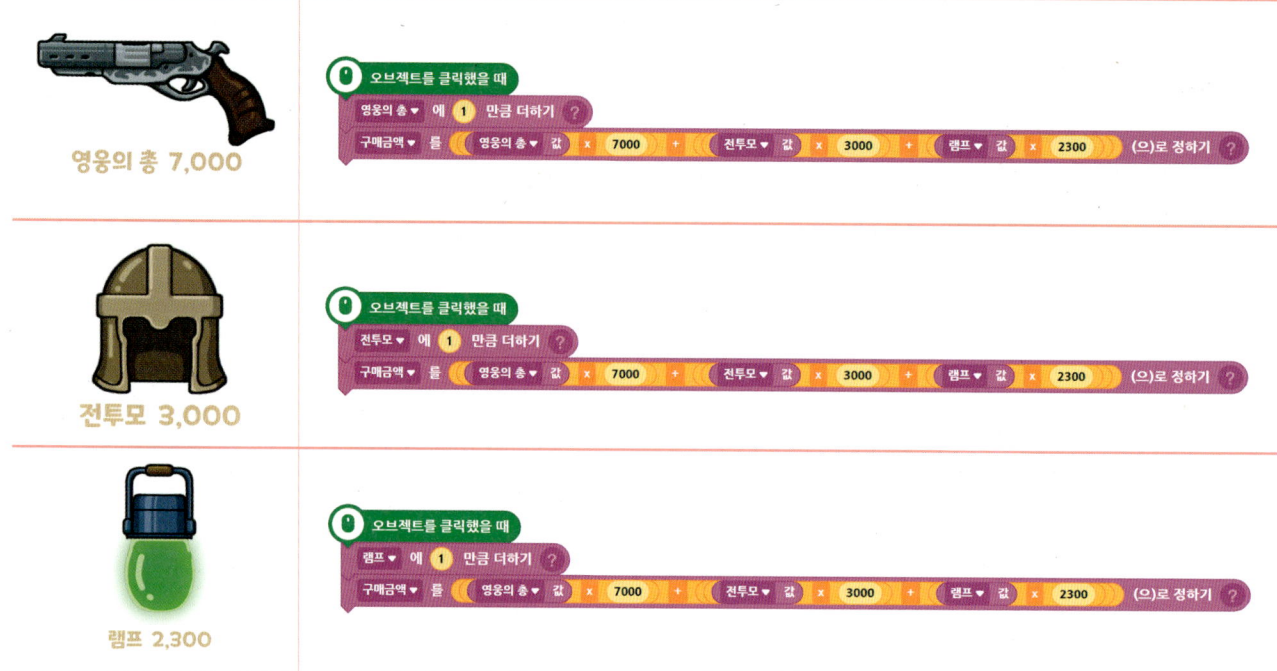

Step 5 초기화

'초기화' 오브젝트를 클릭했을 때 모든 변수 값이 '0'이 되도록 만들어봅시다.

17 '초기화' 오브젝트를 클릭한 후, [시작] 카테고리에서 [오브젝트를 클릭했을 때] 블록을 가져옵니다.

길라잡이

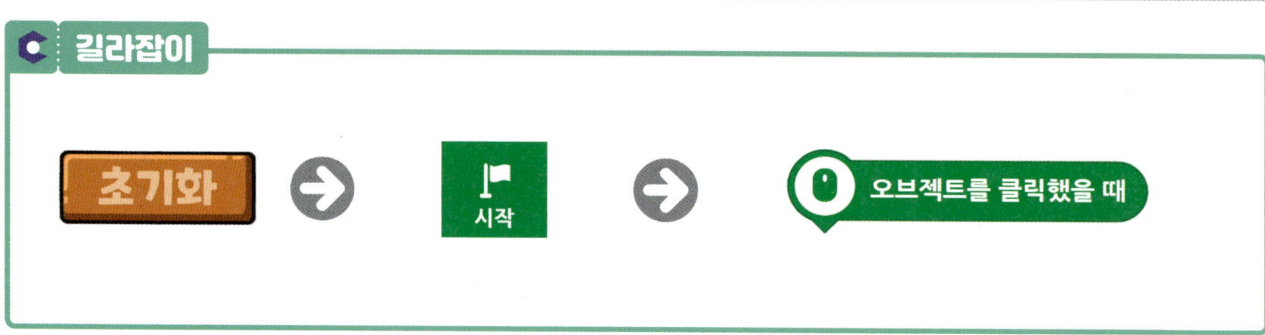

18 [자료] 카테고리에서 [지갑를 10(으)로 정하기] 블록을 가져와 각각 [구매금액, 영웅의 총, 전투모, 램프를 0으(로) 정하기]로 수정합니다.

Step 6 신호 만들기

'지갑'에 있는 금액과 '구매금액' 값을 비교하여 구매 가능 여부의 결과를 나타내는 신호를 만들어봅시다.

19 [속성] 탭에서 [신호]를 클릭한 후 [신호 추가하기]를 클릭합니다.

20 신호의 이름을 입력하고 확인 버튼을 클릭합니다. (신호 이름: 부족함, 구매함, 거스름돈)

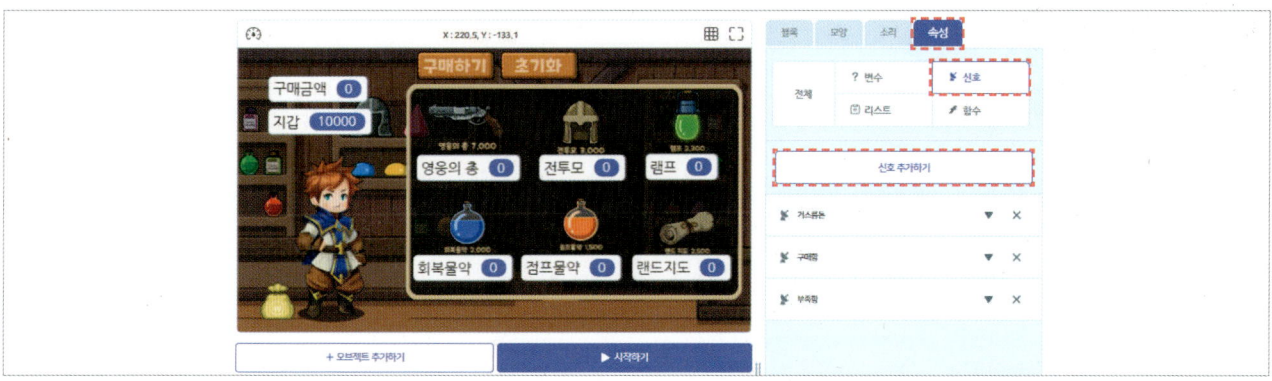

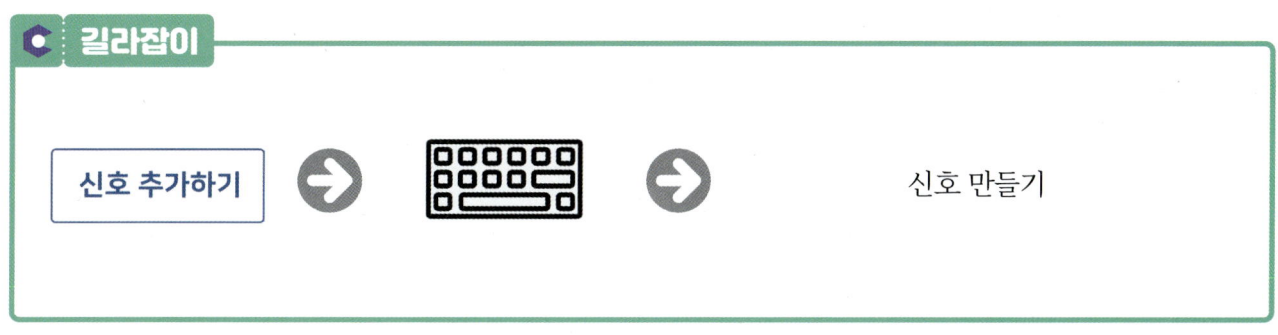

Step 7   금액 비교하기

'지갑'에 있는 금액과 '구매금액' 값을 비교하여 '주인공' 오브젝트에게 신호를 보내도록 만들어봅시다.

21 '구매하기' 오브젝트를 클릭한 후, [시작] 카테고리에서 [오브젝트를 클릭했을 때] 블록을 가져옵니다.

22 [흐름] 카테고리에서 [만일 <참> (이)라면 - 아니면] 블록을 가져옵니다.

23 [판단] 카테고리에서 [10 = 10] 블록을 가져와 <참> 부분에 넣어줍니다.

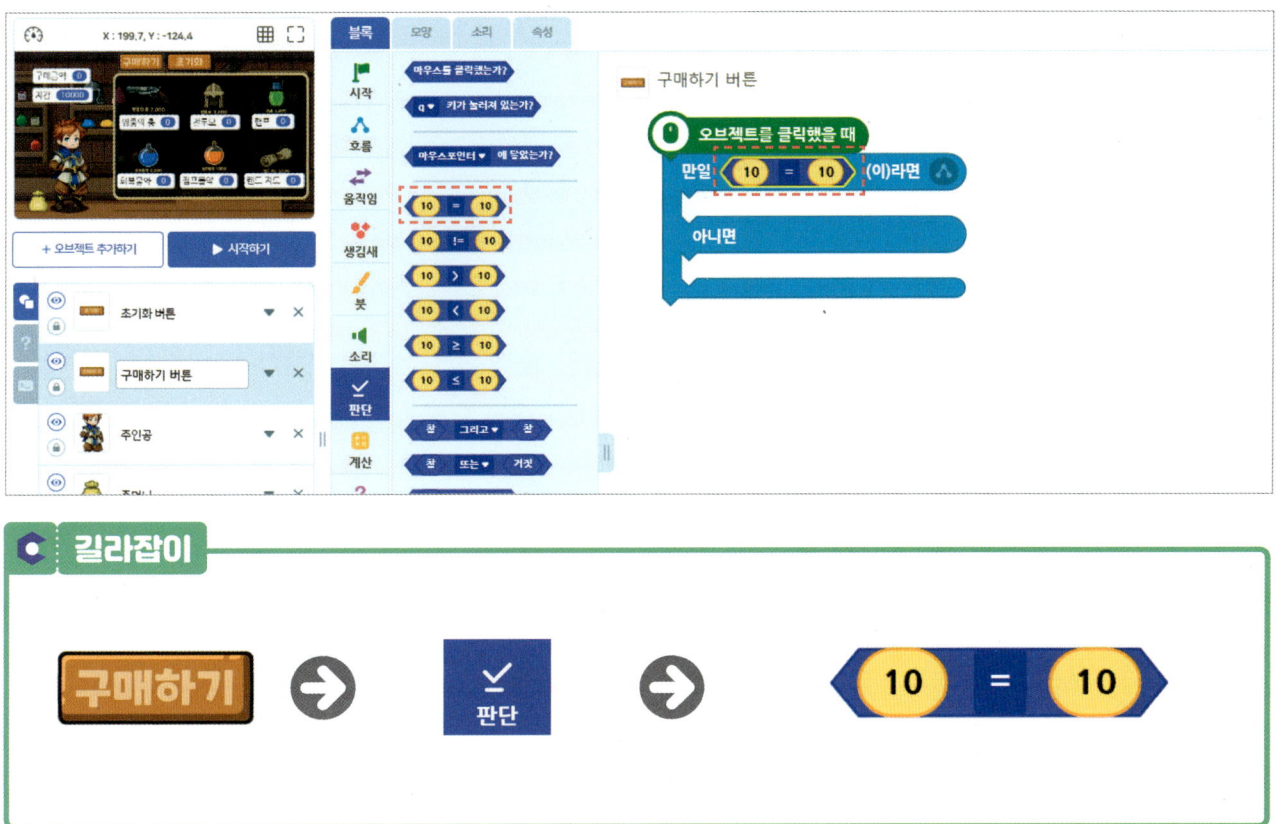

24 [자료] 카테고리에서 [지갑 값] 블록을 2개 가져와 그 중 1개를 [구매금액 값]으로 수정한 후 [10 = 10]의 왼쪽과 오른쪽 부분에 각각 넣어줍니다.

25 '구매하기' 오브젝트의 [만일 지갑 값 = 구매금액 값 (이)라면] 블록 위에서 마우스 오른쪽 버튼을 클릭한 후 [코드 복사 & 붙여넣기] 메뉴를 클릭합니다.

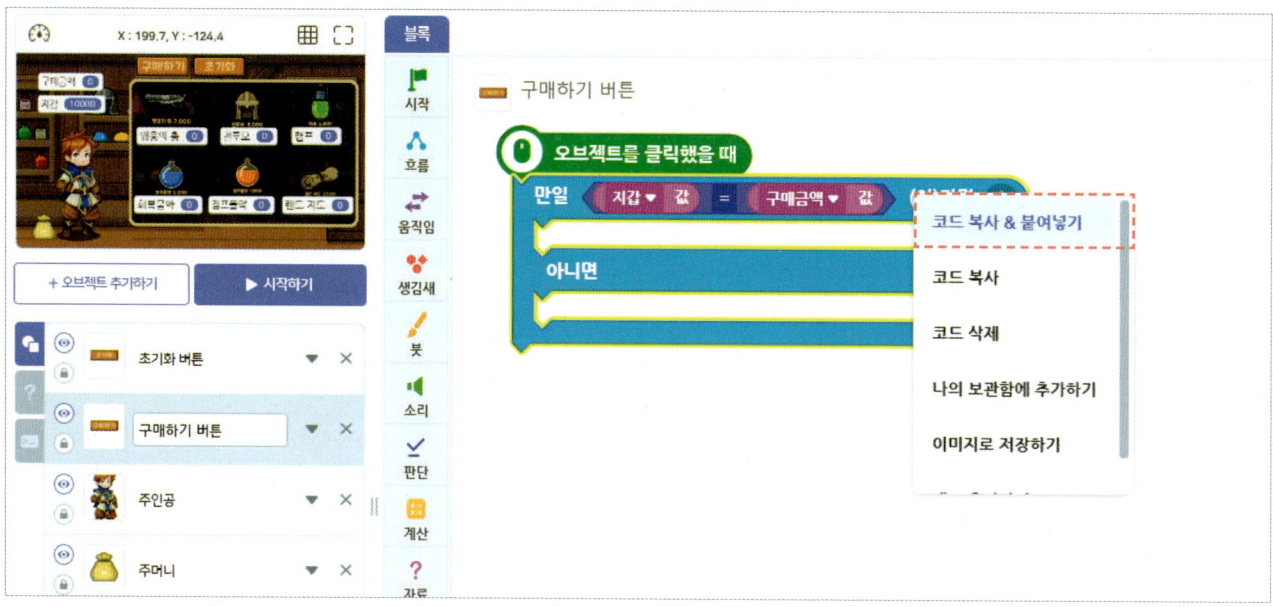

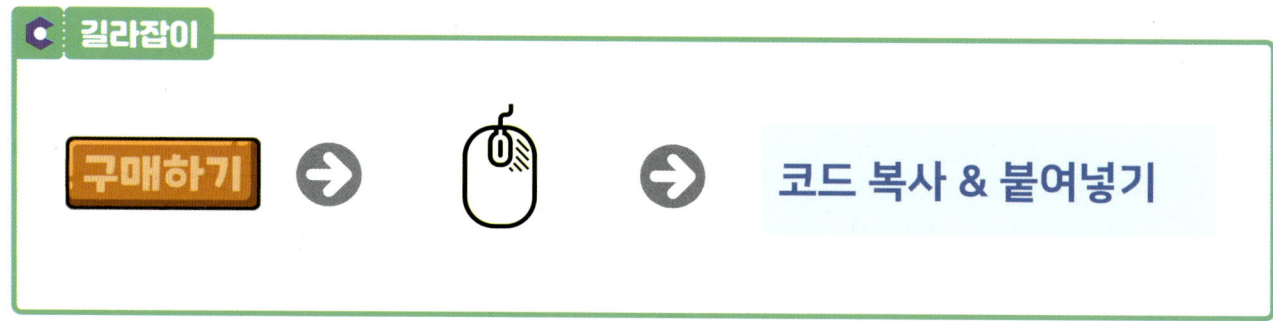

26 [아니면] 블록 안쪽에 붙여넣기 한 코드를 넣어주고, [=](같다)를 [>](크다)로 수정합니다.

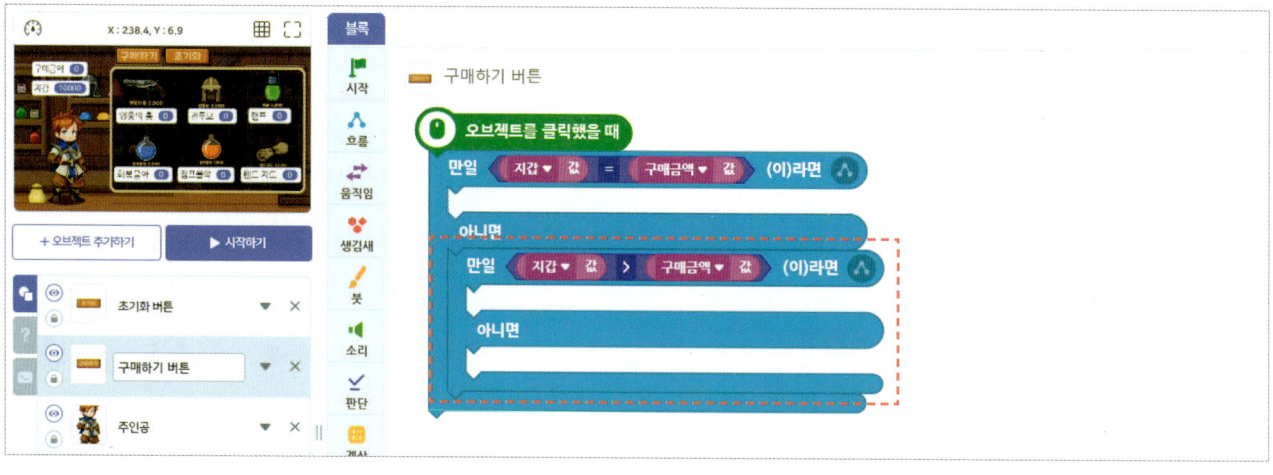

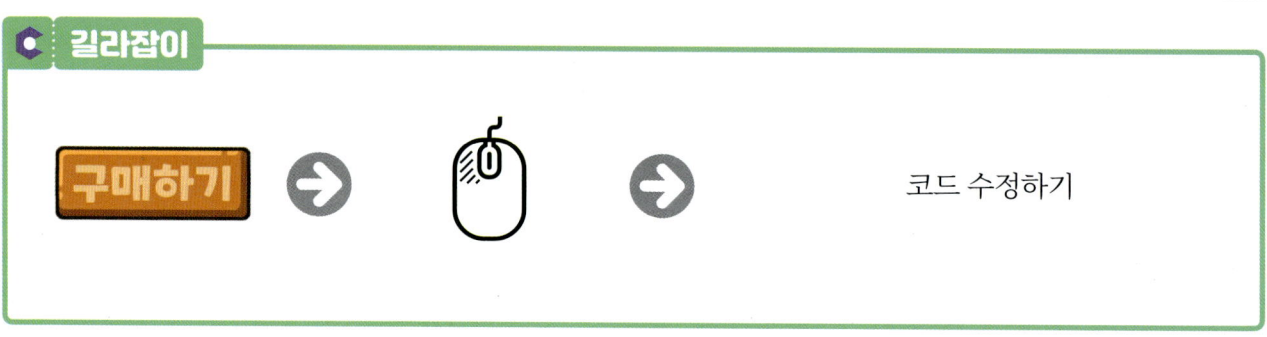

27 [시작] 카테고리에서 [거스름돈 신호 보내기] 블록을 가져와 각각 다음과 같이 코드를 수정합니다.

Step 8 신호를 받았을 때

각 상황에 따른 신호를 받았을 때 금액을 계산하도록 만들어봅시다.

28 '주인공' 오브젝트를 클릭한 후, [시작] 카테고리에서 [거스름돈 신호를 받았을 때] 블록을 가져옵니다.

[주인공]

Chapter 12 | 마법의 가게에서 물건을 사요   209

29 [자료] 카테고리에서 [지갑를 10(으)로 정하기] 블록을 가져옵니다.

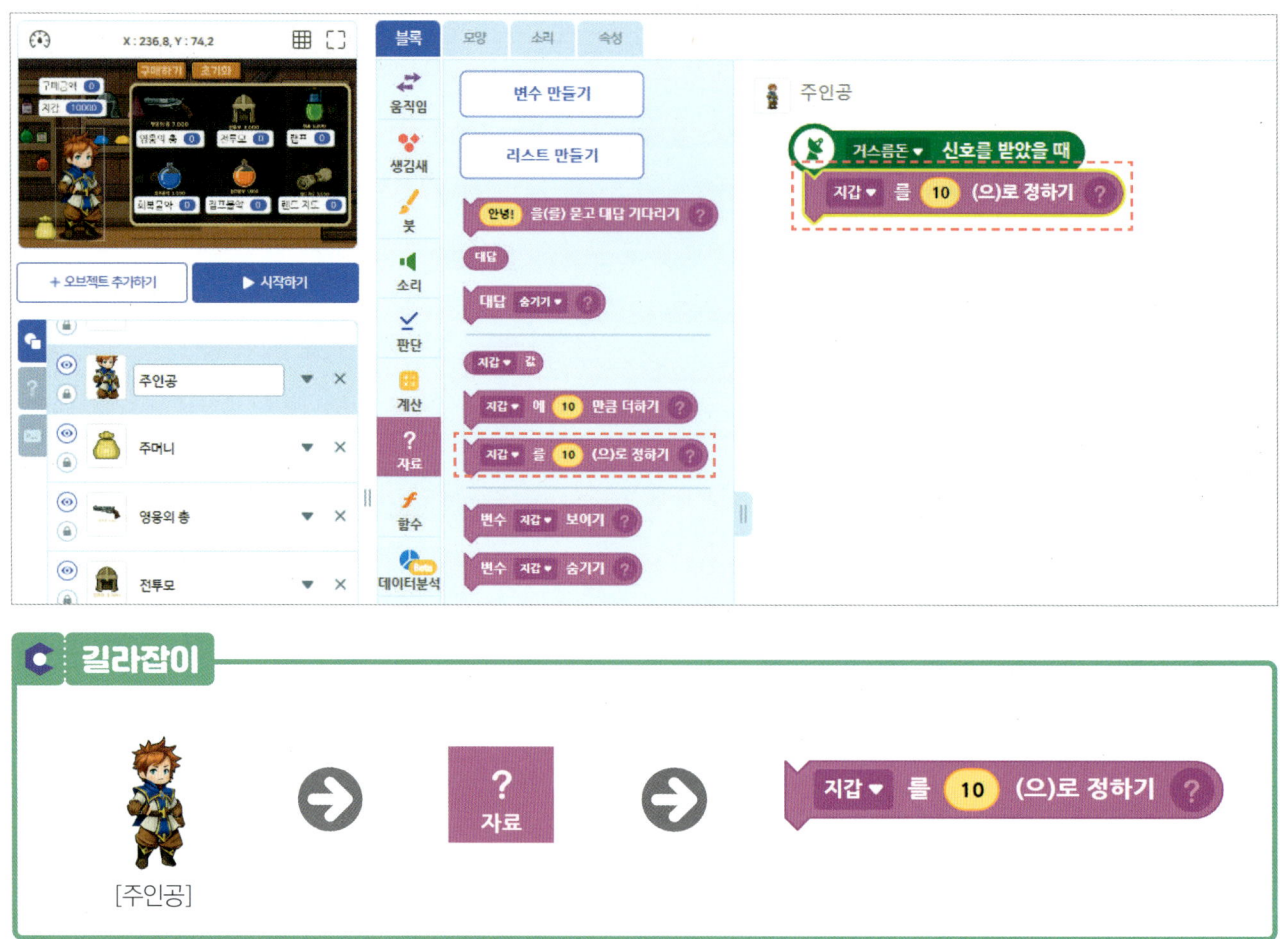

30 [계산] 카테고리에서 [10 - 10] 블록을 가져와 [지갑를 10(으)로 정하기] 블록 안에 넣어줍니다.

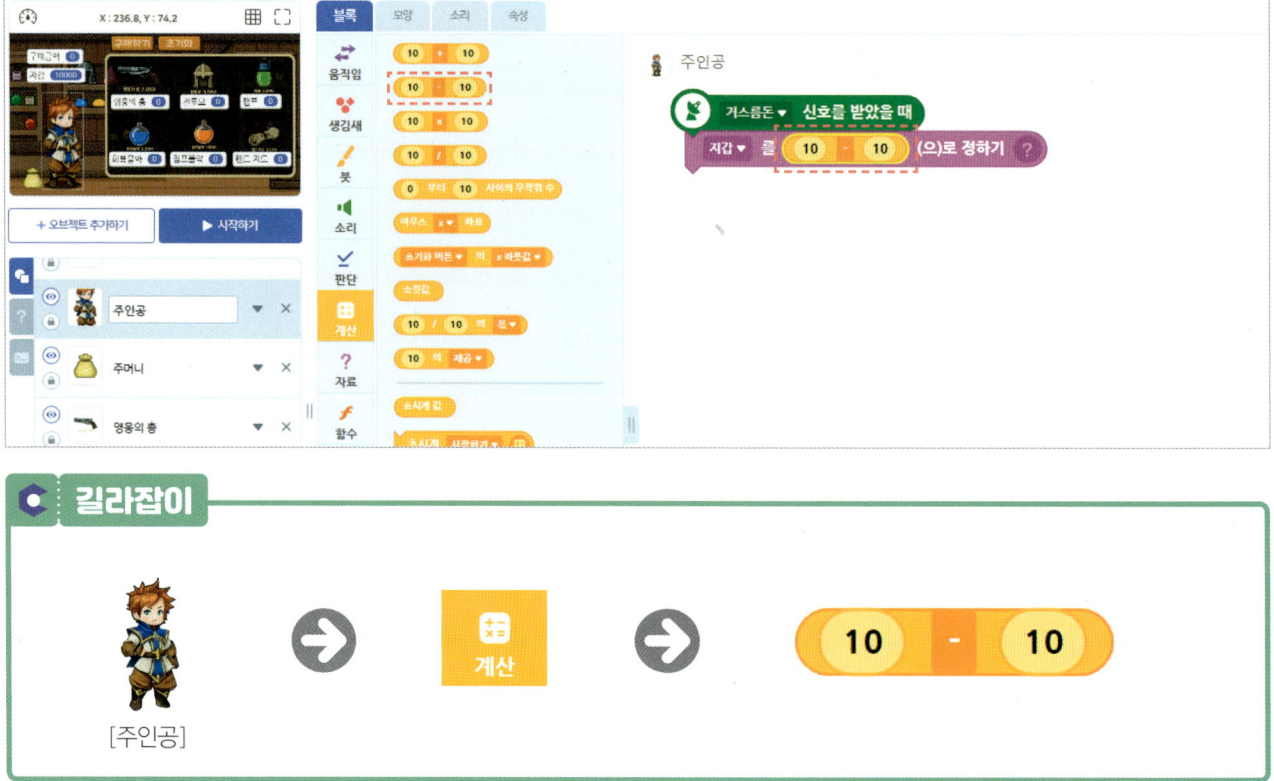

31 [자료] 카테고리에서 [지갑 값] 블록을 2개 가져와 그 중 1개를 [구매금액 값]으로 수정한 후 [10 - 10]의 왼쪽과 오른쪽 부분에 각각 넣어줍니다.

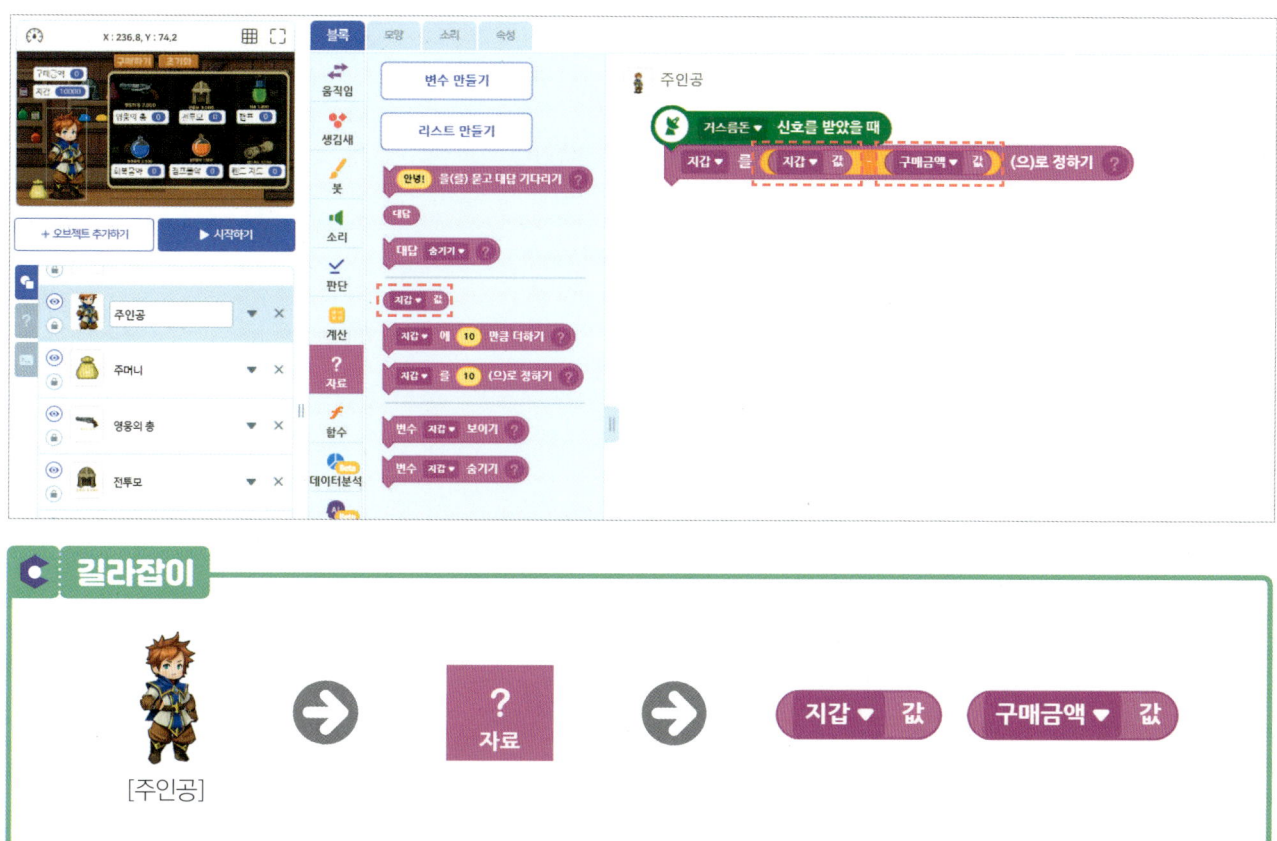

32 [생김새] 카테고리에서 [안녕!을(를) 4초 동안 말하기] 블록을 가져옵니다.

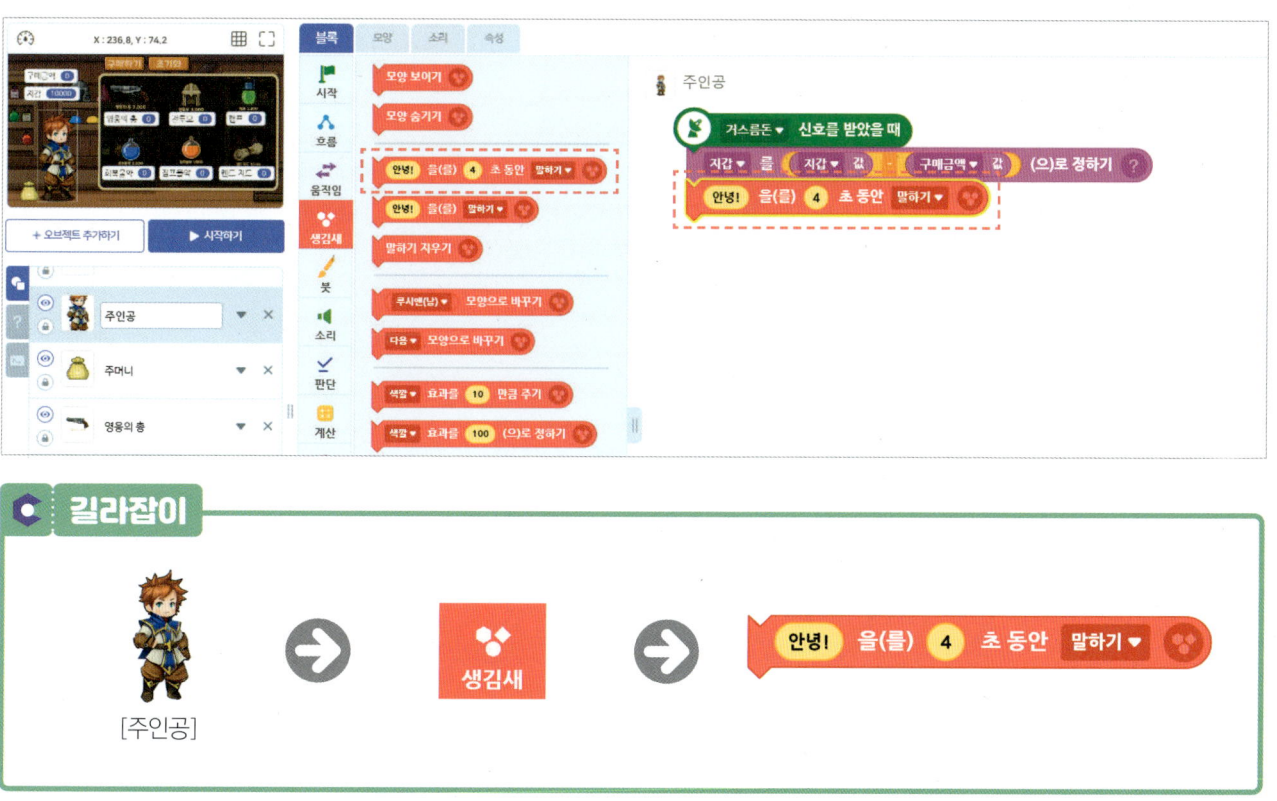

33 [계산] 카테고리에서 [안녕!과(와) 엔트리를 합치기] 블록을 2개 가져와 다음과 같이 블록을 합쳐준 후, '안녕!' 부분에 넣어줍니다.

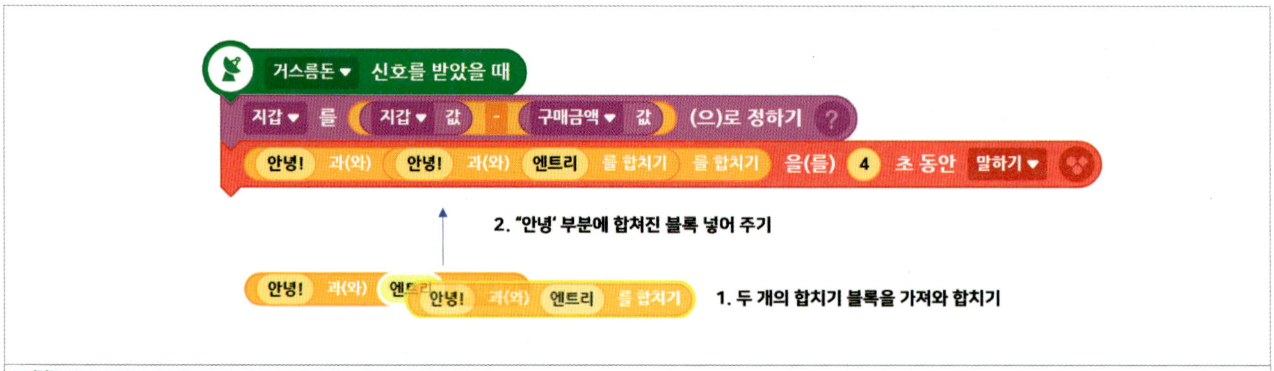

길라잡이

[주인공] → 계산 → 안녕! 과(와) 엔트리 를 합치기

Tip

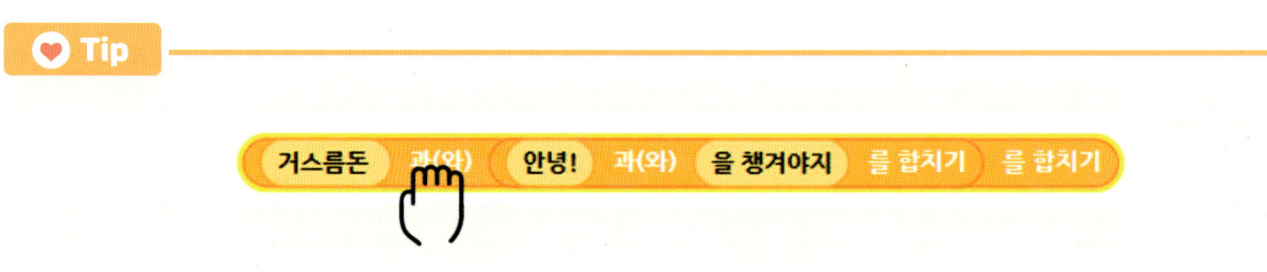

블록을 잡고 옮길 때는 블록 사이의 공간을 잡고 이동하세요.

34 [합치기] 한 블록의 내용을 수정합니다. (거스름돈을, 안녕!, 챙겨야지.)

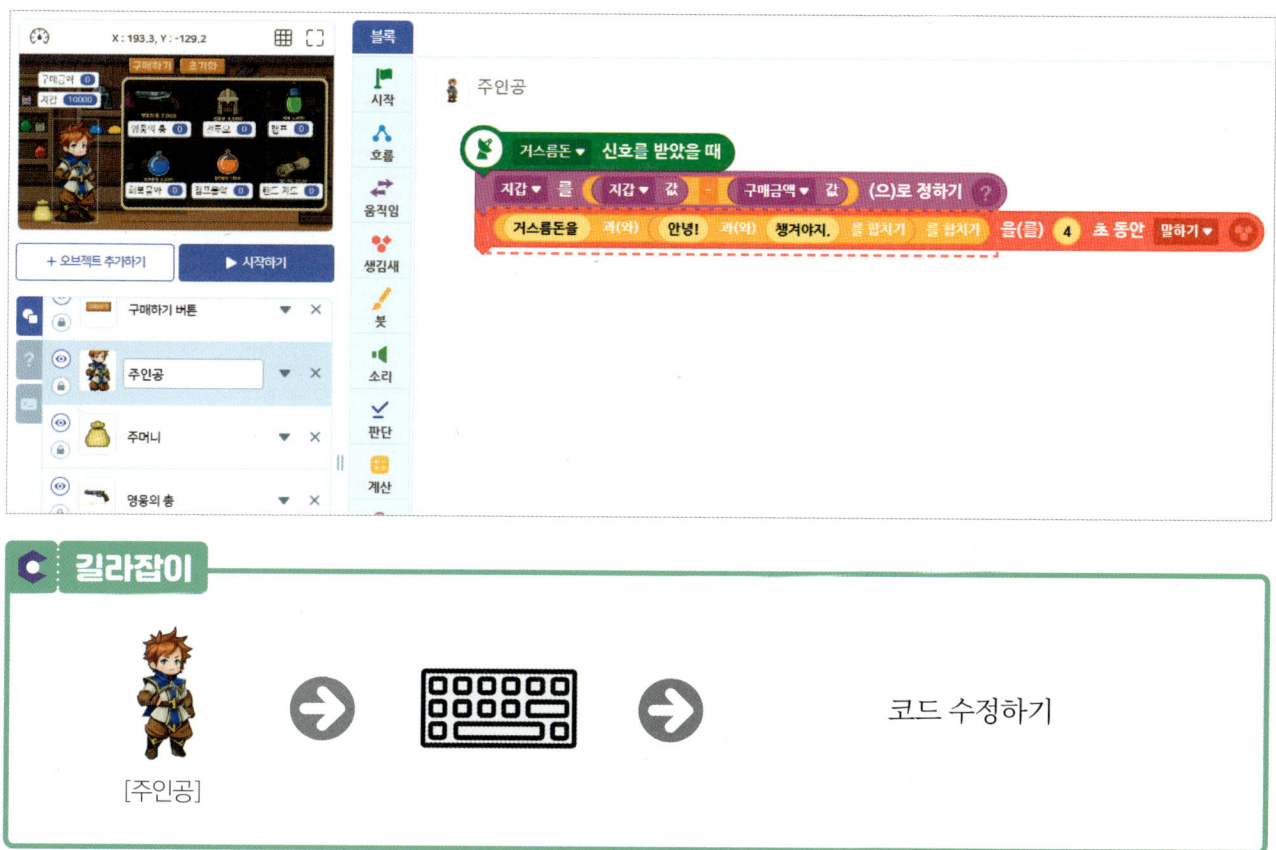

35 [지갑 값]을 가져와 "안녕" 부분에 넣어줍니다.

36 [구매금액]을 '0'으로 만들어줍니다.

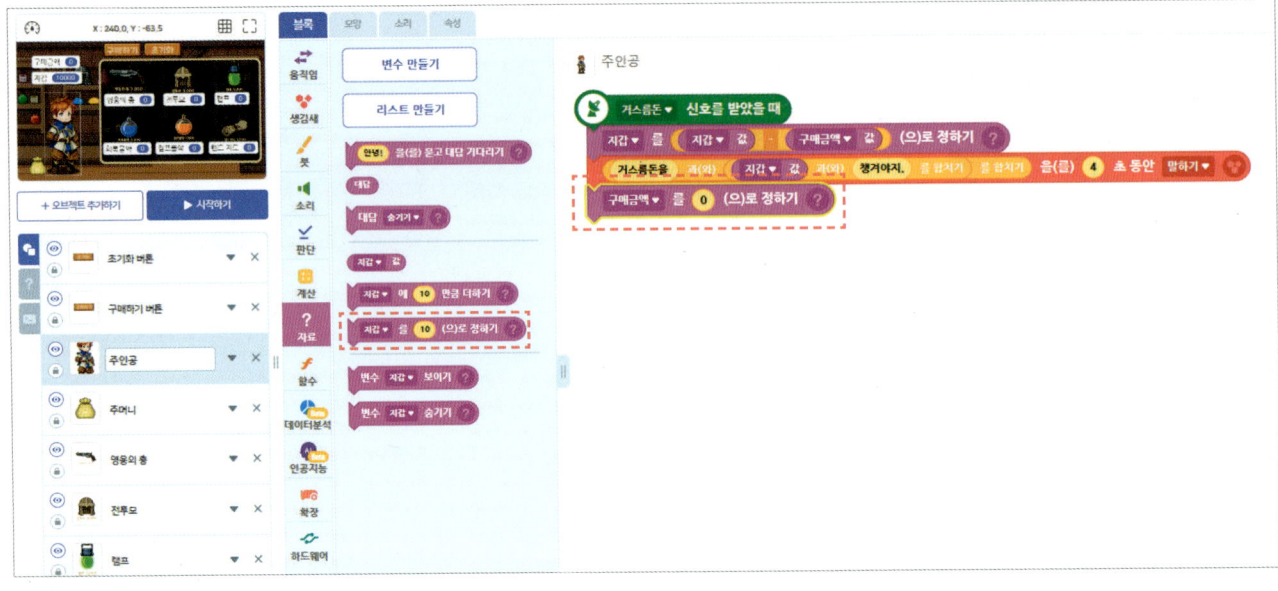

37 각각의 신호에 맞는 코드를 완성합니다.

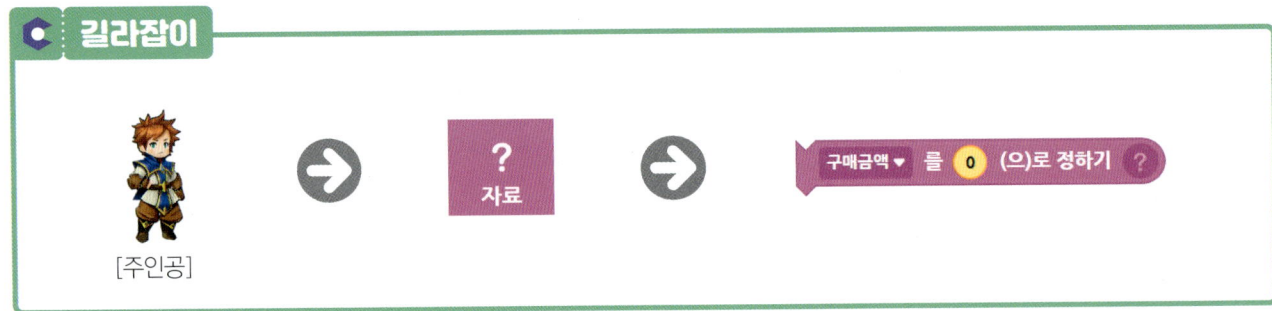

정리하기

전체 코드 보기

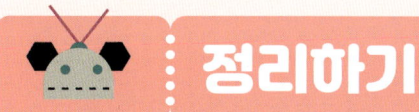

⬢ 발전시키기

- 회복물약, 점프물약, 랜드 지도의 코드를 완성해 보세요. (구매금액과 초기화를 수정해야 합니다.)

> 총 구매금액 = (영웅의 총 × 가격) + (전투모 × 가격) + (램프 × 가격) +
> (회복물약 × 가격) + (점프물약 × 가격) + (랜드 지도 × 가격)

- 실행 화면의 주머니를 클릭하면 '지갑' 변수의 값이 증가하는 이스트에그를 만들어보세요.

⬢ 요약하기

- 문자는 글자가 1개 있는 상태를 말하며, 문자열은 문자가 2개 이상 있는 상태를 이야기합니다. 문자가 2개 이상인 문자열은 글자를 합치거나 필요한 글자를 찾거나, 글자를 바꾸는 등의 여러 기능을 할 수 있습니다.
- 사칙연산 블록은 합치기 기능을 이용하여 여러 개의 값을 계산할 수 있습니다.

Chapter 13

날아오는 선인장

Chapter 13 날아오는 선인장

하늘에서 선인장 몬스터가 공격해옵니다. 선인장을 제한 시간 안에 처리하고 다음 장소로 이동해볼까요?

프로젝트 난이도 ★★☆

실습 영상
- 실습 파일 : ch13.날아오는 선인장(실습).ent
- 완성 파일 : ch13.날아오는 선인장(완성).ent

💛 학습 목표

- 도장 찍기와 복제본의 차이를 설명할 수 있다.
- 필요한 오브젝트를 직접 만들어 작품에 활용할 수 있다.
- 논리연산 개념을 설명할 수 있다.

💛 프로젝트 미리보기

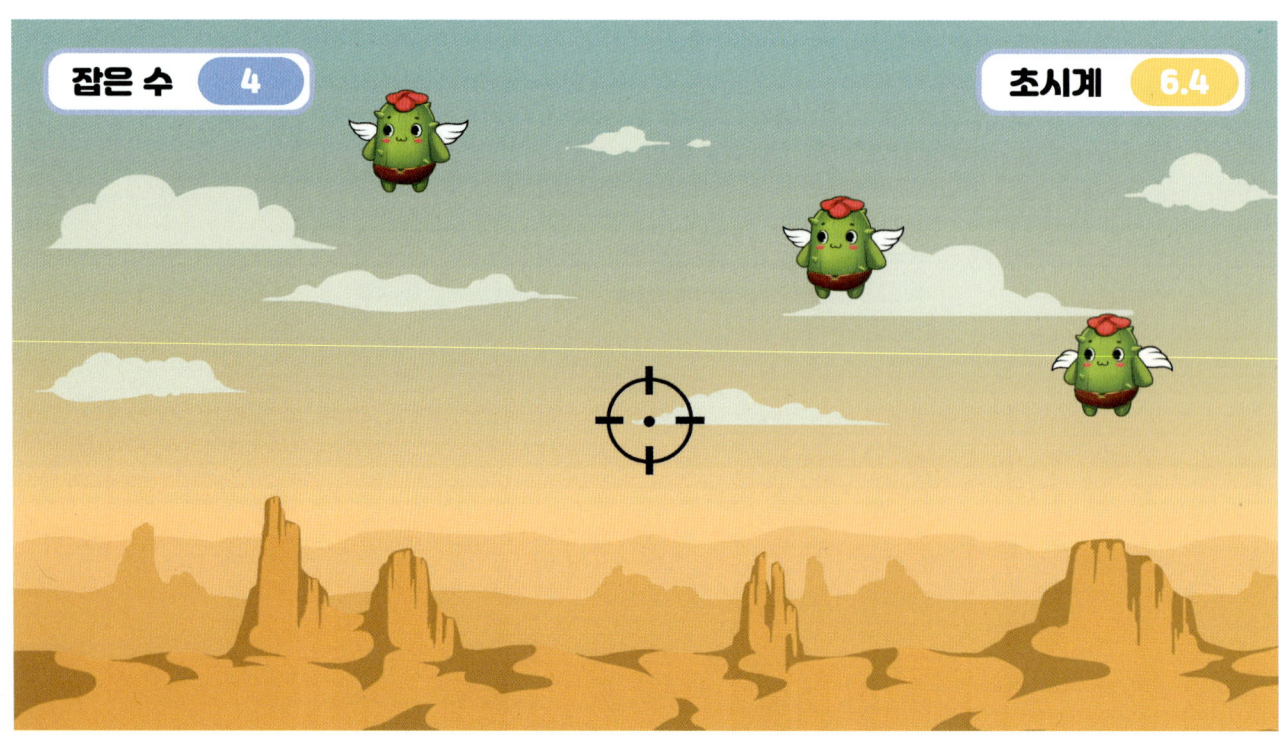

🍂 오늘의 이야기

 "자, 이제 적들의 특수 능력을 알려줄게. 지난번에 몬스터들이랑 무작위로 동전 게임을 했던 것 기억하지?"

 "응! 동전을 누가 갖고 있는지 맞혀야 했지."

 "맞아, 그런데 그 몬스터들은 사실 한 마리야."

 "한 마리라니? 무슨 말이야?"

 "복제라는 특수 능력으로 끝도 없이 자기와 똑같이 생긴 몬스터를 만들 수 있어. 복제가 이뤄지기 전에 빨리 처리하면 개체 수를 줄일 수 있어."

 "이제부터는 공격을 해야겠군. 섬에서 연습한 사격이 효과가 있어야 할텐데."

 "맞아, 이제부터는 조심해. 최종 보스와 가까워질수록 공격성이 강한 부하들이 주변을 지키고 있어."

 "응! 이 상점에서 산 무기를 이용해서 잘 통과해 볼게."

개념 다지기

알아보기

도장 찍기와 복제본

엔트리에서 똑같은 오브젝트를 만드는 방법은 두 가지입니다. 한 가지는 도장 찍기 기능, 다른 한 가지는 복제하기 기능입니다. 도장 찍기 기능은 단순히 모양만 똑같이 만들어내므로 도장을 찍은 오브젝트가 움직일 수 없습니다. 반면 복제하기는 형태뿐만 아니라 움직임까지 똑같이 하도록 만들 수 있습니다.

복제본 만들기

똑같이 동작하는 오브젝트는 오브젝트 목록에서 단축 메뉴인 [복제하기] 메뉴를 사용하여 만들 수 있습니다.

- [복제하기] 메뉴로 오브젝트를 여러 개 만들었을 경우, 코드를 수정해야 하는 상황이 생기면 각각 수정해야 하는 번거로움이 있습니다.
- [복제하기] 메뉴 대신, 복제본 관련된 블록으로도 오브젝트를 복제할 수 있으며, 하나의 오브젝트로 복제본을 만들기 때문에 코드를 수정할 때도 편리합니다.

블록	기능
복제본이 처음 생성되었을때	해당 오브젝트의 복제본이 새로 생성되었을 때 아래에 연결된 블록들을 실행합니다.
자신▼ 의 복제본 만들기	선택한 오브젝트의 복제본을 생성합니다.
모든 복제본 삭제하기	[복제본이 처음 생성되었을 때] 블록과 함께 사용되며, 연결된 블록들이 실행되고 있는 복제본을 삭제합니다.
이 복제본 삭제하기	해당 오브젝트의 모든 복제본을 삭제합니다.

논리연산

컴퓨터는 참과 거짓으로 상황을 판단합니다. 다음 논리연산 3가지는 이러한 참/거짓 상황을 판단하기 위해 사용됩니다.

블록	기능
참 그리고 ▼ 참	그리고 : 두 판단이 모두 참인 경우 '참'으로 판단합니다.
참 또는 ▼ 거짓	또는 : 두 판단 중 하나라도 참이 있는 경우 '참'으로 판단합니다.
참 (이)가 아니다	해당 판단이 참이면 거짓, 거짓이면 참으로 만듭니다.

두 가지 조건이 모두 맞아야 하는 경우는 논리연산 **[그리고]**를 사용합니다.

두 가지 조건 중 한 가지만 맞아도 되는 경우는 논리연산 **[또는]**을 사용합니다.

입력된 조건의 반대 경우는 논리연산 **[아니다]**를 사용합니다.

🌸 오브젝트 그리기

필요한 오브젝트가 없는 경우 직접 오브젝트를 만들어서 사용할 수 있습니다.

프로그래밍하기

프로젝트 만들기

Step 1 마우스포인터 따라다니기

'중심' 오브젝트와 '목표 설정' 오브젝트가 마우스포인터를 따라다니도록 만들어봅시다.

1 '중심점' 오브젝트를 클릭한 후, [시작] 카테고리에서 [시작하기 버튼을 클릭했을 때] 블록을 가져옵니다.

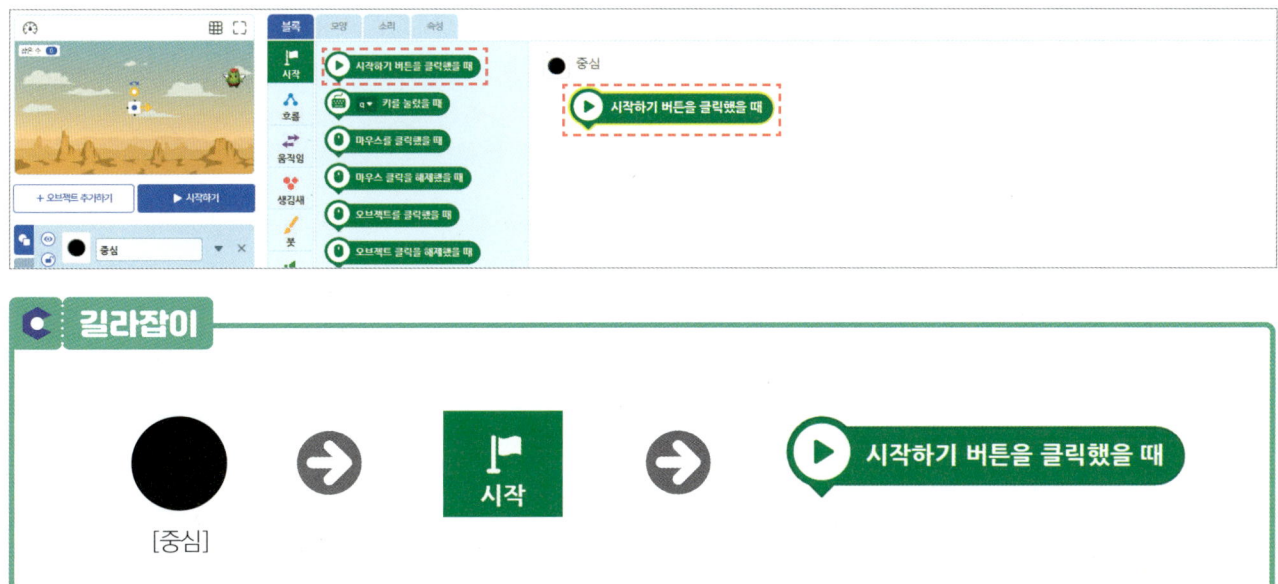

2 [흐름] 카테고리에서 [계속 반복하기] 블록을 가져옵니다.

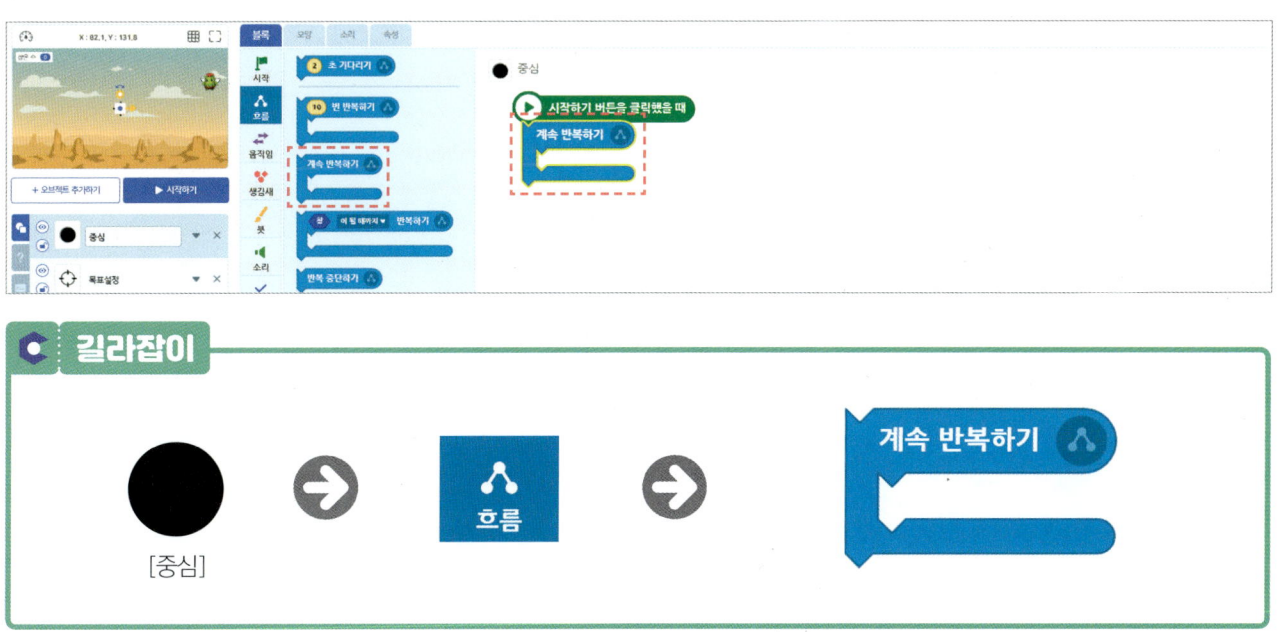

Chapter 13 | 날아오는 선인장   223

3 [움직임] 카테고리에서 [중심 위치로 이동하기] 블록을 가져와 [마우스포인터 위치로 이동하기]로 수정합니다.

4 '중심' 오브젝트의 복사할 블록 위에서 마우스 오른쪽 버튼을 클릭한 후 [코드 복사] 메뉴를 클릭합니다.

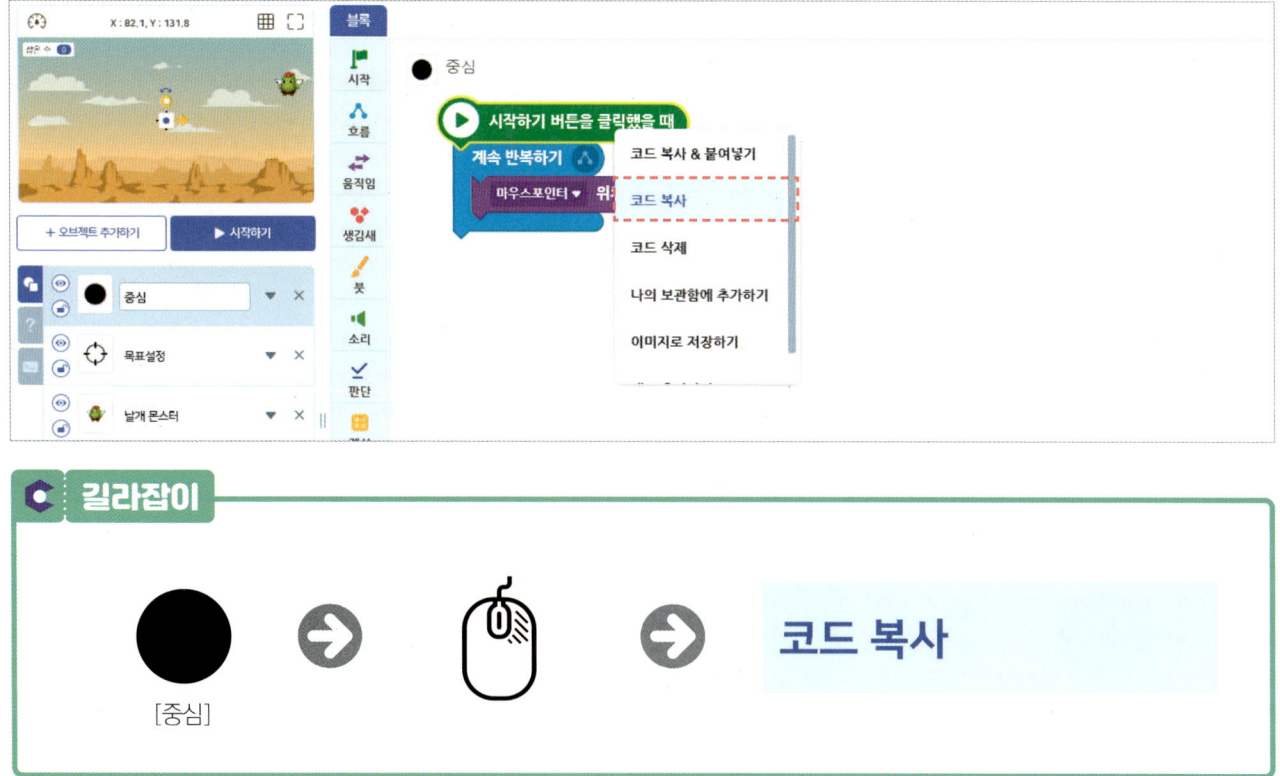

5 '목표설정' 오브젝트를 클릭한 후, 블록 조립소에서 마우스 오른쪽 버튼을 클릭하여 [붙여넣기] 메뉴를 클릭합니다.

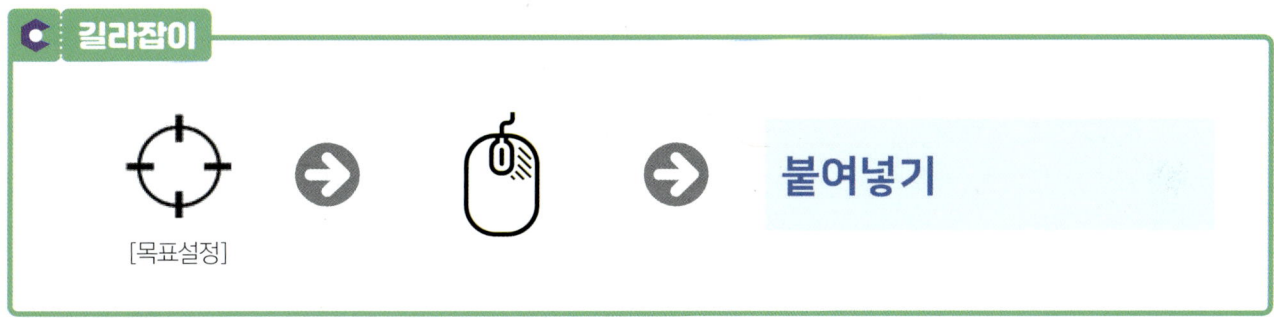

6 [시작] 카테고리에서 [마우스를 클릭했을 때] 블록을 가져옵니다.

Chapter 13 | 날아오는 선인장   225

7 [생김새] 카테고리에서 [기본 모양으로 바꾸기] 블록을 가져와 [발사 모양으로 바꾸기]로 수정합니다.

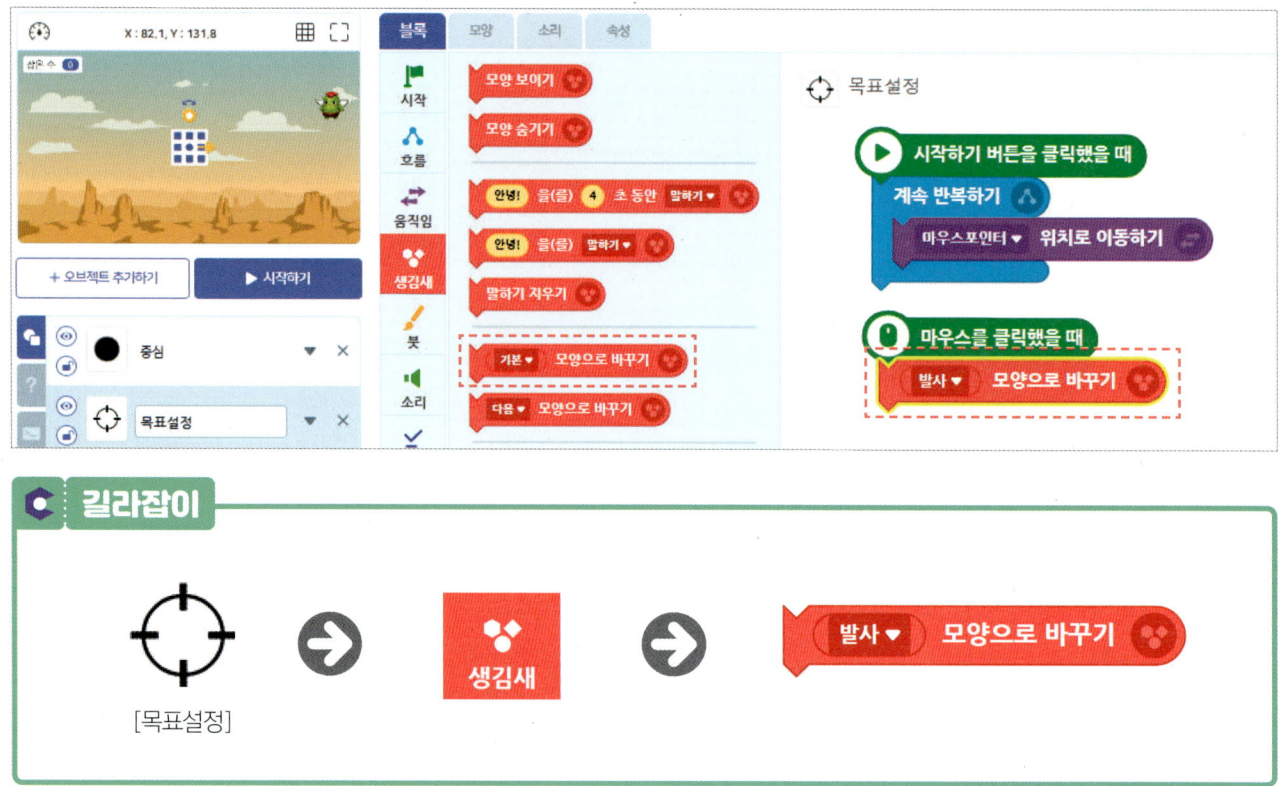

8 [시작] 카테고리에서 [마우스를 클릭을 해제했을 때] 블록을 가져옵니다.

9 [생김새] 카테고리에서 [기본 모양으로 바꾸기] 블록을 가져옵니다.

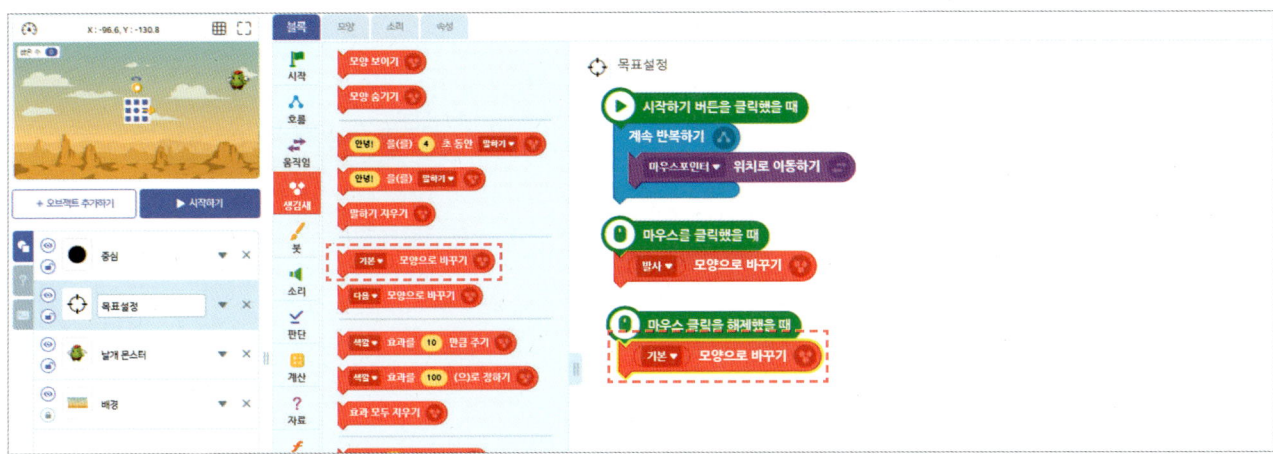

길라잡이

Step 2 복제하기

'날개 몬스터' 오브젝트를 복제한 후 실행 화면 왼쪽으로 이동하도록 만들어봅시다.

10 '날개 몬스터' 오브젝트를 클릭한 후, [시작] 카테고리에서 [시작하기 버튼을 클릭했을 때] 블록을 가져옵니다.

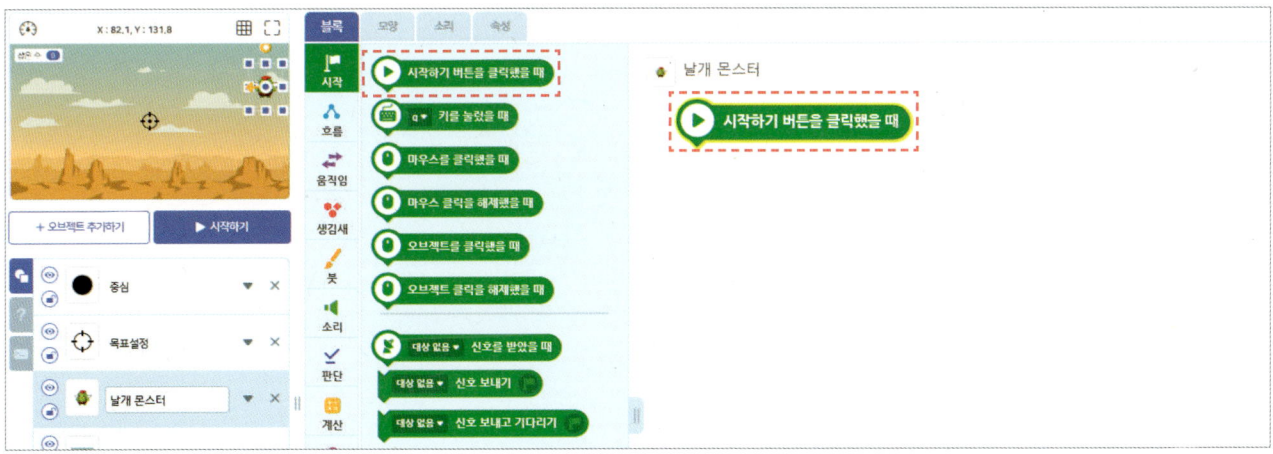

길라잡이

Chapter 13 | 날아오는 선인장   227

11 [생김새] 카테고리에서 [모양 숨기기] 블록을 가져옵니다.

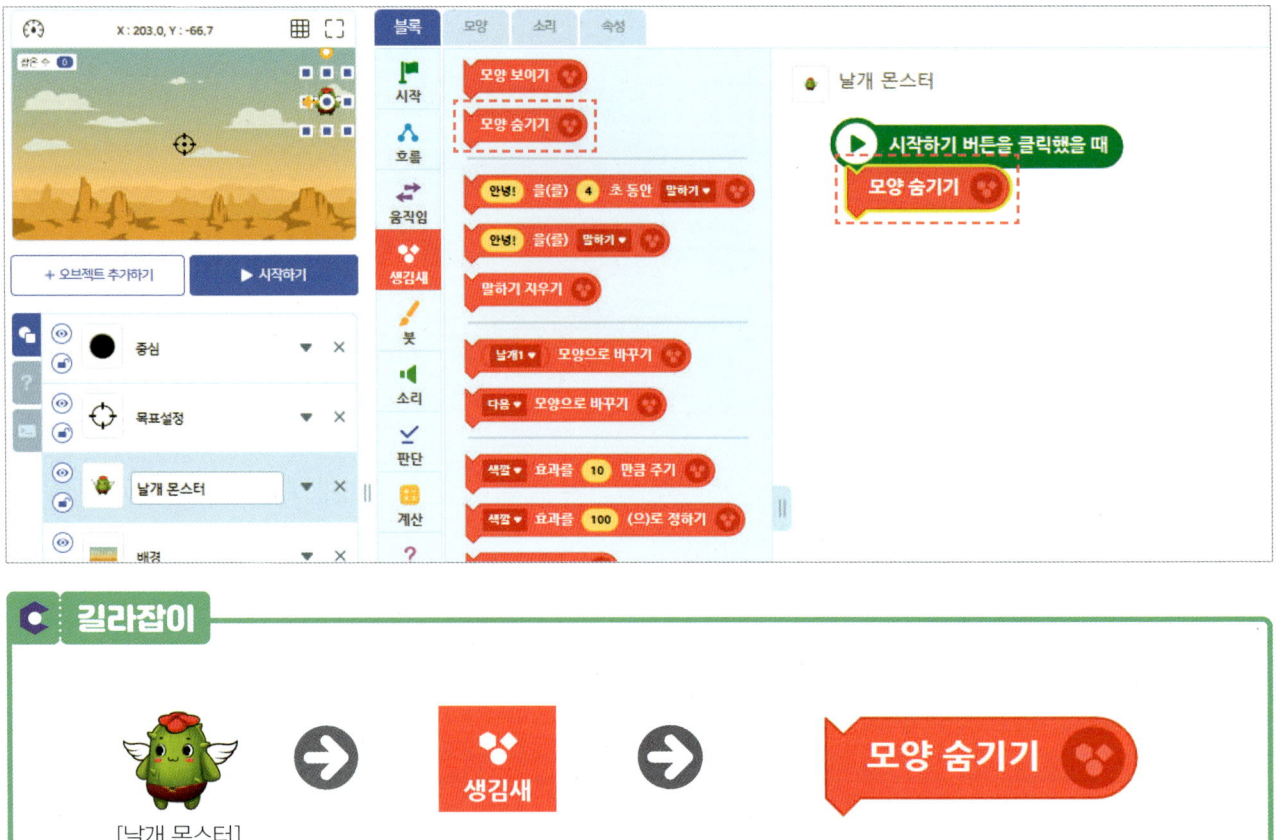

12 [흐름] 카테고리에서 [계속 반복하기] 블록을 가져옵니다.

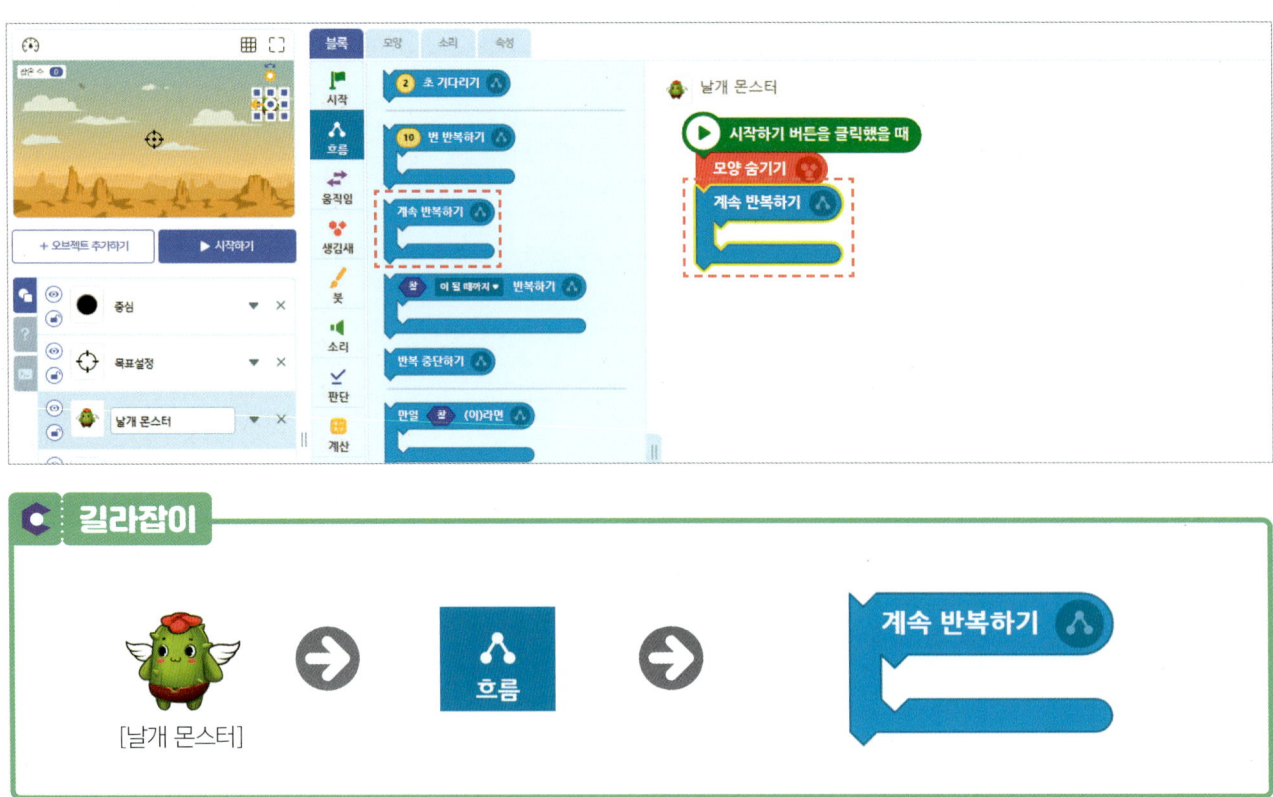

13 [흐름] 카테고리에서 [자신의 복제본 만들기] 블록을 가져옵니다.

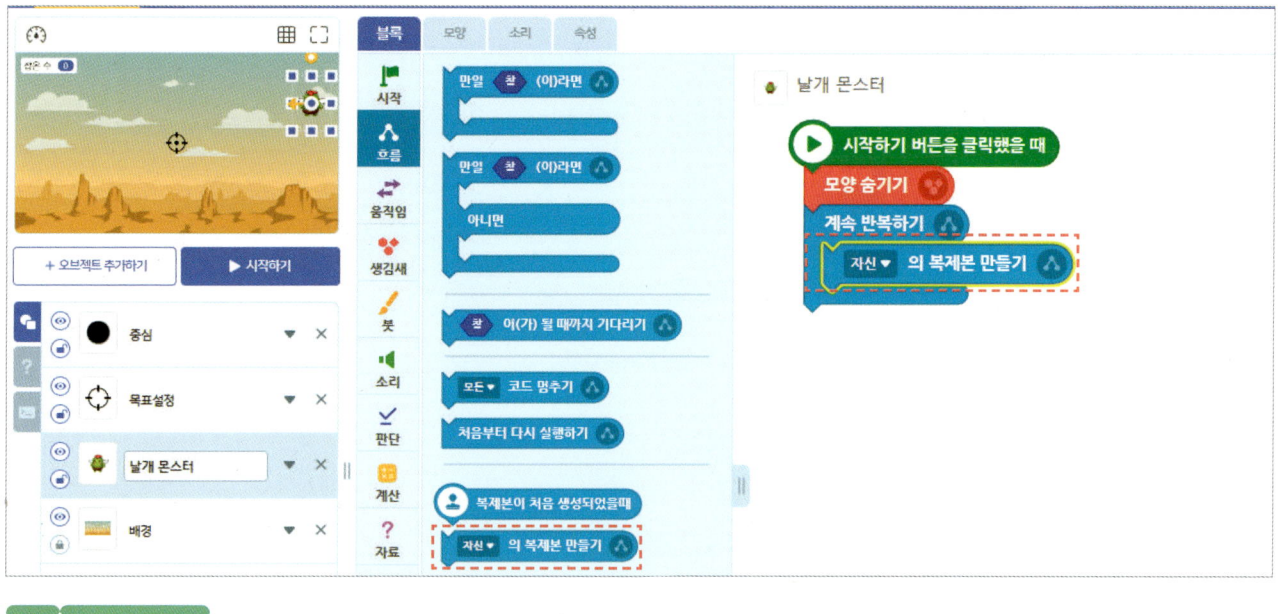

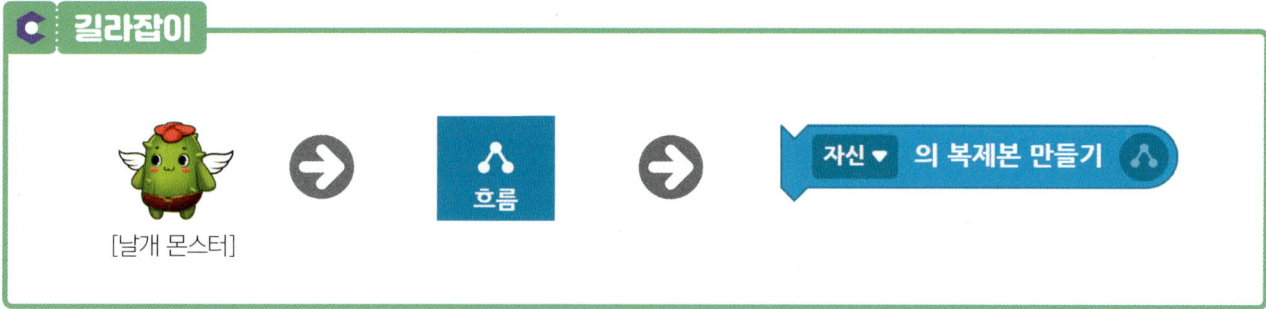
[날개 몬스터]

14 [흐름] 카테고리에서 [2초 기다리기] 블록을 가져와 [0.5초 기다리기]로 수정합니다.

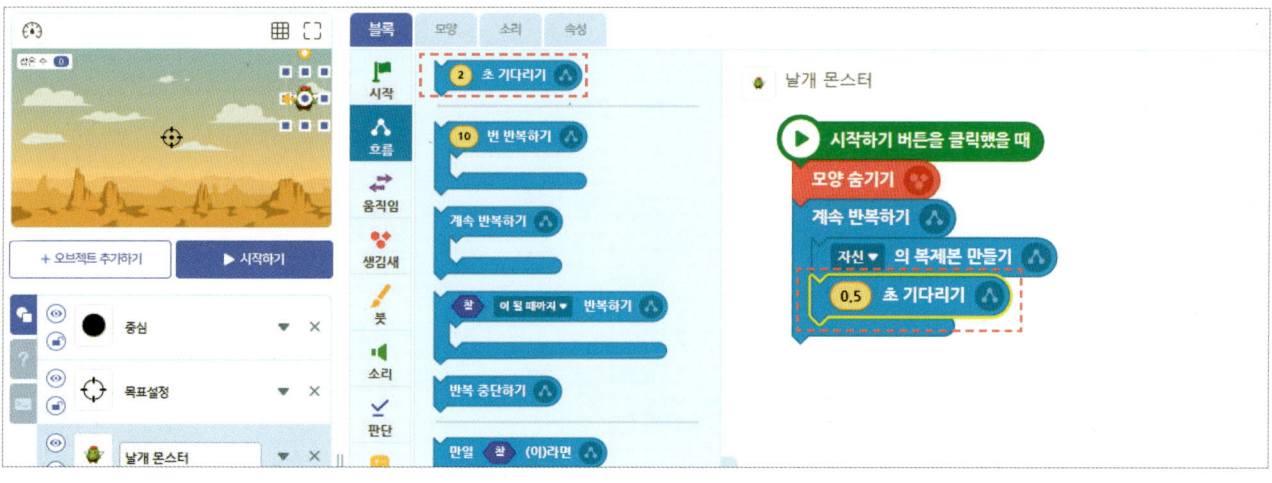

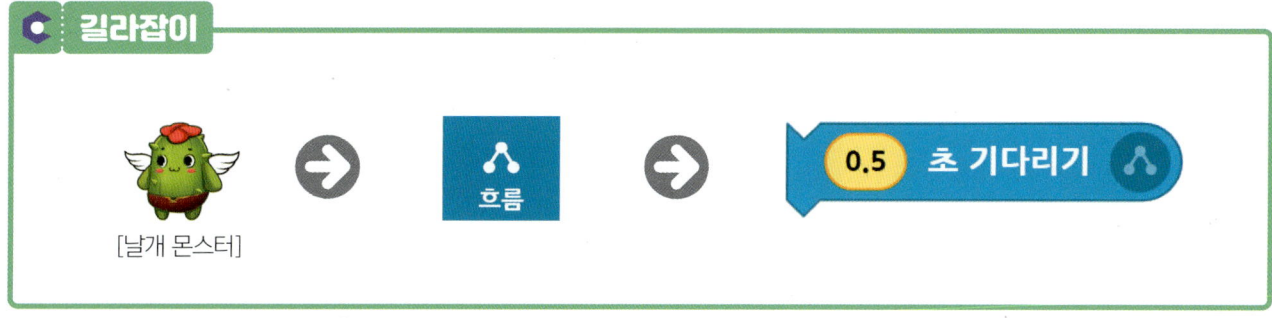
[날개 몬스터]

15 [흐름] 카테고리에서 [복제본이 처음 생성되었을 때] 블록을 가져옵니다.

16 [움직임] 카테고리에서 [y: 10 위치로 이동하기] 블록을 가져옵니다.

17 [계산] 카테고리에서 [0부터 10사이의 무작위 수] 블록을 가져와 [-110부터 110사이의 무작위 수]로 수정합니다.

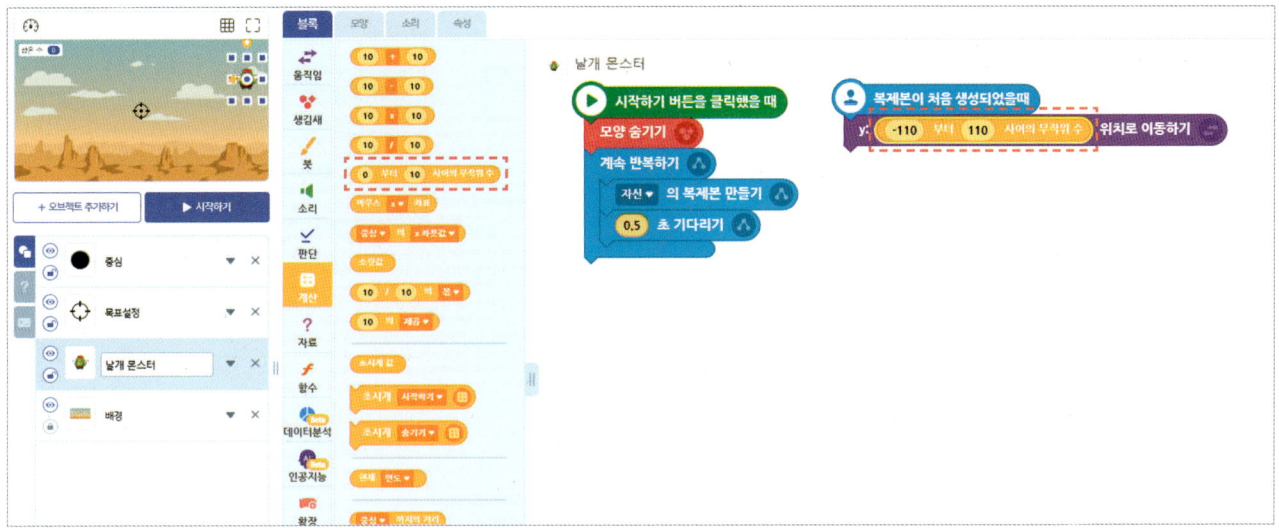

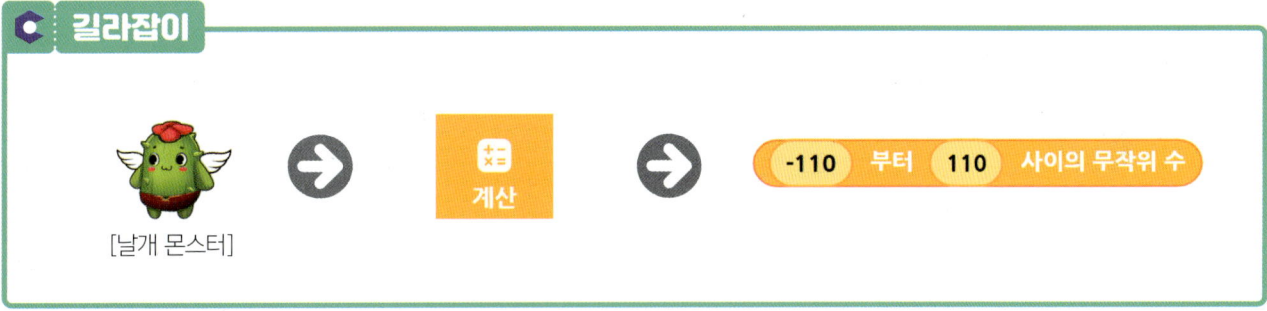

18 [생김새] 카테고리에서 [모양 보이기] 블록을 가져옵니다.

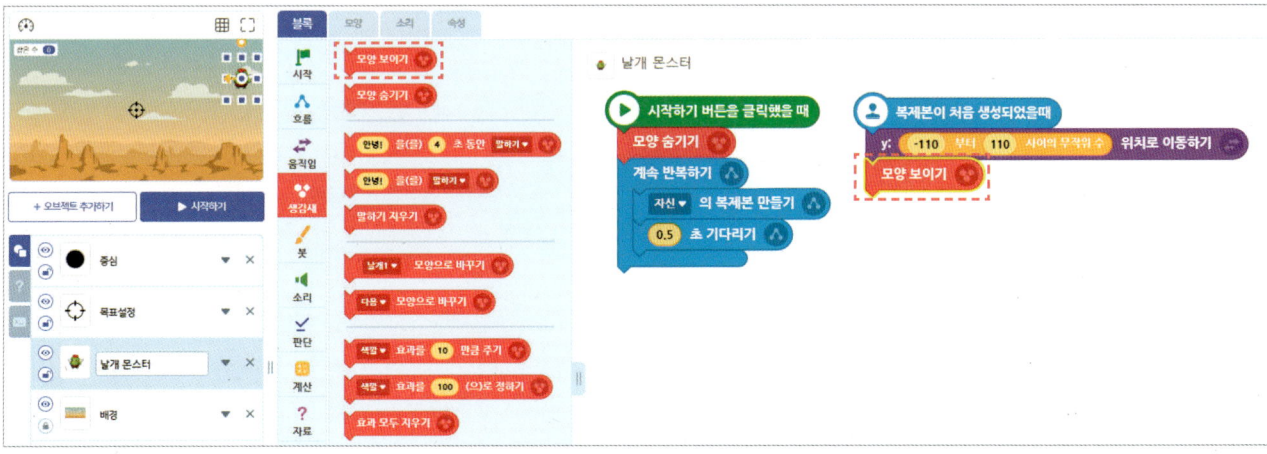

19 [흐름] 카테고리에서 [계속 반복하기] 블록을 가져옵니다.

20 [움직임] 카테고리에서 [x 좌표를 10만큼 바꾸기] 블록을 가져와 [x 좌표를 -2만큼 바꾸기]로 수정합니다.

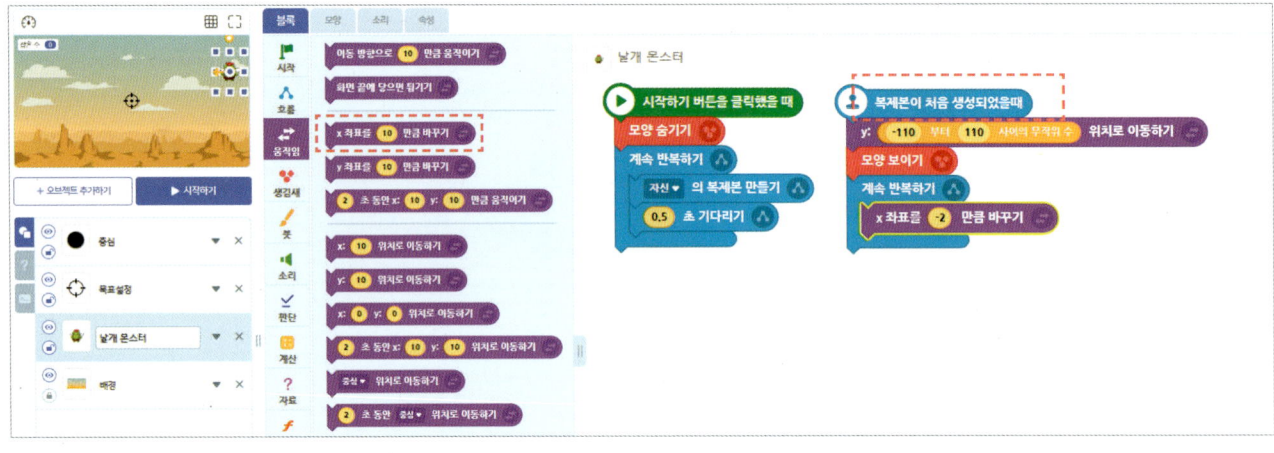

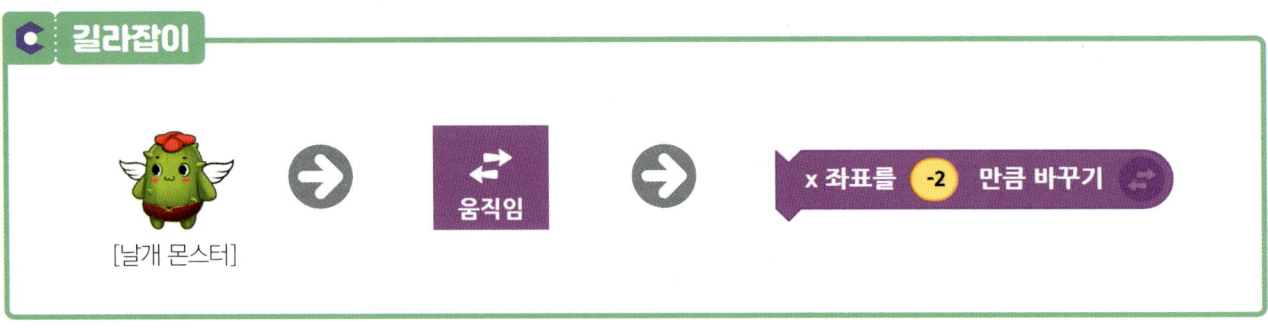

Step 3 변수 만들기

작품에 필요한 변수인 '잡은 수' 변수를 만들어봅시다.

21 [속성] 탭에서 [변수]를 클릭한 후 [변수 추가하기]를 클릭합니다.

22 변수의 이름을 입력하고 확인 버튼을 클릭합니다.

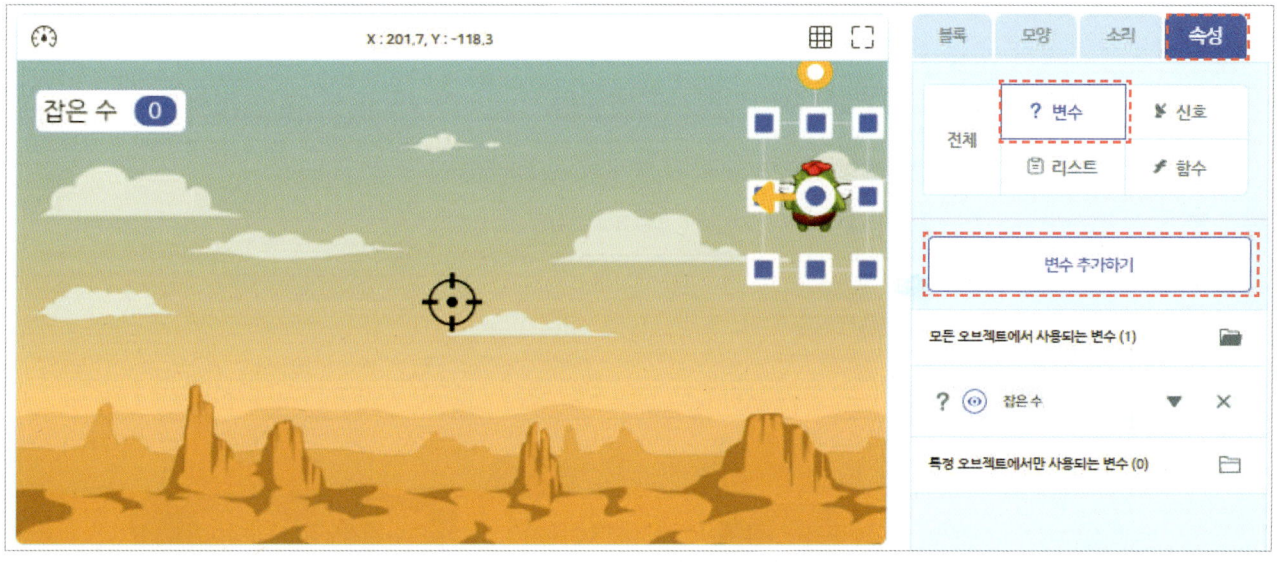

길라잡이

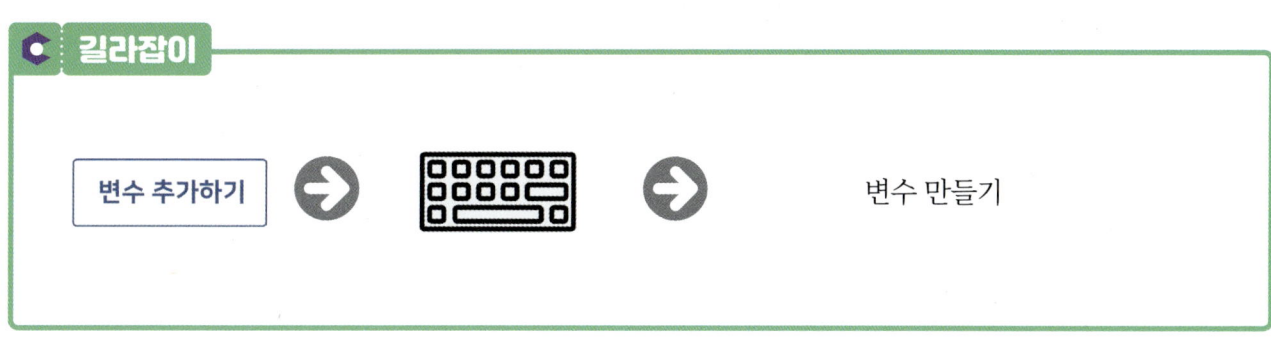

Step 4 벽에 닿았을 때

'날개 몬스터' 복제본이 벽에 닿았을 때 이 복제본을 삭제하고, 잡은 수에 -1을 더해 몬스터를 잡지 못했음을 보여주도록 만들어봅시다.

23 [흐름] 카테고리에서 [만일 <참> (이)라면] 블록을 가져옵니다.

24 [판단] 카테고리에서 [마우스포인터에 닿았는가?] 블록을 가져와 <참> 부분에 넣어준 후, [벽에 닿았는가?]로 수정합니다.

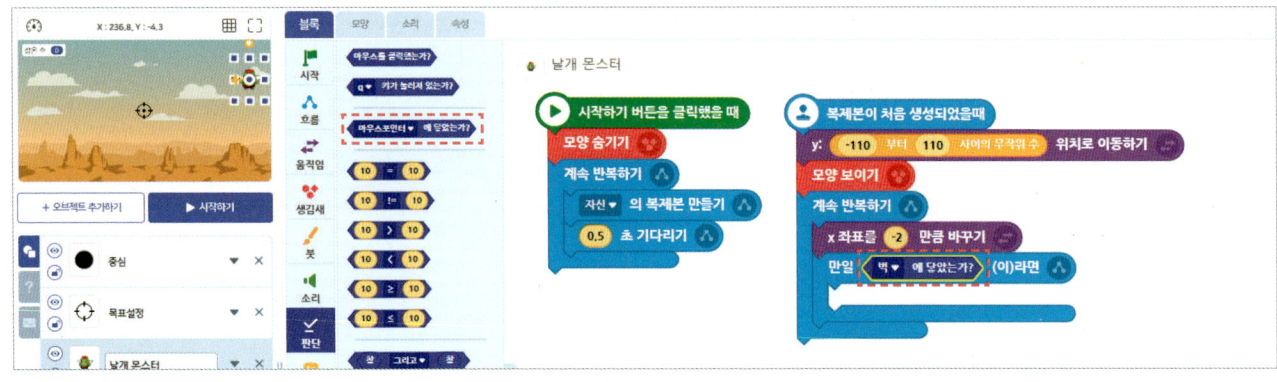

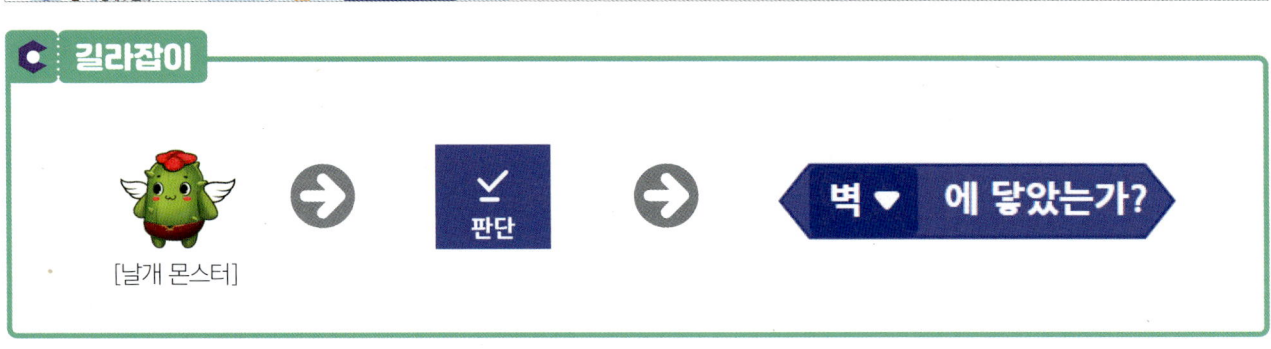

234

25 [자료] 카테고리에서 [잡은 수에 10만큼 더하기] 블록을 가져와 [잡은 수에 -1만큼 더하기]로 수정합니다.

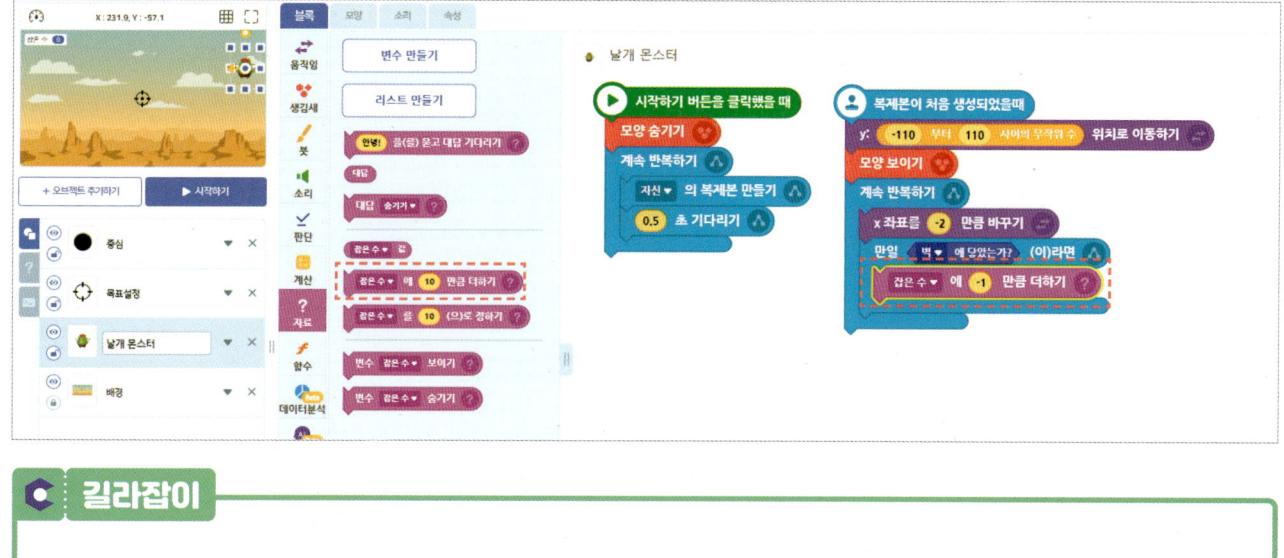

26 [흐름] 카테고리에서 [이 복제본 삭제하기] 블록을 가져옵니다.

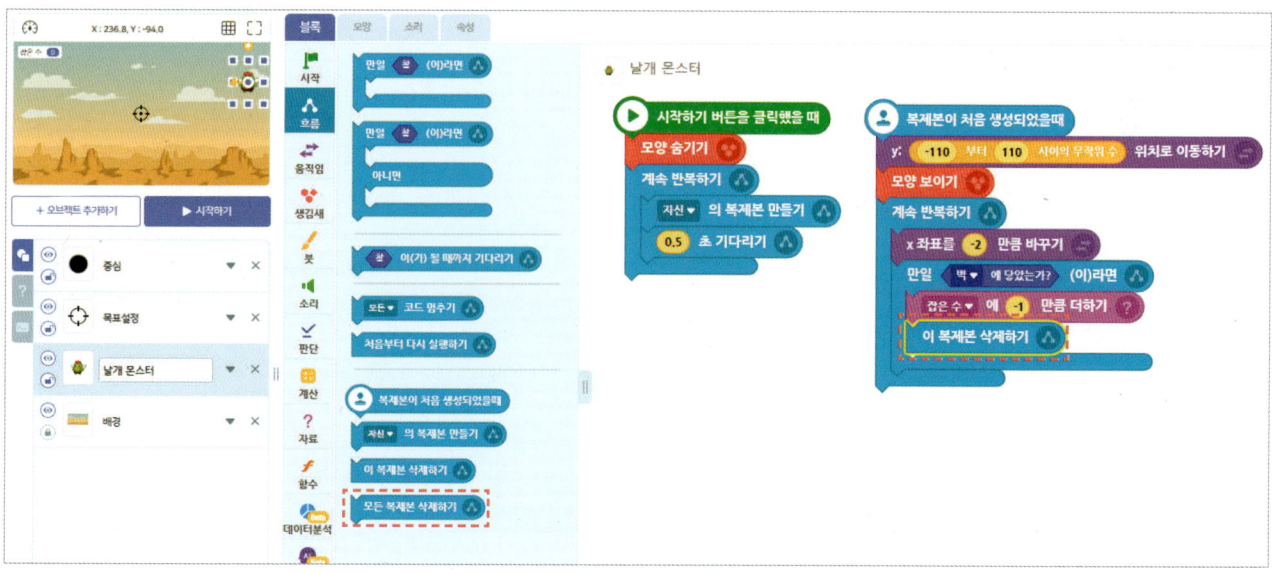

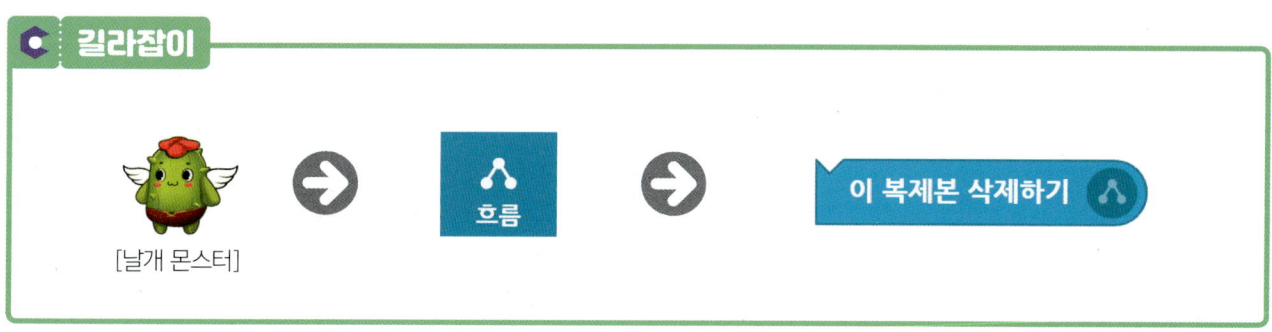

Step 5 　중심에 맞았을 때

'날개 몬스터' 복제본이 중심에 닿았을 때 마우스를 클릭하면 이 복제본을 삭제합니다. '잡은 수' 변수에 1을 더해 잡았음을 보여주도록 만들어봅시다.

27 [흐름] 카테고리에서 [만일 <참> (이)라면] 블록을 가져와 [만일 벽에 닿았는가? (이)라면] 블록 아래에 붙여넣습니다.

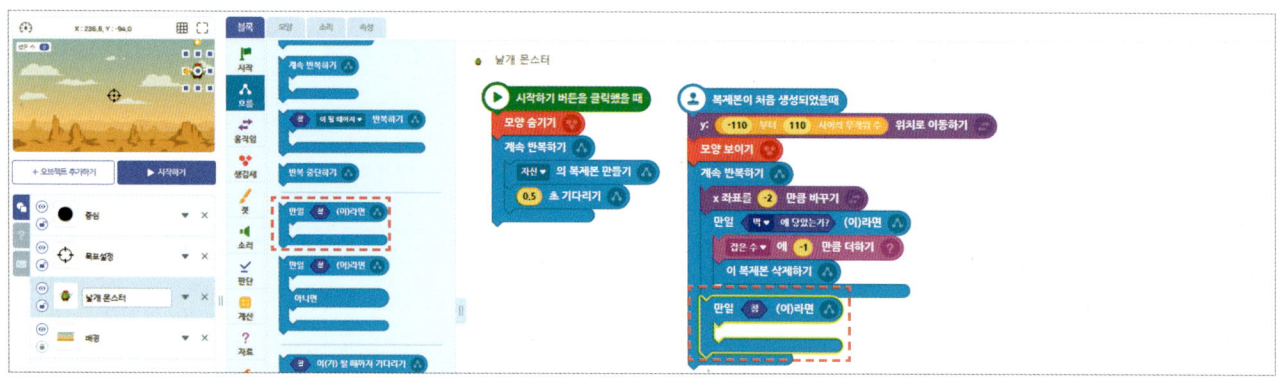

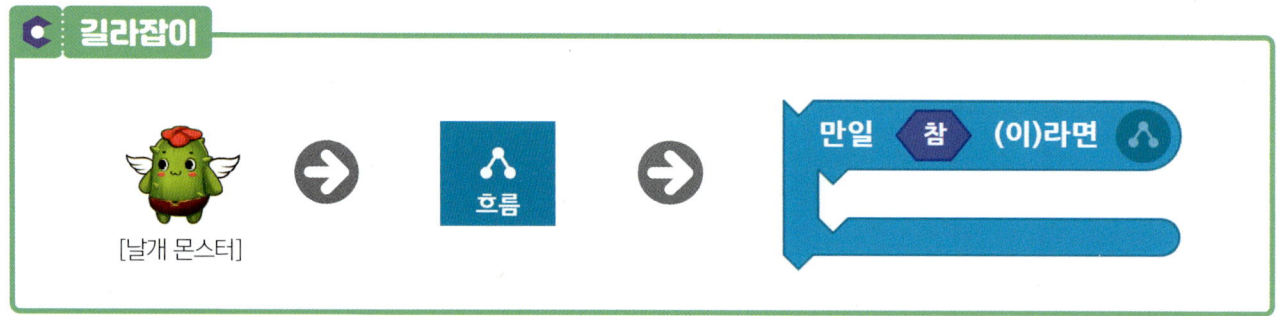

28 [판단] 카테고리에서 [그리고] 블록을 가져와 <참> 부분에 넣어줍니다.

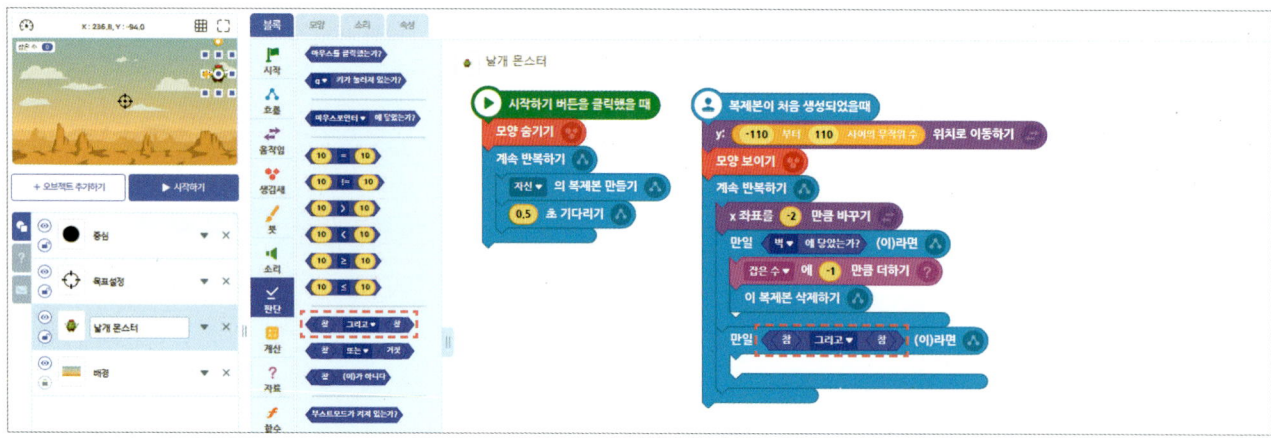

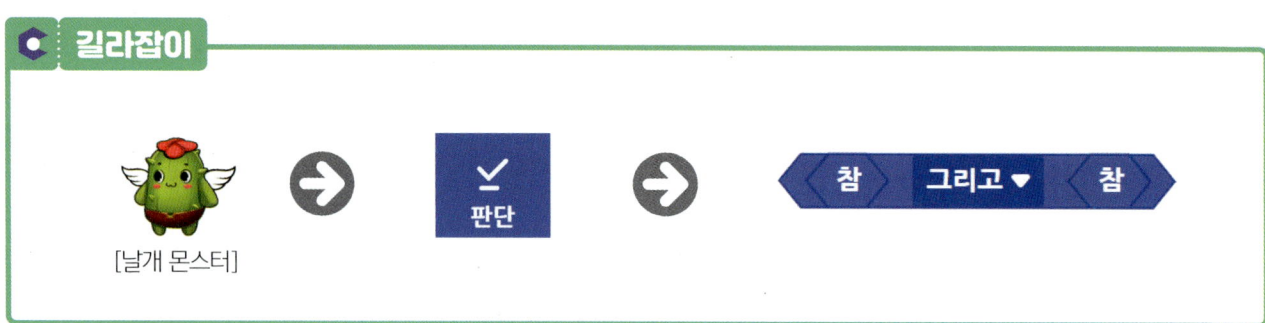

236

29 [판단] 카테고리에서 [마우스를 클릭했는가?] 블록을 가져와 [그리고] 블록의 왼쪽에 넣어줍니다.

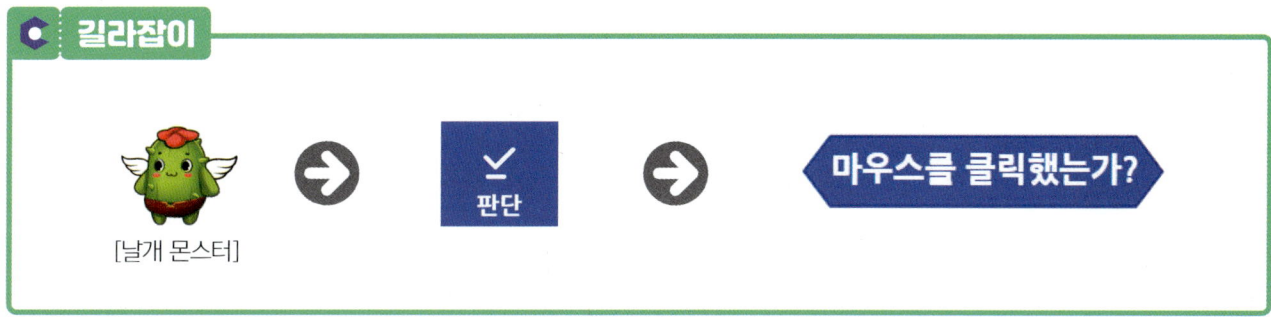

30 [판단] 카테고리에서 [마우스포인터에 닿았는가?] 블록을 가져와 [중심에 닿았는가?]로 수정한 후, [그리고] 블록의 오른쪽에 넣어줍니다.

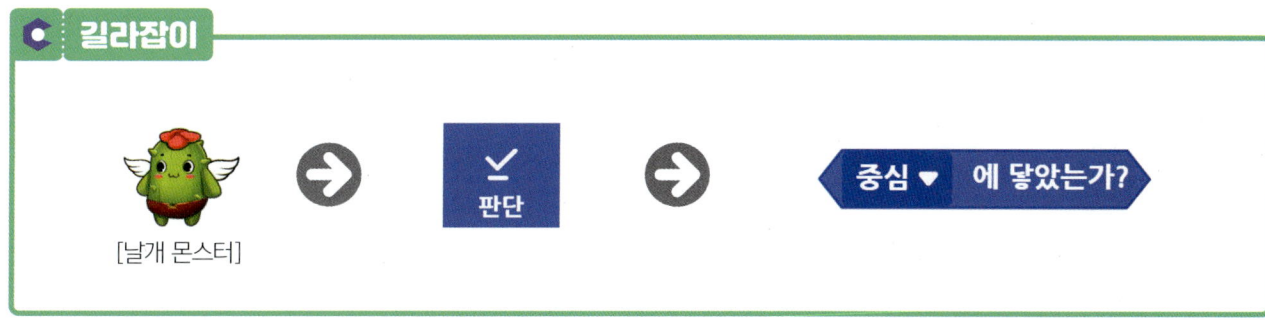

Chapter 13 | 날아오는 선인장   237

31 [자료] 카테고리에서 [잡은 수에 10만큼 더하기] 블록을 가져와 [잡은 수에 1만큼 더하기]로 수정합니다.

32 [흐름] 카테고리에서 [이 복제본 삭제하기] 블록을 가져옵니다.

Step 6 초시계

초시계를 동작시키고 제한 시간 동안 몬스터를 잡도록 만들어봅시다.

33 [시작] 카테고리에서 [시작하기 버튼을 클릭했을 때] 블록을 가져옵니다.

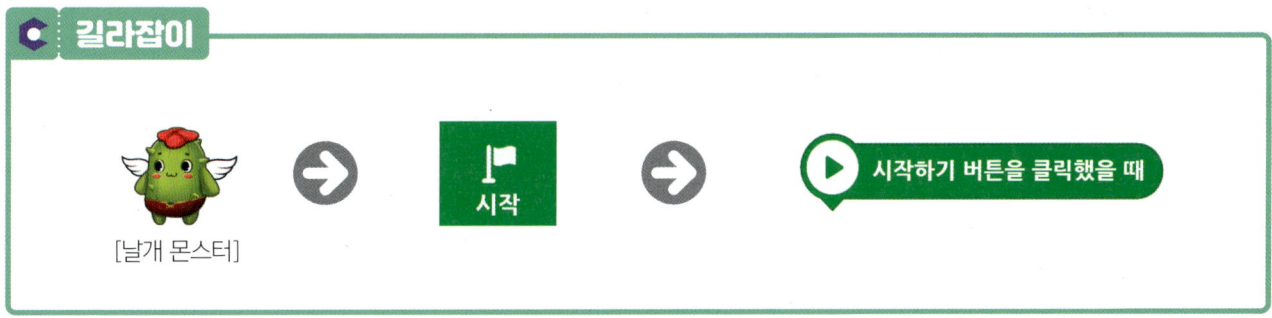

[날개 몬스터]

34 [계산] 카테고리에서 [초시계 시작하기] 블록을 가져옵니다.

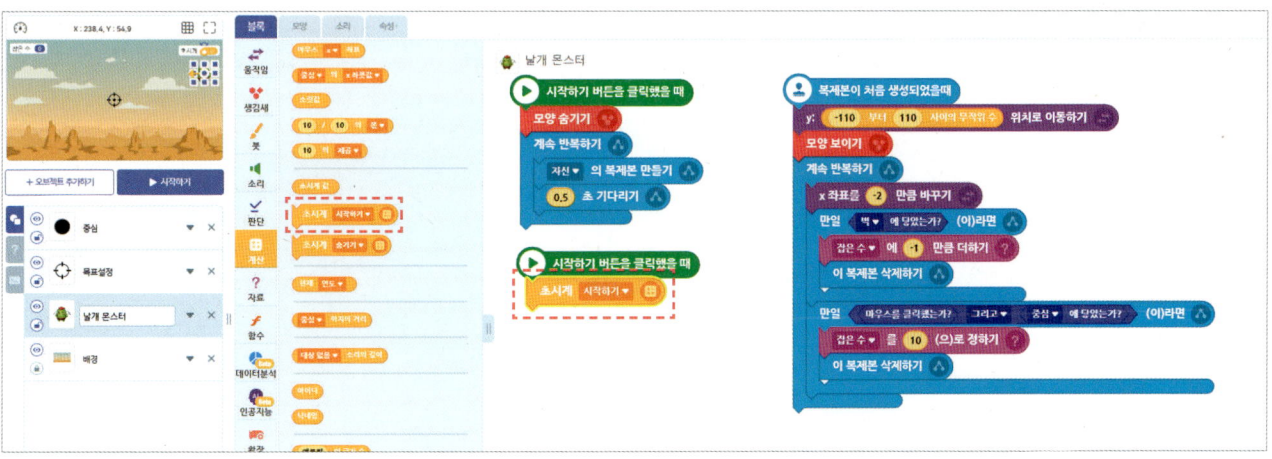

[날개 몬스터]

35 [흐름] 카테고리에서 [계속 반복하기] 블록을 가져옵니다.

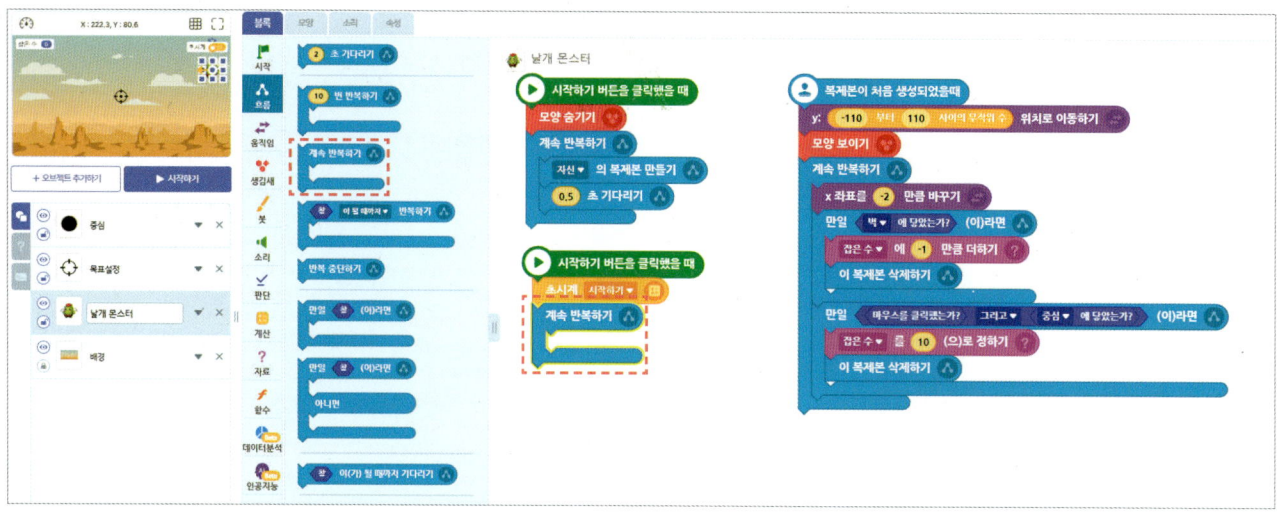

36 [흐름] 카테고리에서 [만일 <참> (이)라면] 블록을 가져옵니다.

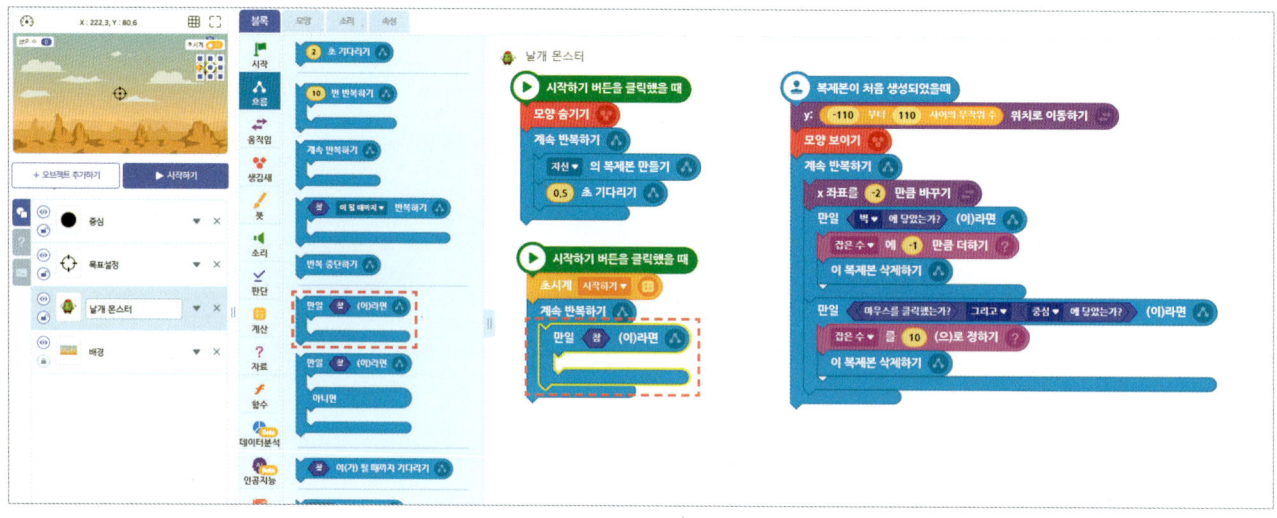

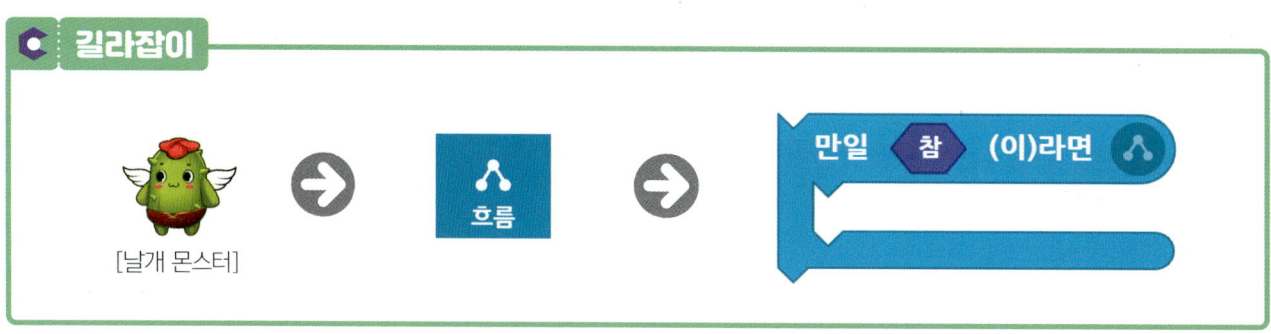

37 [판단] 카테고리에서 [10 ≥ 10] 블록을 가져와 <참> 부분에 넣어줍니다.

길라잡이

[날개 몬스터] → 판단 → 10 ≥ 10

38 [계산] 카테고리에서 [초시계 값] 블록을 가져와 [10 ≥ 10]의 왼쪽에 넣어줍니다.

길라잡이

[날개 몬스터] → 계산 → 초시계 값

39 [계산] 카테고리에서 [초시계 시작하기] 블록을 가져와 [초시계 정지하기]로 수정합니다.

40 [흐름] 카테고리에서 [모든 코드 멈추기] 블록을 가져옵니다.

정리하기

전체 코드 보기

발전시키기

- '날개 몬스터'가 무작위 시간으로 나타나도록 만들어보세요. (코드 수정하기)
- '날개 몬스터'의 [모양] 탭에서 두 개의 모양을 이용하여 날개가 파닥이는 모양을 만들어보세요. (코드 추가하기)

요약하기

- 도장 찍기는 오브젝트의 모양만 똑같이 만들 때 사용하며, 복제본은 오브젝트의 움직임까지 똑같이 행동하게 만들 때 사용합니다.
- 컴퓨터는 참과 거짓으로 상황을 판단합니다. 논리연산은 컴퓨터가 더욱 다양한 판단을 할 수 있도록 만들며 [그리고], [또는], [~(이)가 아니다]의 3가지 논리연산이 있습니다.

Chapter 14

목적지를 향해

Chapter 14 목적지를 향해

복제된 몬스터가 오른쪽에서 달려오고 있어요! 몬스터에 닿지 않도록 점프를 이용해서 피해볼까요?

프로젝트 난이도 ★★☆

실습 영상

· 실습 파일 : ch14.목적지를 향해(실습).ent
· 완성 파일 : ch14.목적지를 향해(완성).ent

💛 학습 목표

- 함수의 개념을 설명할 수 있다.
- 엔트리를 활용하여 런게임을 만들 수 있다.
- 프로젝트를 응용하여 새로운 프로젝트를 구성할 수 있다.

💛 프로젝트 미리보기

💛 오늘의 이야기

"연습한 보람이 있는걸! 이제 여기에서 두 곳 정도만 지나면 최종 보스를 만날 수 있어. 최종 보스는 아주 강력하지. 일단 이제 저 몬스터 케티를 피해야 해. 너의 점프 능력이 향상될 수 있는 물약을 줄게. 자, 얼른 마셔."

"이거 마셔도 되는 거야? 초록색 독약처럼 생겼어."

"원래 몸에 좋은 약이 그런 법이야. 여기까지 왔으니 나를 믿어."

"으... 너무 쓴걸!"

"자, 이제 뛰어봐! 저기 케티는 몸에 독이 발라져 있어. 케티의 몸에 닿지 않도록 조심해."

"좋아! 가볍게 뛰어넘겠어!"

개념 다지기

알아보기

함수

- 함수란 사용자가 특정 기능을 할 수 있도록 직접 블록을 만드는 것을 말합니다. 예를 들어 '학교 갈 준비하기'라는 기능을 하는 블록을 만들 때 다음과 같은 5개의 기능을 하나의 블록에 담을 수 있습니다.
- 필요한 기능을 살펴보고, 직접 필요한 명령어를 만들어서 사용할 수 있습니다.
- 한 번 만든 함수는 여러 번 사용될 수 있으며, 블록의 양을 효과적으로 줄입니다.

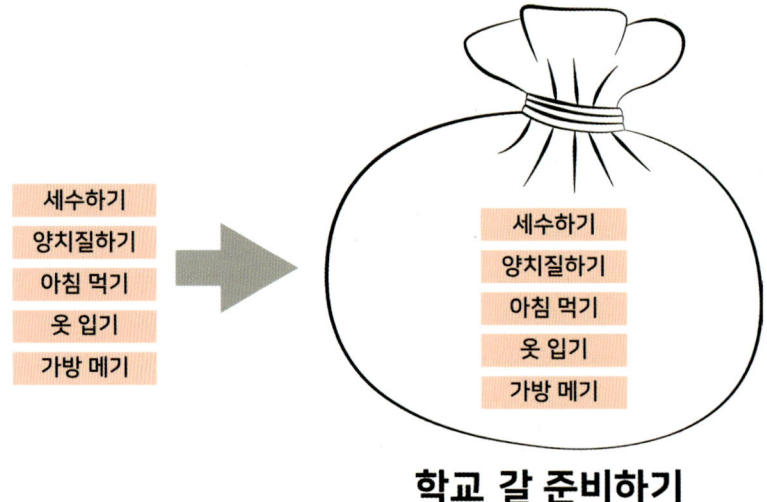

5개의 기능을 '학교 갈 준비하기'라는 주머니에 담는다.

함수 만들기

1. **[함수]** 카테고리로 이동하여 **[함수 만들기]**를 클릭합니다.
2. 함수 이름을 정한 다음, 함수의 필요한 블록을 만들고 확인 버튼을 클릭합니다.

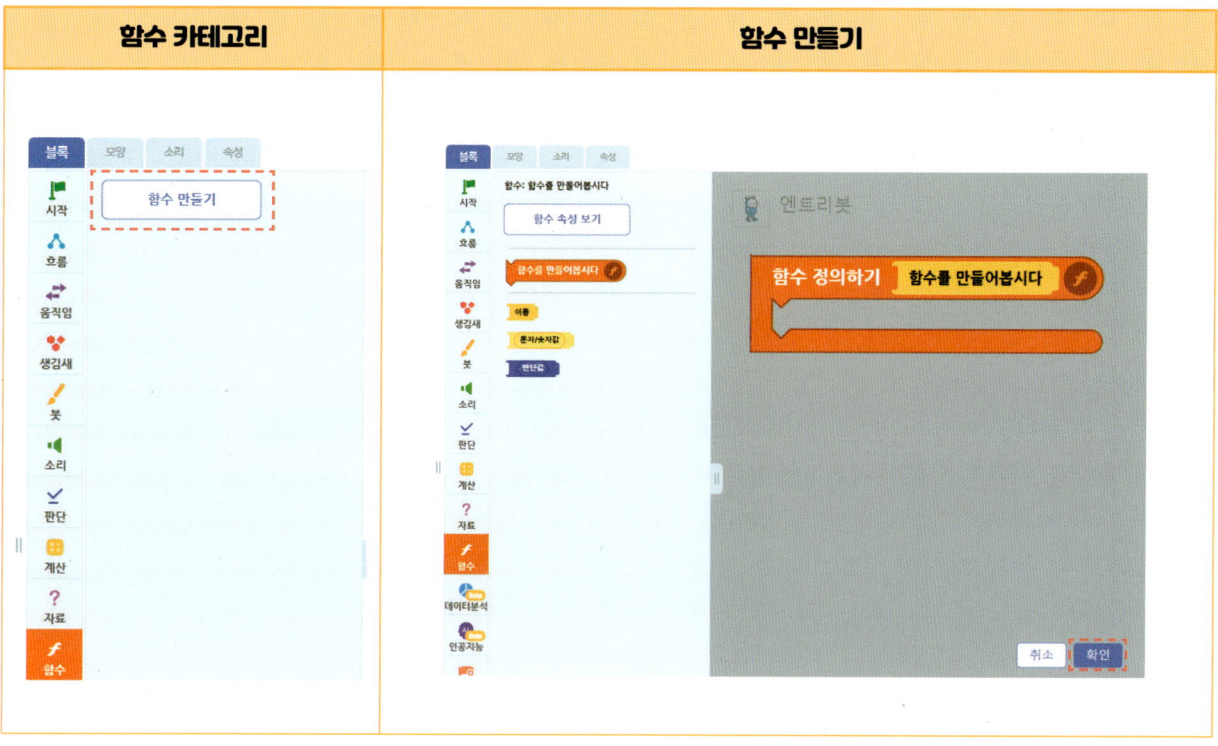

함수 수정하기

[함수] 카테고리로 이동하여 수정하려고 하는 함수 블록을 더블클릭하면 함수를 수정할 수 있는 창이 나타납니다.

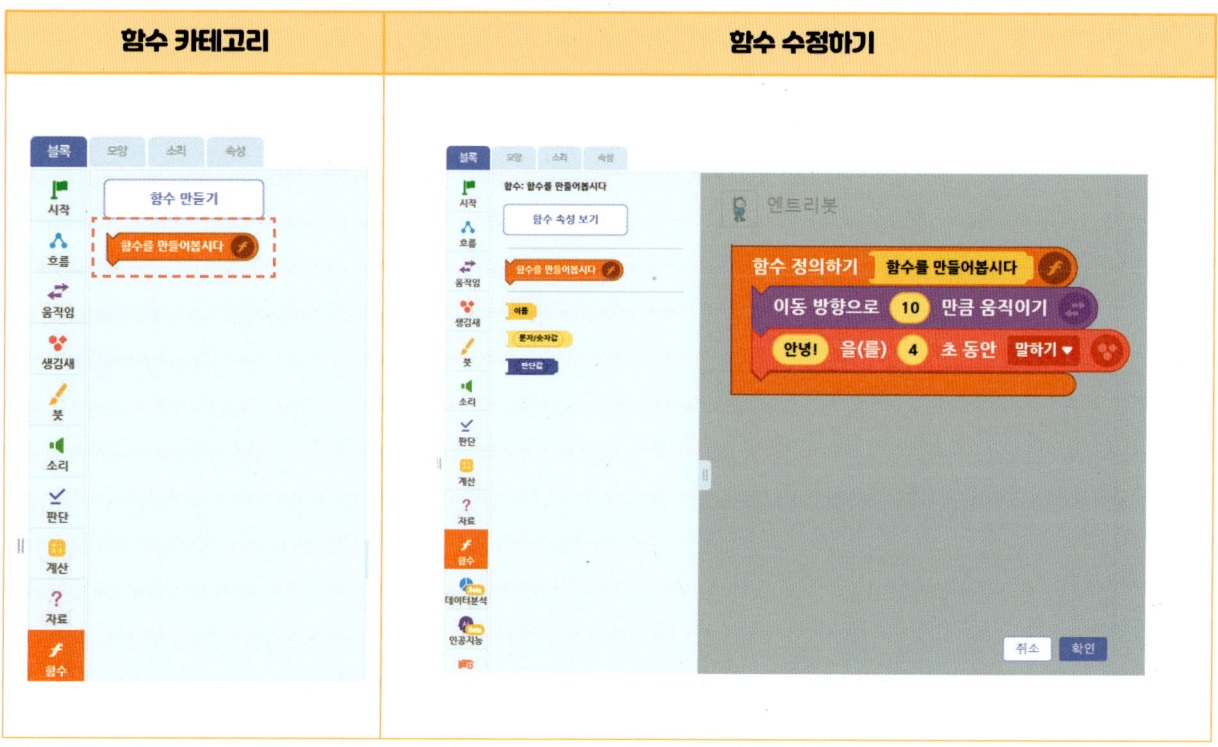

🌸 함수 삭제하기

[속성]-[함수]에서 삭제하고 싶은 함수의 [x] 버튼을 클릭하면 다음과 같은 창이 나타납니다.
[확인] 버튼을 클릭하면 함수를 삭제할 수 있습니다.

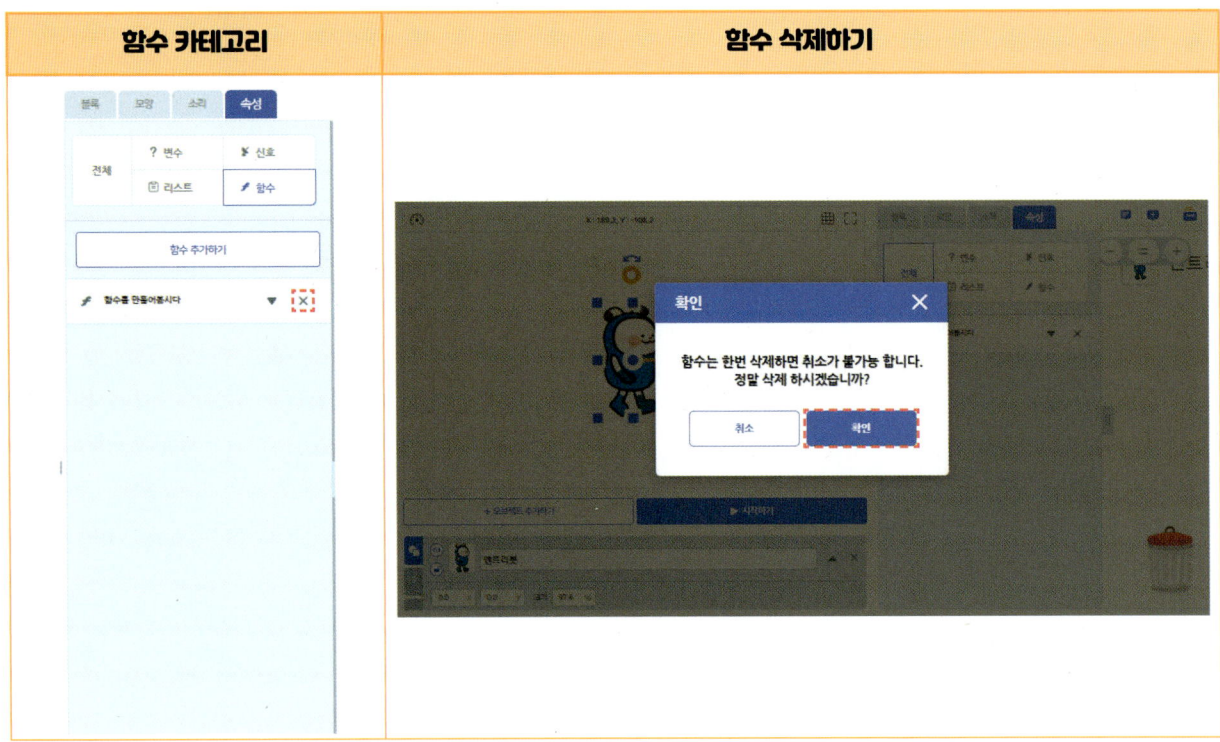

프로그래밍하기

프로젝트 만들기

Step 1 주인공 점프하기

스페이스 키를 눌렀을 때 현재의 위치에서 위, 아래로 '주인공' 오브젝트가 점프하도록 만들어봅시다.

1 '주인공' 오브젝트를 클릭한 후, [시작] 카테고리에서 [시작하기 버튼을 클릭했을 때] 블록을 가져옵니다.

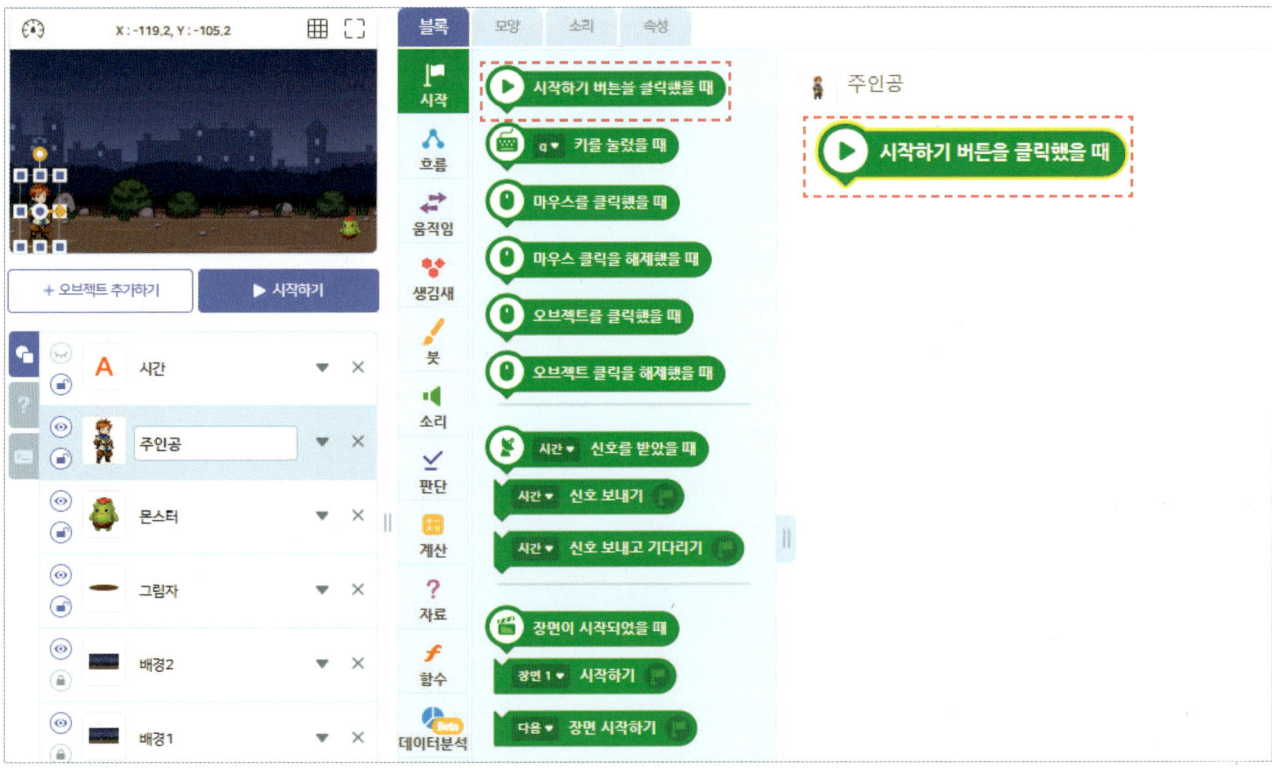

길라잡이

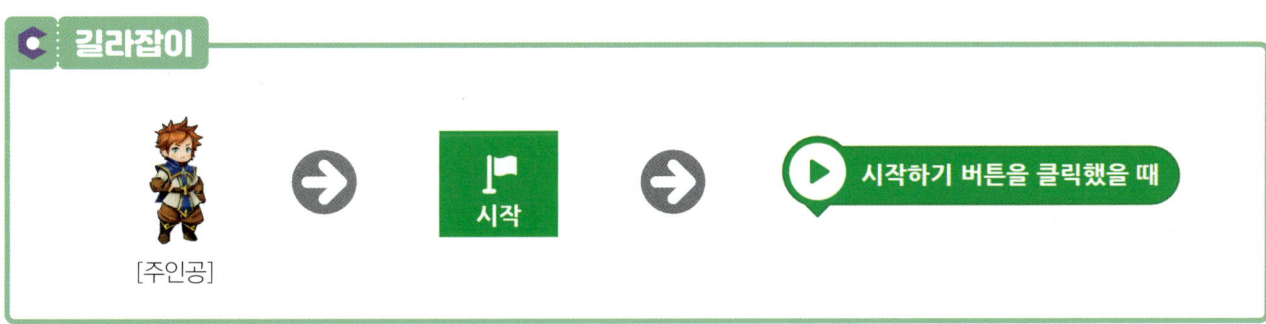

2 [흐름] 카테고리에서 [계속 반복하기] 블록을 가져옵니다.

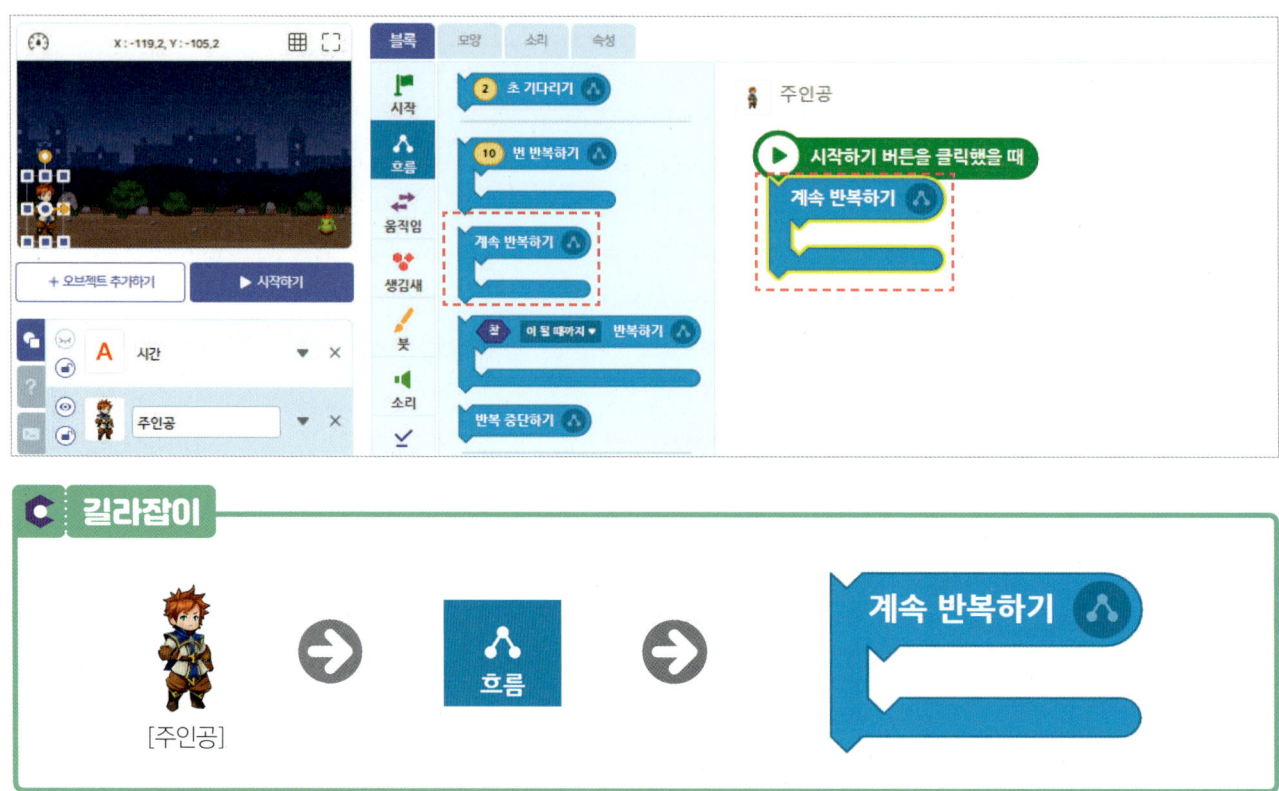

3 [흐름] 카테고리에서 [만일 <참> (이)라면] 블록을 가져와 [계속 반복하기] 안에 넣어줍니다.

4 [판단] 카테고리에서 [q키가 눌러져 있는가?] 블록을 가져와 <참> 부분에 넣어준 후, [스페이스 키가 눌러져 있는가?]로 수정합니다.

5 [움직임] 카테고리에서 [2초 동안 x:10 y:10 위치로 이동하기] 블록을 2개 가져와 다음과 같이 값을 각각 수정합니다.

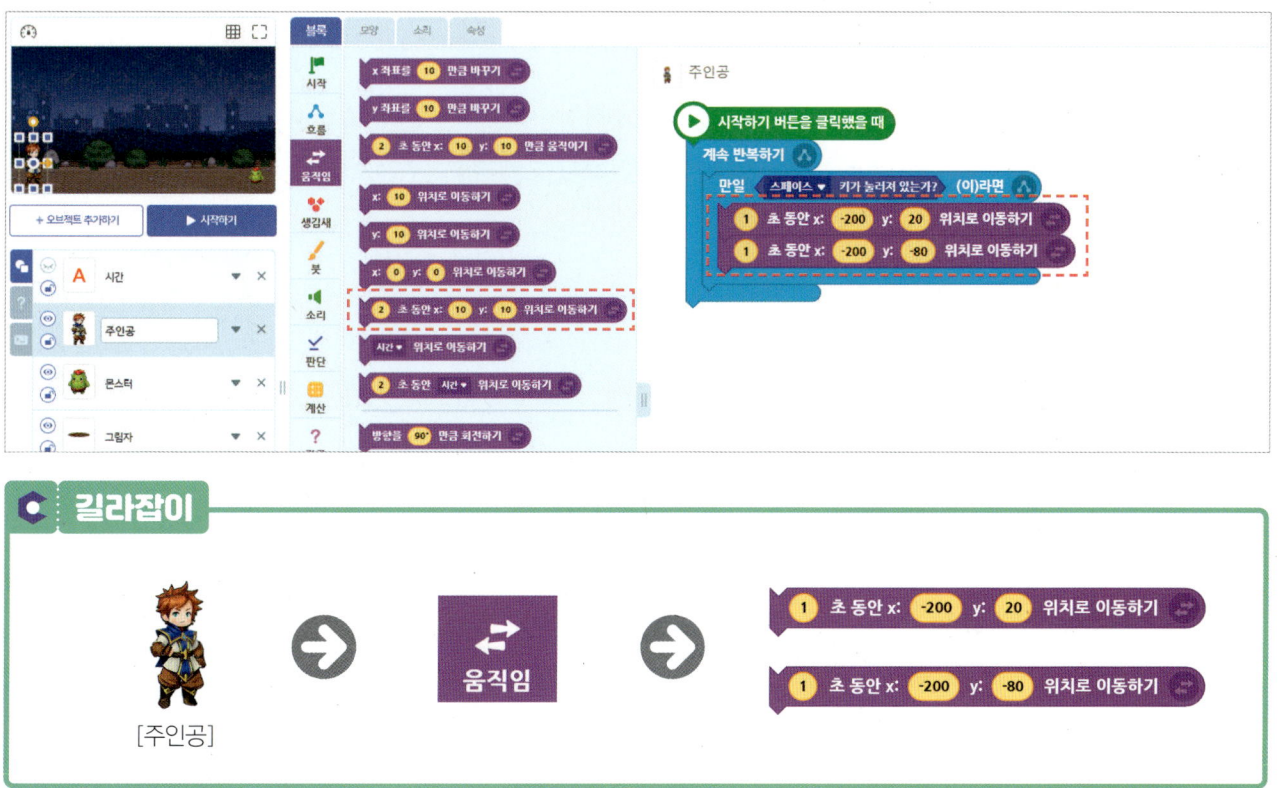

Chapter 14 | 목적지를 향해   253

Step 2   초시계

초시계를 동작시키고, 화면에서 보이지 않도록 만들어봅시다.

6 '몬스터' 오브젝트를 클릭한 후, [시작] 카테고리에서 [시작하기 버튼을 클릭했을 때] 블록을 가져옵니다.

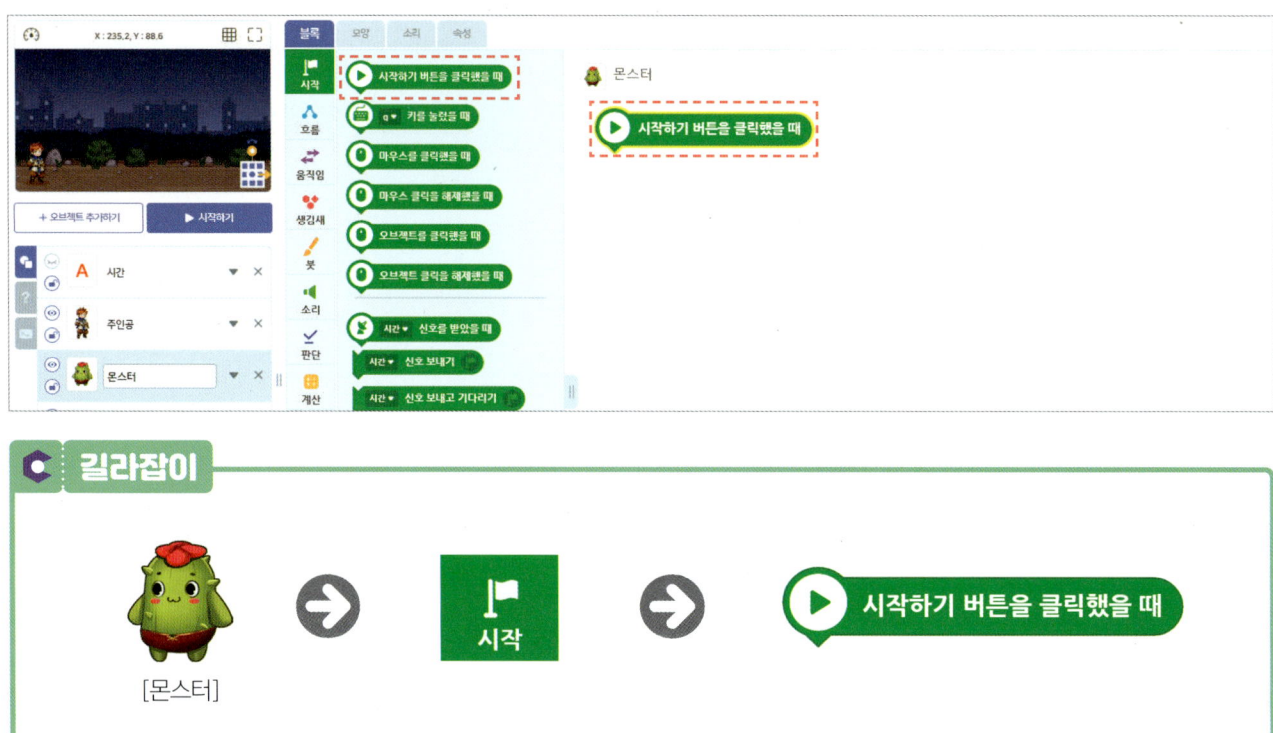

7 [계산] 카테고리에서 [초시계 시작하기], [초시계 숨기기] 블록을 가져옵니다.

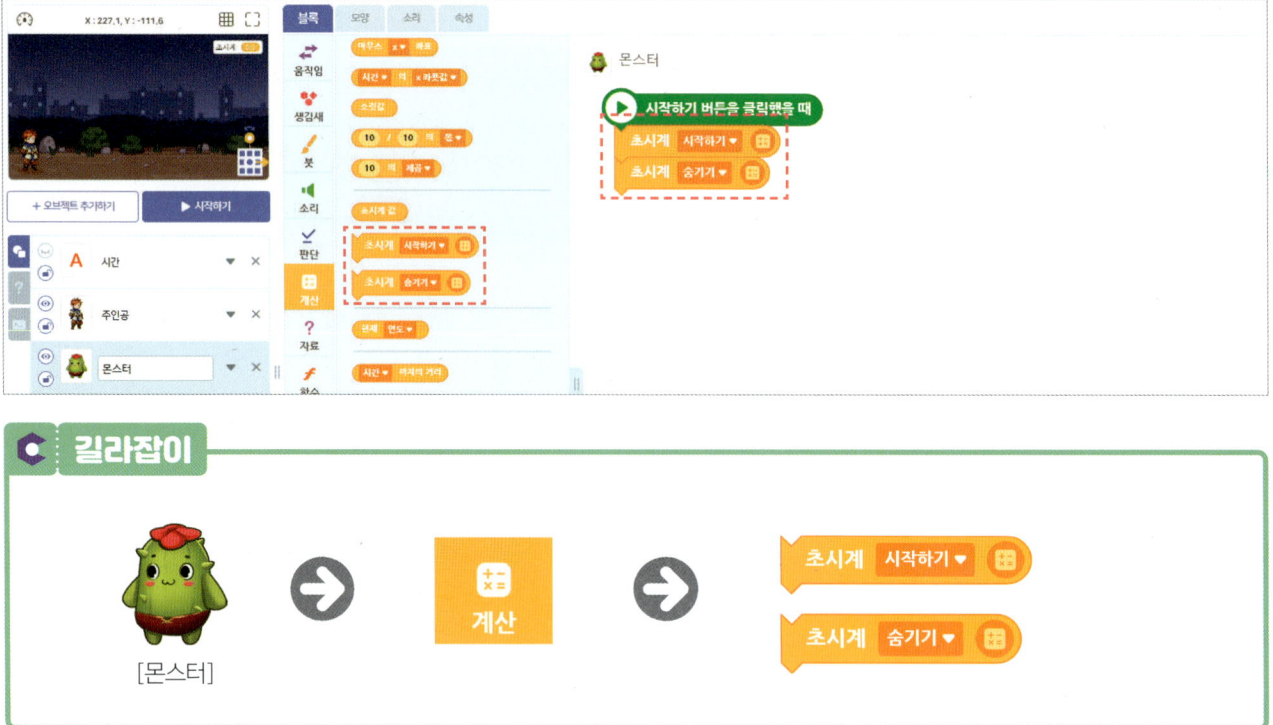

Step 3 복제하기

'몬스터' 오브젝트를 복제한 후, 실행 화면 왼쪽으로 이동하도록 만들어봅시다.

8 [생김새] 카테고리에서 [모양 숨기기] 블록을 가져옵니다.

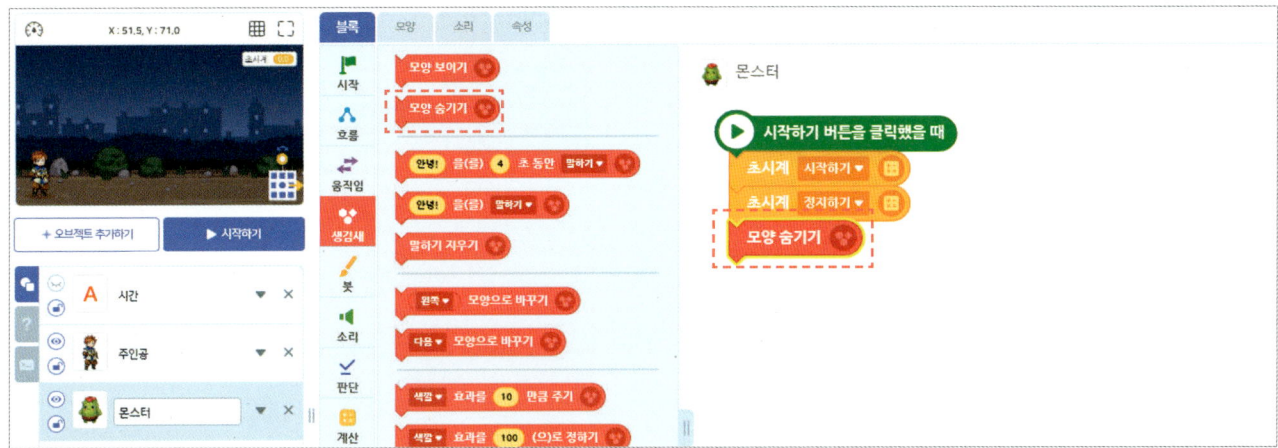

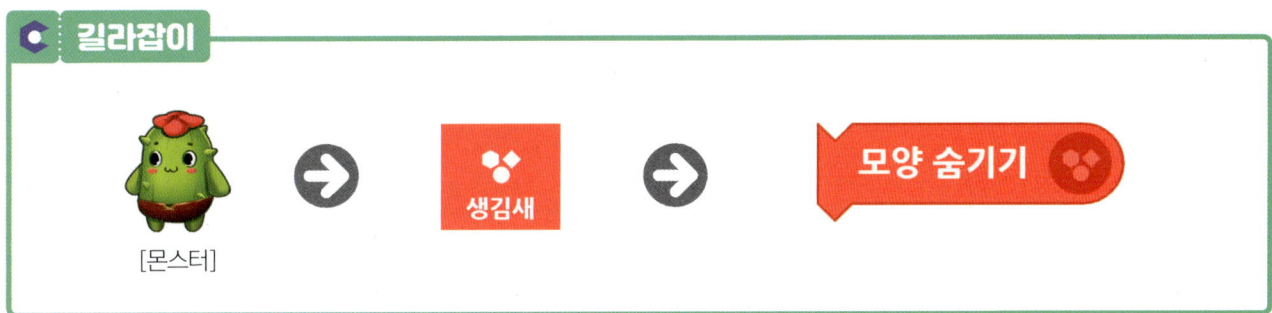

9 [흐름] 카테고리에서 [계속 반복하기] 블록을 가져옵니다.

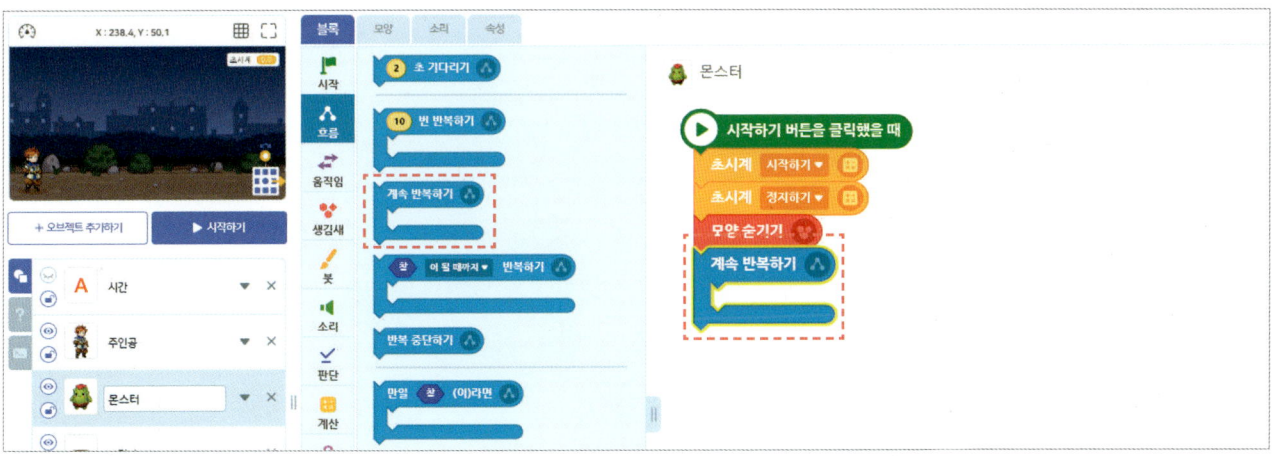

10 [흐름] 카테고리에서 [자신의 복제본 만들기] 블록을 가져옵니다.

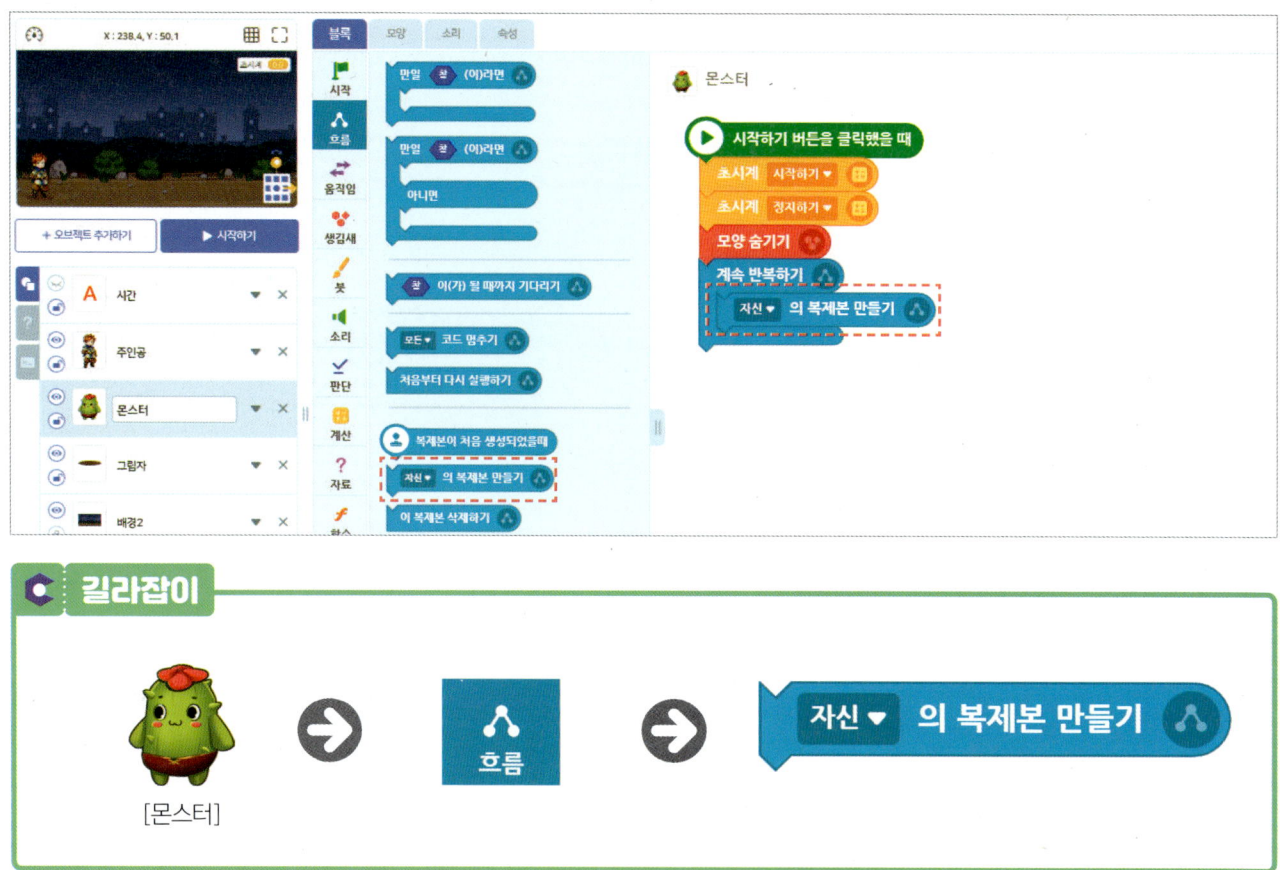

11 [흐름] 카테고리에서 [2초 기다리기] 블록을 가져옵니다.

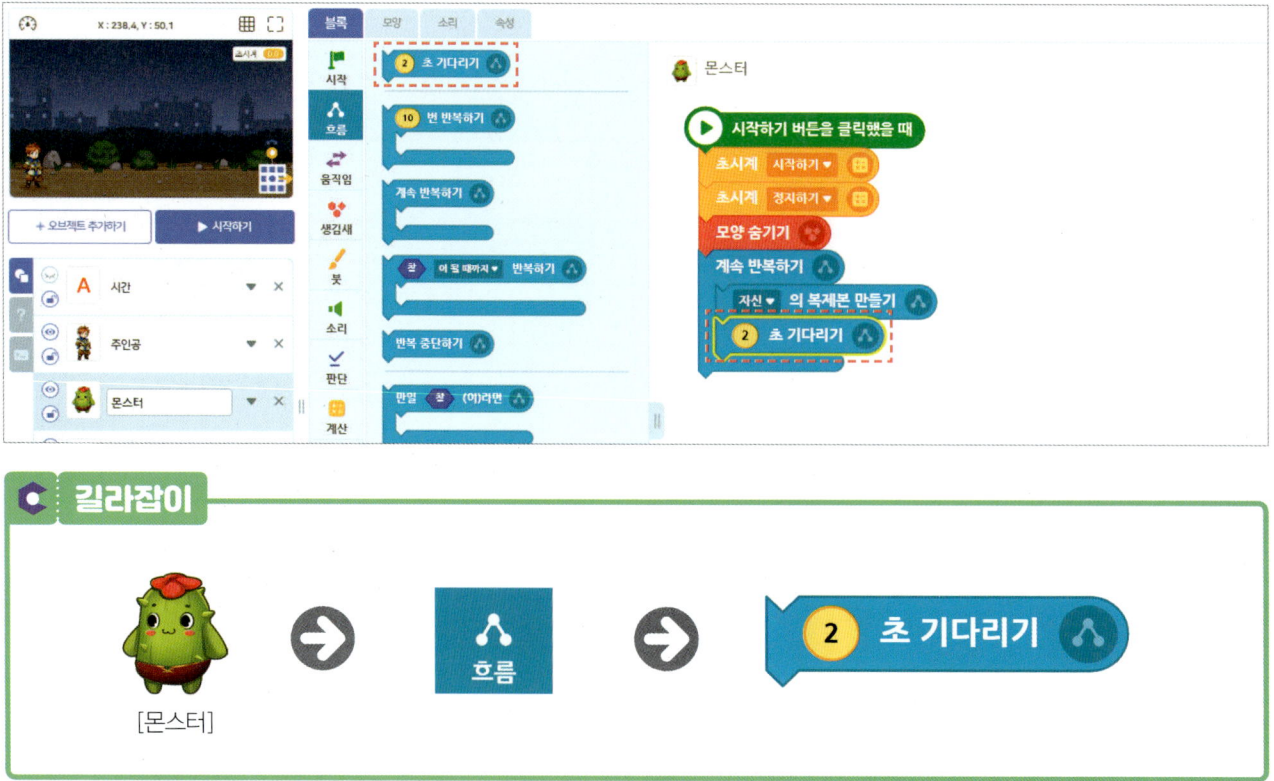

12 [계산] 카테고리에서 [0부터 10사이의 무작위 수] 블록을 가져와 [2초 기다리기] 블록 안에 넣어준 후, [1 부터 3사이의 무작위 수]로 수정합니다.

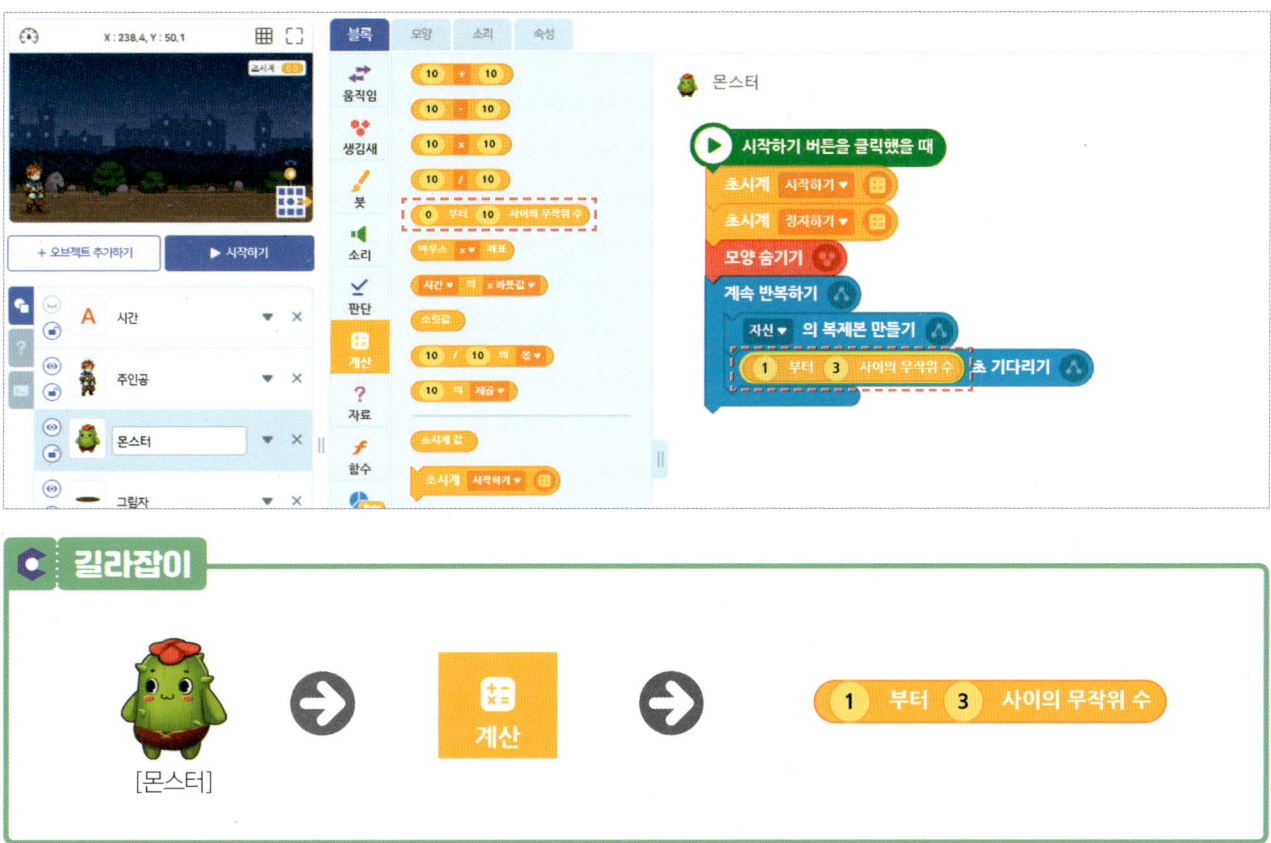

13 [흐름] 카테고리에서 [복제본이 처음 생성되었을때] 블록을 가져옵니다.

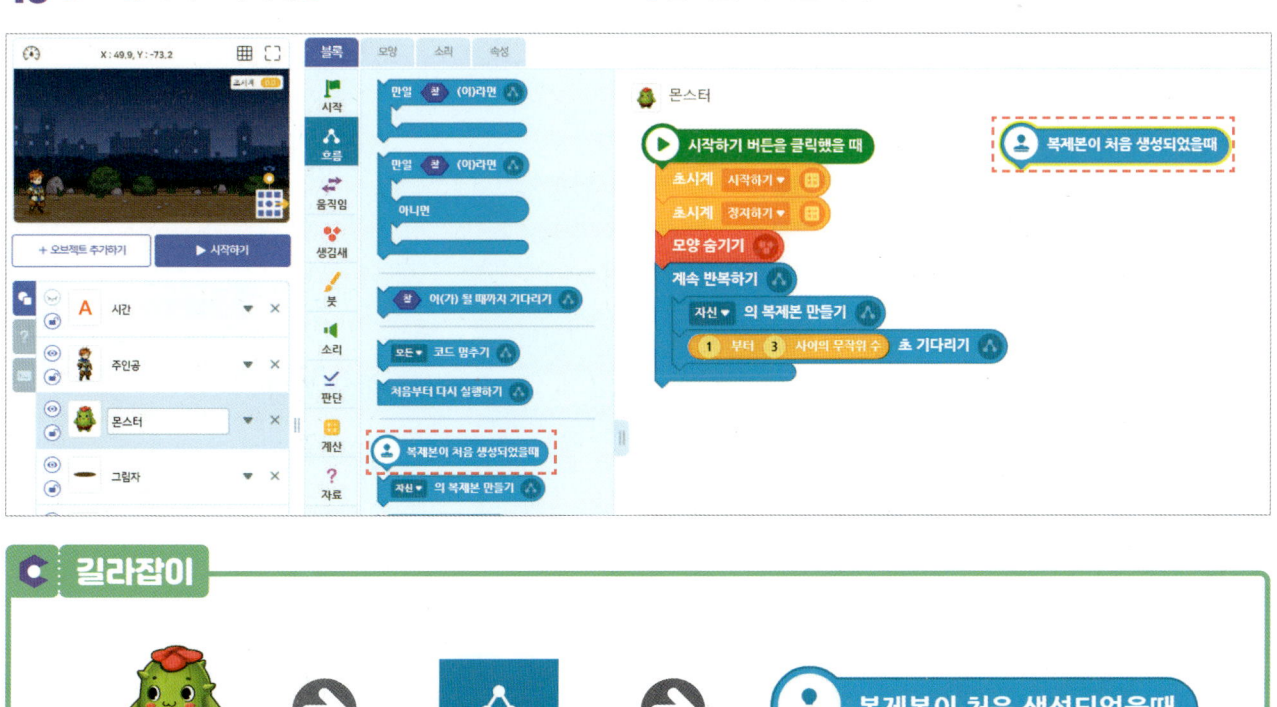

Chapter 14 | 목적지를 향해   257

14 [생김새] 카테고리에서 [모양 보이기] 블록을 가져옵니다.

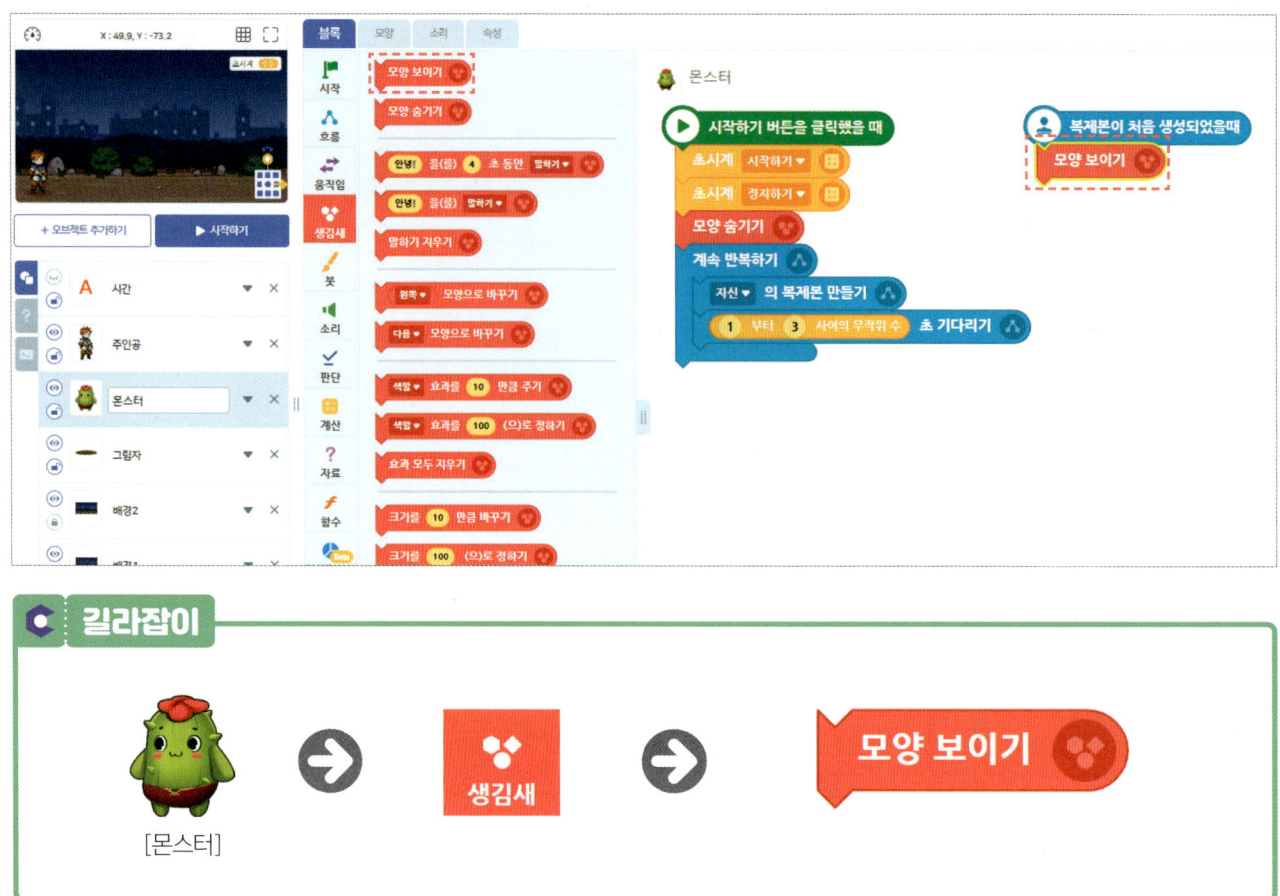

15 [흐름] 카테고리에서 [계속 반복하기] 블록을 가져옵니다.

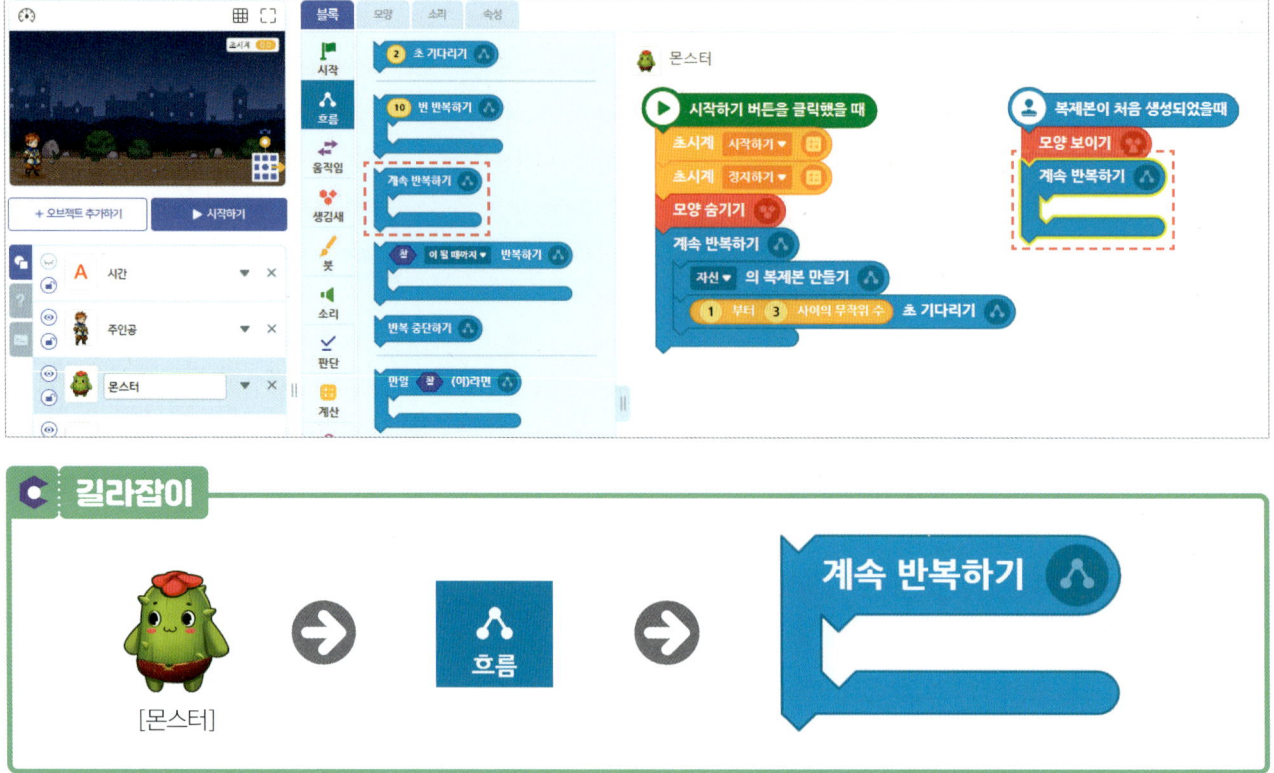

16 [움직임] 카테고리에서 [x 좌표를 10만큼 바꾸기] 블록을 가져와 [x 좌표를 -2만큼 바꾸기]로 수정합니다.

길라잡이

[몬스터]

Step 4 '주인공' 오브젝트에 닿았는가?

'주인공' 오브젝트에 닿았을 때 [시간] 신호를 보내 시간이 나타나고, 모든 코드가 멈추도록 만들어봅시다.

17 [속성] 탭에서 [신호]를 클릭한 후 [신호 추가하기]를 클릭합니다.

18 신호의 이름을 입력하고 확인 버튼을 클릭합니다. (신호 이름 : 시간)

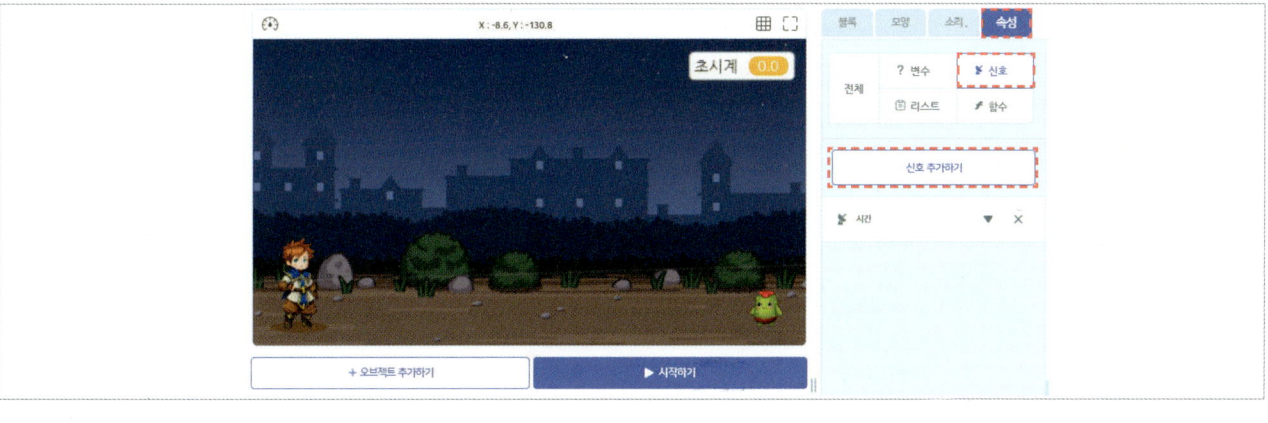

길라잡이

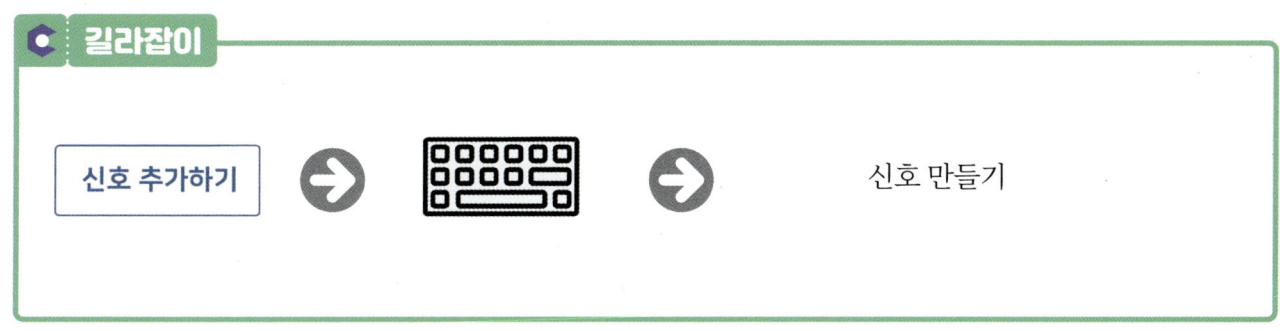

Chapter 14 | 목적지를 향해   259

19 [흐름] 카테고리에서 [만일 <참> (이)라면] 블록을 가져와 [x 좌표를 −2만큼 바꾸기] 블록 아래에 붙여넣습니다.

20 [판단] 카테고리에서 [마우스포인터에 닿았는가?] 블록을 가져와 <참> 부분에 넣어준 후, [주인공에 닿았는가?]로 수정합니다.

21 [시작] 카테고리에서 [시간 신호 보내기] 블록을 가져옵니다.

[몬스터]

22 [흐름] 카테고리에서 [모든 코드 멈추기] 블록을 가져옵니다.

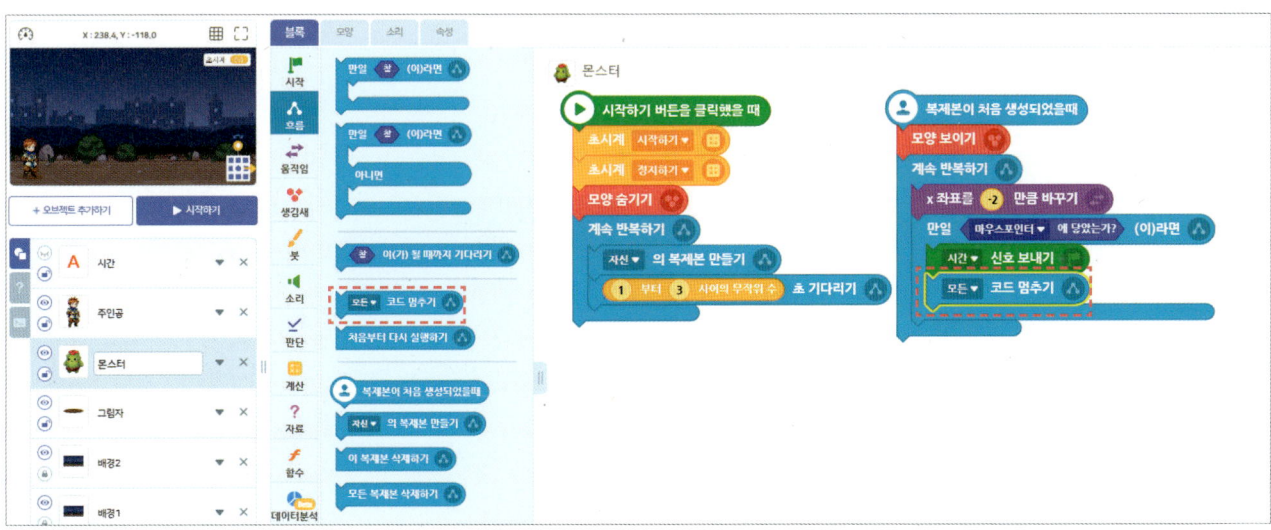

[몬스터]

Step 5 시간 표시하기

'몬스터' 오브젝트가 '주인공' 오브젝트에 닿았을 때 시간이 표시되도록 만들어봅시다.

23 '시간' 오브젝트를 클릭한 후, [시작] 카테고리에서 [시간 신호를 받았을 때] 블록을 가져옵니다.

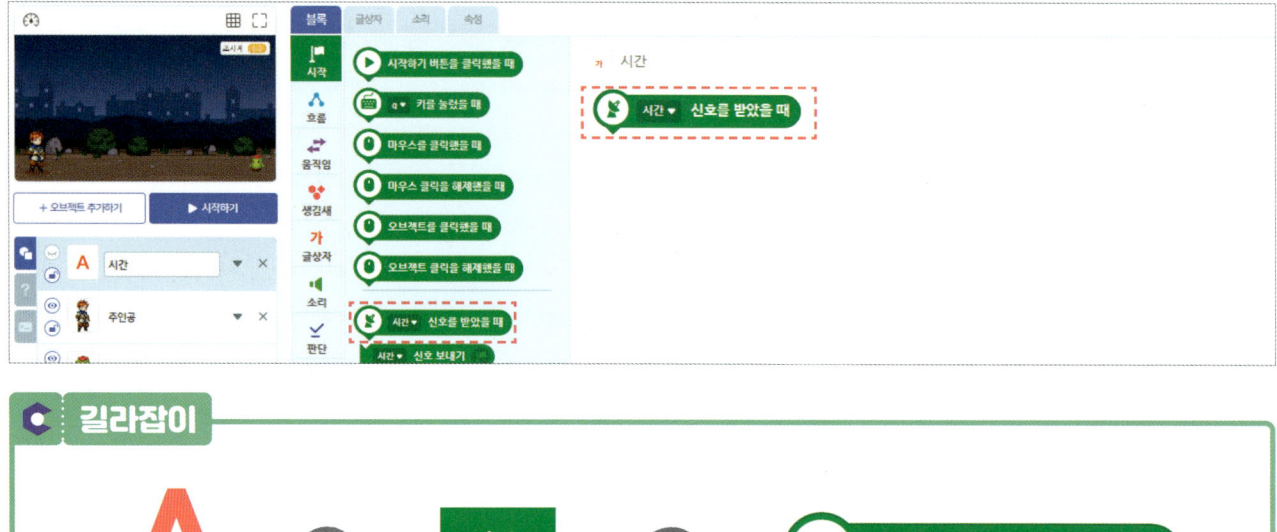

24 [글상자] 카테고리에서 [엔트리라고 글쓰기] 블록을 가져옵니다.

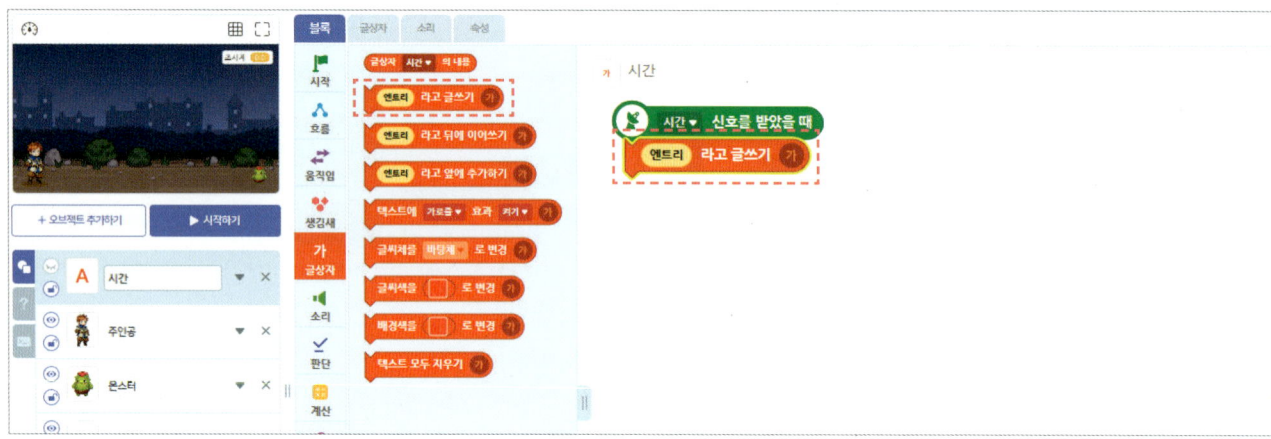

262

25 [계산] 카테고리에서 [안녕!과(와) 엔트리를 합치기] 블록을 가져와 [엔트리라고 글쓰기] 안에 넣어줍니다.

26 [계산] 카테고리에서 [초시계 값] 블록을 가져와 [안녕!과(와) 엔트리를 합치기] 블록의 왼쪽에 넣어주고, 오른쪽에는 "초 버텼습니다."라고 입력합니다.

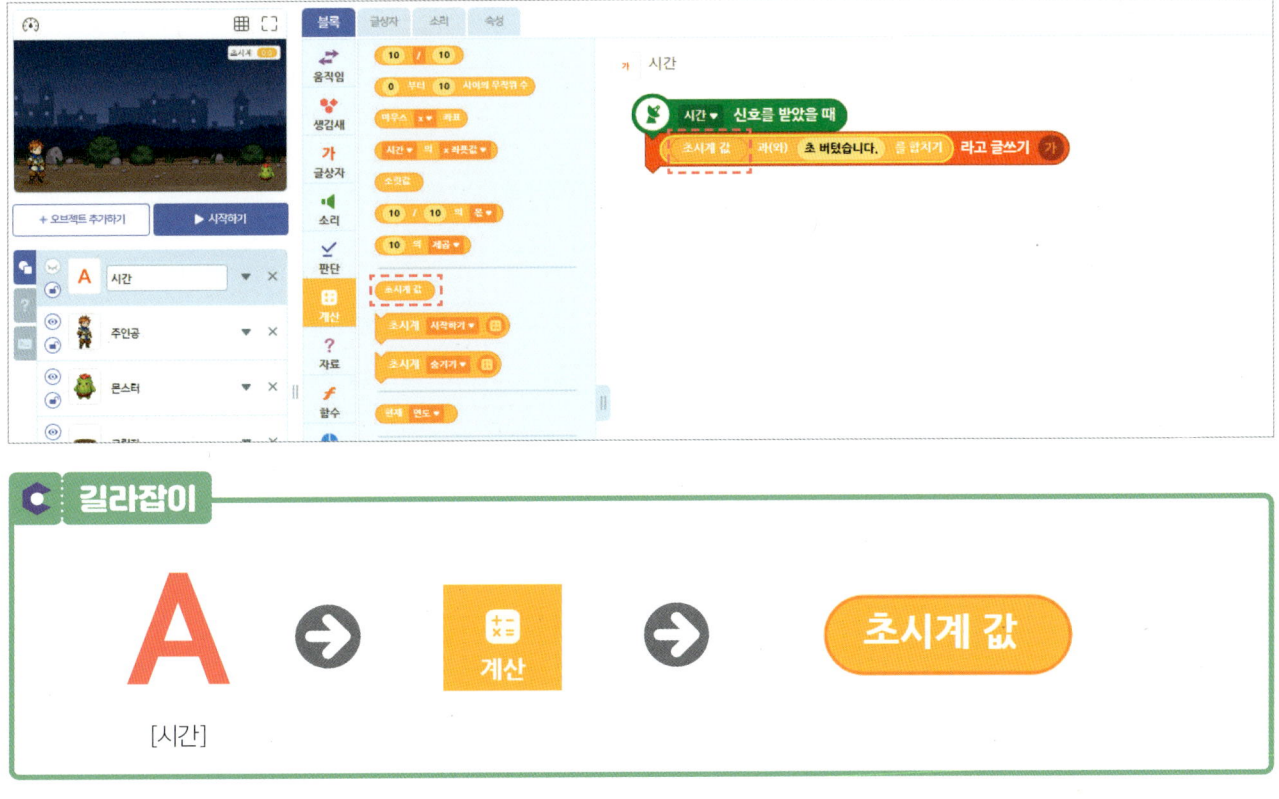

Chapter 14 | 목적지를 향해　263

27 [생김새] 카테고리에서 [모양 보이기] 블록을 가져옵니다.

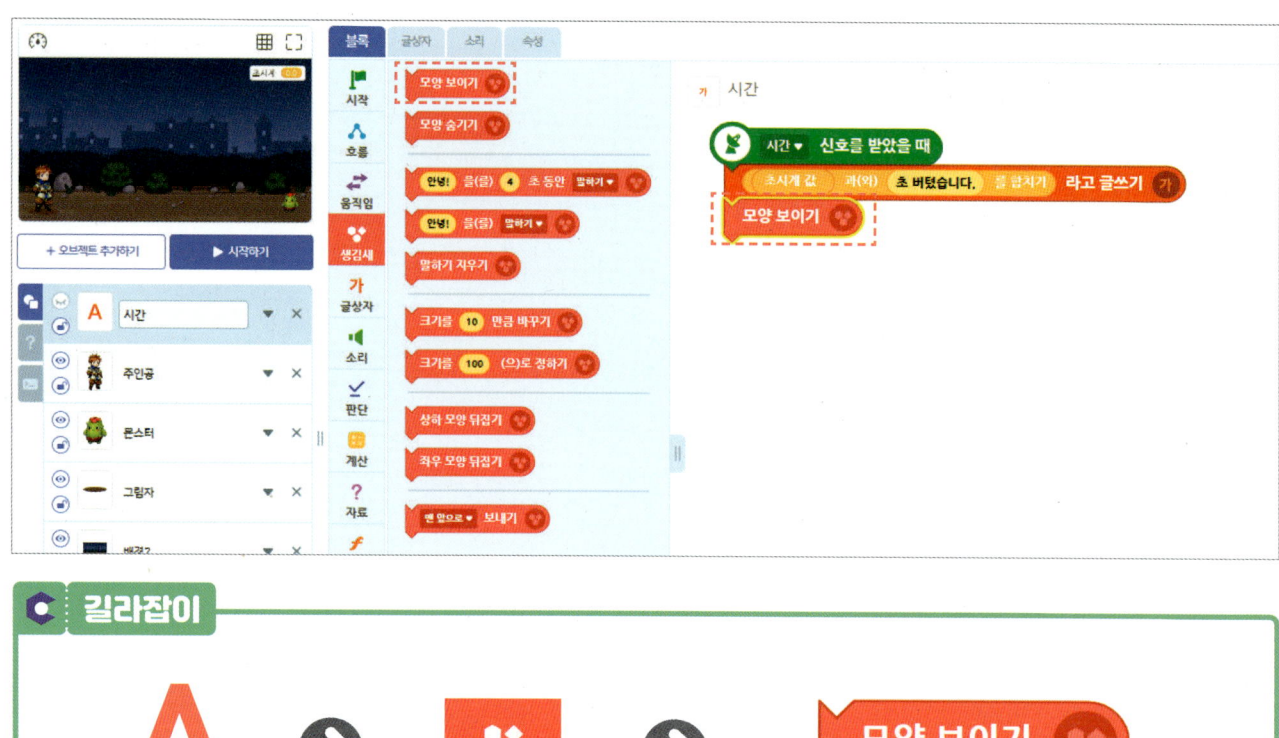

Step 6 함수 사용하기

미리 만들어진 함수를 사용하여, 두 개의 배경을 움직이면서 마치 캐릭터가 움직이는 것 같은 효과를 내도록 만들어봅시다.

1. 배경은 사용자가 입력한 속도로 이동합니다. (왼쪽으로 이동시키기 위해 음수 값을 입력합니다.)

2. X 좌표 값이 -480이 되었는지 확인합니다.

3. X 좌표 값이 -480이 되면 480 위치로 이동시킵니다.

4. 두 개의 배경이 계속 반복적으로 표시되면서 마치 앞으로 달려나가는 것 같은 느낌을 줍니다.

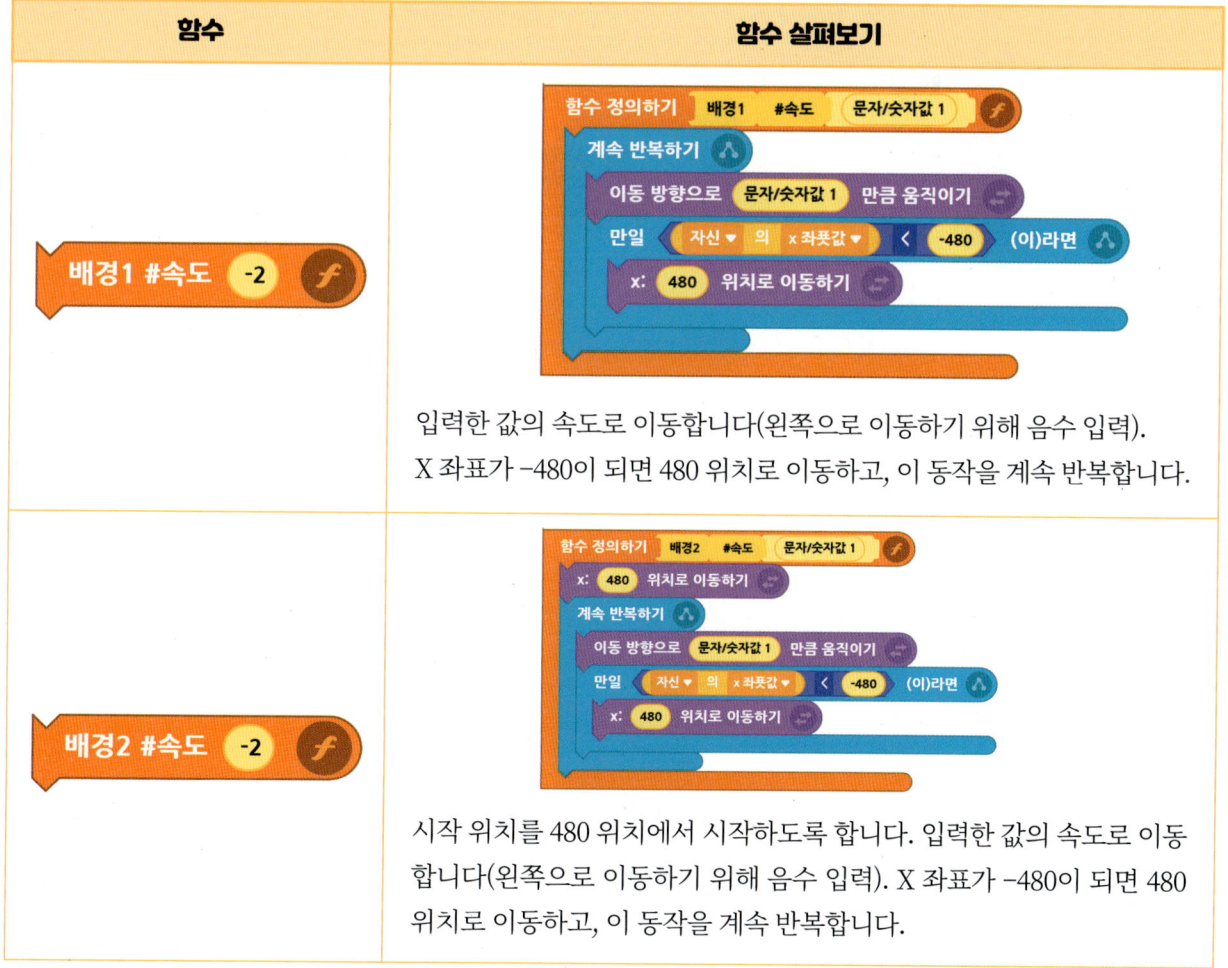

28 '배경1' 오브젝트를 클릭한 후, [시작] 카테고리에서 [시작하기 버튼을 클릭했을 때] 블록을 가져옵니다.

29 [함수] 카테고리에서 [배경1 #속도 10] 블록을 가져와 [배경1 #속도 -2]로 수정합니다.

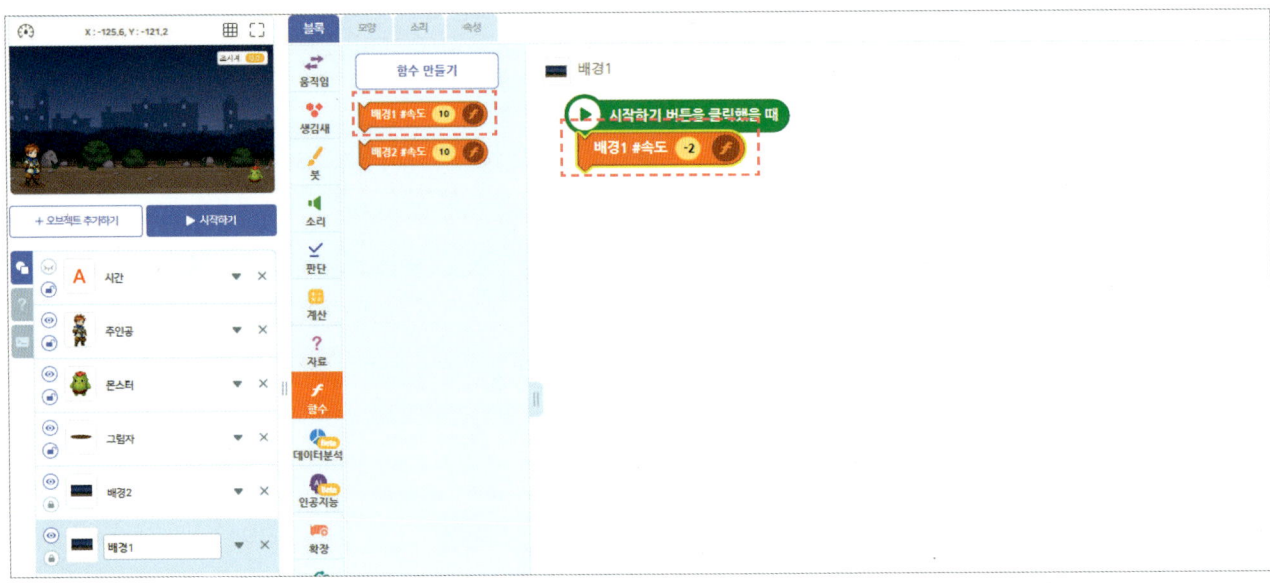

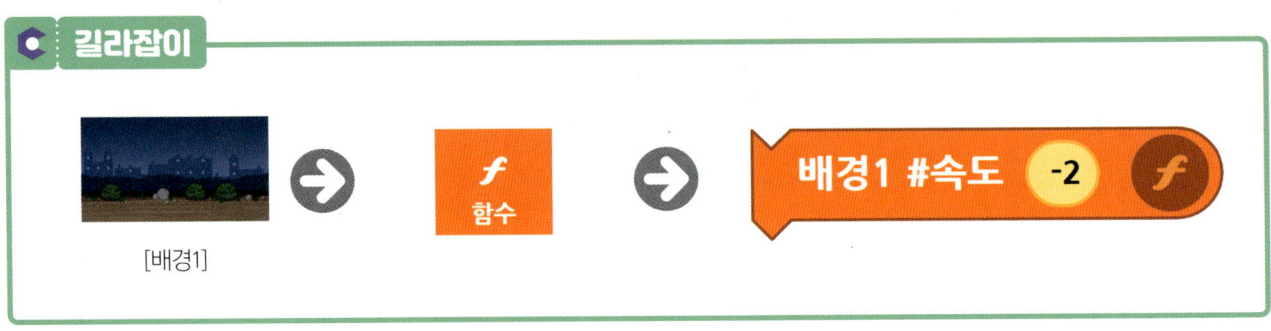

30 '배경2' 오브젝트를 클릭한 후, [시작] 카테고리에서 [시작하기 버튼을 클릭했을 때] 블록을 가져옵니다.

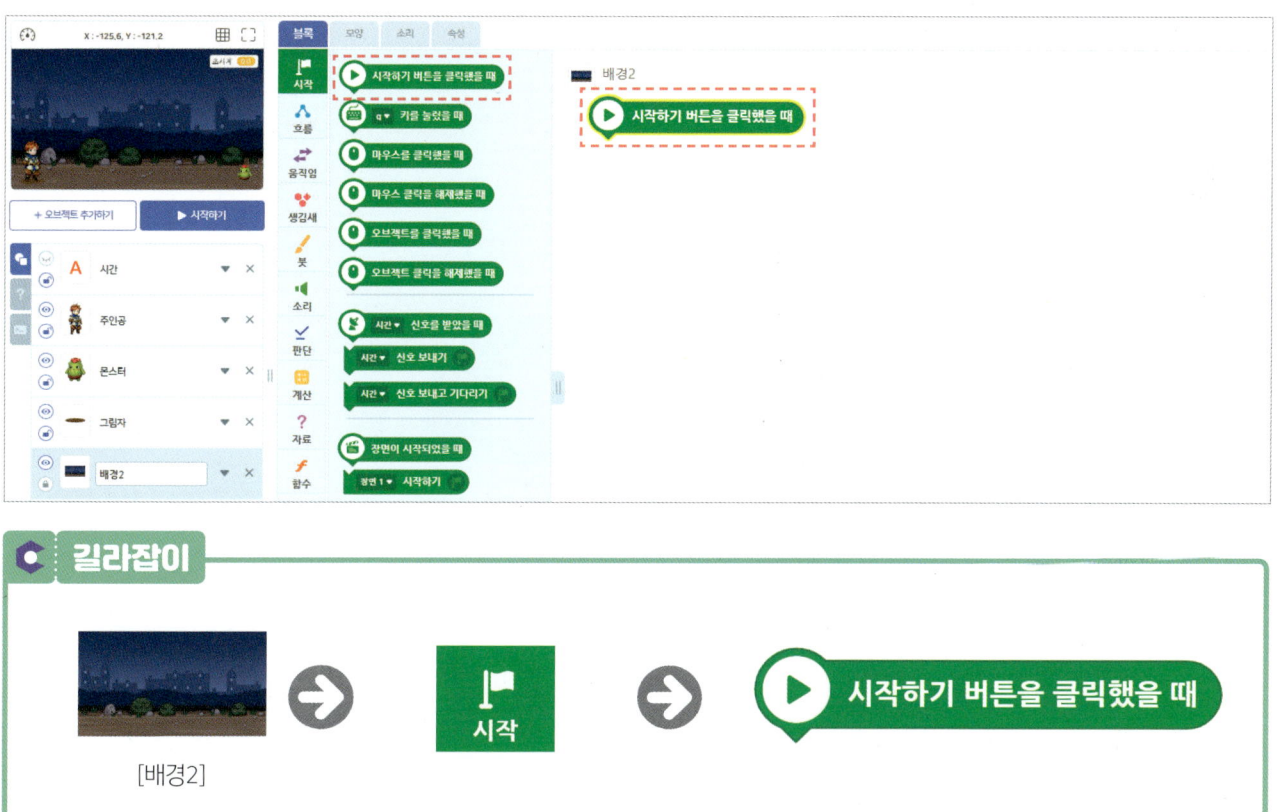

31 [함수] 카테고리에서 [배경2 #속도 10] 블록을 가져와 [배경2 #속도 -2]로 수정합니다.

전체 코드 보기

[주인공], 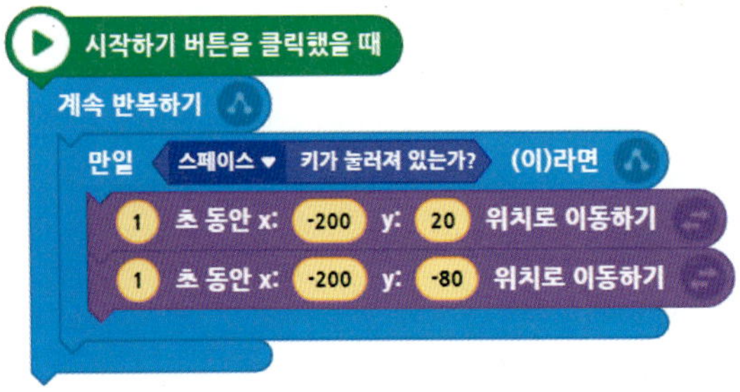  [몬스터],   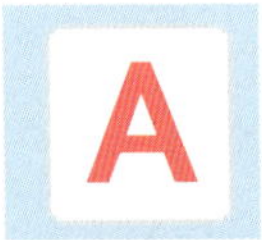 [시간], 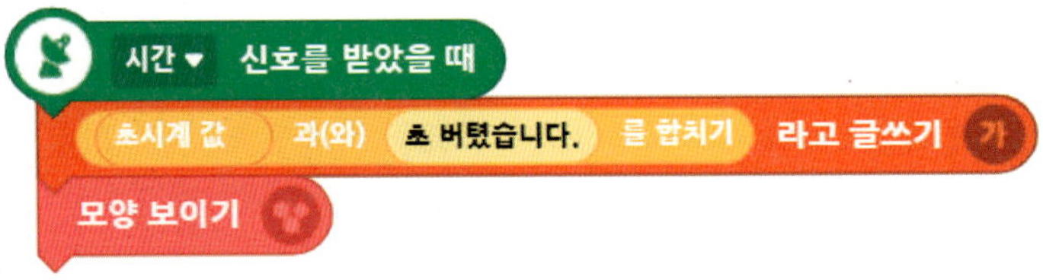  [배경1],   [배경2] 코드 블록 이미지

발전시키기
- 배경 함수의 값을 원하는 값으로 변경하여 속도감 있는 프로젝트를 만들어보세요.

요약하기
- 함수란 사용자가 특정 기능을 수행할 수 있도록 직접 블록을 만드는 것을 말합니다.
- 한 번 만든 함수는 여러 번 사용될 수 있으며, 블록의 양을 효과적으로 줄입니다.

Chapter 15

통통 튀어 올라

1차시 2차시 3차시 4차시 5차시 6차시 7차시 8차시 9차시 10차시 11차시 12차시 13차시 14차시 15차시 16차시

Chapter 15 통통 튀어 올라

무작위로 만들어지는 용암 버섯을 건너 출입구까지 이동해볼까요?

프로젝트 난이도 ★★☆

실습 영상
· 실습 파일 : ch15.통통 튀어 올라(실습).ent
· 완성 파일 : ch15.통통 튀어 올라(완성).ent

💛 학습 목표

- 함수의 개념을 설명할 수 있다.
- 엔트리를 활용하여 게임을 만들 수 있다.
- 프로젝트를 응용하여 새로운 프로젝트를 구성할 수 있다.

💛 프로젝트 미리보기

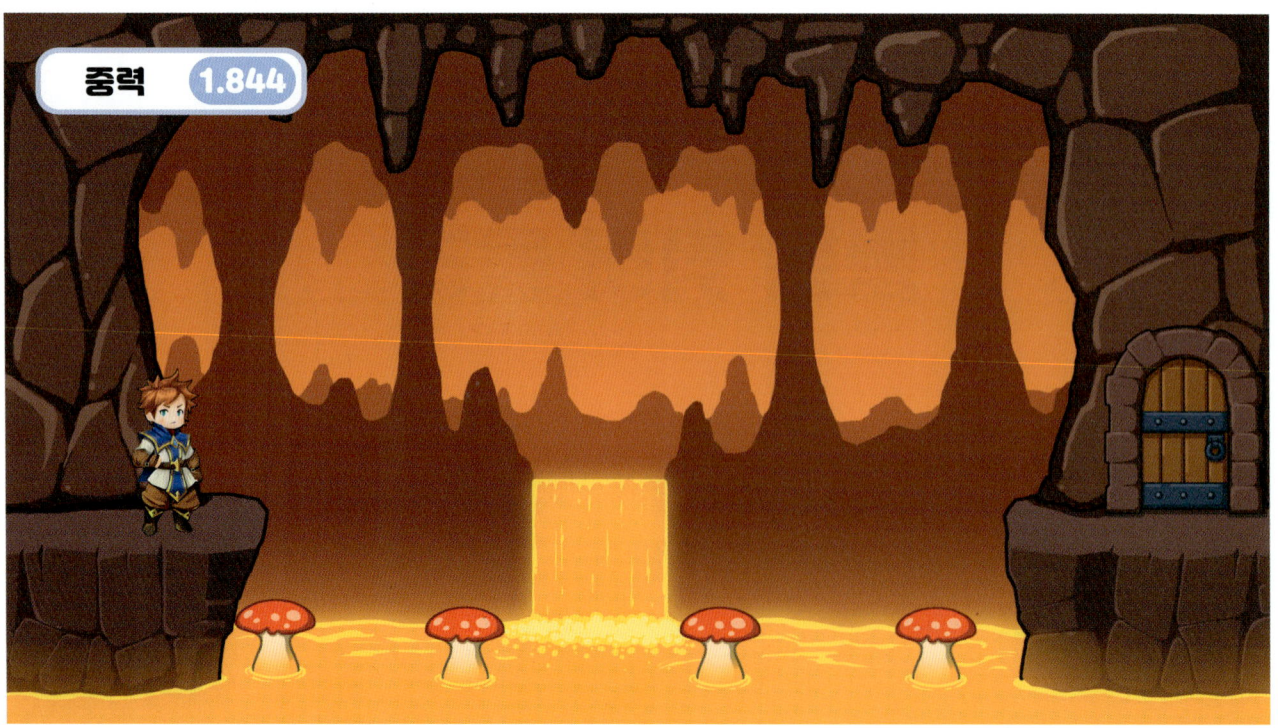

오늘의 이야기

 "휴우~ 큰일 날 뻔했어. 복제 패턴을 알 수가 없어서 점프하는 데 너무 어려웠어."

"그래도 무사히 빠져나와서 다행이야. 이곳은 제8 도시에 있는 화산 동굴이야. 동굴 아래에 용암이 있는 위치로 이동하면 특수 버섯이 있을 거야."

 "화산을 뚫고 가야 하는 거야?"

"응, 화산 안으로 지나가야 해. 주변에 적들이 너무 많이 있어서 화산 안으로 이동하는 것 말고는 움직이기가 어려워."

 "…"

"너무 겁먹지 마. 내가 특수 버섯이 있다고 했잖아. 용암에 강한 특수 버섯 징검다리가 있어. 그 징검다리로 이동하면 반대편 출구로 이동할 수 있을 거야."

 "특수 버섯이라…"

"특수 버섯에 올라가면 몸이 통통 튈 거야. 그 튀는 힘을 이용해서 용암을 건너."

뜨거운 용암이 무섭지만, 그곳만 지나면 최종 보스를 만날 수 있습니다.
이제 고지가 코 앞입니다.

개념 다지기

알아보기

함수 리본 블록

이름	함수 이름 블록	함수 이름 리본 블록은 함수 블록의 이름을 짓는 용도로만 사용합니다.
문자/숫자값	함수 값 블록	함수 값 리본 블록은 함수 블록에 입력한 문자/숫자를 값 블록으로 가져오는 역할을 합니다.
판단값	함수 판단 블록	함수 판단 리본 블록은 함수 블록에 입력한 판단 값을 함수 정의에 사용하는 판단 블록으로 가져오는 역할을 합니다.

함수 값 블록

- 함수 값 블록은 사용자가 입력한 값으로 코드가 동작하게 하는 역할을 합니다.
- 만들어진 함수에 사용자가 원하는 문자/숫자를 입력하고 사용할 수 있습니다.

함수	함수 내용
이동하기 #크기 10 #반복 10	함수 정의하기 이동하기 #크기 문자/숫자값 1 #반복 문자/숫자값 2 문자/숫자값 2 번 반복하기 이동 방향으로 문자/숫자값 1 만큼 움직이기

함수 판단 블록

함수 블록에 입력한 판단 값을 함수 정의에 사용하는 판단 블록으로 가져오는 역할을 합니다.

함수	함수 내용
조건이 참 일 때 10 씩 뛰기	함수 정의하기 조건이 판단값 1 일 때 문자/숫자값 1 씩 뛰기 만일 참 (이)라면 1 초 동안 x: 5 y: 문자/숫자값 1 만큼 움직이기 1 초 동안 x: 5 y: 0 - 문자/숫자값 1 만큼 움직이기

프로그래밍하기

프로젝트 만들기

Step 1   버섯 복제하기

무작위 간격으로 버섯을 복제하도록 만들어봅시다.

1 '버섯' 오브젝트를 클릭한 후, [시작] 카테고리에서 [시작하기 버튼을 클릭했을 때] 블록을 가져옵니다.

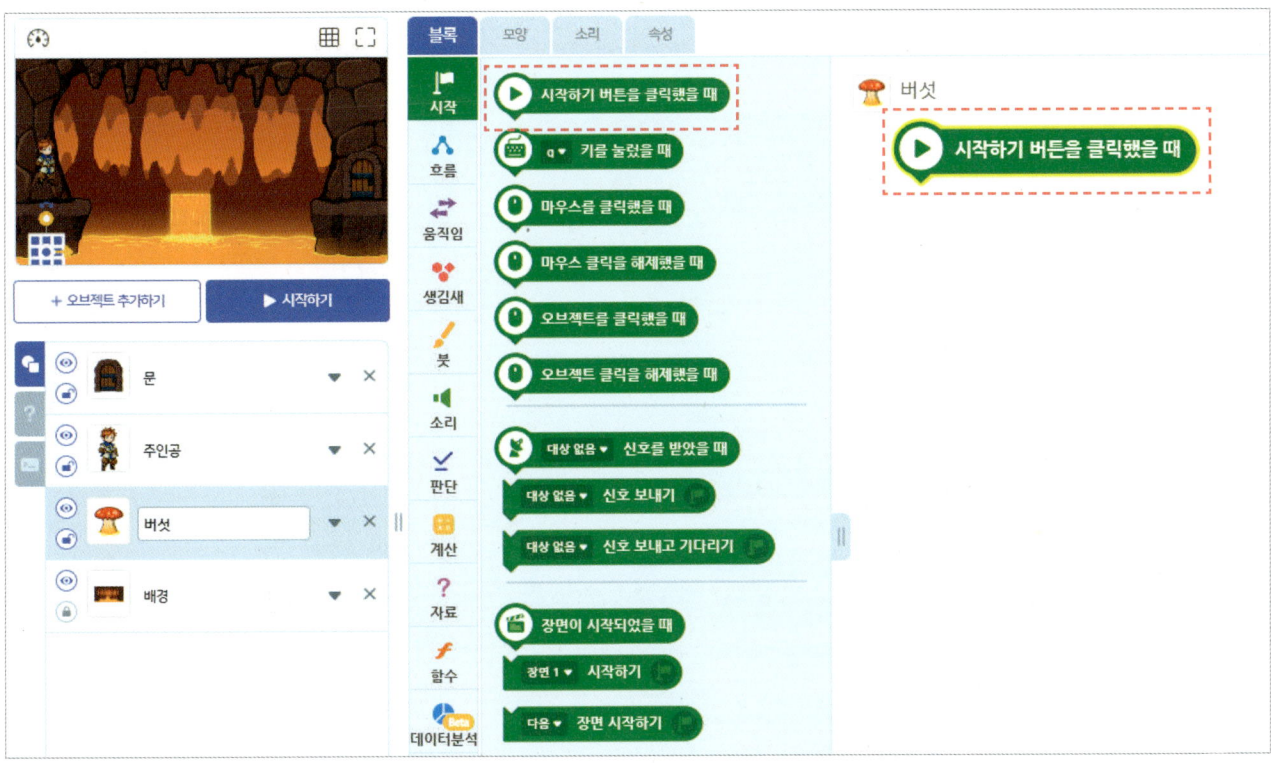

길라잡이

2 [흐름] 카테고리에서 [10번 반복하기] 블록을 가져와 [5번 반복하기]로 수정합니다.

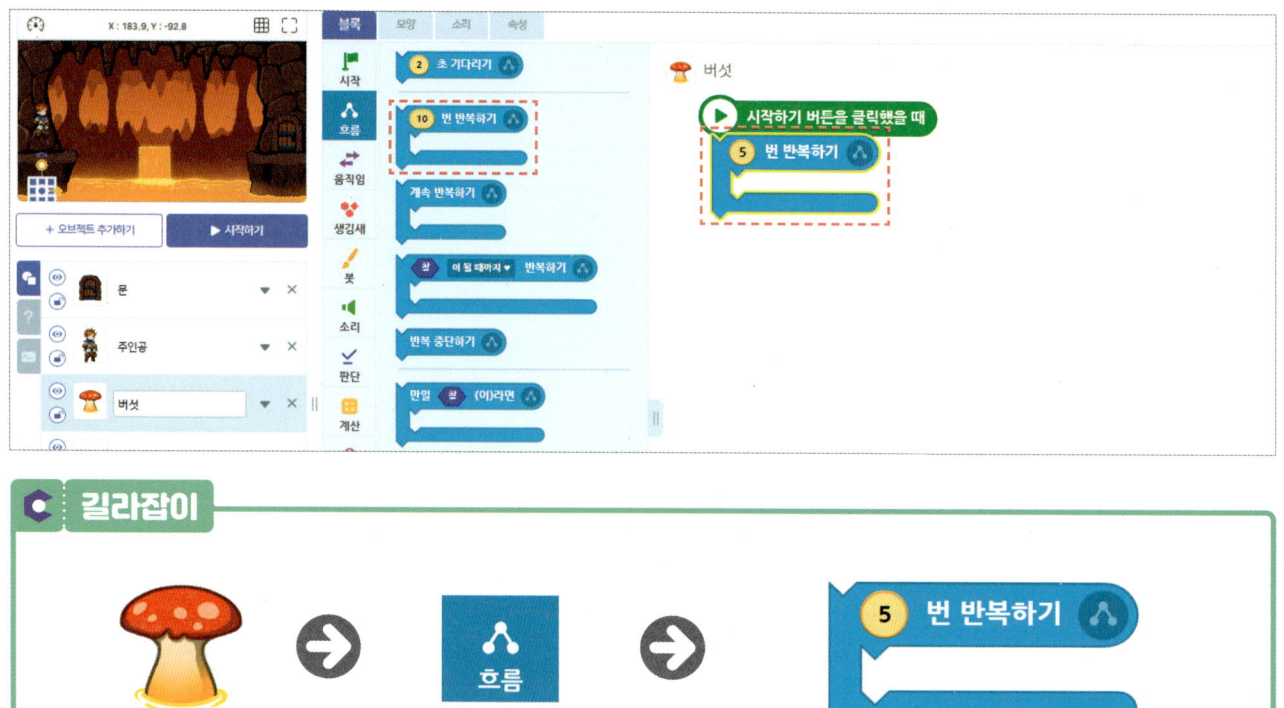

3 [흐름] 카테고리에서 [자신의 복제본 만들기] 블록을 가져옵니다.

4 [움직임] 카테고리에서 [x 좌표를 10만큼 바꾸기] 블록을 가져옵니다.

5 [계산] 카테고리에서 [0부터 10사이의 무작위 수] 블록을 가져와 [50부터 200사이의 무작위 수]로 수정합니다.

Step 2 복제 함수 만들기

버섯에 사용한 명령어를 함수로 만들어봅시다.

6 '버섯' 오브젝트의 [5번 반복하기] 블록 위에서 마우스 오른쪽 버튼을 클릭한 후 [코드 복사] 메뉴를 클릭합니다.

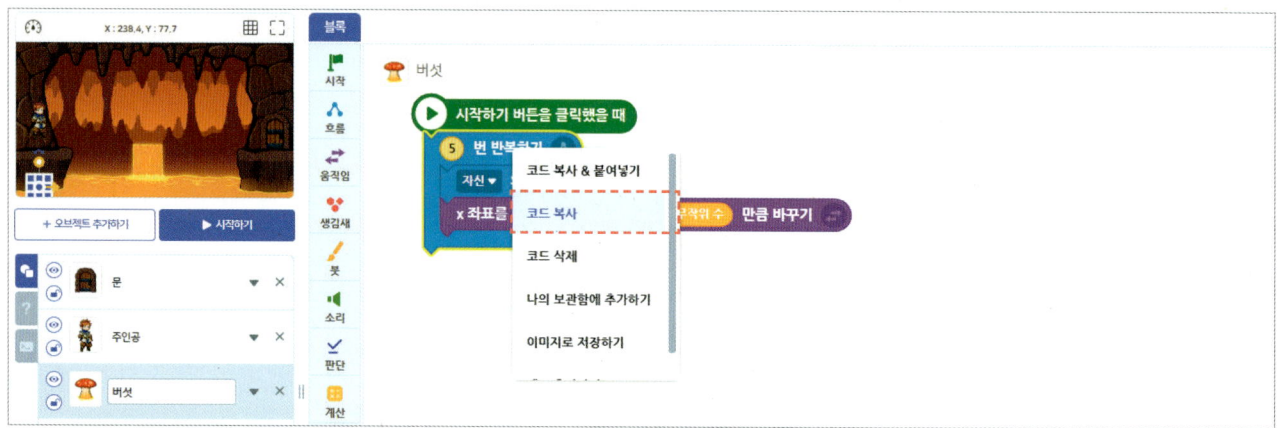

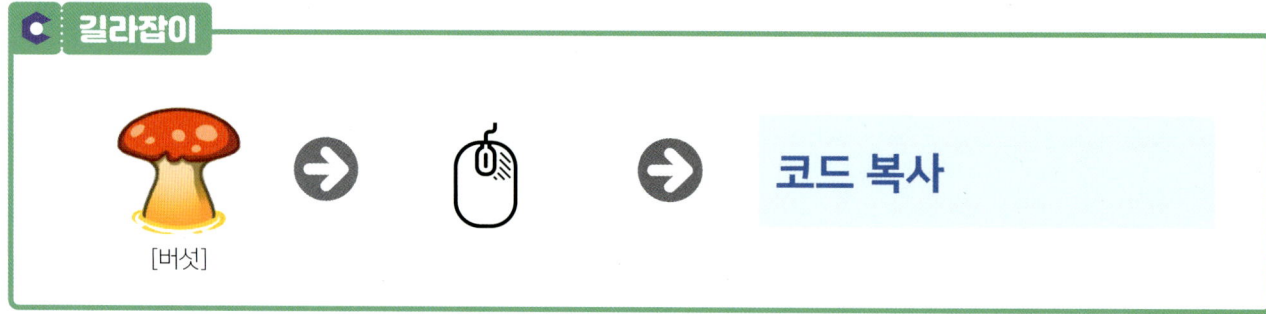

7 [함수] 카테고리에서 [함수 만들기] 버튼을 클릭합니다.

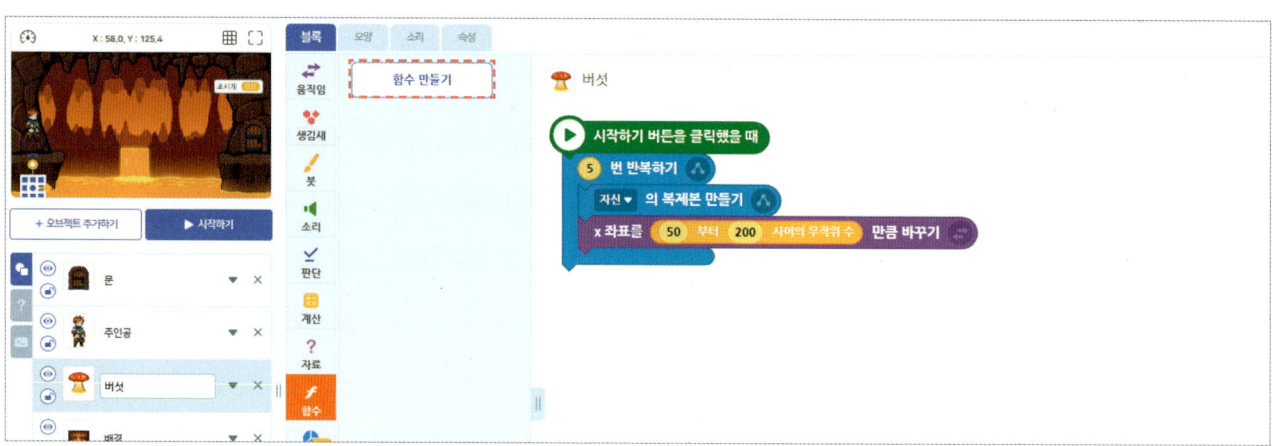

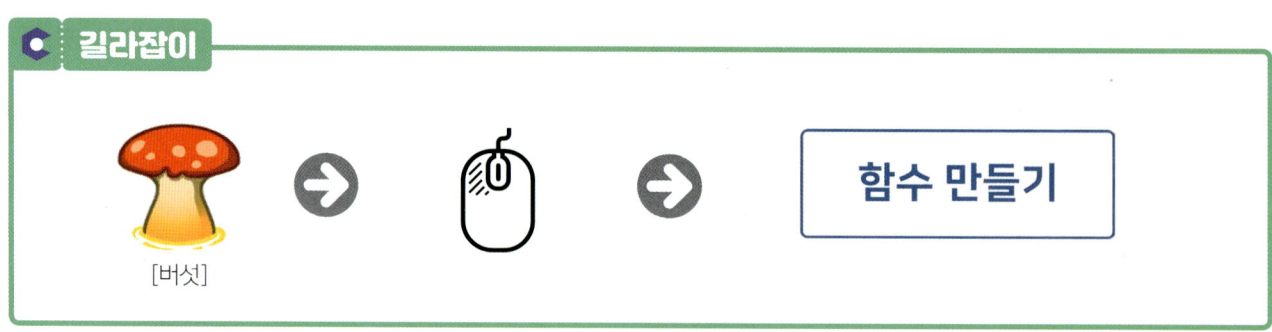

8 블록 조립소에서 마우스 오른쪽 버튼을 클릭하여 **[붙여넣기]** 메뉴를 클릭합니다.

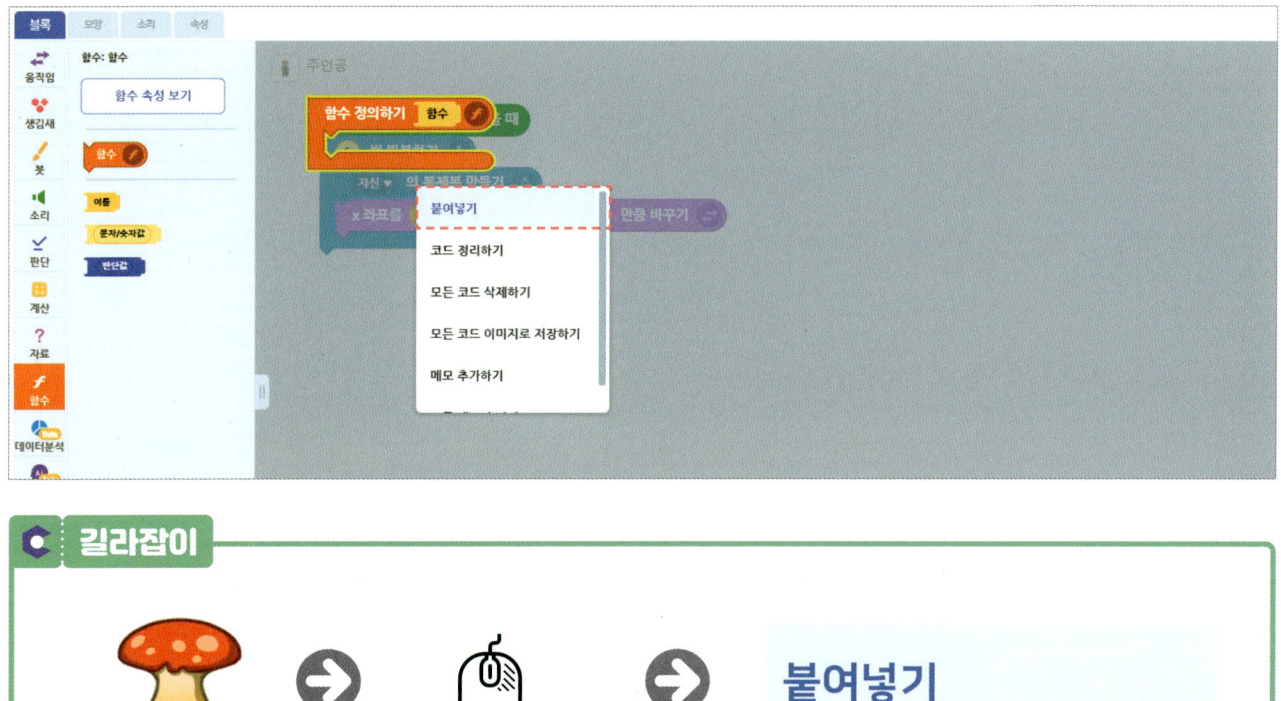

9 붙여넣기 한 블록을 **[함수 정의하기]** 안에 넣어주고, 함수의 이름을 '버섯 복제하기'로 수정합니다.

10 [이름] 블록을 가져와 '버섯 복제하기' 옆에 붙여주고 '#횟수'로 이름을 수정합니다.

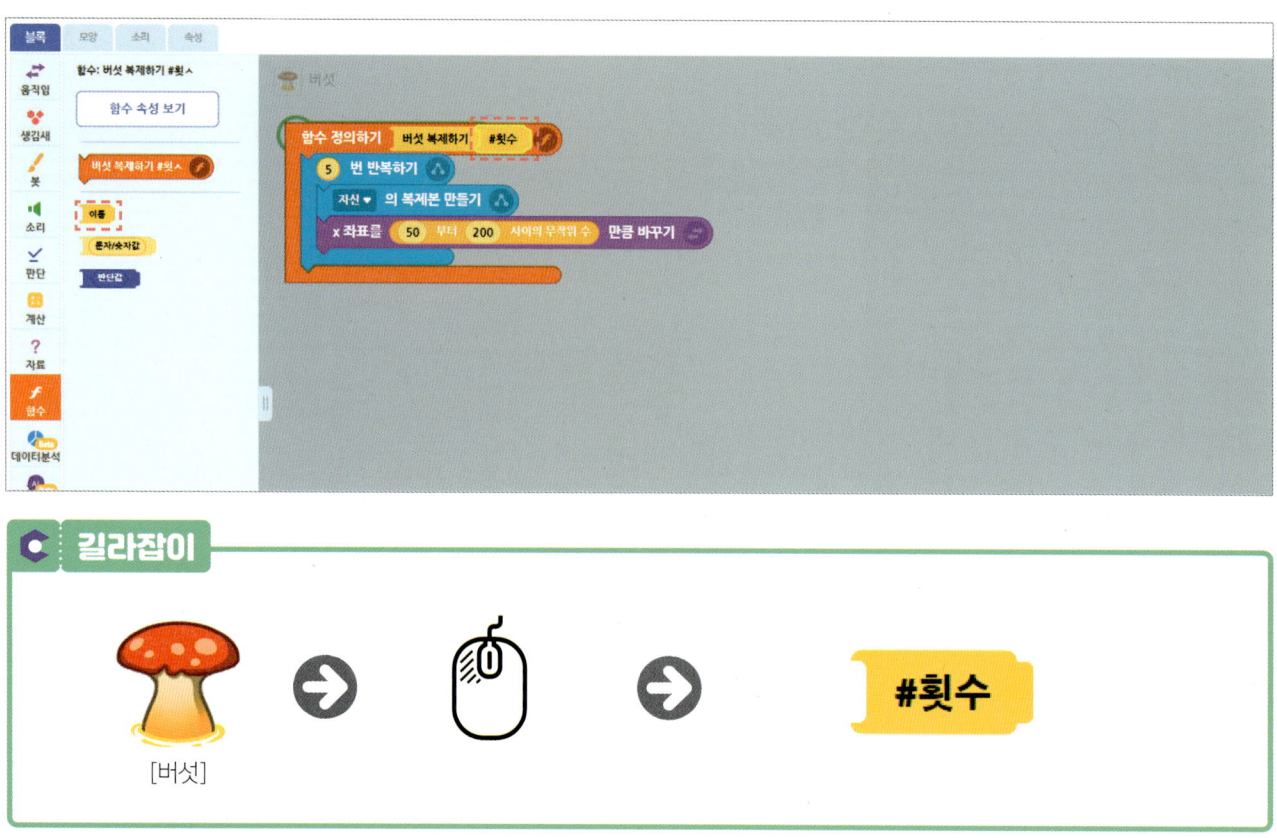

11 '#횟수' 옆에 [문자/숫자값 1] 블록을 붙입니다. 값을 떼어 [5번 반복하기] 안에 넣어주고, 저장 버튼을 클릭합니다.

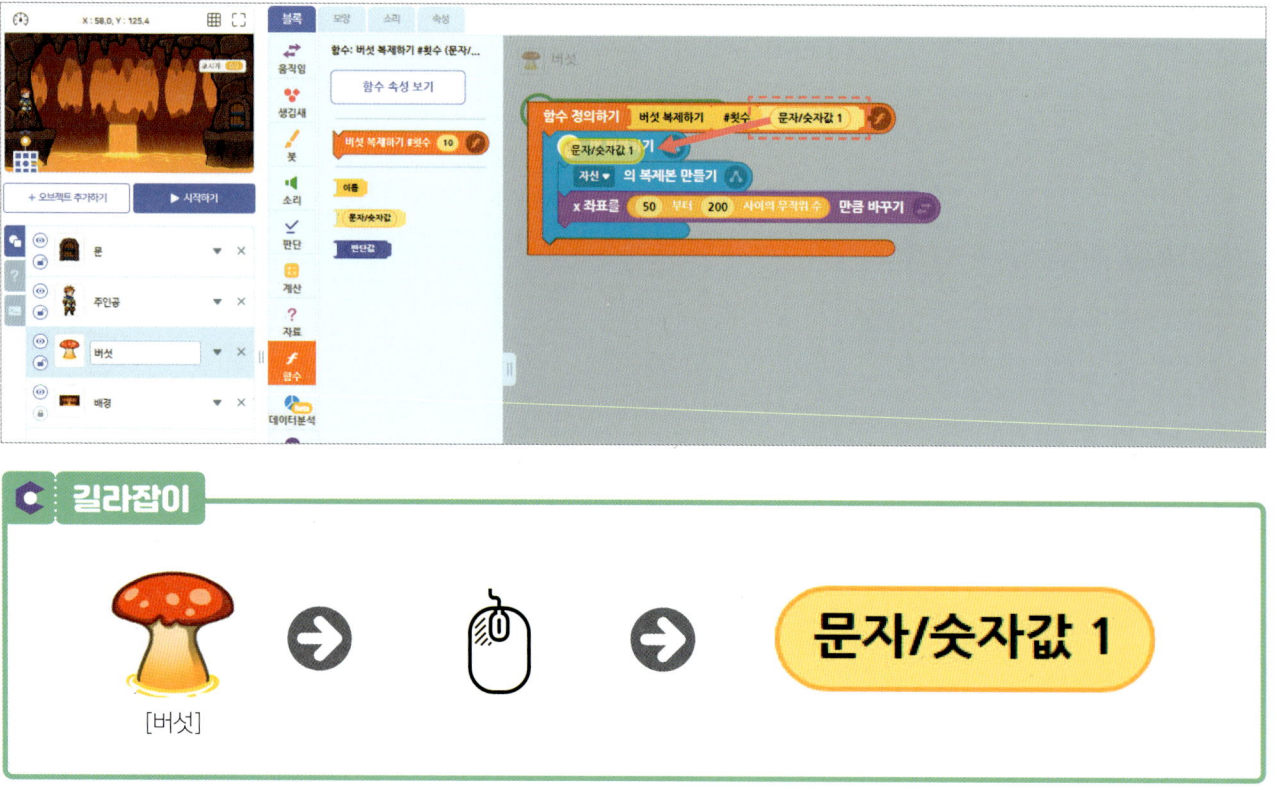

12 '버섯' 오브젝트의 [5번 반복하기] 관련 블록을 모두 휴지통에 버립니다.

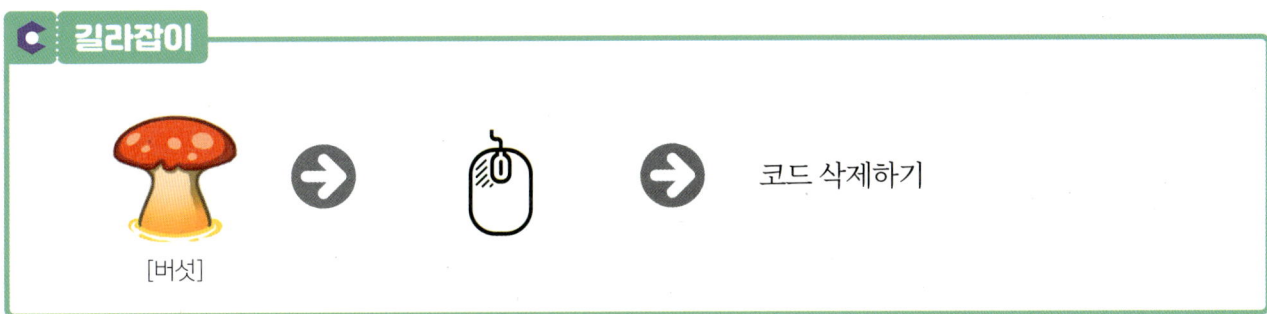

13 [함수] 카테고리에서 [버섯복제하기 #횟수10] 블록을 가져와 '복제하고 싶은 개수 −1'개를 입력합니다.
(예 : 3개를 복제하고 싶다면 숫자 2를 입력)

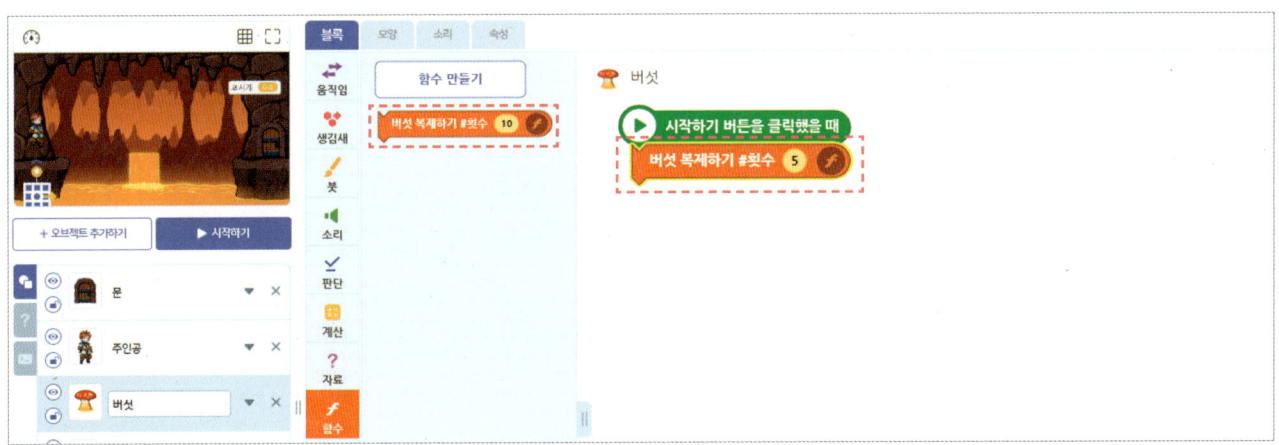

♥ Tip

함수를 만들기 전에 동작을 충분히 확인해보고 만들어보는 것이 좋습니다.

Step 3 변수 만들기

작품에 필요한 변수인 '중력' 변수를 만들어봅시다.

14 [속성] 탭에서 [변수]를 클릭한 후 [변수 추가하기]를 클릭합니다.

15 변수의 이름을 입력하고 확인 버튼을 클릭합니다. (변수 이름 : 중력)

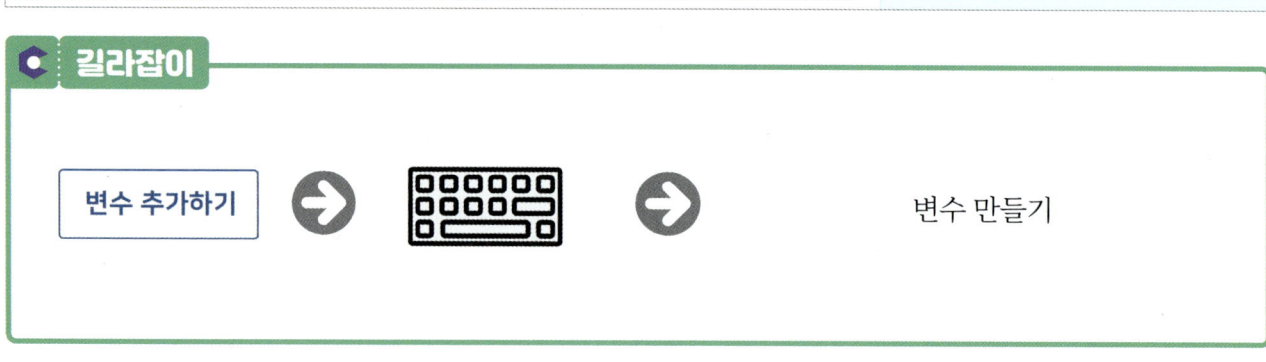

Step 4 초기화

'주인공' 오브젝트의 처음 위치와 변수의 처음 상태를 만들어봅시다.

16 '주인공' 오브젝트를 클릭한 후, [시작] 카테고리에서 [시작하기 버튼을 클릭했을 때] 블록을 가져옵니다.

17 [움직임] 카테고리에서 [x:0 y:0 위치로 이동하기] 블록을 가져와 [x:-200 y:0 위치로 이동하기]로 수정합니다.

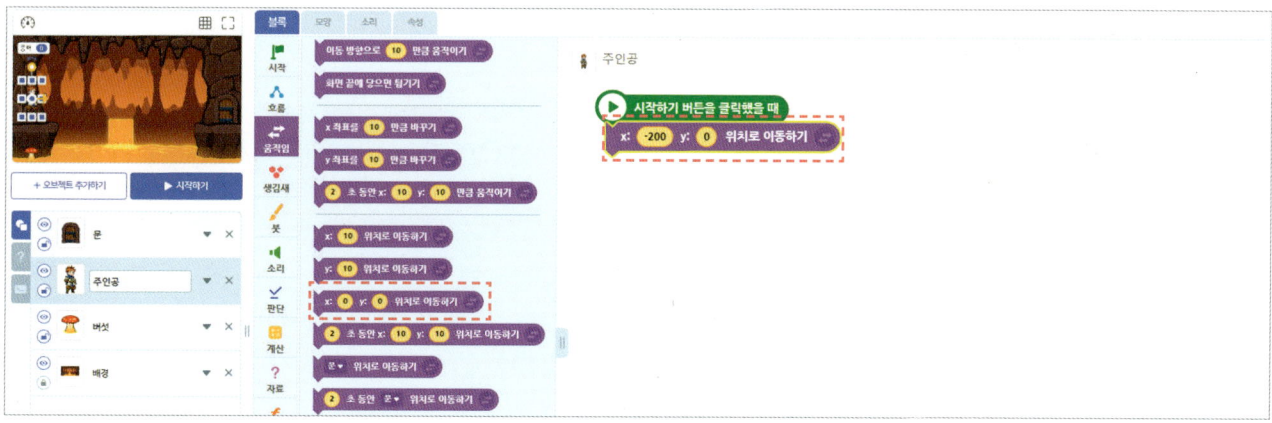

18 [자료] 카테고리에서 [중력를 10(으)로 정하기] 블록을 가져와 [중력를 0(으)로 정하기]로 수정합니다.

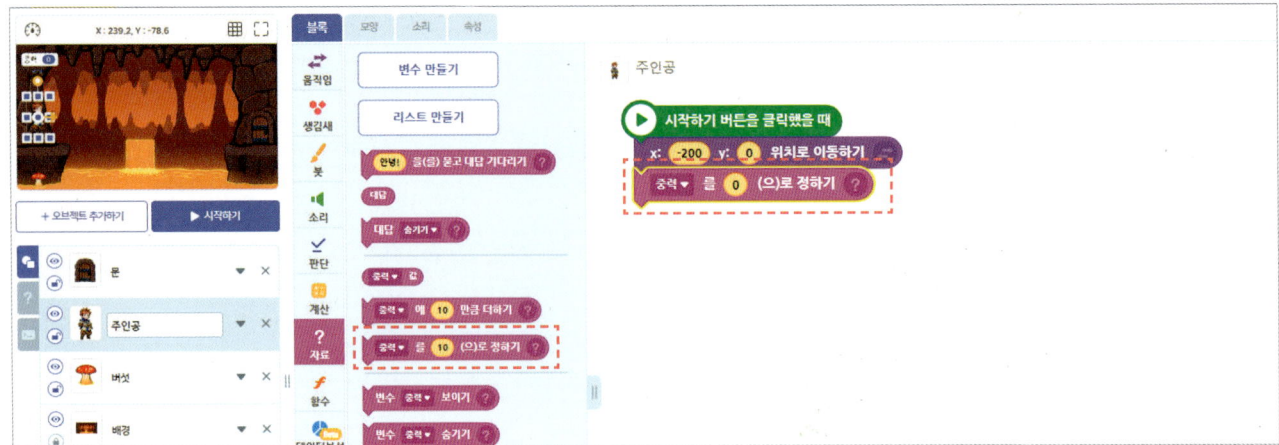

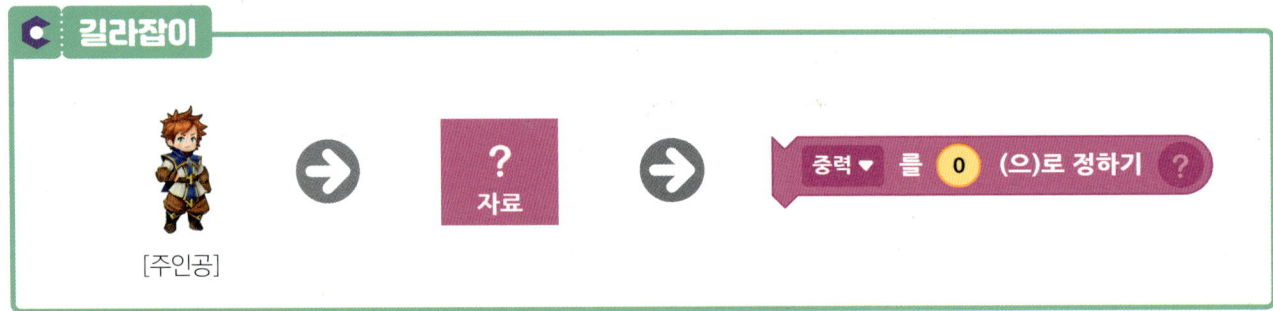

Step 5 떨어트리기

'주인공' 오브젝트를 바닥으로 서서히 떨어트리도록 만들어봅시다.

19 [흐름] 카테고리에서 [계속 반복하기] 블록을 가져옵니다.

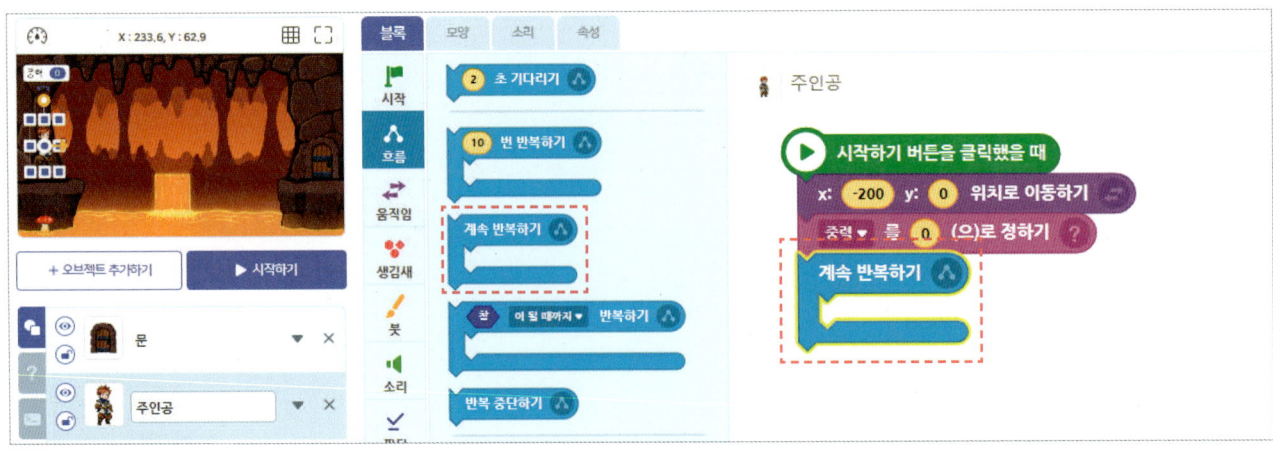

20 [자료] 카테고리에서 [중력에 10만큼 더하기] 블록을 가져와 [중력에 -0.15만큼 더하기]로 수정합니다.

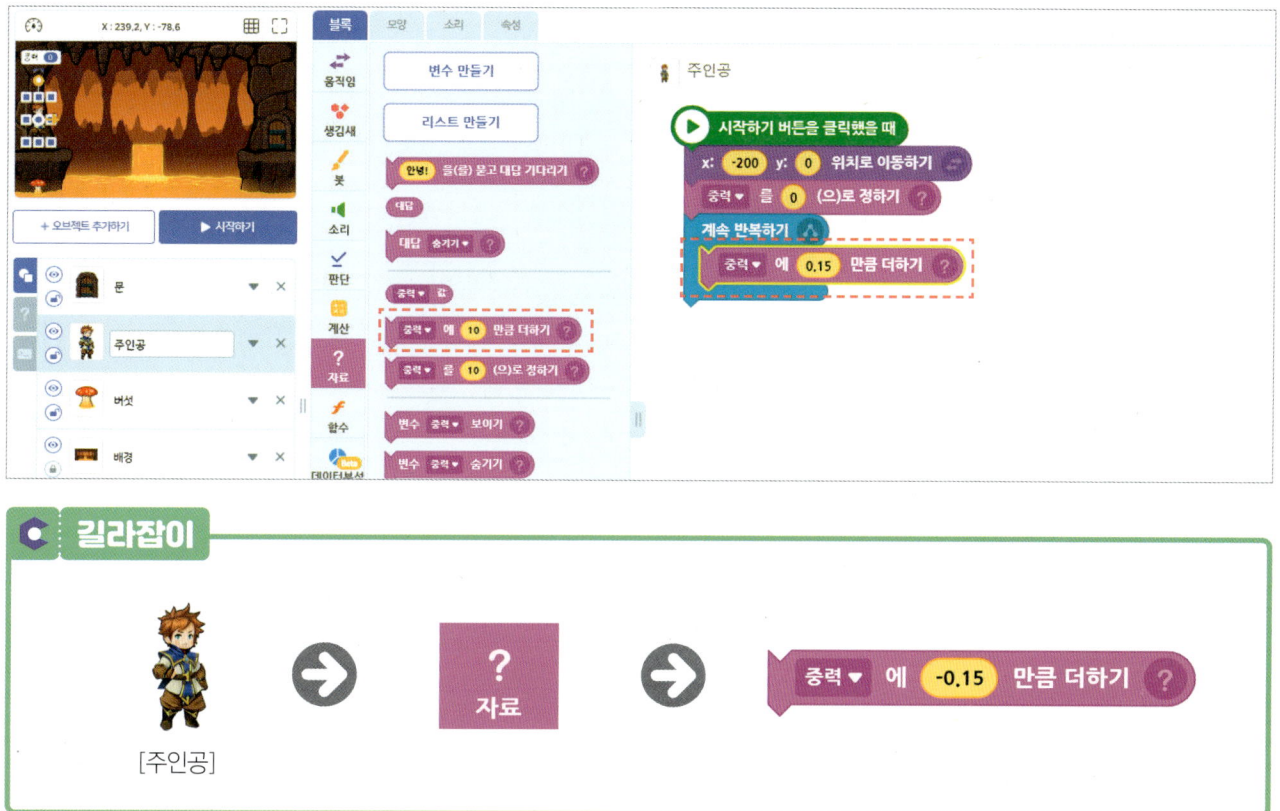

21 [움직임] 카테고리에서 [y 좌표를 10만큼 바꾸기] 블록을 가져옵니다.

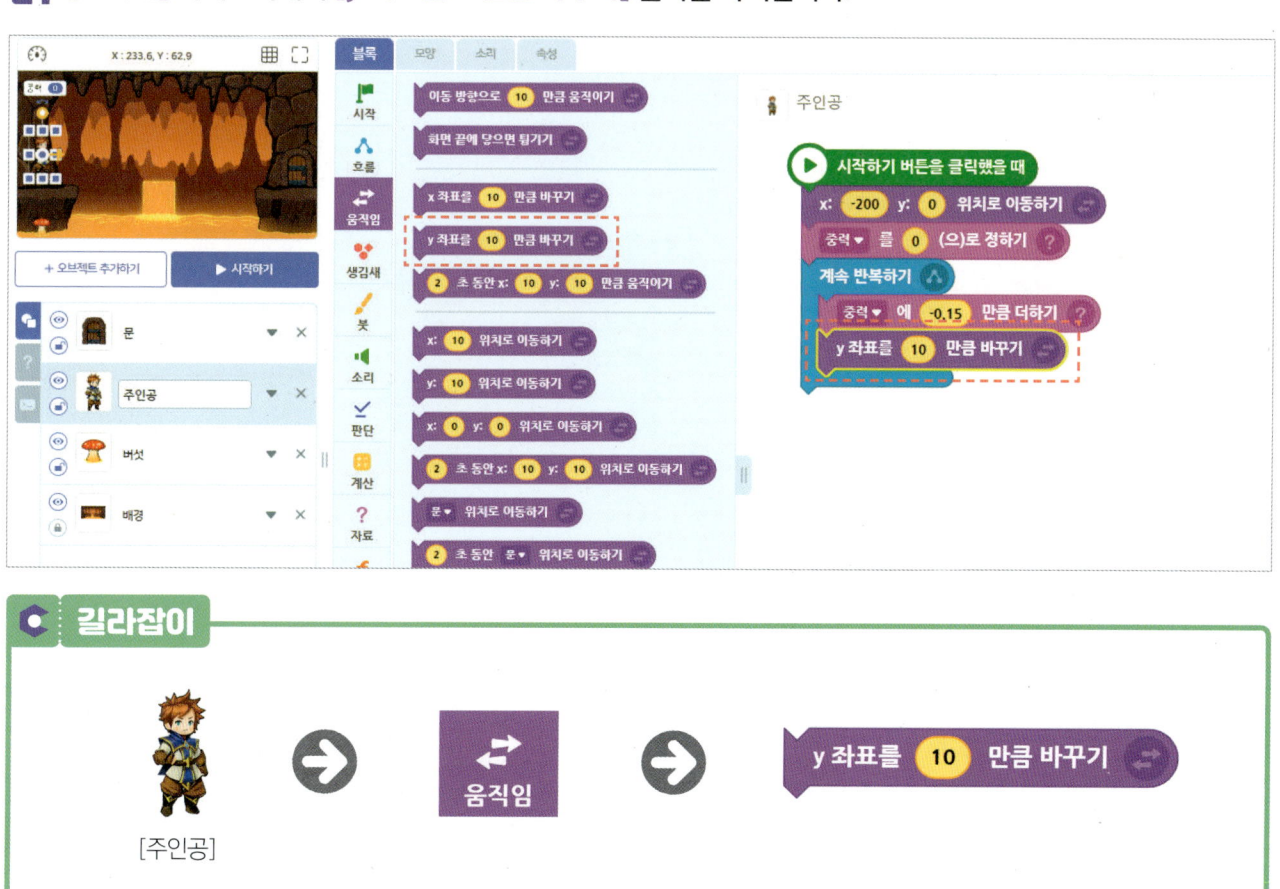

22 [자료] 카테고리에서 [중력 값] 블록을 가져와 [y 좌표를 10만큼 움직이기]에 넣어줍니다.

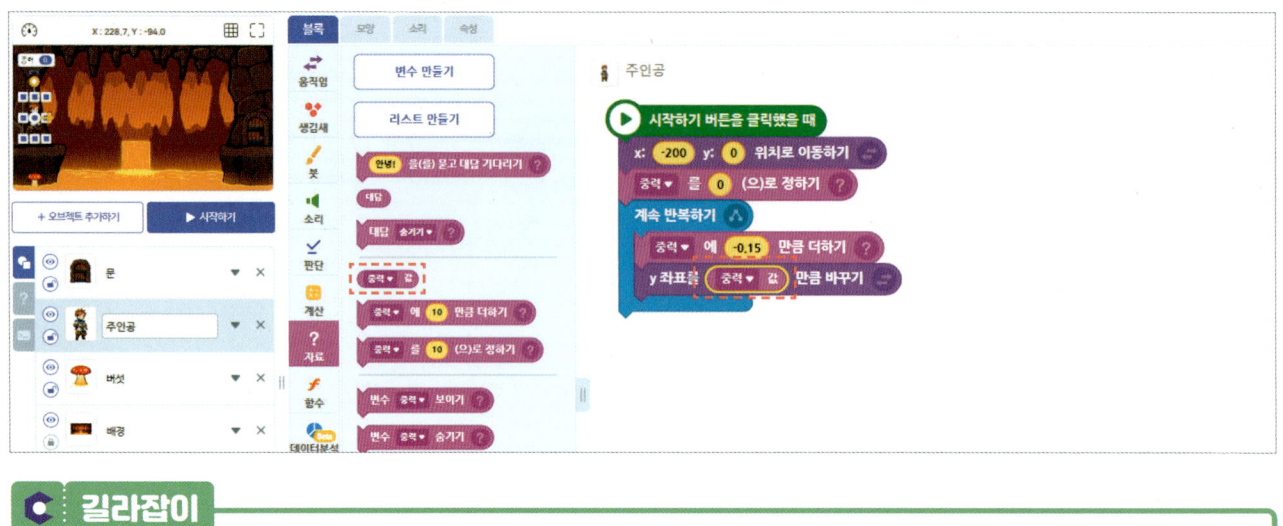

길라잡이

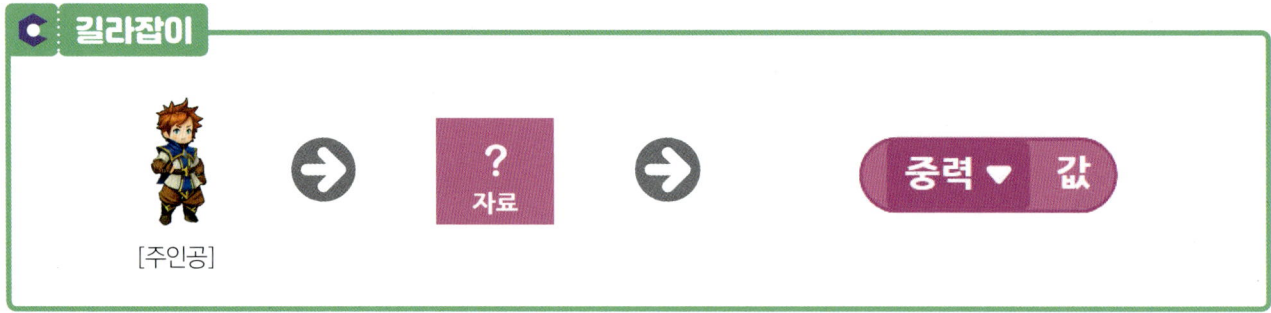

Step 6 이동하기

오른쪽 키보드 화살표 키를 눌렀을 때 '주인공' 오브젝트가 앞으로 이동하도록 만들어봅시다.

23 '주인공' 오브젝트를 클릭한 후, [시작] 카테고리에서 [시작하기 버튼을 클릭했을 때] 블록을 가져옵니다.

길라잡이

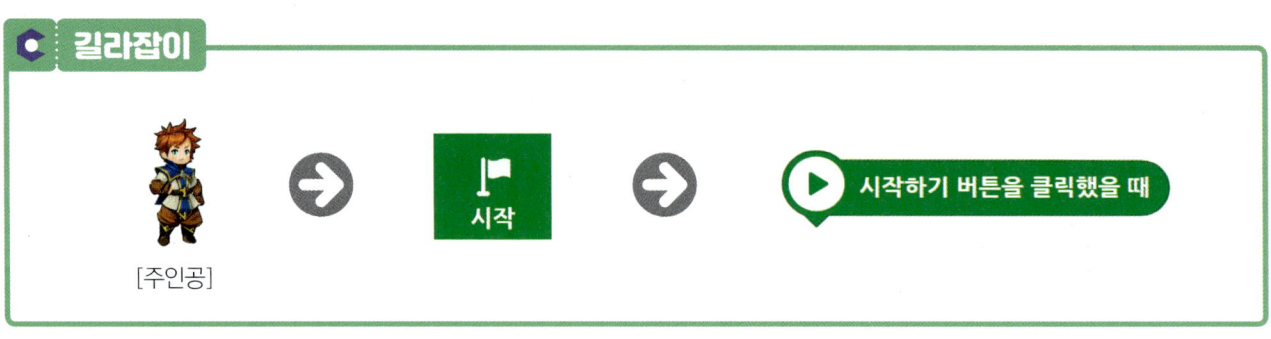

24 [흐름] 카테고리에서 [계속 반복하기] 블록을 가져옵니다.

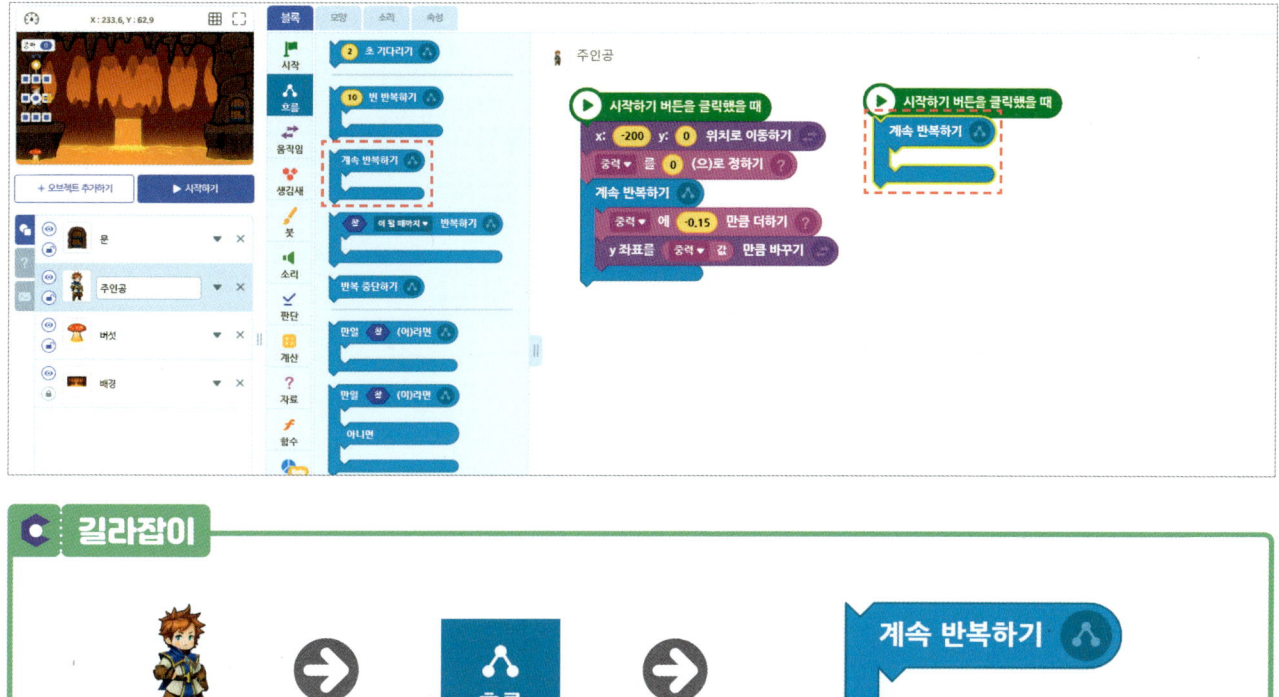

25 [흐름] 카테고리에서 [만일 <참> (이)라면] 블록을 가져와 [계속 반복하기] 안에 넣습니다.

26 [판단] 카테고리에서 [q키가 눌러져 있는가?] 블록을 가져와 [만일 <참> (이)라면] 블록 안에 넣고 [오른쪽 화살표키가 눌러져 있는가?]로 수정합니다.

27 [움직임] 카테고리에서 [x 좌표를 10만큼 바꾸기] 블록을 가져와 [x 좌표를 2만큼 바꾸기]로 수정합니다.

Step 7 버섯에 닿았을 때

버섯에 닿았을 때 중력 값을 높여서 튕기는 효과를 만들어봅시다.

28 [흐름] 카테고리에서 [만일 <참> (이)라면] 블록을 가져와 [계속 반복하기] 안에 넣습니다.

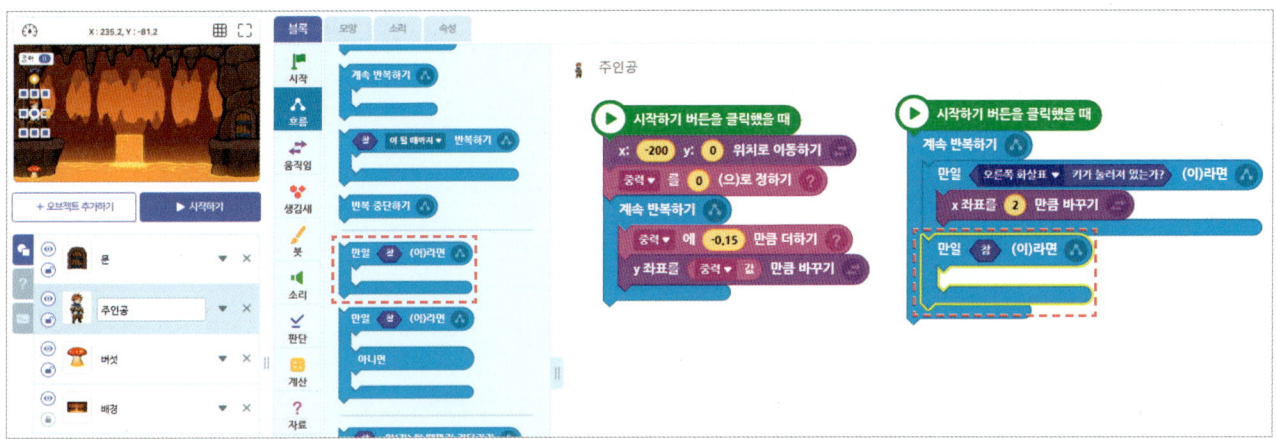

29 [판단] 카테고리에서 [마우스포인터에 닿았는가?] 블록을 가져와 <참> 부분에 넣어준 후, [버섯에 닿았는가?]로 수정합니다.

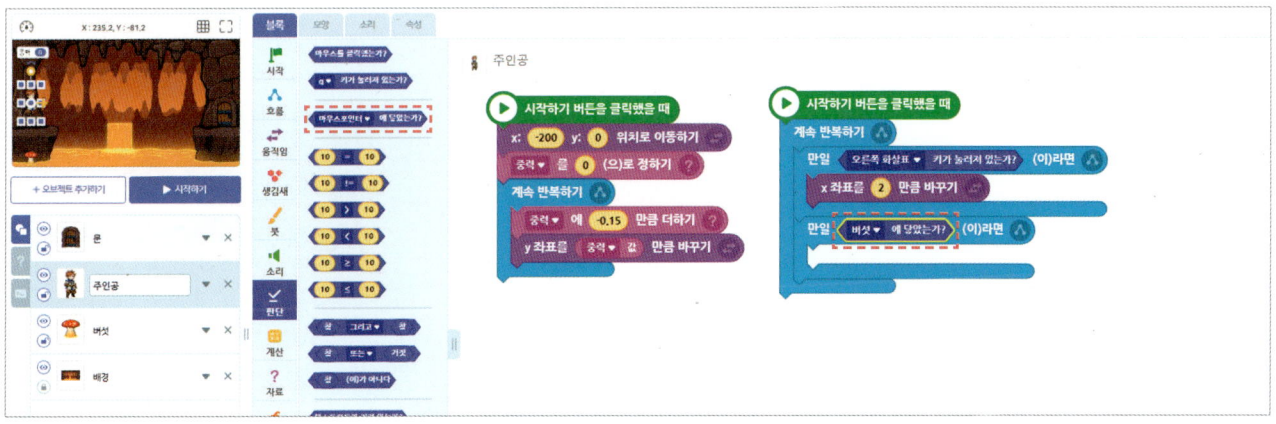

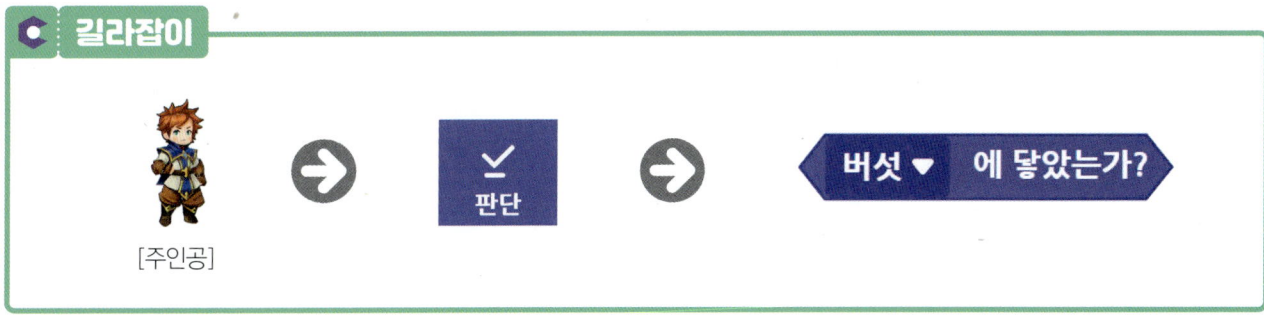

Chapter 15 | 통통 튀어 올라 287

30 [자료] 카테고리에서 [중력를 10(으)로 정하기] 블록을 가져와 [중력를 5(으)로 정하기]로 수정합니다.

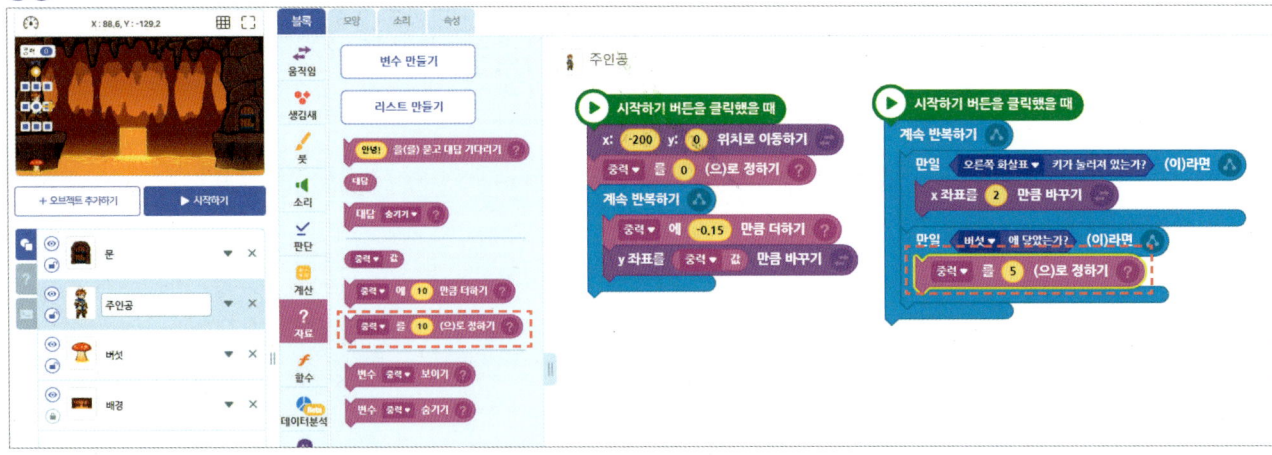

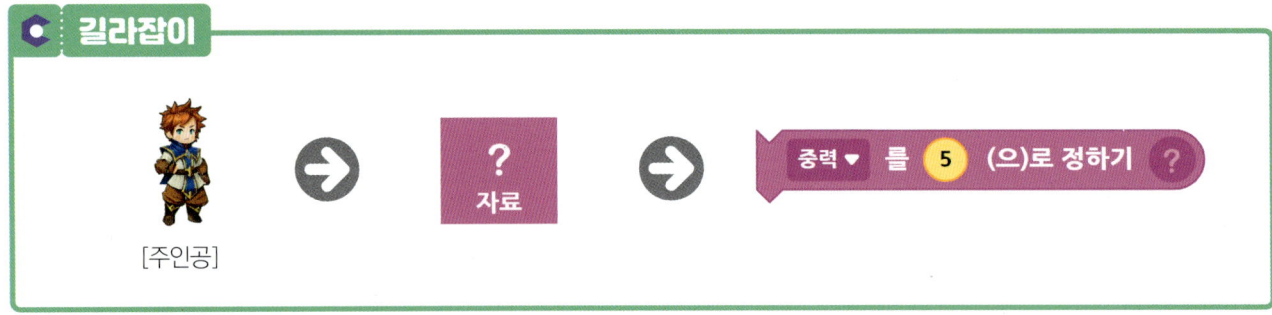

Step 8   문에 닿았을 때

'주인공' 오브젝트가 문에 닿았을 때 모양을 숨기도록 만들어봅시다.

31 [흐름] 카테고리에서 [만일 <참> (이)라면] 블록을 가져와 [계속 반복하기] 안에 넣습니다.

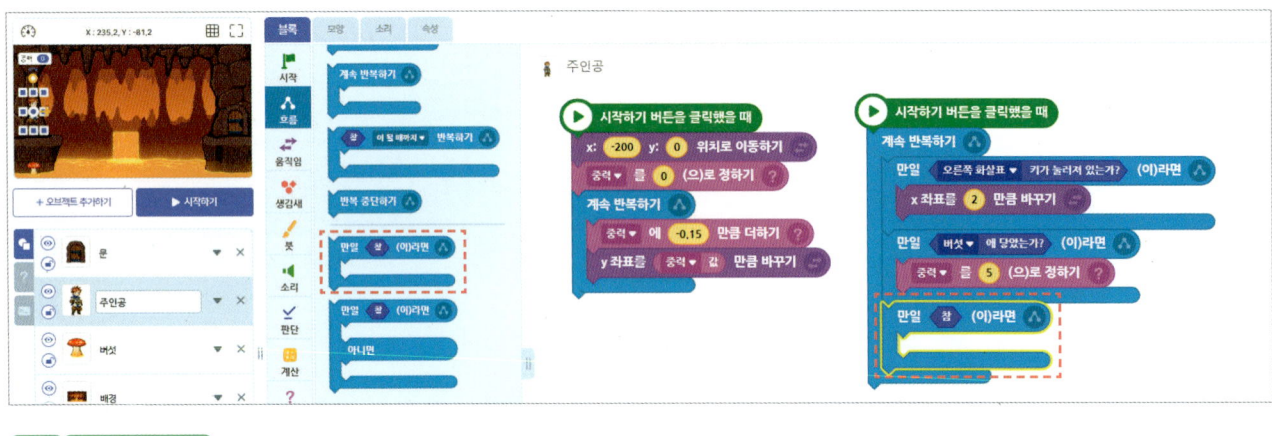

288

32 [판단] 카테고리에서 [마우스포인터에 닿았는가?] 블록을 가져와 <참> 부분에 넣어준 후, [문에 닿았는가?]로 수정합니다.

33 [생김새] 카테고리에서 [모양 숨기기] 블록을 가져옵니다.

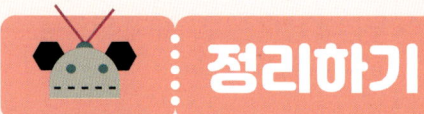

전체 코드 보기

[주인공]

[버섯]

발전시키기
- 초시계를 이용해 제한 시간을 두고, 10초 이상 지나면 모든 코드를 멈추도록 만들어보세요.

요약하기
- 함수란 사용자가 특정 기능을 수행할 수 있도록 직접 기능을 만드는 것을 말합니다.
- 함수 리본 블록에는 이름, 값, 판단 블록이 있습니다.

Chapter 16

적과 싸워 이겨라!

Chapter 16 적과 싸워 이겨라!

드디어 만난 최종 보스!
최종 보스를 무찌르고 도시를 구해볼까요?

프로젝트 난이도 ★★★

실습 영상
· 실습 파일 : ch16.적과 싸워 이겨라(실습).ent
· 완성 파일 : ch16.적과 싸워 이겨라(완성).ent

💛 학습 목표

- 함수의 개념을 설명할 수 있다.
- 엔트리를 활용하여 게임을 만들 수 있다.
- 프로젝트를 응용하여 새로운 프로젝트를 구성할 수 있다.

💛 프로젝트 미리보기

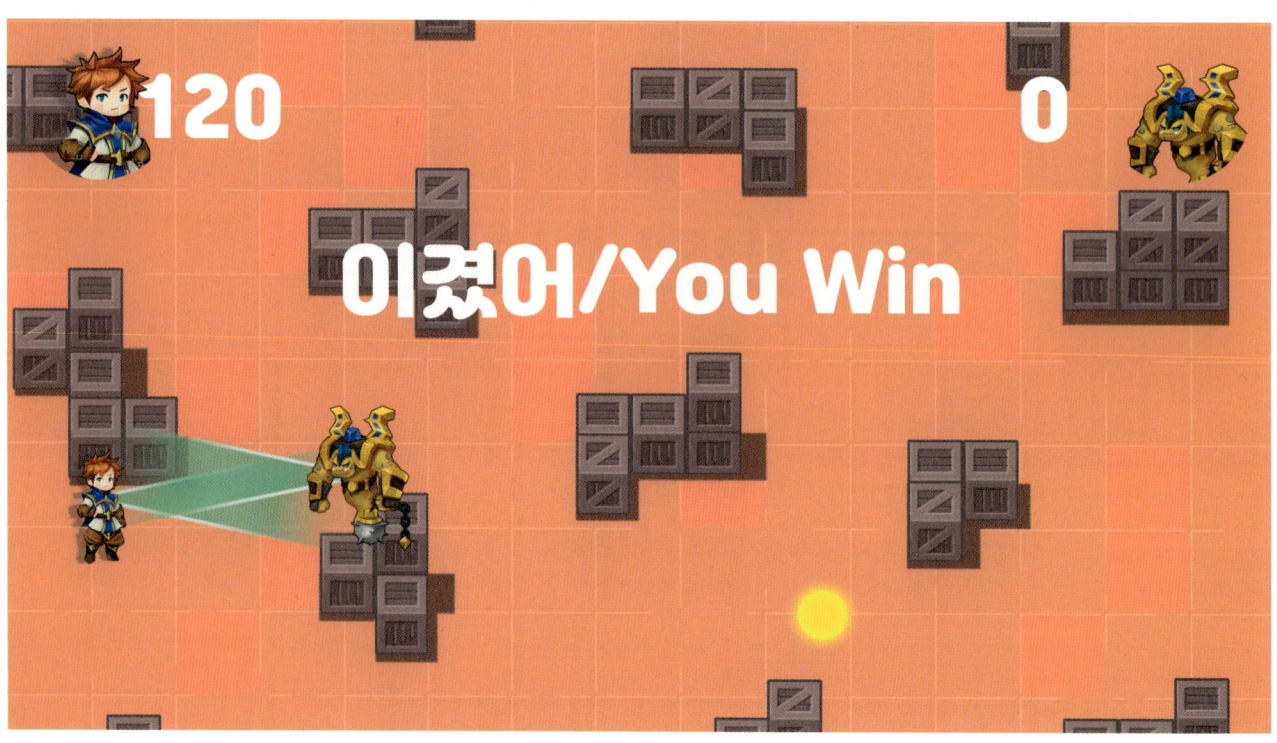

💛 오늘의 이야기

 "이곳인가? 최종 보스가 있다는 곳이!"

"저기에 최종 보스 골드 스톤이 있어. 네가 골드 스톤과 싸우는 동안 나는 감옥에 갇힌 사람들을 구할게. 내 손 위에 너의 손을 올려봐. 보스를 쓰러트릴 수 있는 마법의 힘을 너에게 빌려줄게."

 "우와, 나의 손에 너의 빛이 흡수되었어! 이제 내가 마법을 쓸 수 있는 거야?"

"내 힘을 넣었으니 마법은 쉽게 사용할 수 있을 거야. 손을 펼치면 에너지가 모이는 것을 느낄 수 있어. 에너지를 모아서 최종 보스에게 던져."

 "이제 보스만 처리하면 끝나는 걸까?"

"응! 그동안 우리가 함께 여행하면서 배운 모든 것들이 너를 도울 거야. 부디 저들로부터 도시를 지켜줘. 부탁할게."

 "좋아!"

드디어 마지막 문이 열리고 최종 보스를 마주했습니다.

 개념 다지기

알아보기

사용하는 오브젝트 확인하기

최종 보스

	 보스	무작위 속도로 주인공의 위치로 이동할 수 있습니다. 주인공 마법에 맞았을 때, 맞은 표식이 나타났다가 사라집니다.
	 보스 공격 영역	주인공을 향해 공격 위치를 잡으며, 이 방향으로 공격을 할 수 있습니다.
	 보스 공격	주인공이 최종 보스의 사정거리 안에 들어온 경우 자동으로 발사됩니다.
	 보스점수	실행 화면 상단에 점수 표시를 위한 이미지로 사용됩니다.
	HP 보스 점수 표시	기본 150점이 주어지며, 주인공 마법에 맞으면 -10점씩 감소합니다. 15발을 맞으면 0점이 됩니다.

주인공

주인공	키보드를 이용하여 상하좌우로 움직일 수 있습니다. 보스 표창에 맞았을 때, 맞은 표식이 나타났다가 사라집니다.
주인공 공격 영역	마우스포인터 방향으로 움직이고 공격할 수 있습니다.
주인공 공격	마우스로 클릭한 경우 발사됩니다. 발사 위치는 '주인공 공격 영역'이며 마우스포인터 위치로 공격이 나갑니다.
주인공 점수	실행 화면 상단에 점수 표시를 위한 이미지로 사용됩니다.
HP 주인공 점수 표시	기본 150점이 주어지며, 보스 표창에 맞으면 -10점씩 감소합니다. 15발을 맞으면 0점이 됩니다.

기타 요소

🌼 사용하는 변수 및 신호

변수

#	변수 이름	사용 가능 오브젝트	기본값	최솟값	최댓값	변수 노출
1	보스 HP	전체	0			숨기기
2	게임 결과	전체	0			숨기기
3	주인공 HP	전체	0			숨기기

신호

#	신호 이름
1	결과

** 위 프로젝트에서 보스에 대한 코드는 완성된 형태로 진행되며, 주인공 코드만 완성하도록 합니다.

프로그래밍하기

프로젝트 만들기

Step 1 위치로 이동하기

'주인공 공격 영역' 오브젝트가 주인공의 '중심점' 오브젝트를 따라다니며, 마우스포인터가 움직이는 방향으로 움직이도록 만들어봅시다.

1 '주인공 공격 영역' 오브젝트를 클릭한 후, [시작] 카테고리에서 [시작하기 버튼을 클릭했을 때] 블록을 가져옵니다.

길라잡이

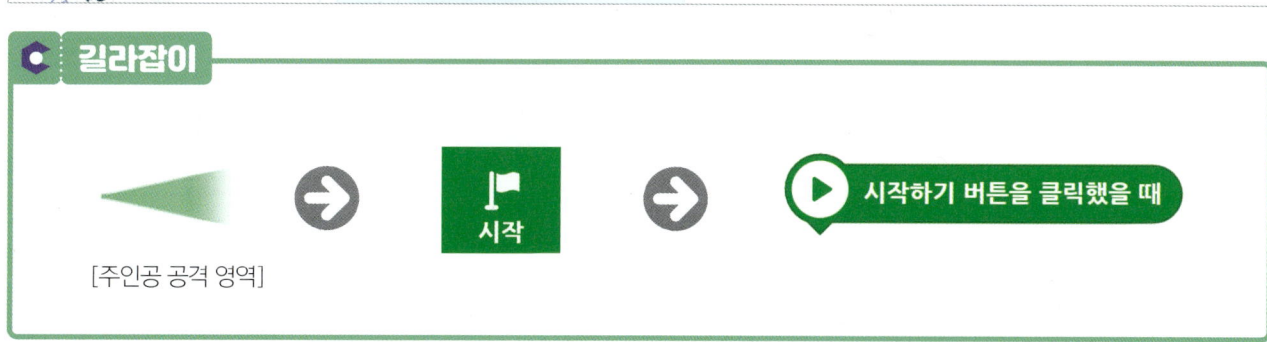

2 [흐름] 카테고리에서 [계속 반복하기] 블록을 가져옵니다.

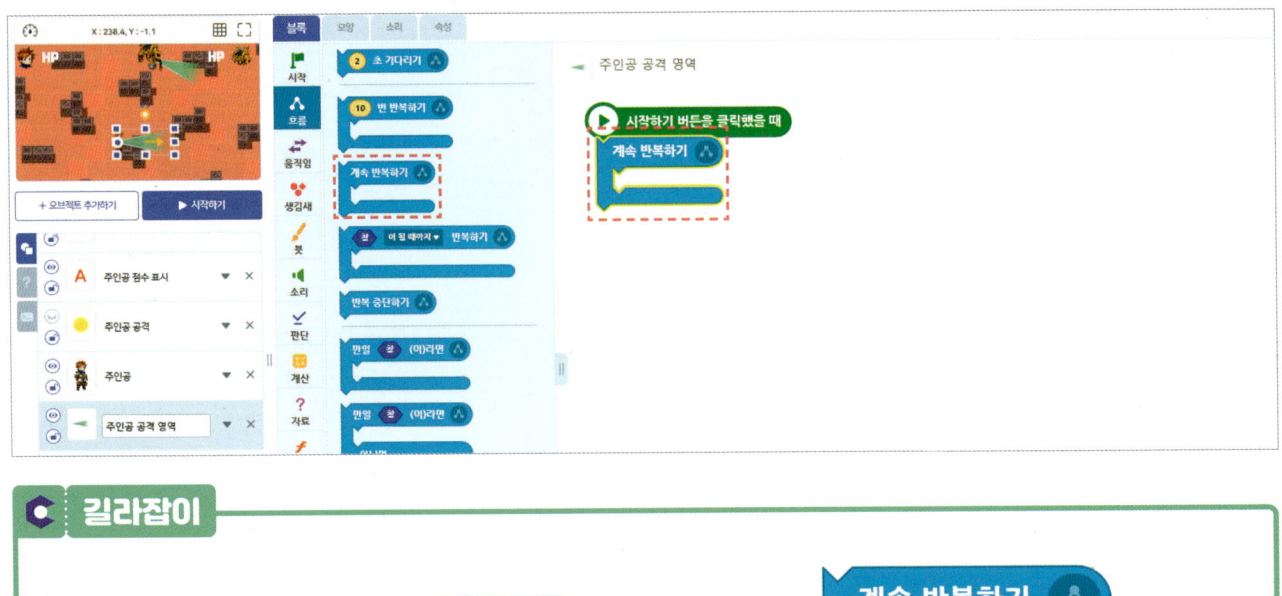

3 [움직임] 카테고리에서 [결과 위치로 이동하기] 블록을 가져와 [주인공 위치로 이동하기]로 수정합니다.

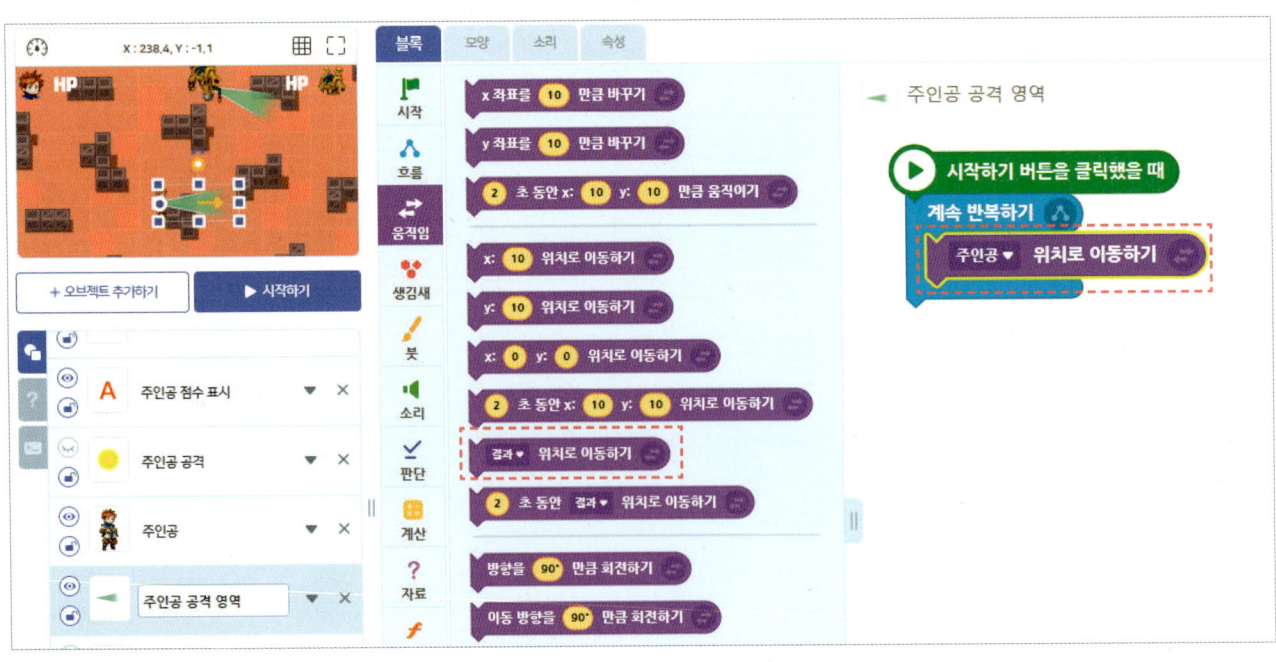

4 [움직임] 카테고리에서 [결과 쪽 바라보기] 블록을 가져와 [마우스포인터 쪽 바라보기]로 수정합니다.

> 길라잡이

Step 2 오브젝트 중심점 바꾸기

'주인공 공격 영역' 오브젝트는 '주인공' 오브젝트의 중심점을 기준으로 위치를 잡습니다. 중심점의 위치를 조절하여 '주인공 공격 영역'이 위치를 잘 잡을 수 있도록 만들어 봅시다.

5 '주인공' 오브젝트를 선택한 후, 오브젝트의 중심점을 오른쪽 팔로 이동합니다.

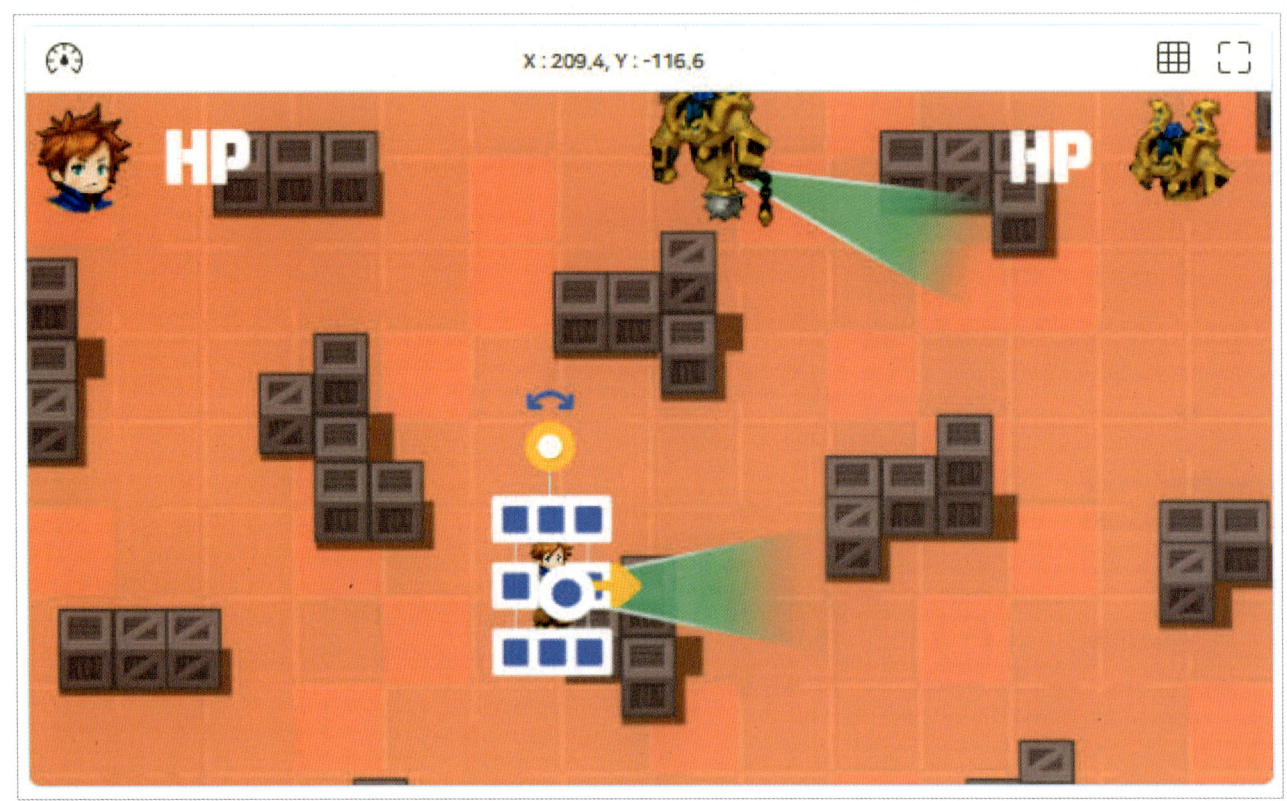

길라잡이

[주인공] → 🖱 → '주인공' 오브젝트 중심점을 주인공 오른쪽 팔로 이동

Step 3 '주인공' 오브젝트 움직이기

키보드를 이용하여 '주인공' 오브젝트가 상하좌우로 움직일 수 있도록 만들어봅시다.

6 '주인공' 오브젝트를 클릭한 후, [시작] 카테고리에서 [시작하기 버튼을 클릭했을 때] 블록을 가져옵니다.

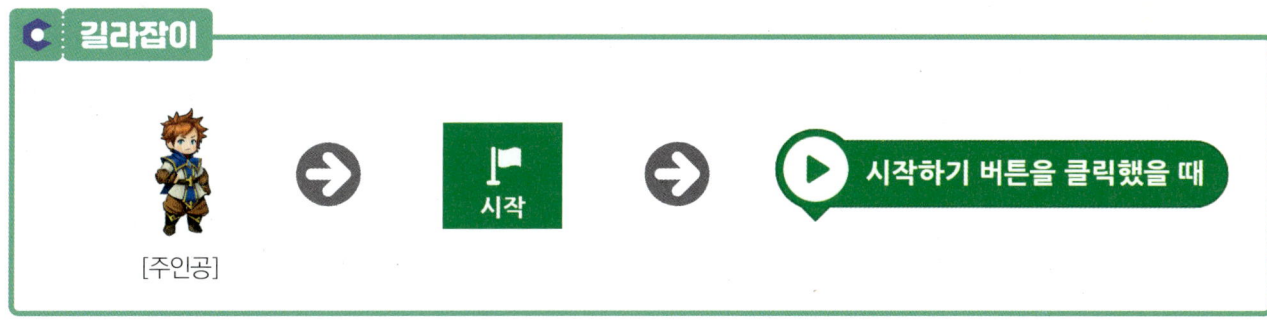

7 [흐름] 카테고리에서 [계속 반복하기] 블록을 가져옵니다.

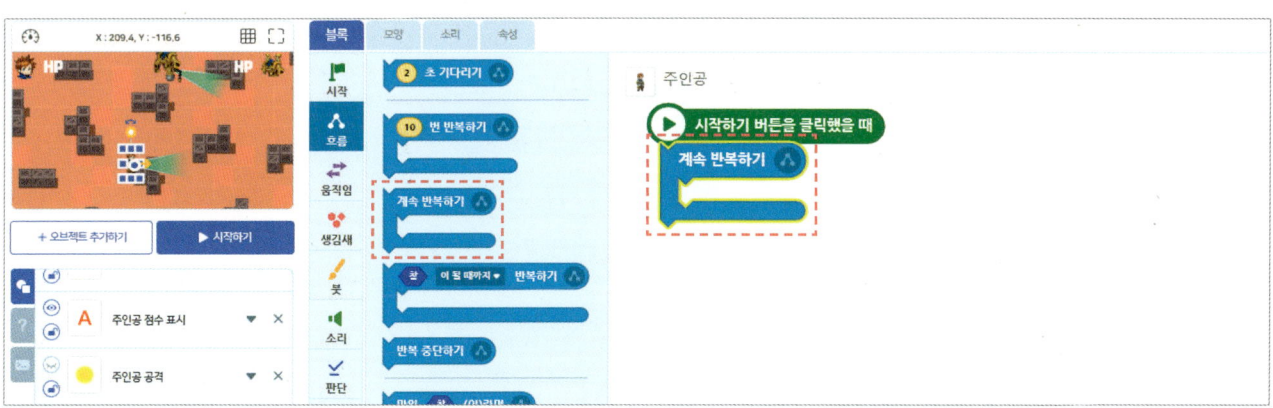

8 [흐름] 카테고리에서 [만일 <참> (이)라면] 블록을 4개 가져와 [계속 반복하기] 안에 넣습니다.

9 [판단] 카테고리에서 [q키가 눌러져 있는가?] 블록을 가져와 [만일 <참> (이)라면] 안에 넣고, [w, s, a, d키가 눌러져 있는가?]로 수정합니다.

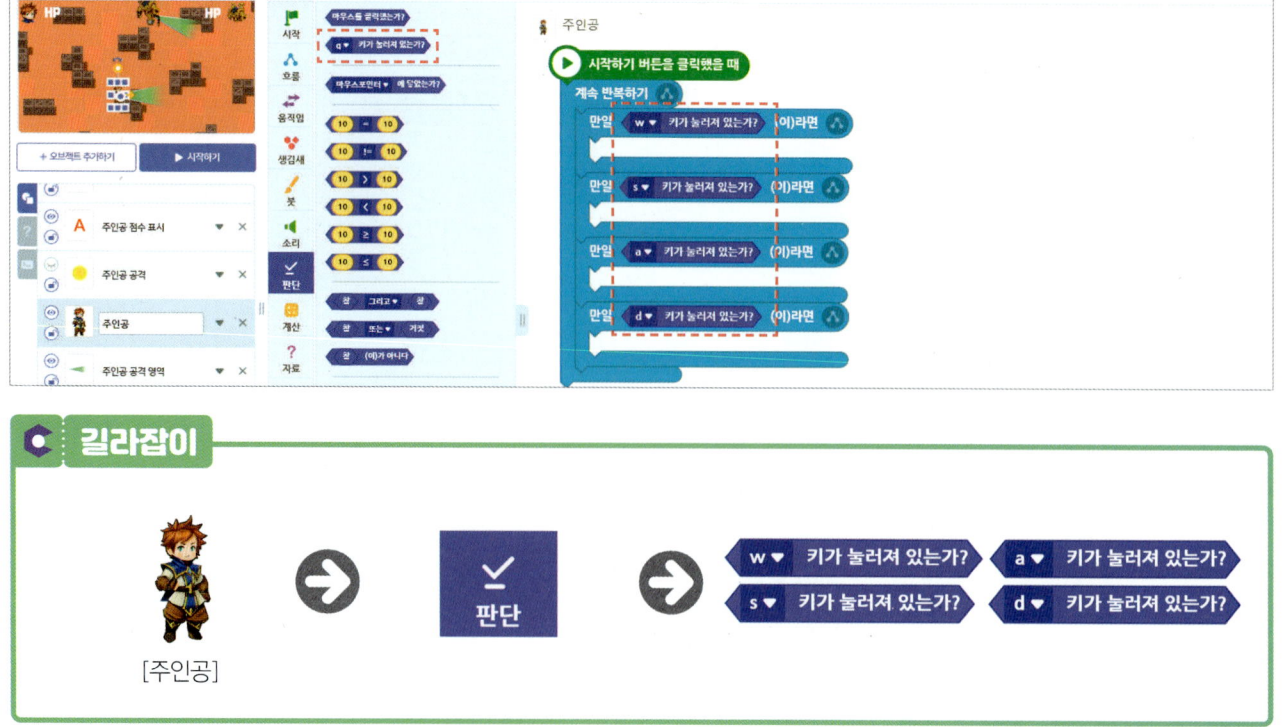

10 [움직임] 카테고리에서 [y 좌표를 10만큼 바꾸기] 블록을 2개 가져와 [y 좌표를 3만큼 바꾸기], [y 좌표를 -3만큼 바꾸기]로 수정합니다.

11 [움직임] 카테고리에서 [x 좌표를 10만큼 바꾸기] 블록을 2개 가져와 [x 좌표를 -3만큼 바꾸기], [x 좌표를 3만큼 바꾸기]로 수정합니다.

Step 4 보스 공격에 닿았을 때

'보스 공격'에 닿았을 때 '주인공' 오브젝트의 HP 값이 -10 감소하고, 모양을 바꾸어 공격당했음을 보여주도록 만들어봅시다.

12 [시작] 카테고리에서 [시작하기 버튼을 클릭했을 때] 블록을 가져옵니다.

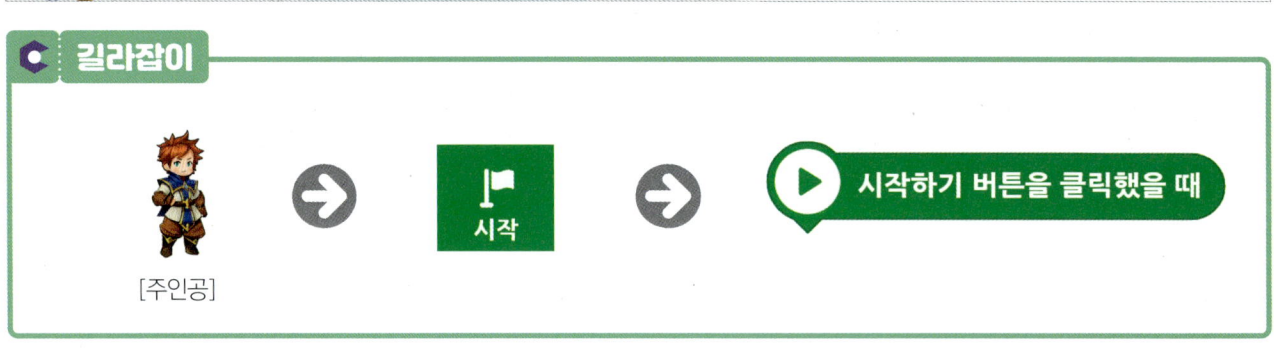

13 [흐름] 카테고리에서 [계속 반복하기] 블록을 가져옵니다.

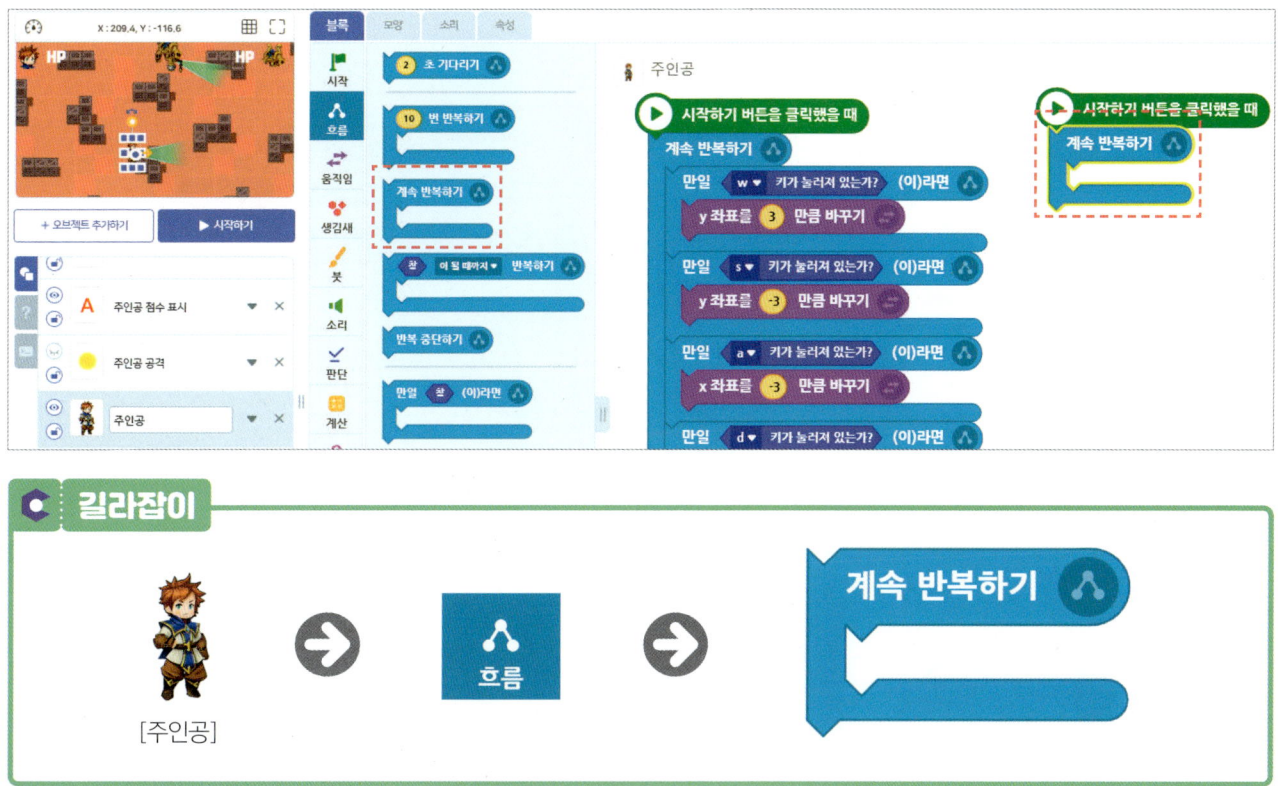

14 [흐름] 카테고리에서 [만일 <참> (이)라면] 블록을 가져와 [계속 반복하기] 안에 넣습니다.

Chapter 16 | 적과 싸워 이겨라! 305

15 [판단] 카테고리에서 [마우스포인터에 닿았는가?] 블록을 가져와 <참> 부분에 넣어준 후, [보스 공격에 닿았는가?]로 수정합니다.

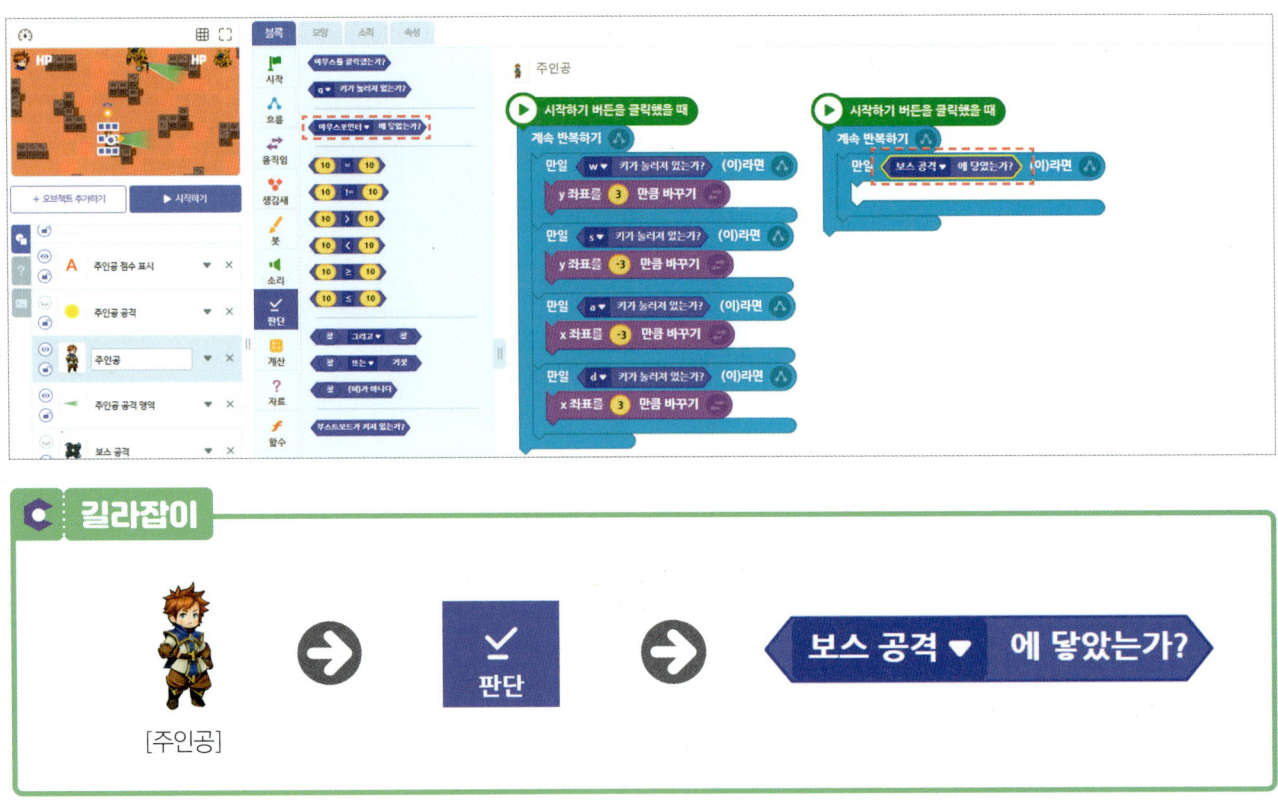

16 [자료] 카테고리에서 [보스 HP에 10만큼 더하기] 블록을 가져와 [주인공 HP에 −15만큼 더하기]로 수정합니다.

17 [생김새] 카테고리에서 [기본 모양으로 바꾸기] 블록을 가져와 [맞음 모양으로 바꾸기]로 수정합니다.

18 [흐름] 카테고리에서 [2초 기다리기] 블록을 가져와 [1초 기다리기]로 수정합니다.

19 [생김새] 카테고리에서 [기본 모양으로 바꾸기] 블록을 가져옵니다.

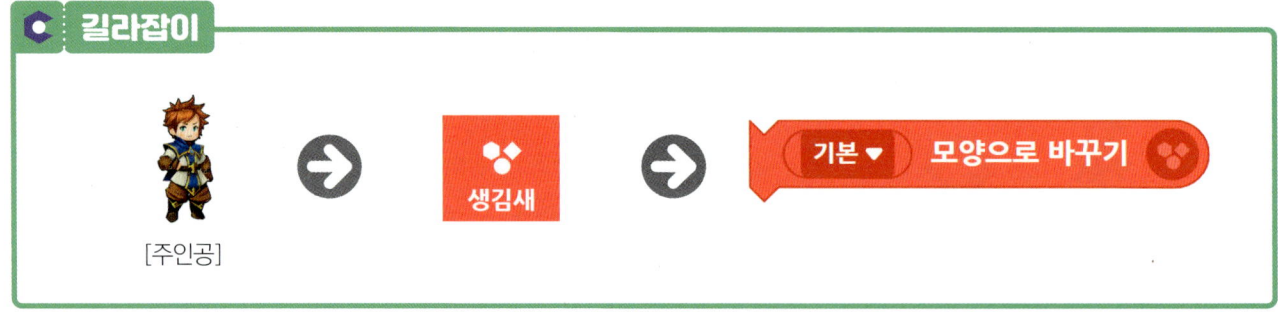

[주인공]

Step 5 점수가 0점일 때

'주인공' 오브젝트의 점수가 0점이 되면 게임 결과를 입력하고, '결과' 신호를 보내도록 만들어봅시다.

20 '주인공' 오브젝트를 클릭한 후, [시작] 카테고리에서 [시작하기 버튼을 클릭했을 때] 블록을 가져옵니다.

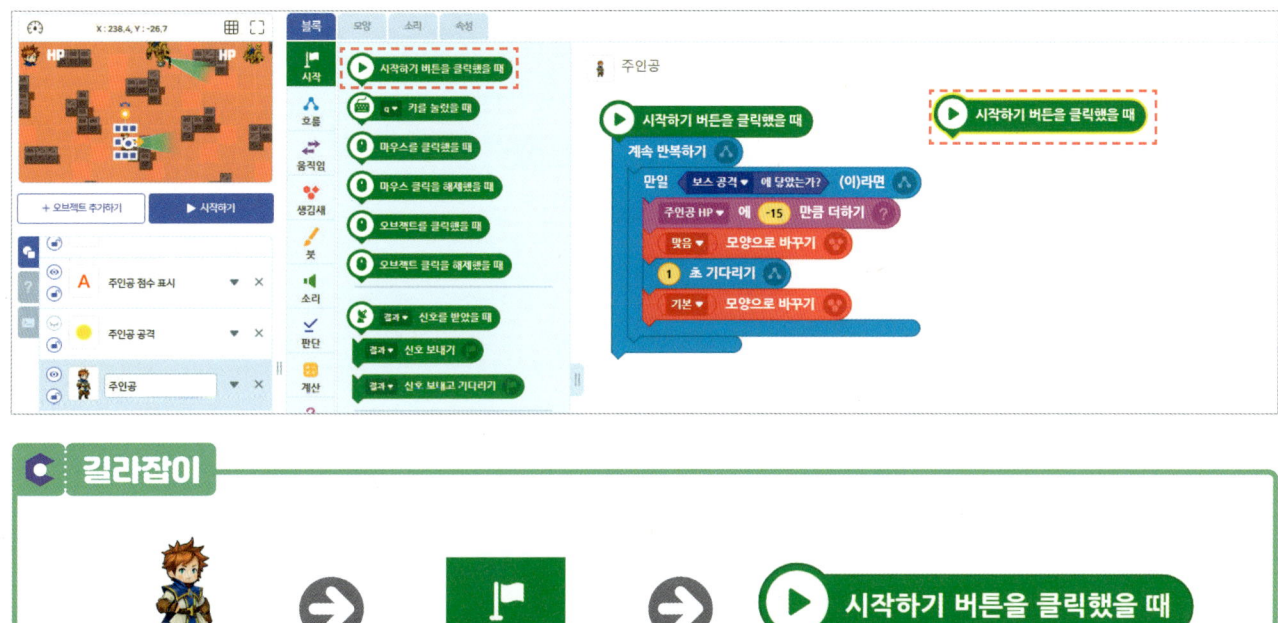

21 [흐름] 카테고리에서 [계속 반복하기] 블록을 가져옵니다.

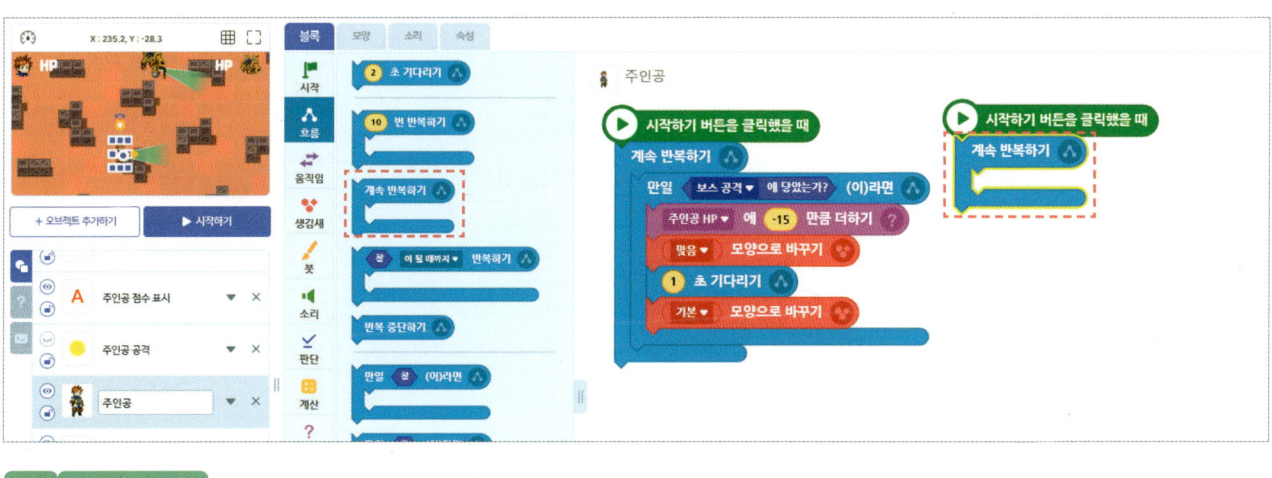

Chapter 16 | 적과 싸워 이겨라! **309**

22 [흐름] 카테고리에서 [만일 <참> (이)라면] 블록을 가져와 [계속 반복하기] 안에 넣습니다.

23 [판단] 카테고리에서 [10 ≤ 10] 블록을 가져와 <참> 부분에 넣어준 후 [10 ≤ 0]으로 수정합니다.

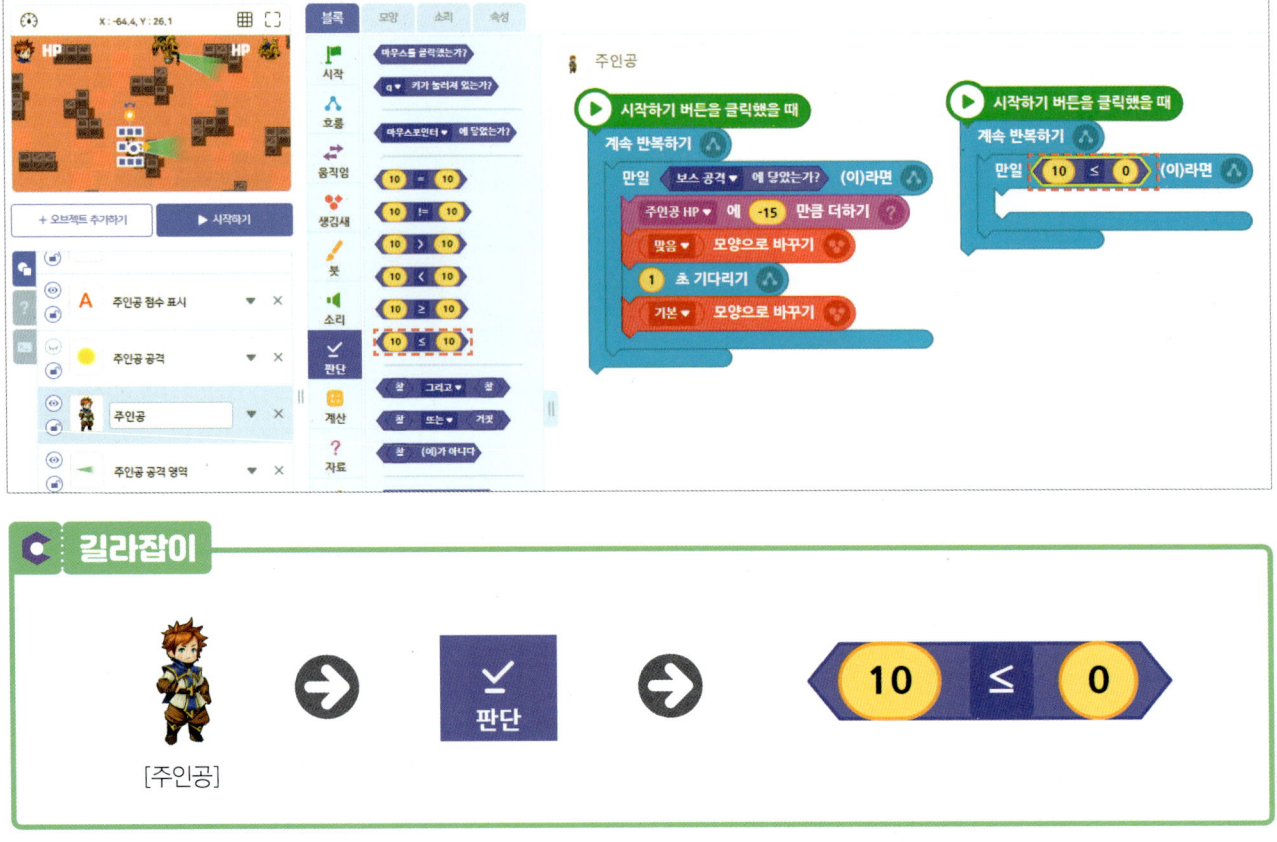

24 [자료] 카테고리에서 [보스 HP 값] 블록을 가져와 [10 ≤ 0]의 왼쪽 부분에 넣어준 후, [주인공 HP 값]으로 수정합니다.

25 [자료] 카테고리에서 [보스 HP를 10(으)로 정하기] 블록을 가져와 [게임 결과를 졌어/You Lose(으)로 정하기]로 수정합니다.

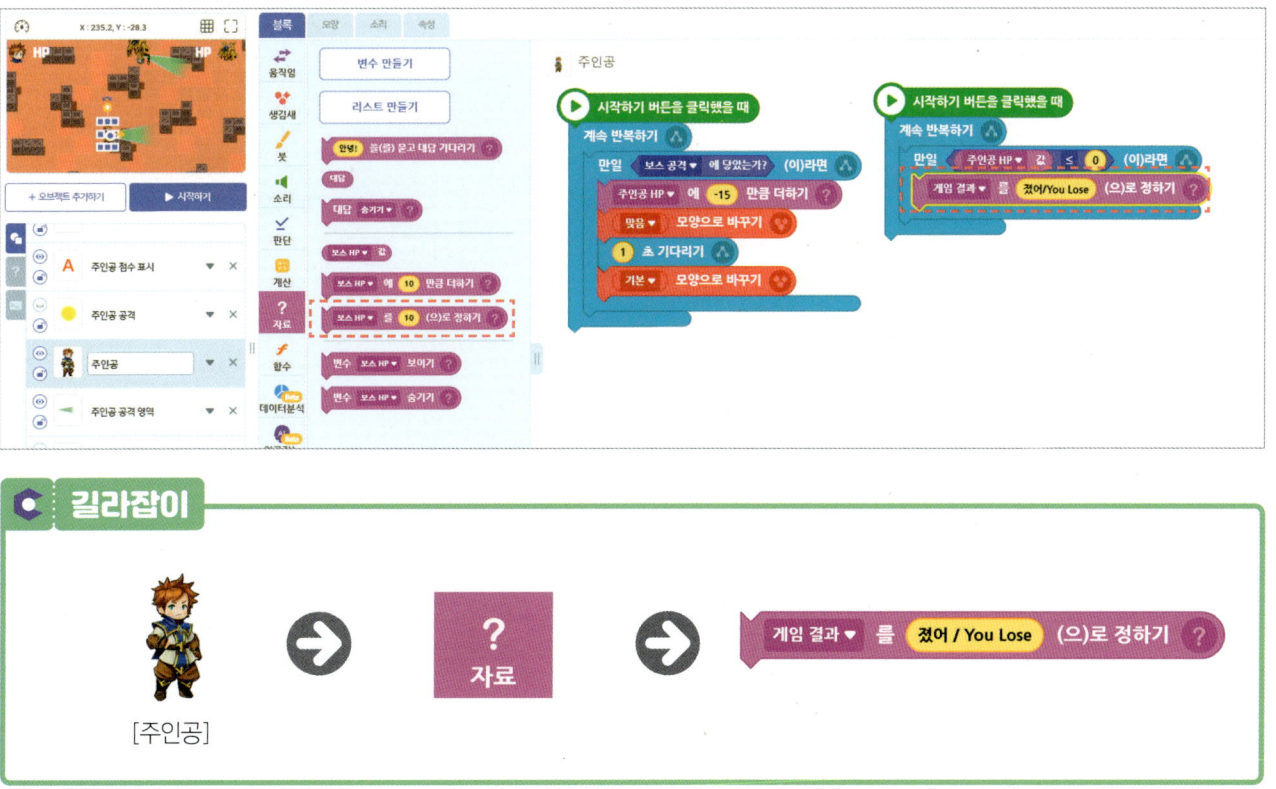

Chapter 16 | 적과 싸워 이겨라! 311

26 [흐름] 카테고리에서 [2초 기다리기] 블록을 가져와 [0.5초 기다리기]로 수정합니다.

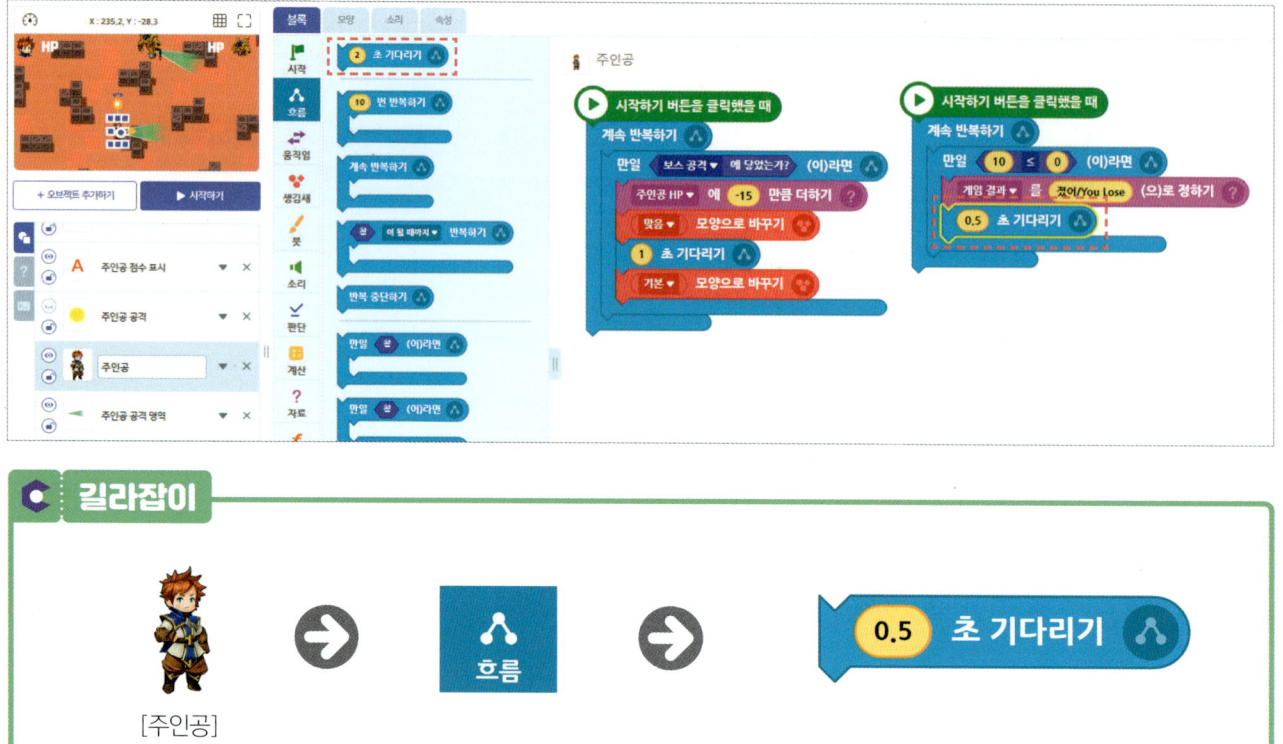

27 [시작] 카테고리에서 [결과 신호 보내기] 블록을 가져옵니다.

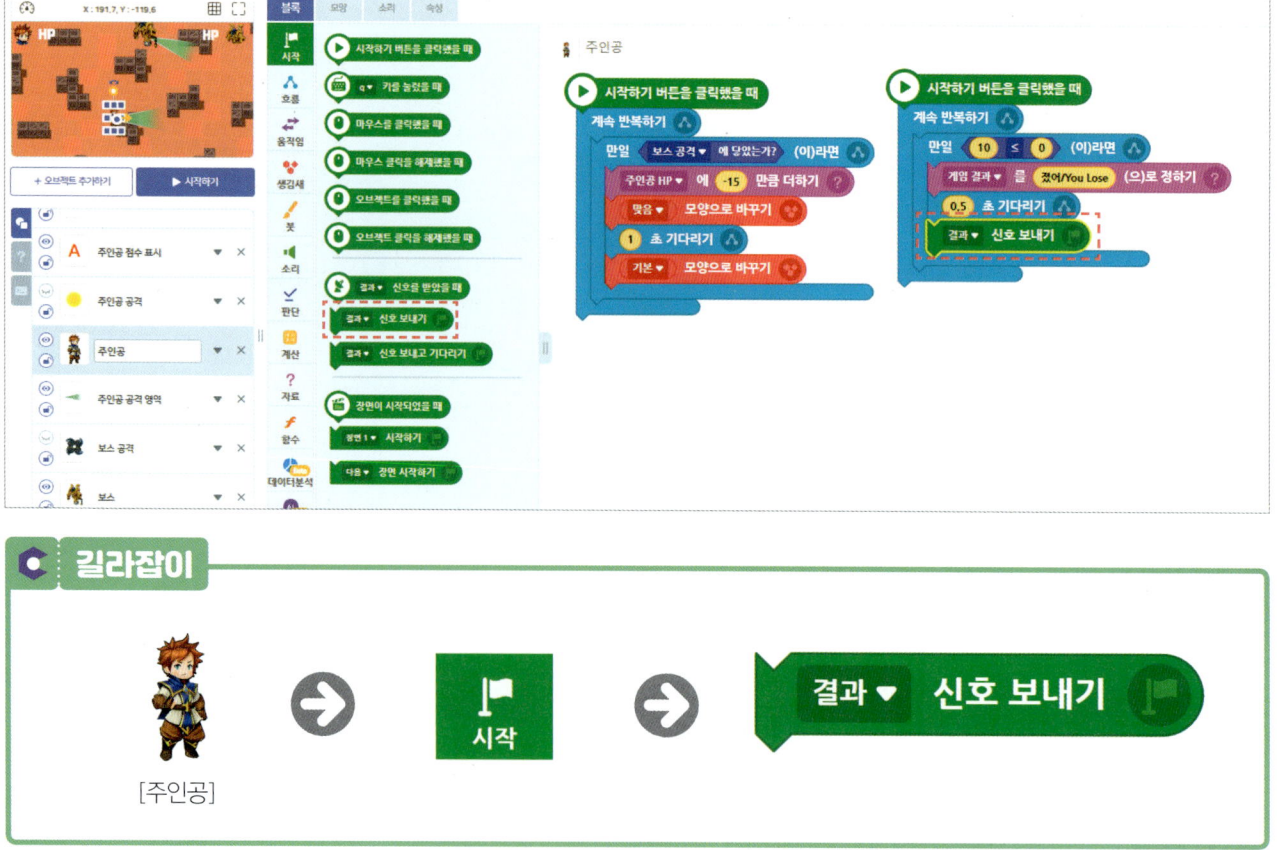

Step 6 공격하기

'주인공 공격' 오브젝트가 주인공의 '중심점' 오브젝트를 따라다니며, 마우스포인터가 움직이는 방향으로 움직이도록 만들어봅시다.

28 '주인공 공격' 오브젝트를 클릭한 후, [시작] 카테고리에서 [시작하기 버튼을 클릭했을 때] 블록을 가져옵니다.

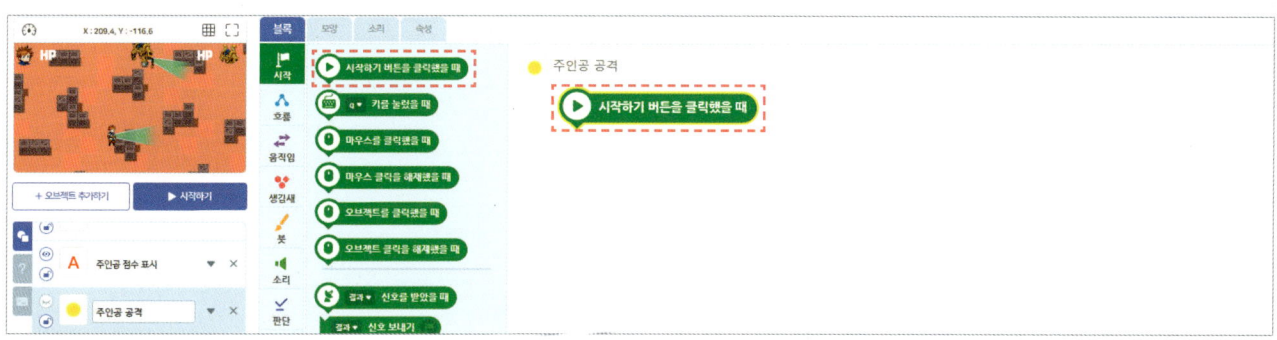

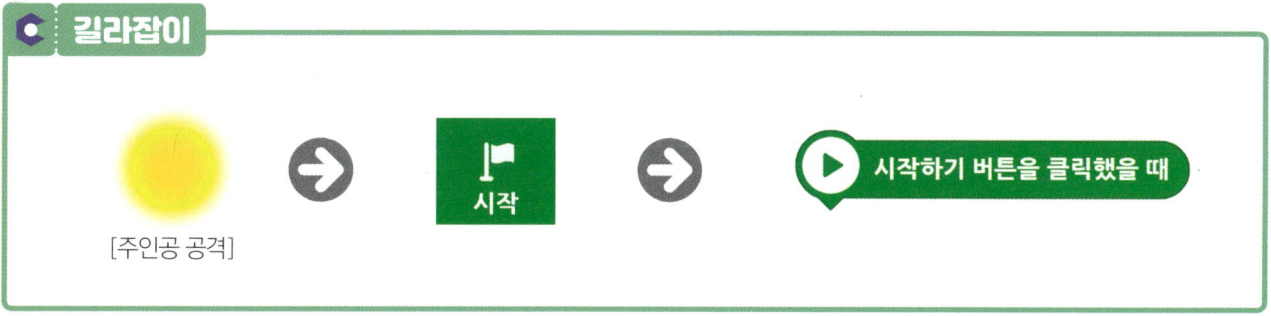

29 [흐름] 카테고리에서 [계속 반복하기] 블록을 가져옵니다.

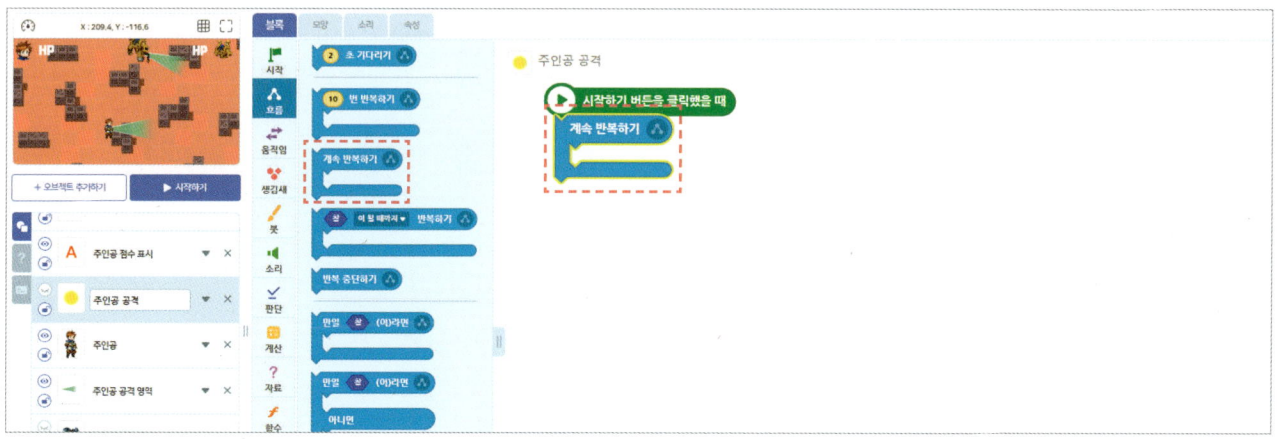

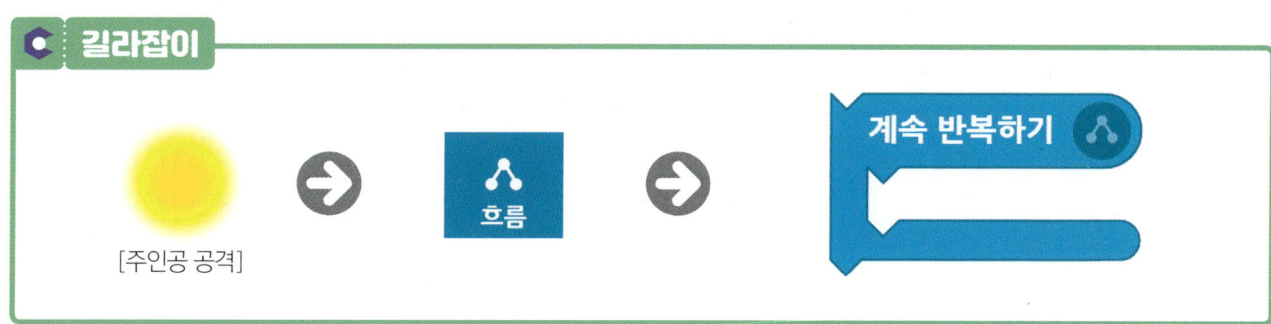

30 [움직임] 카테고리에서 [결과 위치로 이동하기] 블록을 가져와 [주인공 위치로 이동하기]로 수정합니다.

31 [움직임] 카테고리에서 [결과 쪽 바라보기] 블록을 가져와 [마우스포인터 쪽 바라보기]로 수정합니다.

32 [흐름] 카테고리에서 [만일 <참> (이)라면] 블록을 가져와 [계속 반복하기] 안에 넣습니다.

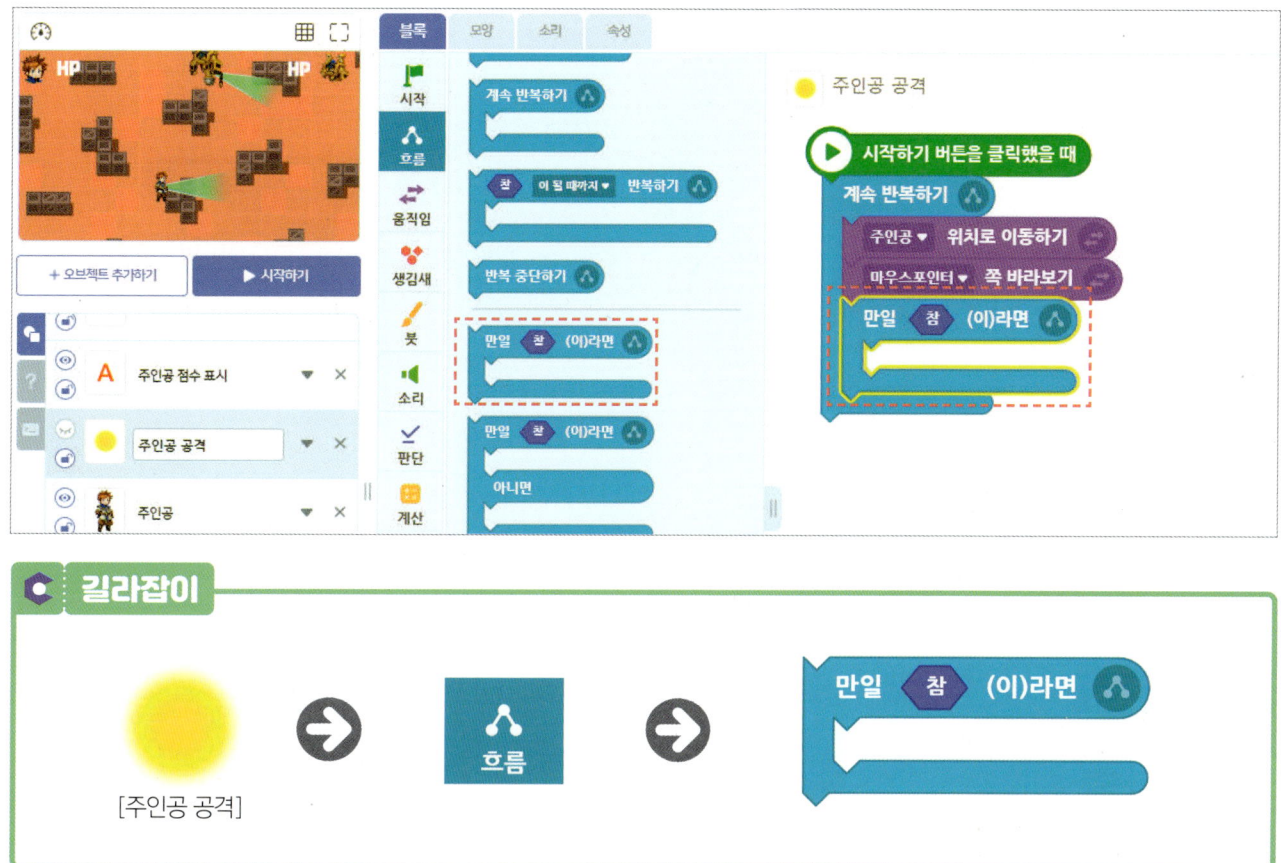

33 [판단] 카테고리에서 [마우스를 클릭했는가?] 블록을 가져와 <참> 부분에 넣어줍니다.

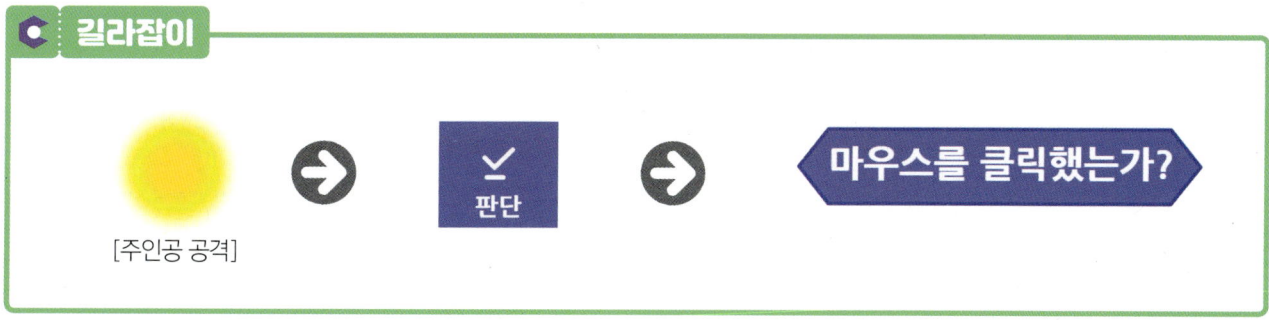

34 [함수] 카테고리에서 [공격하기 #크기10 #속도10] 블록을 가져와 [공격하기 #크기0.5 #속도2]로 수정합니다.

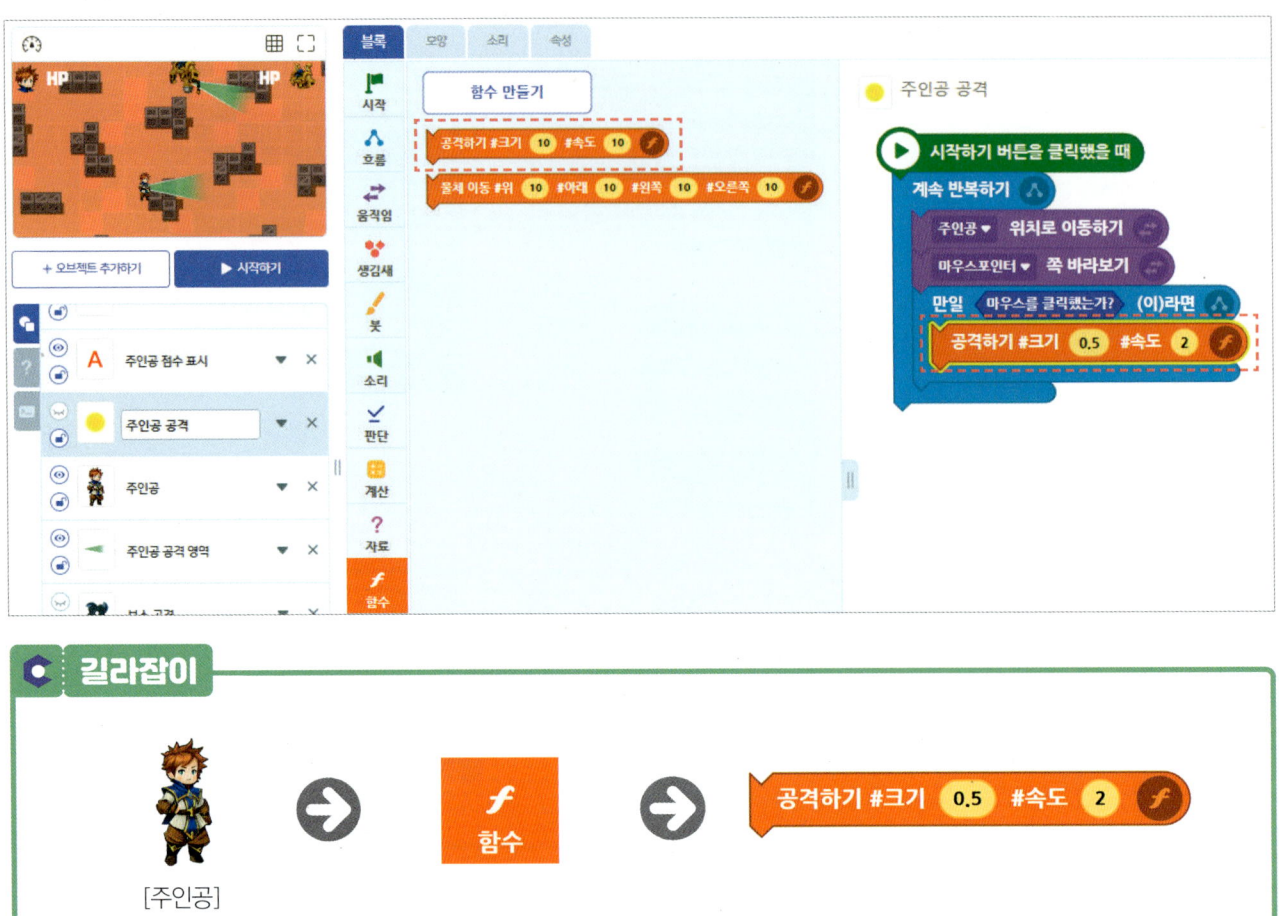

길라잡이

[주인공] → 함수 → 공격하기 #크기 0.5 #속도 2

Tip

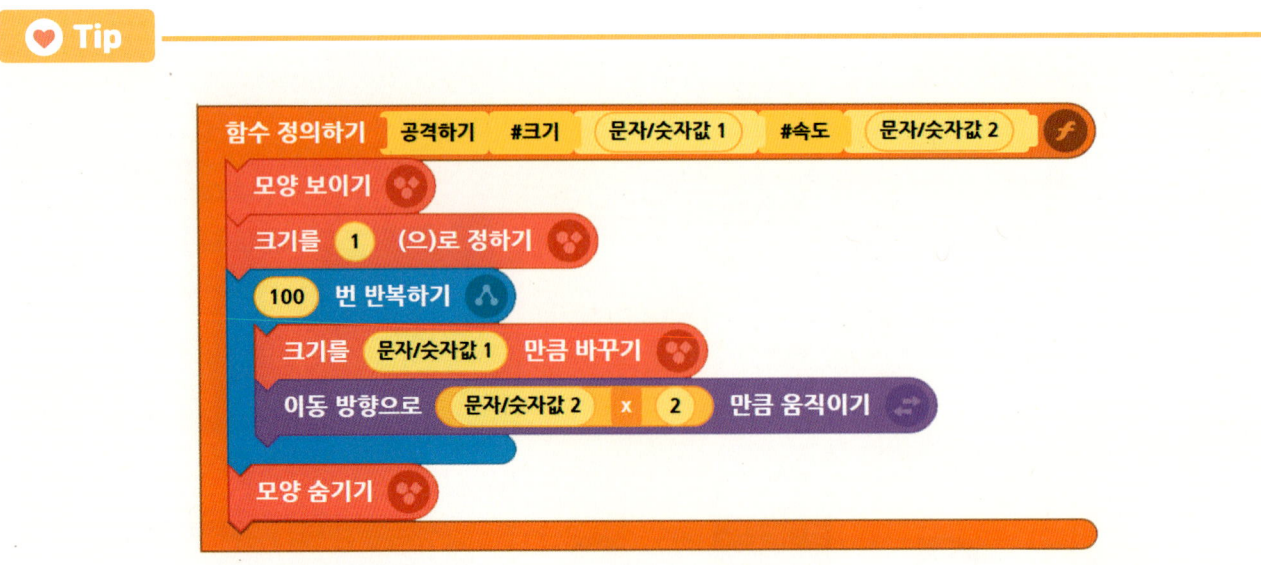

크기를 1로 정한 후, 크기와 이동 방향을 100번 반복하여
크기가 커지면서 이동 방향으로 움직이는 발사 효과를 확인할 수 있습니다.

Step 7 점수 보여주기

'주인공' 오브젝트의 현재 점수를 보여주도록 만들어봅시다.

35 '주인공 점수 표시' 오브젝트를 클릭한 후, [시작] 카테고리에서 [시작하기 버튼을 클릭했을 때] 블록을 가져옵니다.

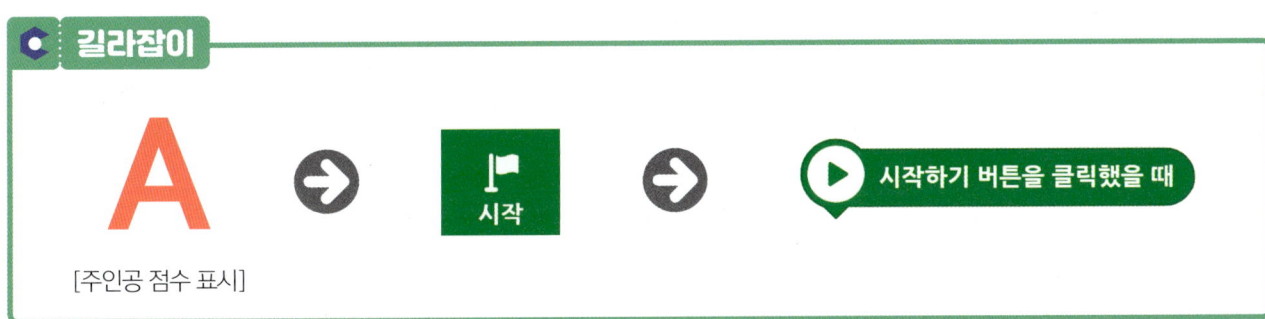

[주인공 점수 표시]

36 [자료] 카테고리에서 [보스 HP를 10(으)로 정하기] 블록을 가져와 [주인공 HP를 150(으)로 정하기]로 수정합니다.

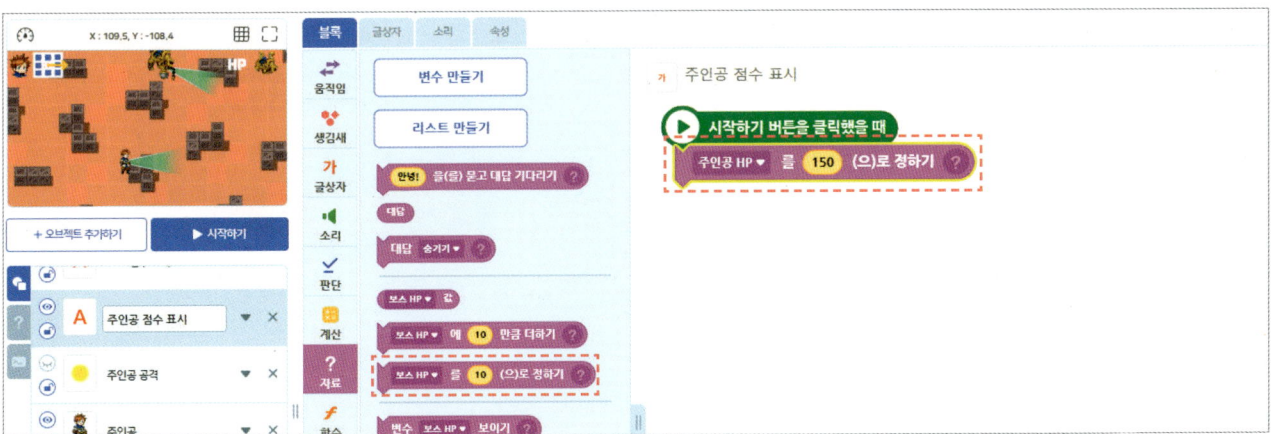

[주인공 점수 표시]

37 [흐름] 카테고리에서 [계속 반복하기] 블록을 가져옵니다.

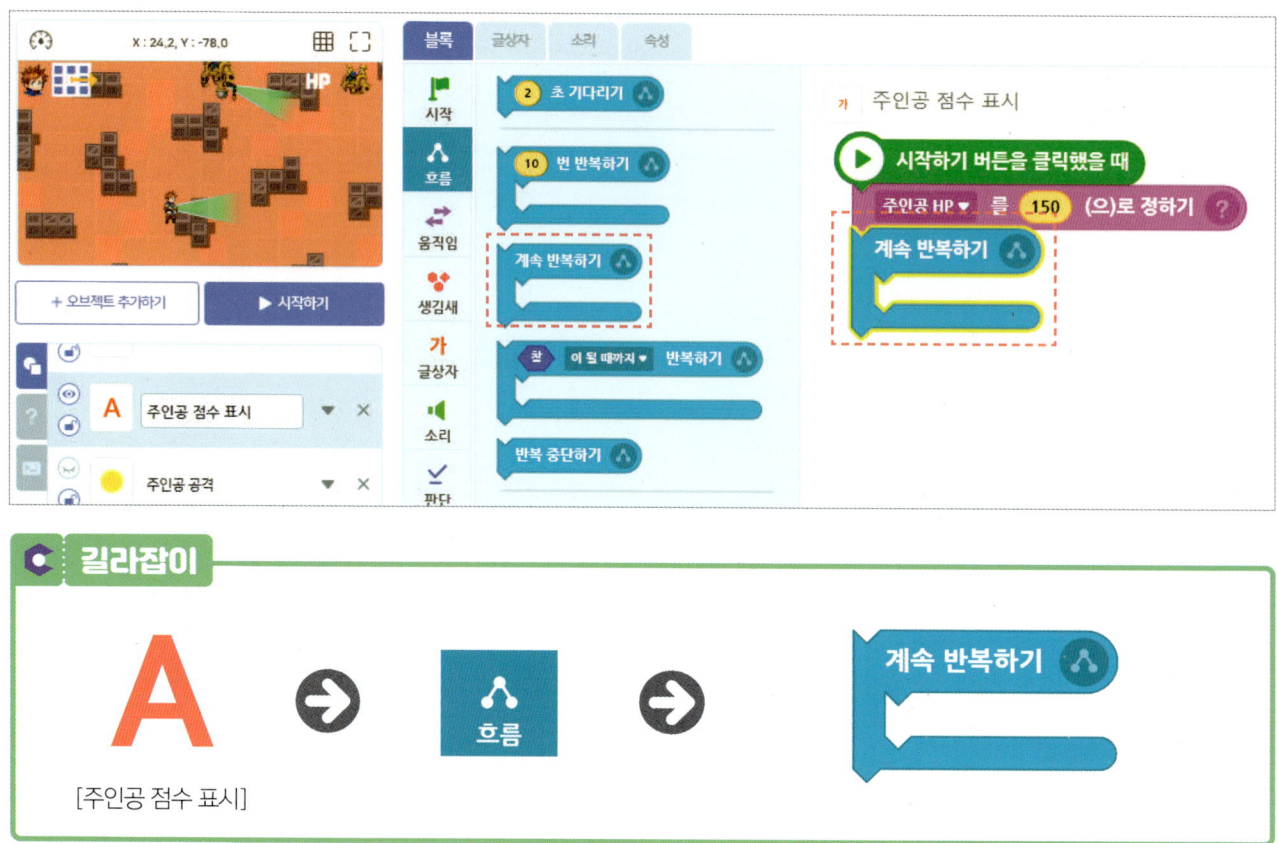

38 [글상자] 카테고리에서 [엔트리라고 글쓰기] 블록을 가져와 [계속 반복하기] 안에 넣어줍니다.

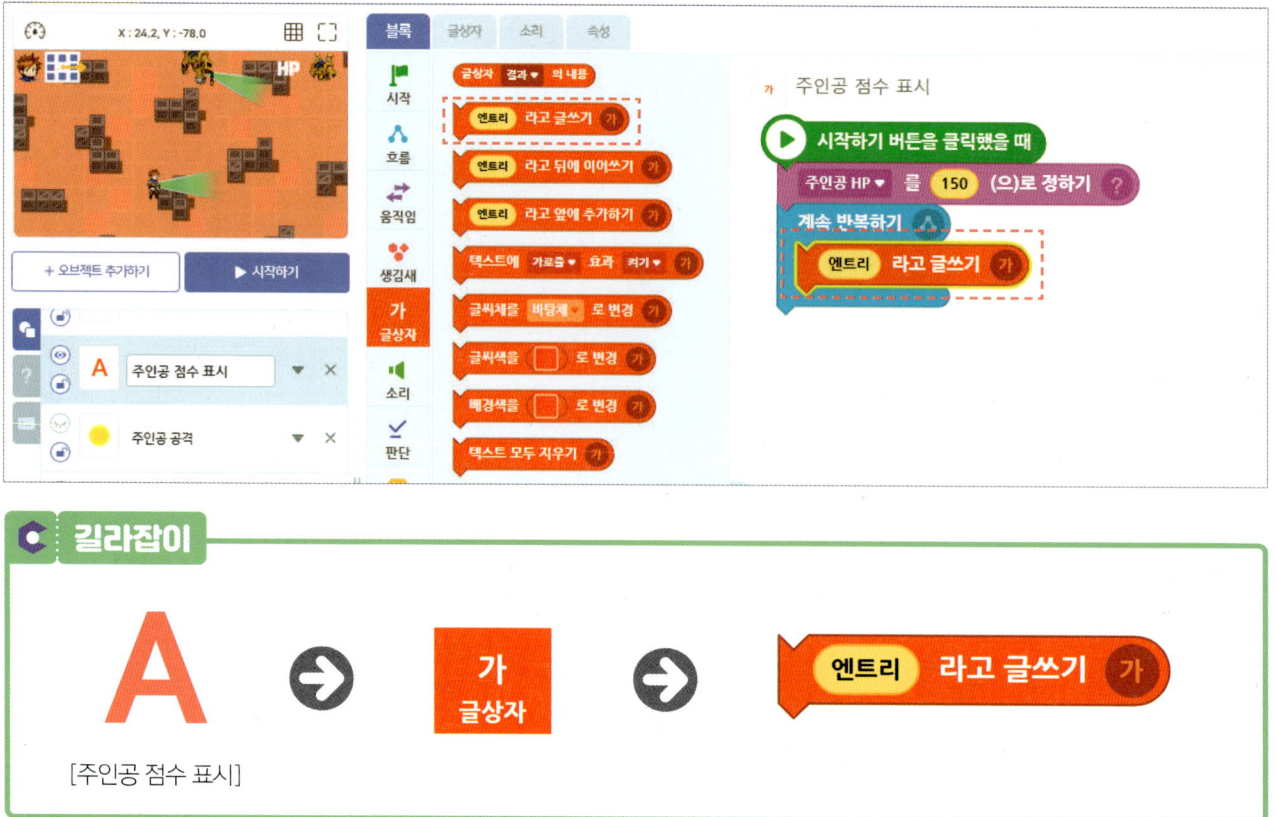

39 [자료] 카테고리에서 [보스 HP 값]을 가져와 [엔트리라고 글쓰기]에 넣어준 후, [주인공 HP 값]으로 수정합니다.

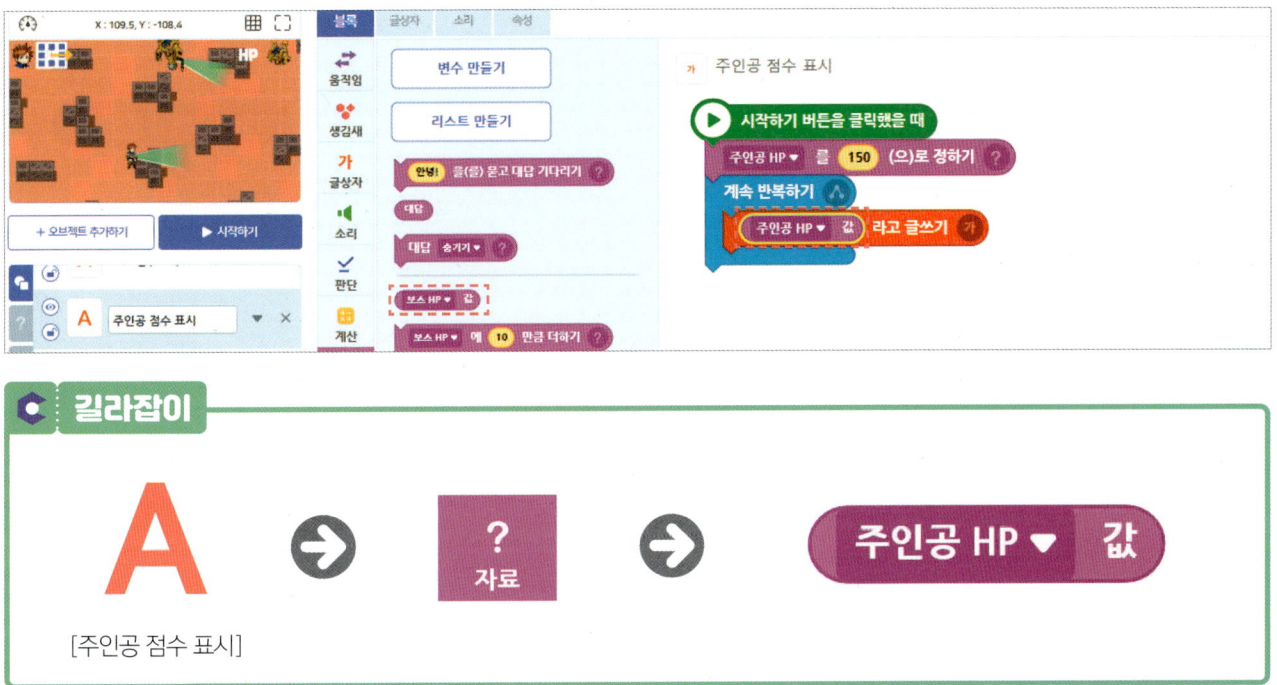

Step 8 결과 보여주기

'주인공' 오브젝트 또는 '보스' 오브젝트의 hp 값이 0인 경우, 최종 결과를 화면에 보이도록 만들어봅시다.

40 '결과' 오브젝트를 클릭한 후, [시작] 카테고리에서 [결과 신호를 받았을 때] 블록을 가져옵니다.

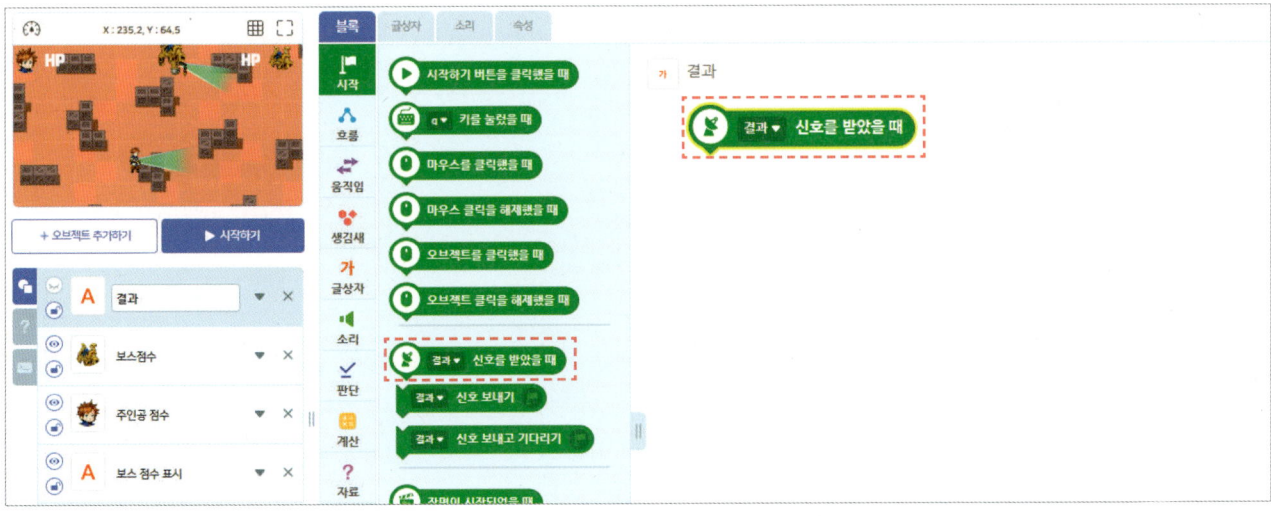

41 [생김새] 카테고리에서 [모양 보이기] 블록을 가져옵니다.

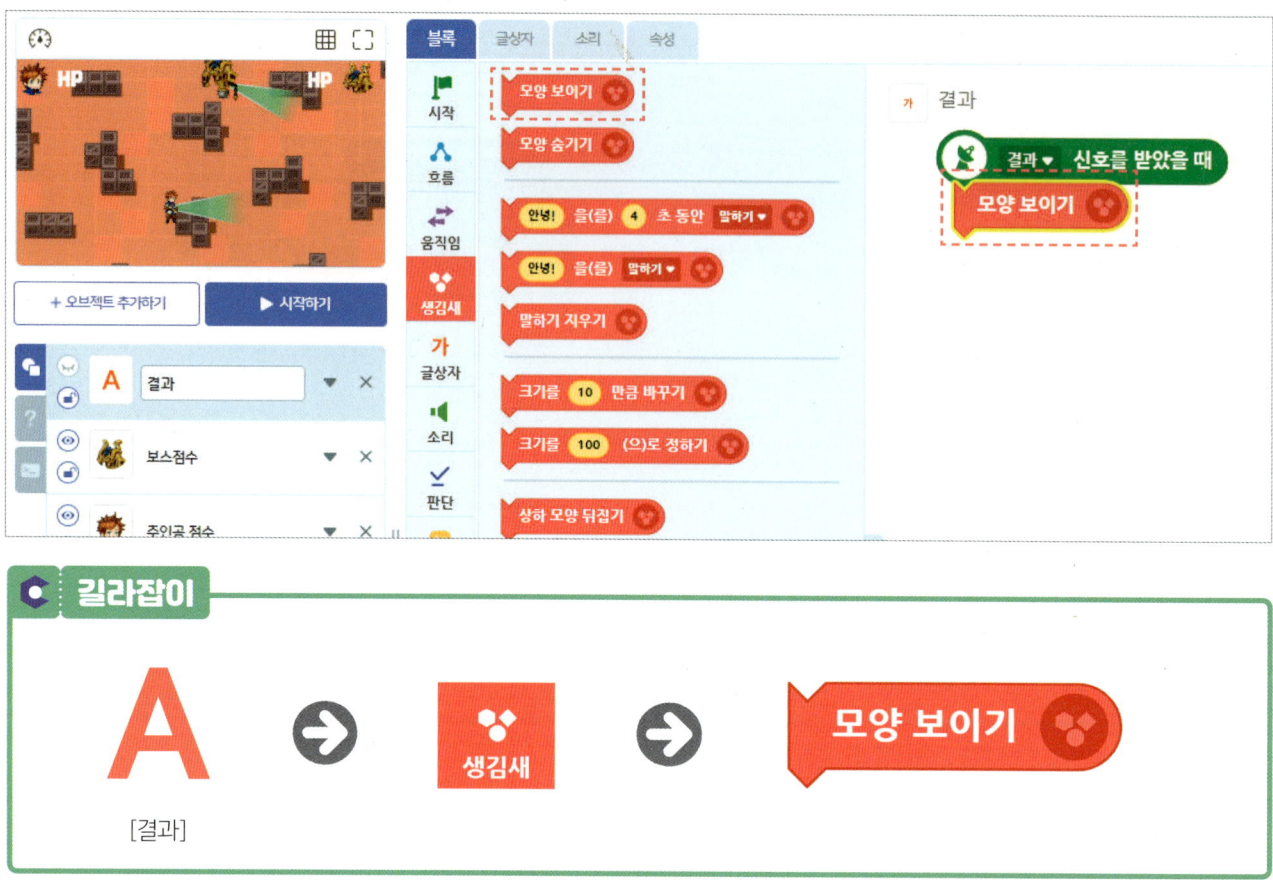

42 [글상자] 카테고리에서 [엔트리라고 글쓰기] 블록을 가져옵니다.

43 [자료] 카테고리에서 [보스 HP 값]을 가져와 [엔트리라고 글쓰기]에 넣어준 후, [게임 결과 값]으로 수정합니다.

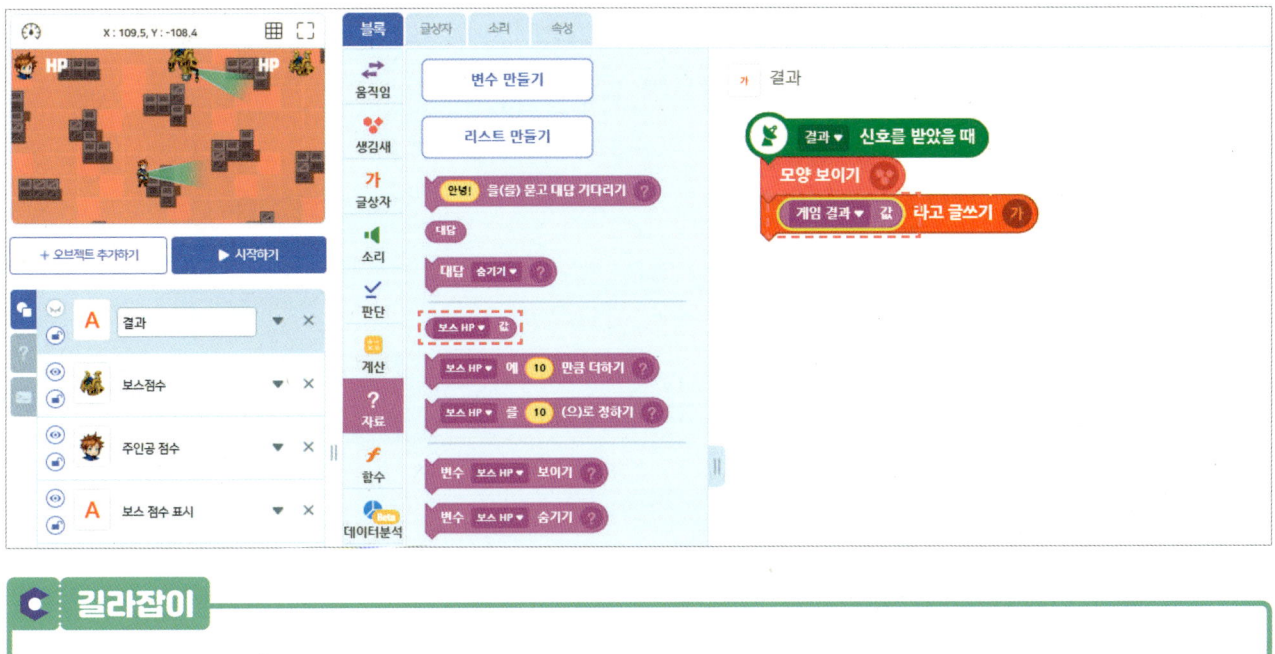

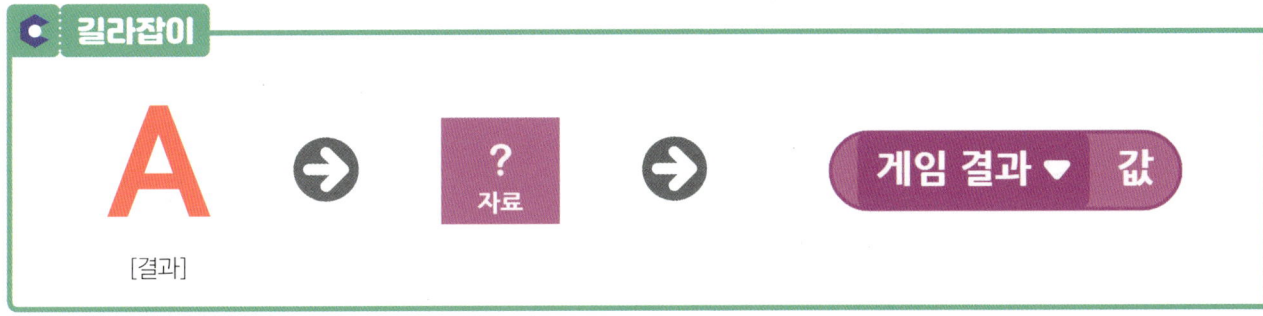

44 [흐름] 카테고리에서 [모든 코드 멈추기] 블록을 가져옵니다.

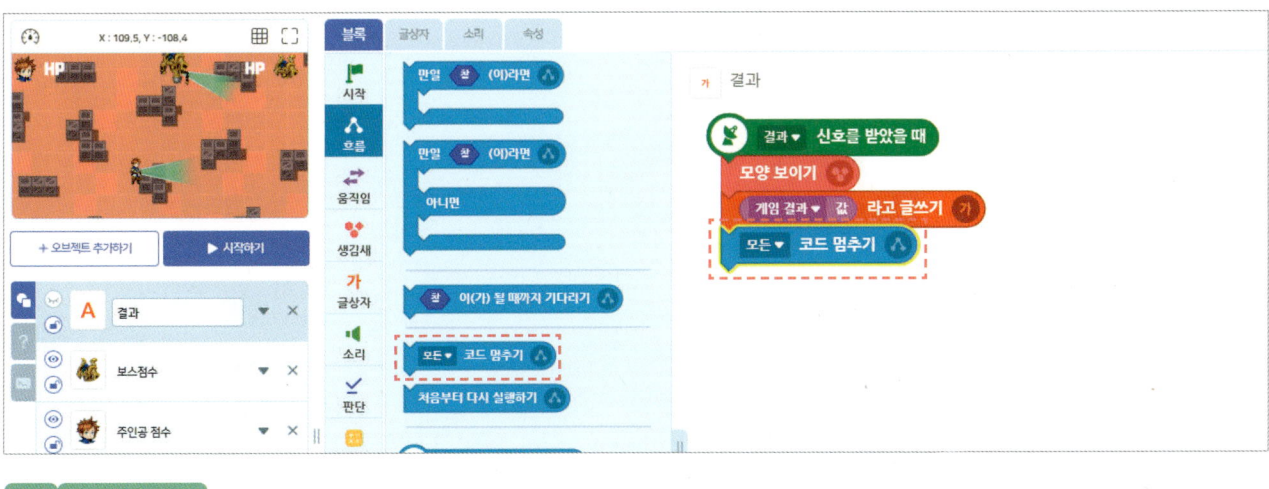

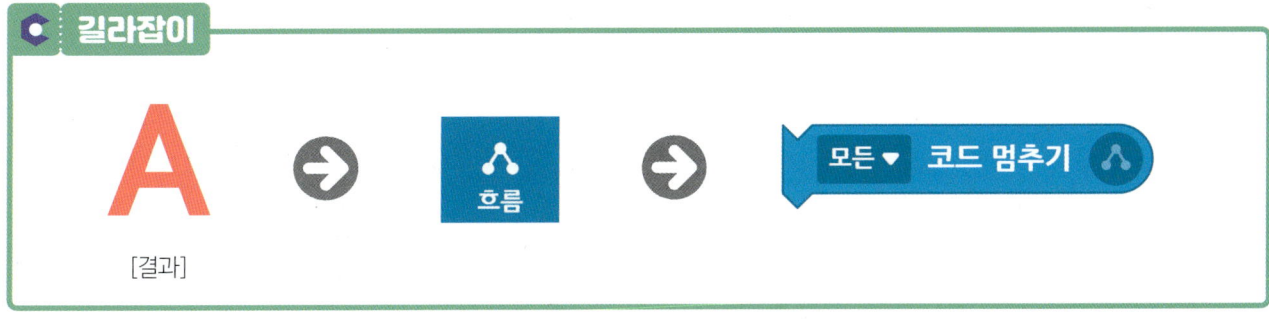

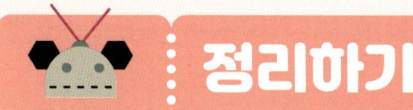

전체 코드 보기

스프라이트	코드
보스	시작하기 버튼을 클릭했을 때 / 계속 반복하기 / 만일 〈보스 HP 값 ≤ 0〉 (이)라면 / 게임 결과를 「이겼어 / You Win」 (으)로 정하기 / 0.5 초 기다리기 / 결과▼ 신호 보내기
	시작하기 버튼을 클릭했을 때 / 계속 반복하기 / 만일 〈주인공 공격▼ 에 닿았는가?〉 (이)라면 / 보스 HP▼ 에 -15 만큼 더하기 / 맞음▼ 모양으로 바꾸기 / 1 초 기다리기 / 기본▼ 모양으로 바꾸기
	시작하기 버튼을 클릭했을 때 / 계속 반복하기 / 3.0 부터 5.0 사이의 무작위 수 초 동안 주인공▼ 위치로 이동하기
보스 공격 영역	시작하기 버튼을 클릭했을 때 / 계속 반복하기 / 보스▼ 위치로 이동하기 / 주인공▼ 쪽 바라보기
보스 공격	시작하기 버튼을 클릭했을 때 / 계속 반복하기 / 보스▼ 위치로 이동하기 / 주인공▼ 쪽 바라보기 / 만일 〈주인공▼ 까지의 거리 ≤ 100〉 (이)라면 / 공격하기 #크기 0.5 #속도 2
HP 보스 점수 표시	시작하기 버튼을 클릭했을 때 / 보스 HP▼ 를 150 (으)로 정하기 / 계속 반복하기 / 보스 HP▼ 값 라고 글쓰기

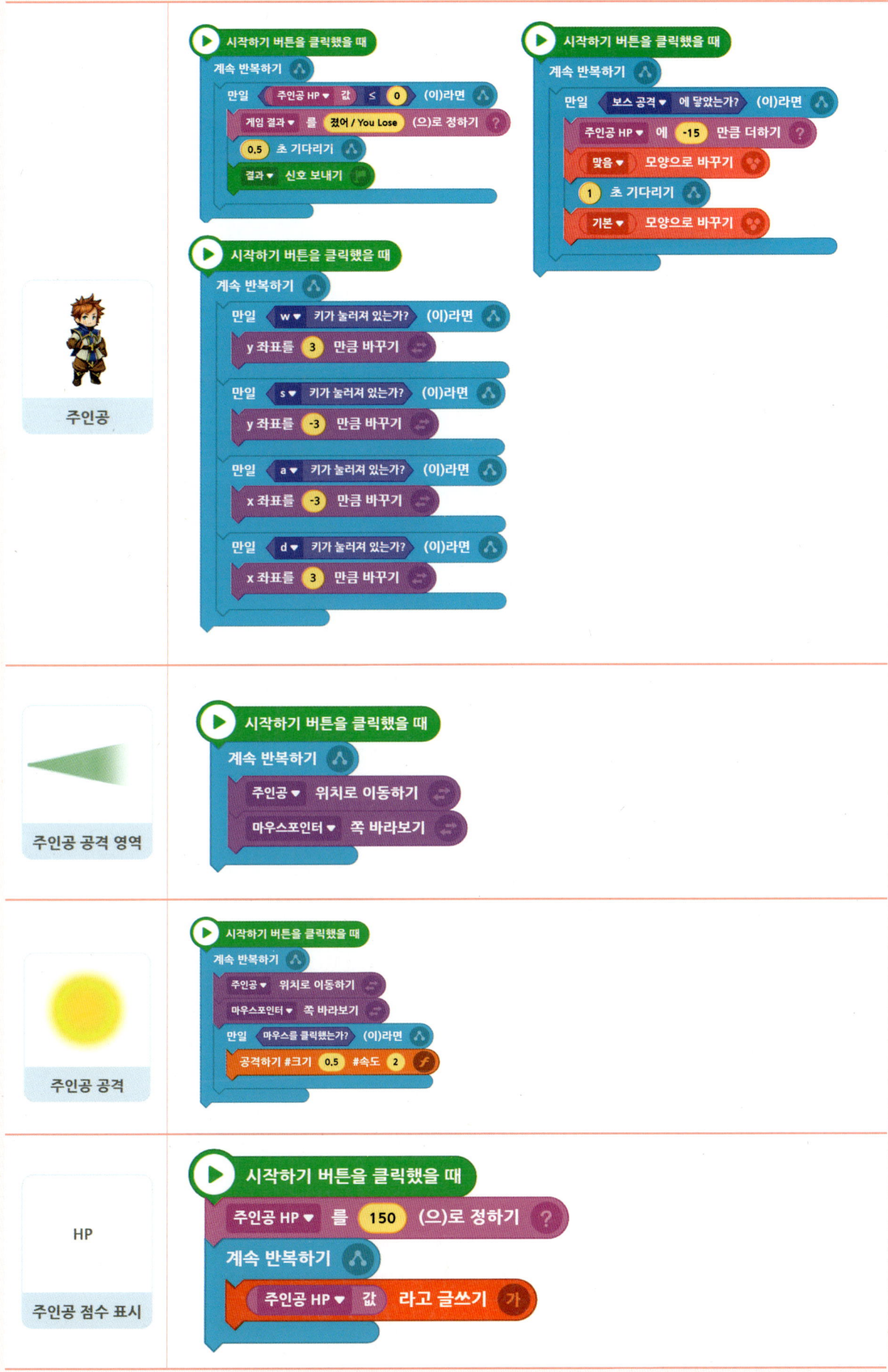

발전시키기

- 주인공을 키보드로 움직일 때 위쪽 3, 아래쪽 -3, 왼쪽 -3, 오른쪽 3만큼 이동하였습니다. 배경과 맵을 주인공과 반대 방향으로 위쪽 -3, 아래쪽 3, 왼쪽으로 3, 오른쪽으로 -3만큼 이동하면 배경이 움직이는 효과가 나타납니다. 다음 함수의 값을 조정하여 배경과 맵 코드를 완성해보세요.

물체 이동 함수를 이용하여 '주인공' 오브젝트를 키보드로 움직이는 코드와 똑같은 역할을 하도록 만들 수 있습니다.

이야기의 마무리

드디어 최종 보스를 찔렀습니다. 평범하기만 했던 내가 모험을 통해 많은 것을 배우게 되었습니다. 제일 중요한 건 포기하지 않는 끈기와 할 수 있다는 용기였어요.

"거봐, 내가 할 수 있다고 했잖아. 넌 선택 받은 아이야."

"고마워, 네 도움이 아니었다면 혼자서는 할 수 없었을 거야."

"나는 도시의 무너진 곳들을 수리할 수 있도록 사람들을 배치하고, 다친 환자들을 돌보러 가야 해. 너는 이제 집으로 돌아가도록 해. 충분히 너의 역할을 다했어. 이제부터는 이 마법사 베시님이 나서야겠는걸!"

"혹시 나도 도울 수 있는 게 있을까?"

"음... 좋아! 그럼 내 옆에서 환자 치료를 돕는 보조 역할을 해줘."

모험의 끝은 새로운 시작이네요. 한동안은 무너진 도시 곳곳을 수리하고, 몬스터에게 공격당한 사람들을 도와야 할 것 같습니다. 도시에는 다시 평화가 찾아오겠죠?

정답 확인

◯ 1차시 정답

- 두 오브젝트가 더 많은 대화를 하도록 코드를 만들어보세요. (오늘의 이야기 내용 참고)

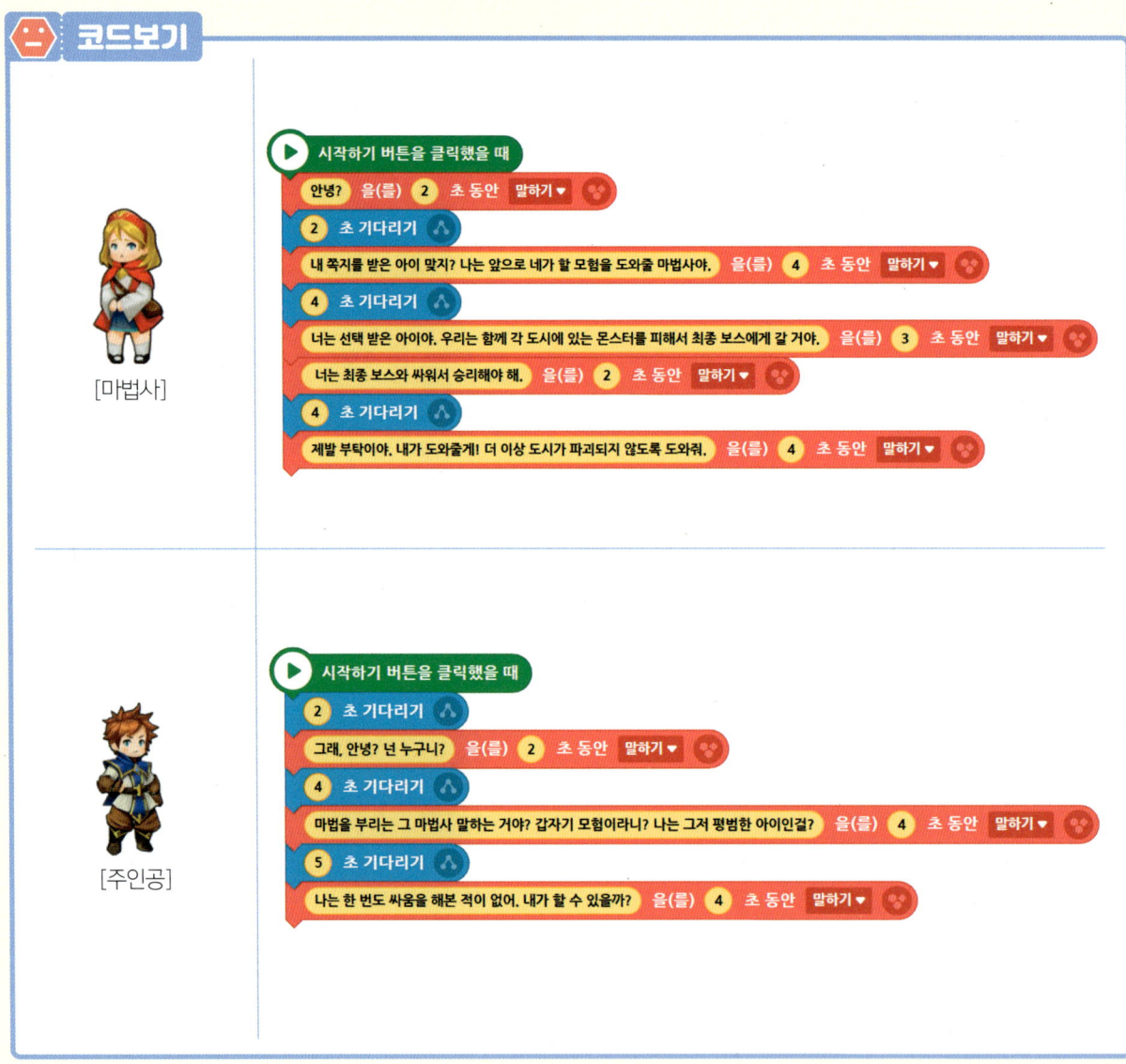

2차시 정답

- 나머지 꽃(미, 파, 솔, 라, 시, 높은 도) 오브젝트의 코드를 완성해 피아노 소리가 나는 프로그램을 완성해 보세요.

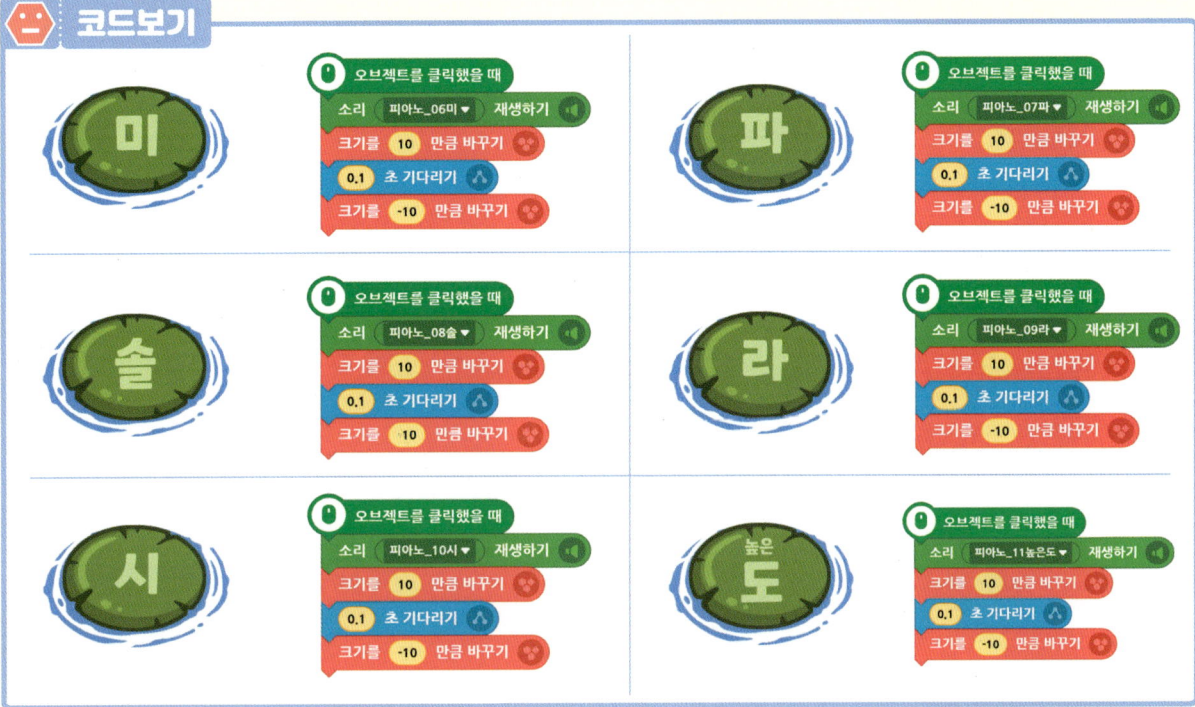

3차시 정답

- [모양] 탭-[모양 추가하기]를 클릭하여 다양한 모양을 추가하면서 꾸미기 요소가 더 많이 나올 수 있도록 만들어보세요.

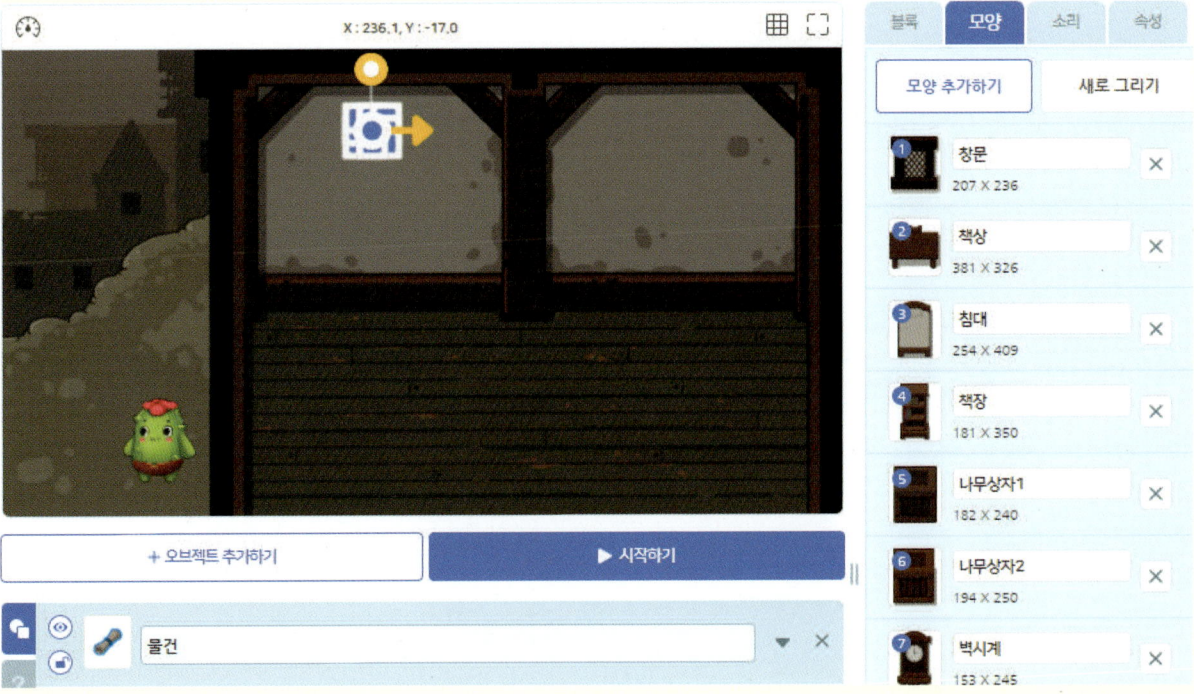

- [생김새] 카테고리에 [2키를 눌렀을 때] [색깔 효과를 -10만큼 주기] 코드를 넣어, 오브젝트의 색깔 효과가 날 수 있도록 프로그램을 만들어보세요.

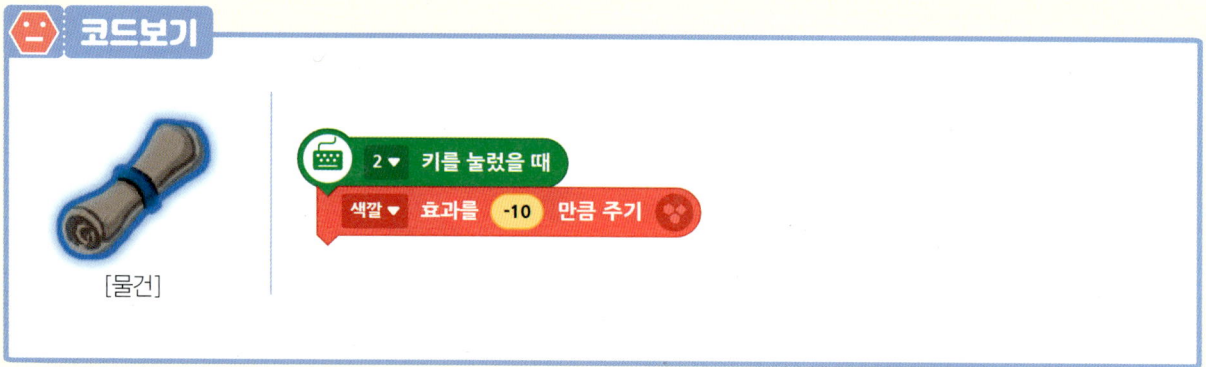

- [생김새] 카테고리에 [3키를 눌렀을 때] [밝기 효과를 10만큼 주기], [4키를 눌렀을 때] [밝기 효과를 -10만큼 주기] 코드를 넣어, 오브젝트의 밝기 효과가 날 수 있도록 프로그램을 만들어보세요.

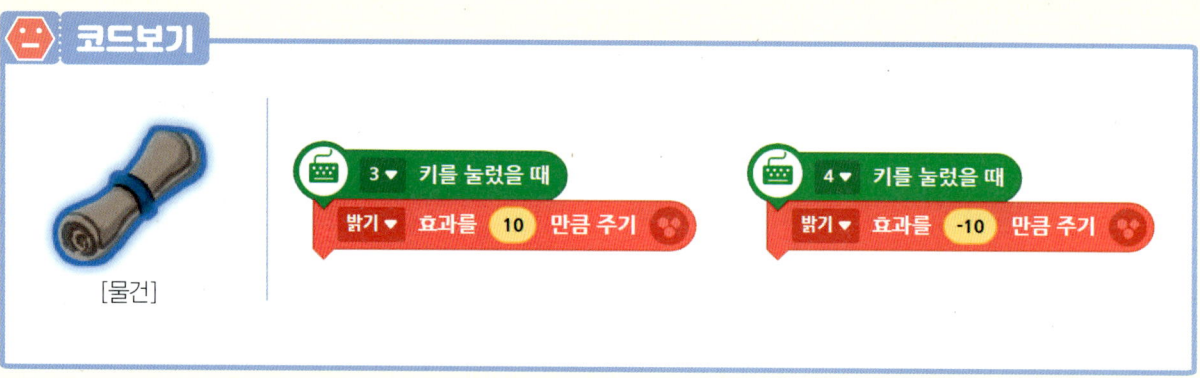

4차시 정답

- 5각형, 6각형, 7각형과 같은 여러 가지 도형을 그려보세요.

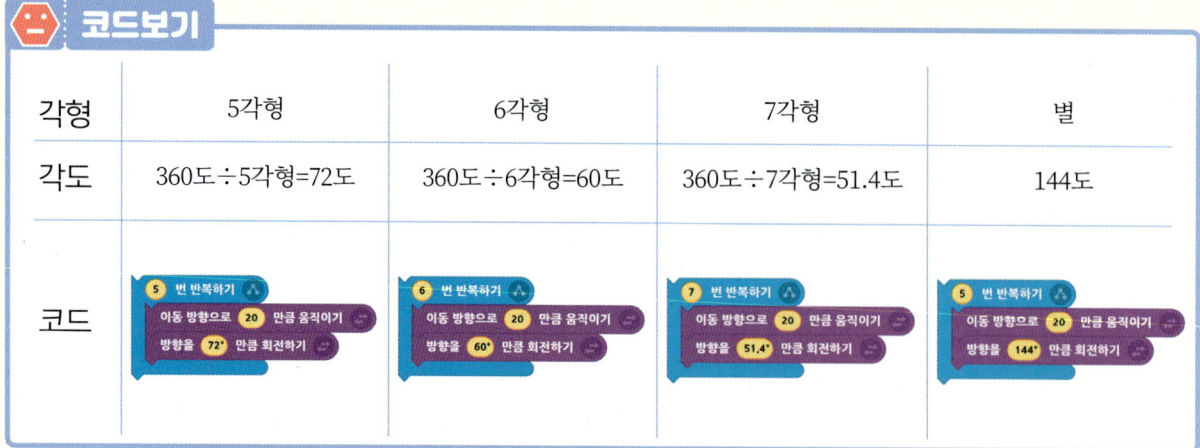

각형	5각형	6각형	7각형	별
각도	360도÷5각형=72도	360도÷6각형=60도	360도÷7각형=51.4도	144도
코드				

5차시 정답

- 빨강/노랑 물감 신호를 받았을 때 붓 모양과 색이 변하도록 코드를 추가해보세요.

- 키보드 이벤트를 이용해 붓의 굵기와 투명도를 조절하는 코드를 추가해보세요.

6차시 정답

- '주인공' 오브젝트를 클릭하여 [모양] 탭을 확인해보세요. 오른쪽 화살표 키를 눌렀을 때는 오른쪽 모양이 나오고, 왼쪽 화살표 키를 눌렀을 때는 왼쪽 모양이 나오도록 만들어보세요. (코드 수정)

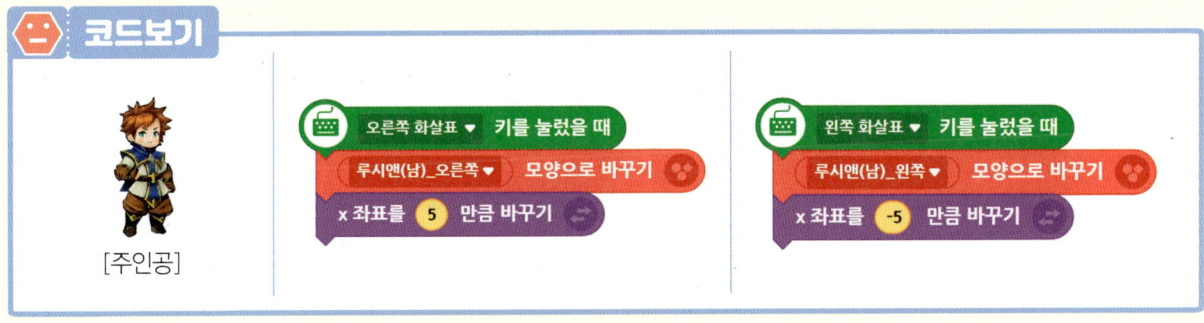

- '주인공' 오브젝트가 '몬스터' 오브젝트에 닿았을 때도 '시작' 위치로 올 수 있도록 만들어보세요.

[주인공]

7차시 정답

- 주차 블록3에 부딪혔을 때 '주차 성공' 메시지가 나타나도록 구성해보세요.

[자동차]

8차시 정답

- 정답을 맞혔을 경우 한 개의 퀴즈를 더 낼 수 있도록 만들어보세요. (코드 복사 & 붙여넣기를 이용)

9차시 정답

- 동전이 '주머니' 오브젝트에 닿으면 주머니에 들어간 것 같은 효과를 주기 위해 모양을 숨기고, 모든 코드를 멈추도록 만들어보세요.

10차시 정답

- "입력한 숫자보다 크다/작다"를 다음 [계산] 카테고리의 [안녕!과(와) 엔트리를 합치기] 블록을 이용하여 "사용자가 입력한 숫자보다 크다/작다"로 메시지가 표시될 수 있게 만들어보세요.

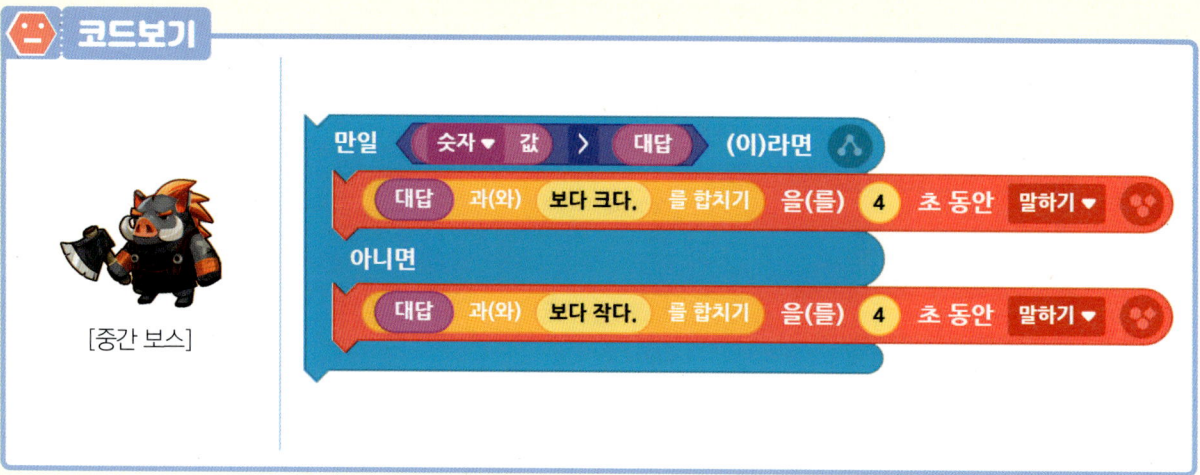

[중간 보스]

11차시 정답

- '몬스터' 오브젝트에서 정답을 맞혔을 경우 '맞혔다' 신호를 보내도록 만들어보세요. (신호는 각 '몬스터' 오브젝트에서 보내야 합니다.)
- '맞혔다' 신호를 받았을 때 '주인공' 실행 화면의 왼쪽으로 이동할 수 있도록 다음 블록을 이용해 동작을 완성해 보세요.

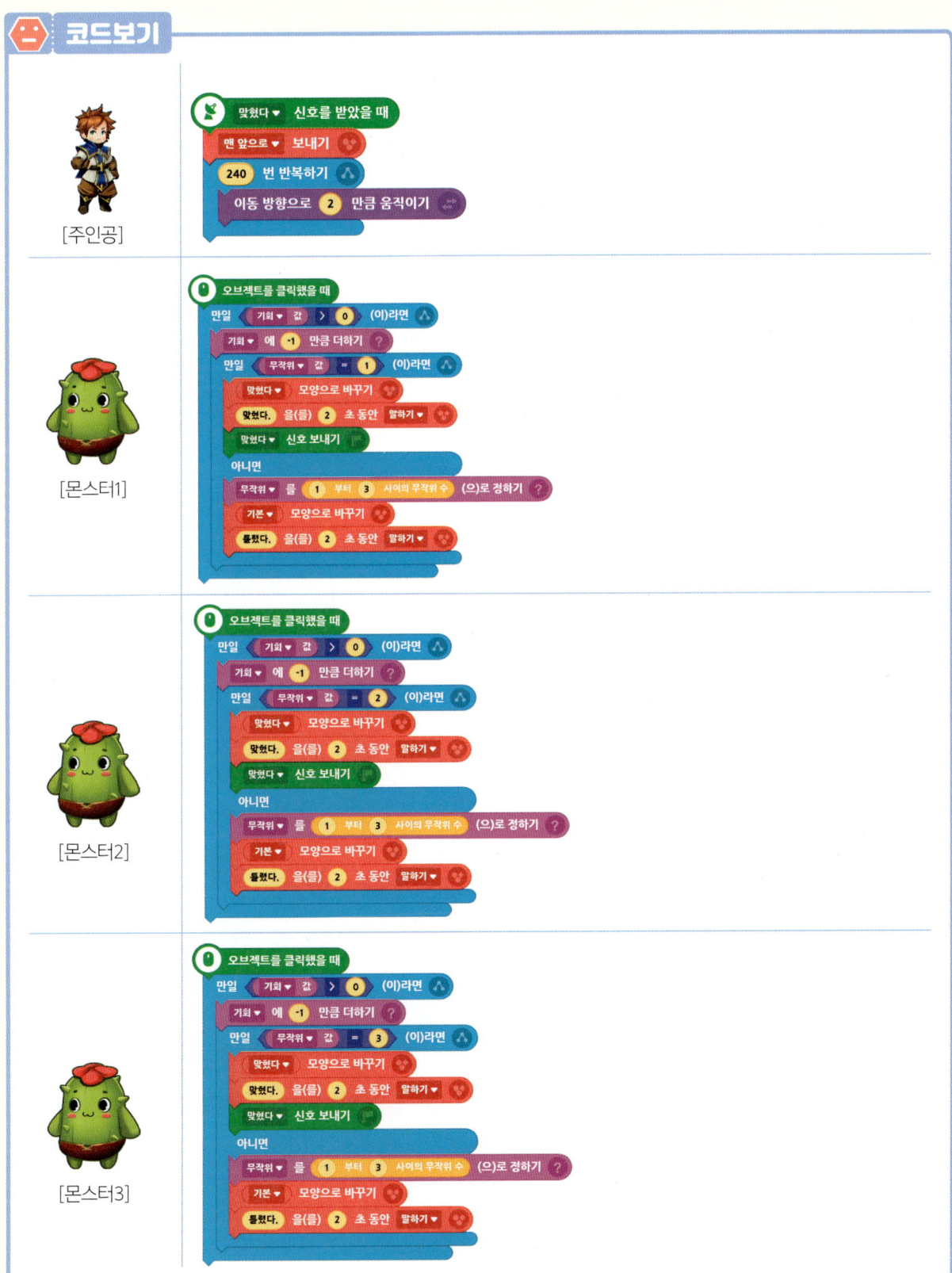

12차시 정답

• 회복물약, 점프물약, 랜드 지도의 코드를 완성해 보세요. (구매금액과 초기화를 수정해야 합니다.)

총 구매금액 = (영웅의 총 × 가격) + (전투모 × 가격) + (램프 × 가격) +
(회복물약 × 가격) + (점프물약 × 가격) + (랜드 지도 × 가격)

코드보기

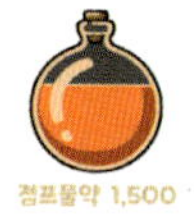

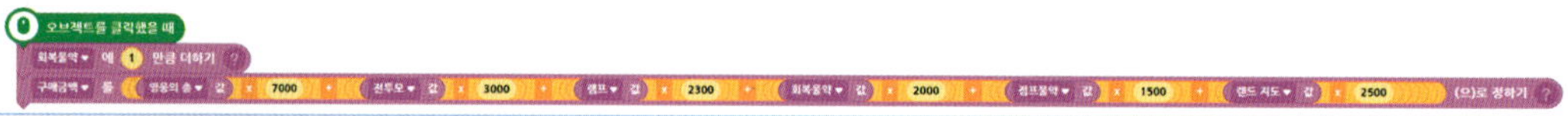

또는

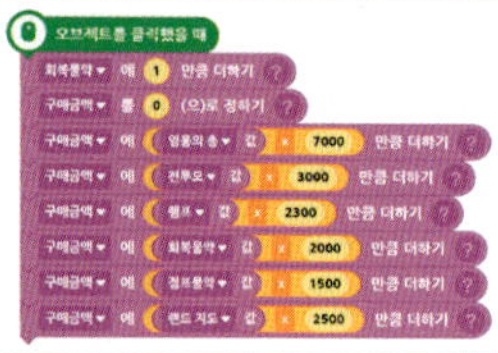

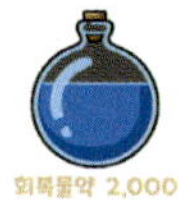

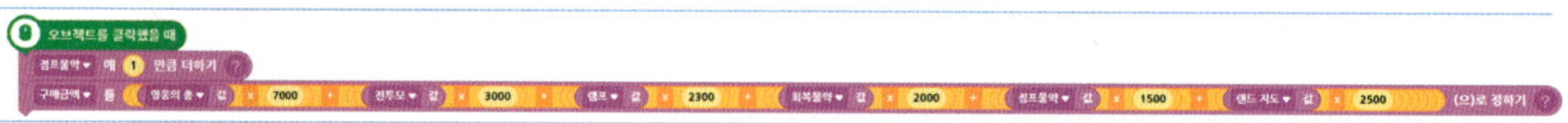

또는

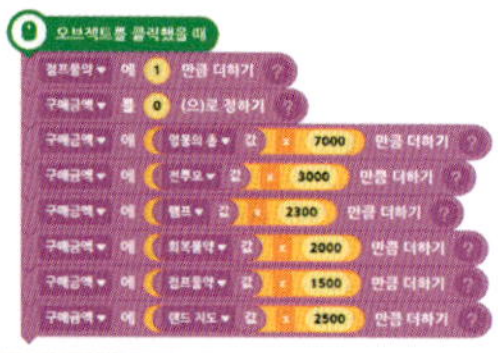

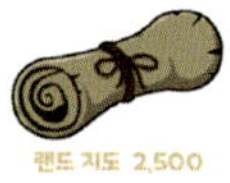

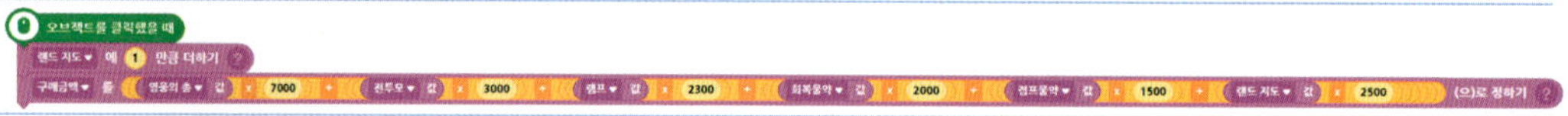

또는

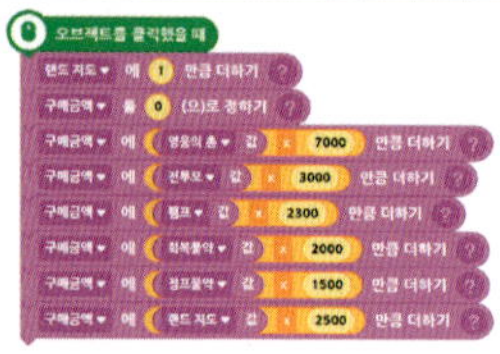

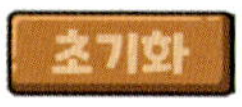

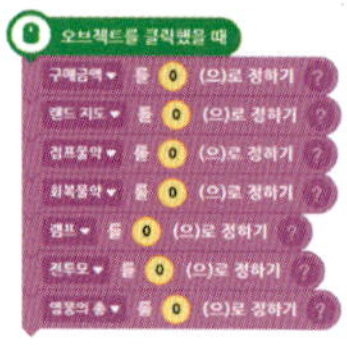

• 실행 화면의 주머니를 클릭하면 '지갑' 변수의 값이 증가하는 이스트에그를 만들어보세요.

코드보기

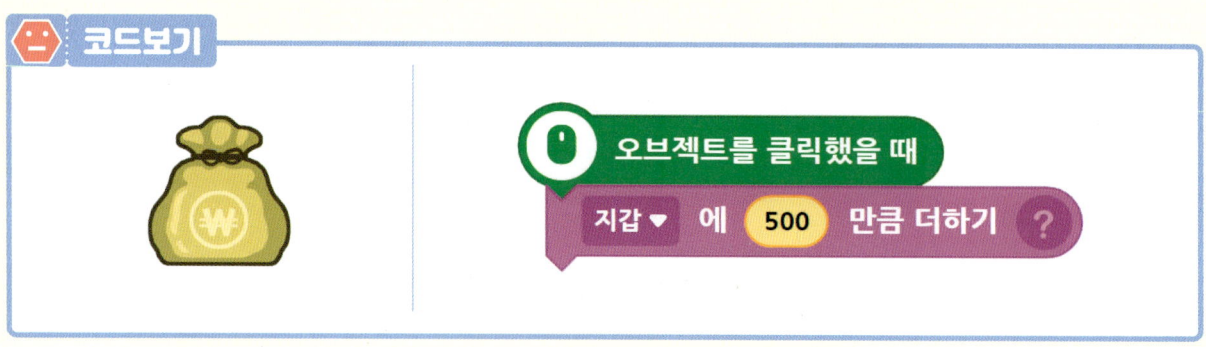

13차시 정답

- '날개 몬스터'가 무작위 시간으로 나타나도록 만들어보세요. (코드 수정하기)

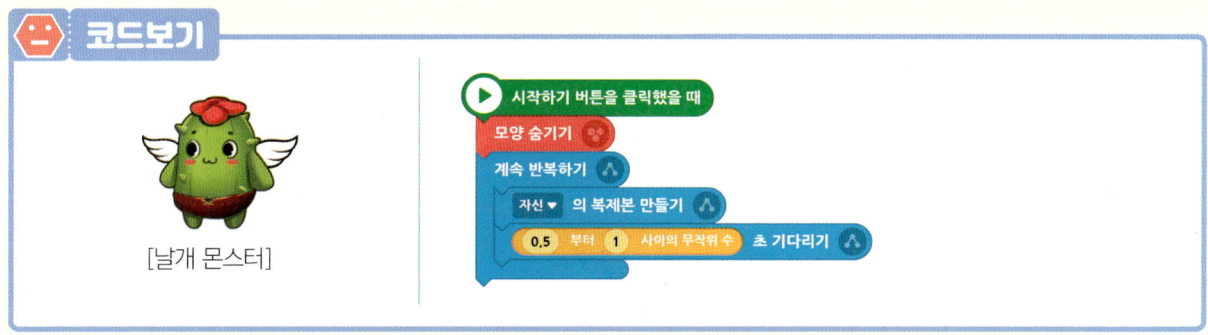

- '날개 몬스터'의 [모양] 탭에서 두 개의 모양을 이용하여 날개가 파닥이는 모양을 만들어보세요. (코드 추가하기)

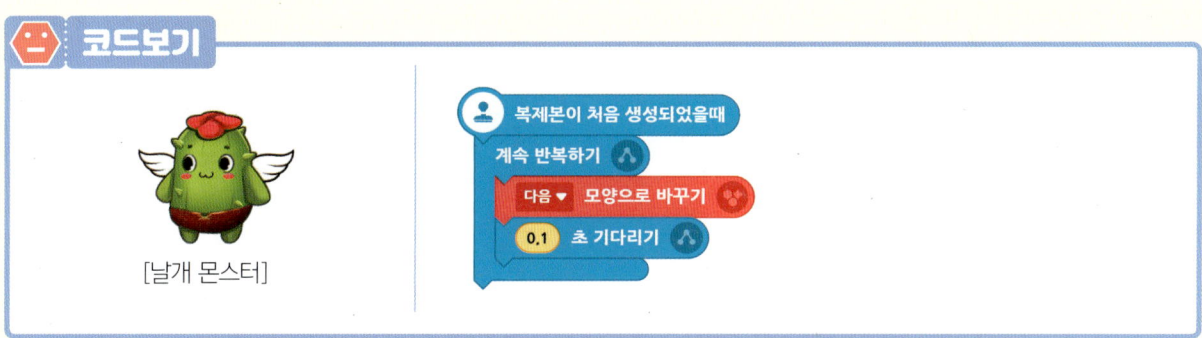

14차시 정답

- 배경 함수의 값을 원하는 값으로 변경하여 속도감 있는 프로젝트를 만들어보세요.

15차시 정답

- 초시계를 이용해 제한 시간을 두고, 10초 이상 지나면 모든 코드를 멈추도록 만들어보세요.

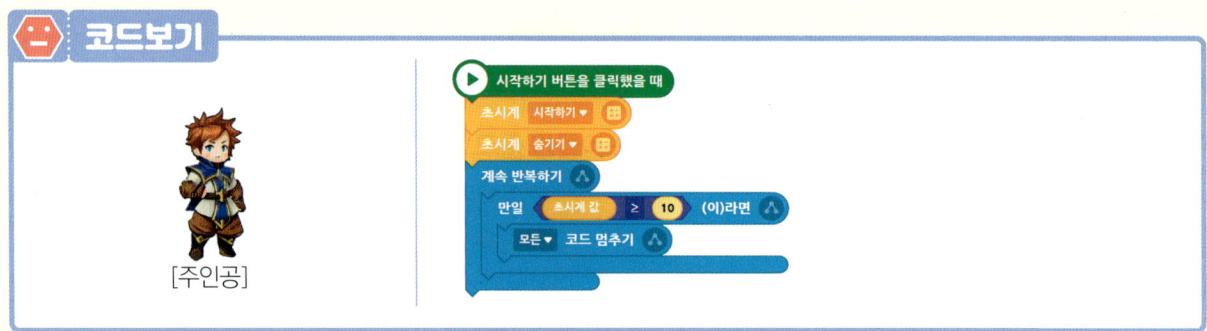

16차시 정답

- 주인공을 키보드로 움직일 때 위쪽 3, 아래쪽 -3, 왼쪽 -3, 오른쪽 3만큼 이동하였습니다. 배경과 맵을 주인공과 반대 방향으로 위쪽 -3, 아래쪽 3, 왼쪽으로 3, 오른쪽으로 -3만큼 이동하면 배경이 움직이는 효과가 나타납니다. 다음 함수를 값을 조정하여 배경과 맵 코드를 완성해보세요.

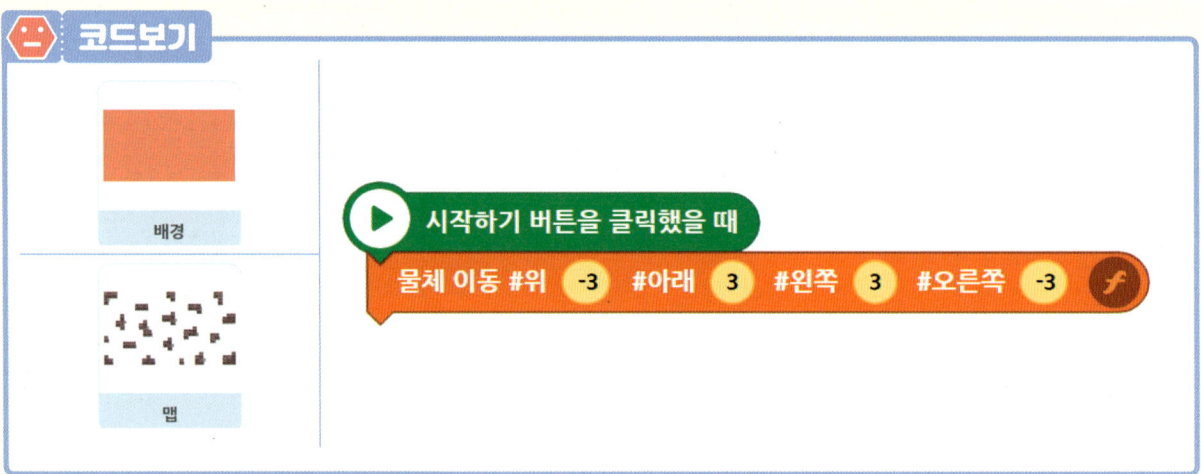

초판 1쇄 인쇄 | 2023년 9월 1일
초판 1쇄 발행 | 2023년 9월 1일

지은이 다산스마트에듀 SW교육센터
감수 송상수
펴낸이 김선식

경영총괄 김은영
교육사업본부장 김재민
책임편집 조아리
다산스마트에듀팀 조아리, 박은우
저작권팀 한승빈, 이슬, 윤제희
마케팅본부장 권장규
미디어홍보본부장 정명찬
재무관리팀 하미선, 윤이경, 김재경, 이보람
인사총무팀 강미숙, 김혜진, 지석배, 박예찬, 황종원
제작관리팀 이소현, 최완규, 이지우, 김소영, 김진경, 양지환
물류관리팀 김형기, 김선진, 한유현, 전태환, 전태연, 양문현, 최창우
외부 스태프 | **교정·교열** 더 뉴런 **디자인** 더 뉴런 **표지삽화·캐릭터디자인** 문현훈 **엔트리 배경디자인** 이욱진

펴낸곳 다산북스 | **출판등록** 2005년 12월 23일 제313-2005-00277호
주소 경기도 파주시 회동길 490
전화 02-704-1724 | **팩스** 02-703-2219 | **이메일** dasanbooks@dasanbooks.com
홈페이지 www.dasanbooks.com | **블로그** blog.naver.com/dasan_books
다산스마트에듀 www.dasansmartedu.com
종이 IPP | **인쇄·제본** 민언프린텍 | **코팅·후가공** 제이오엘앤피 | **제본** 다온바인텍

ISBN 979-11-306-4544-5 (73000)

· 책값은 뒤표지에 있습니다.
· 파본은 구입하신 서점에서 교환해드립니다.
· 이 책은 저작권법에 의하여 보호를 받는 저작물이므로 무단 전재와 복제를 금합니다.
· KC마크는 이 제품이 공통안전기준에 적합하였음을 의미합니다.
· 아이들이 책을 입에 대거나 모서리에 다치지 않게 주의하세요.

초판 1쇄 인쇄 | 2023년 9월 1일
초판 1쇄 발행 | 2023년 9월 1일

지은이 다산스마트에듀 SW교육센터
감수 송상수
펴낸이 김선식

경영총괄 김은영
교육사업본부장 김재민
책임편집 조아리
다산스마트에듀팀 조아리, 박은우
저작권팀 한승빈, 이슬, 윤제희
마케팅본부장 권장규
미디어홍보본부장 정명찬
재무관리팀 하미선, 윤이경, 김재경, 이보람
인사총무팀 강미숙, 김혜진, 지석배, 박예찬, 황종원
제작관리팀 이소현, 최완규, 이지우, 김소영, 김진경, 양지환
물류관리팀 김형기, 김선진, 한유현, 전태환, 전태연, 양문현, 최창우
외부 스태프 | **교정·교열** 더 뉴런 **디자인** 더 뉴런 **표지삽화·캐릭터디자인** 문현훈 **엔트리 배경디자인** 이욱진

펴낸곳 다산북스 | **출판등록** 2005년 12월 23일 제313-2005-00277호
주소 경기도 파주시 회동길 490
전화 02-704-1724 | **팩스** 02-703-2219 | **이메일** dasanbooks@dasanbooks.com
홈페이지 www.dasanbooks.com | **블로그** blog.naver.com/dasan_books
다산스마트에듀 www.dasansmartedu.com
종이 IPP | **인쇄·제본** 민언프린텍 | **코팅·후가공** 제이오엘앤피 | **제본** 다온바인텍

ISBN 979-11-306-4544-5 (73000)

· 책값은 뒤표지에 있습니다.
· 파본은 구입하신 서점에서 교환해드립니다.
· 이 책은 저작권법에 의하여 보호를 받는 저작물이므로 무단 전재와 복제를 금합니다.
· KC마크는 이 제품이 공통안전기준에 적합하였음을 의미합니다.
· 아이들이 책을 입에 대거나 모서리에 다치지 않게 주의하세요.